中國古代史研究會編

中國古代史研究　第八

——創立七十周年記念論文集——

研文出版

中國古代史研究　第八　目次

——創立七十周年記念論文集——

中國古代史研究　第八

――創立七十周年記念論文集――

巻頭文

中国古代史研究会発足時の思い出

佐藤　武敏

私が中国古代史研究会に参加したのは昭和二十五年（一九五〇）である。研究会はまだ発足したばかりで、三上次男先生を中心に栗原朋信、山田統、守屋美都雄、上原淳道、岡本正、相原茂その他の諸氏が集まって書物の輪読や研究発表などを行っていたようである。確か私が参加した年あたりから研究会のメンバーで共同研究をやろうという議がおこった。とくに熱心に発議したのは山田氏であった。そして討議の結果、テーマを「史記の構成史料の研究」とすることになった。テーマは上原氏の発案だったように記憶している。これが科学研究費助成金をもらうことになり、各自の分担も決まり、具体的にスタートすることになった。私は「史記」殷本紀を分担することになった。そして研究会が進むにつれ、その成果を発表することが決まった。各自が分担の課題について研究報告を行ない、これが「中国古代史の諸問題」になって結実した。中国古代史研究会最初の論文集である。私は「殷代の農業経営に関する一問題」として殷代の農業生産の担い手である衆・衆人について私見をのべた。これは当時、上原氏と分担して翻訳していた郭沫若の「十批判書」の衆・衆人に対する見解に対して疑問を提出したものである。「史記」殷本紀の研究とは別に王国維の殷代史研究を中心に論じ、まとめ、後年その一部を「王国維の生涯と学問」にのせた。

昭和二十六年、会員の守屋氏は大阪大学へ、佐藤は大阪市立大学に赴任することになった。そして大阪で再会した両人は大阪でも中国古代史研究会を維持しようという話しになり、その実現について相談した。会場は大阪・石橋の大阪大研究棟にお願いし、当面テキストの輪読ということにした。テキストは「呂氏春秋」十二紀を私が提案した。第一回は私が「呂氏春秋」の解題を行った。守屋氏が学部の要職にあり、多忙だったからである。「呂氏春秋」とくに十二紀をえらんだのは当時守屋氏が中国の歳時記を精力的に研究していたのでまずは「呂氏春秋」からということによる。心配だったのは大阪でどれだけ会員が集まるかということであったが、東洋史だけでなく、中国哲学の専門家も出席され、話題も幅の広いものとなった。大阪大学から木村英一氏を始め、森三樹三郎氏も時々出席された。大阪市大からは中山八郎氏が熱心に参加された。大阪大、大阪市大の若い研究者たちが輪読を分担した。杉本憲司氏、後に中村圭爾氏が事務的なことを補佐してくれた。

「呂氏春秋」十二紀の輪読が終り、次は何を読もうかということになったとき、木村英一氏から「戦国策」にしようと積極的な提言があった。こうして「戦国策」の輪読が始まった。大阪の中国古代史研究会は軌道にのってきた感じであったが、不運な出来事が相次いでおこった。守屋氏が急死されたのである。確か学部長をやっておられたが、激務だったようである。次いで木村氏も突然亡くなられた。研究会の席上、氏が活発な議論を展開されていたのを思い出す。

その後、研究会は次第に新しいメンバーを中心に、研究報告や中国の研究者を招いての談話などが主となる。なお大阪大に赴任した布目潮渢氏が研究会に加わった。

此度中国古代史研究会が七十周年を迎えるにあたって草創期の思い出を執筆するよう池田雄一、佐藤佑治、原宗子の三氏から依頼があった。いろいろ思い出すことも多いが、往時茫々、記憶の定かでない部分もあり、記述に誤りがあるやも知れない。

最後に中国古代史研究会の継続とさらなる発展を祈念する。

第三論文集刊行のころ

小倉芳彦

昭和二二年に中国古代史研究会が発足して、やがて七〇年になるという。

研究会草創当時の私は二十歳そこそこで、名義的には「東洋史学科」の学生だったが、中国について勉強したいと焦りながら、適切な卒論課題の指導も受けず、若気の赴くままに『史記』にまつわる評論を並べただけの卒論作りで苦しんでいた。同じ頃、三上先生たちのお仲間が、中国の古典史料を読む研究会を続けておられることなど、自己閉鎖的な私は知る由もなかった。

ほぼ同期に学部を卒業した上原淳道、宇都木章、相原俊二といった友人たちが、東大教養学部の三上先生を中心とした研究会に参加し、各種の古典を読み合わせるだけでなく、科学研究費を申請して、『中国史の諸問題』『中国古代の社会と文化』の二論文集を刊行した時期になっても、公私の雑事に忙殺されていた私は、この古代史研究会に関わることがなかった。

昭和三十年代の前半、モタモタしている私を、何かの折に研究会に誘ってくれたのは、卒業は同期でも六歳年長だった上原淳道さんである。だから私は中国古代史研究会には中途からの参加者であり、新参者の常とて、時あたかも第三論文集刊行計画を控え、うかと幹事の一人に加えられることになった。

当時、東京大学史学会が編集している『史学雑誌』に《学会消息》の連載企画があり、中国古代史研究会にもお鉢が回って来た。本来なら〈長老〉の上原さんが執筆すべきところだが、幹事の一人である私が紹介文を書けということになった。研究会七〇年の歴史を回顧する今回の企画にあたって、半世紀も前に書いた紹介記事が何のお役に立つか分からないが、編集者のお許しを得て再録させていただく。執筆は昭和三四年一一月一八日、活字になったのは翌年二月発行の『史学雑誌』六九巻二号である。

*

中国古代史研究会の過去の業績と活動の現況を、ということだが、きわめて書きにくいのに悩んでいる。それは筆者（現幹事の一人）が本研究会の発足（昭和二二年）以来の継続的な会員でないことにもよるが、それだけではない。「研究会」と名のる研究者の団体において、如何なる相互間の接触や活動が、研究を組織した本来の目的にかない、且つ全般的な学界に少しなりとも寄与し得るのか、について、決定的な結論のもち合わせがない、という理由にもよる。

「研究」ということについて、さしあたり次のような問題が浮かび上る。

(A) たとえ少人数でも、真の同好の士が毎週ないし隔週に一定の場所に集まり、一定のテキストや論題について検討を深め合うことが、語の深い意味において研究とよぶに値するのであるか。

(B) 年に一度か二度しか顔を合わせられないにしても、広い意味で中国古代史に関心のある人たちがなるべく多く集まって、談笑のうちに、論文の活字からだけでは摂取できぬ問題を相互に学び合う機会こそが、意外に研究の進展に役立つことになるのか。

(C) それとも、何かの安定した組織をつくること―たとえば文部省の総合研究計画に基いて研究題目を定め、それに伴なって各自の研究分担を決めて、発表を半ば義務化すること―が、現下の日本の学術促進に役立つ（？）とまでは言わぬとしても、各人の研究意欲の刺戟にもっとも効果的であると考うべきなのか。

こういう疑問を次々に思い浮かべて来ると、そういう疑問の各形態が、実は現在の中国古代史研究会には並存していることに気づくのである。それは具体的には次の如くである。

（A）昭和二二年の頃―中国古代史研究会というイカメシイ名前もなかった発祥期―が、このような少数の有志の講読会であったと聞いている。以来この伝統は連綿として現在に及んでいる。今までに手がけて来た書物には、詩経・儀礼・塩鉄論・呂氏春秋・春秋繁露義證・古籀拾遺などがあった。現在は毎月第二・四金曜午後に、東大教養学部（駒場）研究室では水経注を、他の週の金曜には、一橋講堂（神田）研究室で読通鑑論を読んでいる。

（B）上記の研究会に常時出席できぬ在京および地方在住の研究者とも、なるべく広く連絡しようと志している。去年一一月七日、史学会大会を機として、とくに関西方面の研究者や、中国古代哲学・漢代史研究の方々にもお集まり願って、中国古代史研究者懇談会（仮称）を開いたのは、この方向への試みである。

（C）（A）の講読会に集まった人々を中心として総合研究計画をたて、過去二六・二七年度、二九・三〇年度の研究成果を『中国古代史の諸問題』『中国古代の社会と文化』の二論文集として出版した。現在は《春秋戦国史の総合的研究―秦漢統一国家の形成期として観たる―》をテーマとして、三三年度から継続研究中である（代表三上次男氏）。

現在の中国古代史研究会は、おおよそこの三つの活動方向をもっている。この三つの面は、考えようによっては、相互に矛盾し排除し合う可能性を内包している。三つともを満遍なく発展させようとするのは、所詮無理なことかもしれない。しかしこのことは、会員（といっても、会員の資格について別に規定があるわけではない）が、この三つの派に分裂対立している、などととられては甚だ迷惑である。筆者自身について言えば、このA・B・Cの三形態のそれぞれに少しずつ関係させていただくことによって、それぞれから個有の恩恵を受けているのであって、他の会員の場合もそれに近いのではないかと思っている。それが研究会の実情ではないか。

中国古代史というような、再検討を要する未解決の問題をたくさん抱えている研究分野では、研究者相互の有形無形の接触・啓発が何よりも貴重である。各地に散在した研究者が小さなカラの中に閉じこもったり、その反対に特定の研究者のセクト的結合に自足するだけでは、問題がたちまち行き詰まるおそれがある。「研究会」というのは、そういう実際の研究状況の必要に応じて形成・成長するのが本来の姿であろう。

はじめにこの研究会について書きにくいと書いたのは、この研究会が、いわゆる「学会」らしい約款や会員規定などをもたず、また一義的な研究方針というものも持たぬ存在であることに由来したのであるが、思えばそれは、この研究会が現在および将来にわたって柔軟な存在意味をもちうる可塑性に富んだ集まりである証拠である。と言っては、やや自讃が過ぎるようだ。

＊

以上が私的な感想を含めた中国古代史研究会の状況である。半世紀を経て再録するに当たり、二、三のコメントを加えさせていただきたい。

（A）中国古典の講読会は、メンバーの出入りはあるものの、毎月第一、第三金曜日に、それぞれ別な会場で、それぞれ別な文献をテキストとして現在に及んでいる。毎回私にもご案内を頂いているが、出不精と老齢のため参加していない。詳しくは別掲の年譜でご確認いただきたい。

（B）「中国古代史研究者懇談会（仮称）」の会場は、本郷赤門裏通りの「松好」という小料亭だった。駒場の研究会の常連メンバー一四名の他に、九州・中国・京都などから一一名が集まり、昼食会費六百円で賑やかに歓談した。これを前例として、翌年、翌々年と同時期、同会場で懇談会が開かれ、「松好の会」の通称が生まれた。幹事役はいつも地元の私が命じられた。

（C）第三論文集刊行の話が駒場の研究会で幹事の鈴木啓造さんから出たのは、三四年の二月ごろだった。論文集の題目・構成などについて二回ほど議論があった末に、新規に幹事となった五井直弘さんと私の連名で、次のような手紙を謄写印刷して、五月初めに常時出席メンバー以外の方にも広く発送した。

《中国古代史研究会の今年度の運営は、五井直弘（新）小倉芳彦（再）の両委員が行うように指名されました。次のような方針で運営をやらせていただきたいと思いますが、御意見あらば次回にお申し出下さい。

一　研究会　従来通り東大教養学部で講読会を続けます。但し部屋は従来の右隣の三上先生の研究室に変更となりました。毎月第二、四金曜日。（以下略）

一　論文集　総合研究継続の申請が通るかどうか目下まだわかりませんが、古代史研究会として、第三冊目論文集作成の企てをもっております。先般もごく大よその見当をつける意味で、如何なるテーマを準備しておられるかのアンケートを幹事からさしあげ、一部の方に唐突の感を抱かせ申したことをおわびします。現在考えているところでは、全員に、五〇枚前後のつもりでお書き願おうと思います。テーマについては、中国古代史に関係のあること、という以外に特に拘束を設けないつもりです。各位の現在当面しておられる問題に即して、左のことをお含みの上、気鋭の論説をお寄せ下さることを期待します。

刊行予定　三五年内

原稿完成・印刷渡し　三五年三月

内容概要の発表を三四年九月―一二月の研究会で順次行なう（九月からの内容発表の順番は追って定めます）》

以下、刊行に至るまでの経過概要を時日を追って摘記する。

・三四年　六月十日　文部省へ総合研究予算書を提出、受理される
・　　　　一一月七日「松好の会」第一回
・　　　　一一月二七日　西嶋定生氏発表
・　　　　一二月一一日　松本善海氏発表
・　　　　一二月二六日　上原・五井・後藤・曾野・小倉・三上諸氏発表（東大出版会で）
・三五年　四月二二日　佐藤武敏氏から期日通り論文が届く
・　　　　七月一五日　吉川弘文館から出版と決まる
・　　　　一一月五日「松好の会」第二回　三〇名出席
・　　　　一一月二五日『中国古代史研究』発行

なお第三論文集の書名を、ズバリ『中国古代史研究』としては、と発言したのは私だったと記憶している。その時は、以後、第二、第三と継続するとは予想していなかった。それなら初めから『第一』としておけばよかった。

また私にとっては、駒場での研究会と並んで、同じ金曜日の別の週に、一橋講堂（神田）の研究室で続いていた講読会への参加も重要な意義をもつが、ここでは論文集刊行にかかわることを中心として割愛することにした。

論文

里耶秦簡の治獄について

池田雄一

はじめに

秦代、戦国秦に遡る治獄（裁判）は、①中央集権化が遅れた戦国楚とは異なり[1]、初審は県、再審は郡（「今郡守爲廷不爲、爲殿、辭者不先辭官長、嗇夫」睡虎地秦簡[2]『法律答問』）等と、上級行政機関での再審理が可能で、②県での治獄の具体的な審理過程も、張家山漢簡[3]や嶽麓書院蔵秦簡[4]の治獄手引き書、奏讞案例において確認できる。更には③法整備においても、睡虎地秦簡『秦律十八種』や嶽麓書院蔵秦簡の律令が知られる。

この秦代の治獄に関して、二〇〇二年六月に、往時の同時代行政文書を多数含む里耶秦簡[5]が出土した。里耶秦簡は、秦の遷陵県治遺址一号井他で発掘され、遷陵県は、首都咸陽から遠く離れた西南辺境の地、湖南省湘西土家族苗族自治州龍山県に位置する。

遷陵県の置県と治安　遷陵県は、一号井第八層から出土した木牘に「遷陵廿五年爲縣。（八―七五七）（遷陵は廿五年に県となった）」と見え、秦王政二五（前二二二）年に置かれた県で、秦の天下統一を遡る。ただ第五層から出土した竹簡には、楚文字で「[戈/止]夌（遷陵）公。（五―五）」の墨書が確認でき、置県は秦が進出する以前、楚の時代に遡る可

能性が指摘されている。(6)

秦王政二五(前二二二)年に、秦の遷陵県が設置されたが、その翌年には、

廿六年六月癸丑、遷陵拔訊榬・蠻・∠衿⊠(一二一一〇)、鞫之、越人以城邑反、蠻・∠衿・∠害弗智⊠。(一二一一〇背)。

廿六(前二二一)年六月癸丑(四日)、遷陵県[令]の抜が、榬・蛮・衿を訊問した。取調べの最終判断では、越人が城邑を盾に叛乱を起こしたが、蛮・衿・害の三名は、見過ごした、とされた。

と、「越人」の叛乱が起き、遷陵県関係者と思われる人びとの責任が問われている。遷陵県廷での取調べの総括、鞫辞であるが、叛乱を起こした「越人」は、「濮越等少数民族」との理解があり、(7)秦の置県以前からこの地に居住していた少数民族であったと思われる。

この地域での秦の支配は、未だ点の支配に過ぎなかったと思われ、叛乱では城牆を構え遷陵県と対峙している。遷陵県と少数民族との関係が、それほど安定していなかったことを窺わせる。この六月の叛乱との関わりは不明であるが、里耶秦簡博物館展示(二〇一三年三月、以下同)簡牘には、「廿六年十一月辛丑、遷陵⊠(一四—八三二)●鞫之、試以城邑反、亡奔⊠。(一四—八三二背)(廿六(前二二一)年十一月辛丑(二十四日)、遷陵県…、取調べの最終判断では、城邑を盾に叛乱を試み、亡奔す…)」と、同年十一月に、同じく叛乱に関連する鞫辞が残る。

里耶秦簡 里耶の古城遺址に、秦の支配を遡るどの時期に、楚の支配が及んだかは、今後の課題となるが、この遷陵県治遺址一号井から発掘された里耶秦簡の総数は、三万八〇〇〇余枚に上る。北護城壕十一号坑からも五一枚が発掘された。(8)

簡牘の材質は、多く加工が容易である杉や松材等であったが、簡牘の半分以上は無文字簡である。(9)断簡も多いが、この里耶秦簡の内、二〇一二年一月に、『里耶秦簡(壹)』において二五五二点の写真版と釈文とが公表された。(10)

開示された簡牘は、未だ一部に過ぎないが、簡牘の多くは、遷陵県の日常的な行政事務に関わり、文書形式には共通する側面が少なくない。また一号井中の簡牘は、さほど時間的差異をおかずに投棄されたと思われ、開示された簡牘は限られたものであるが、秦代の地方末端の姿が如実に実感できる貴重な題材である。そこで本稿では、この『里耶秦簡（壹）』を中心に、秦代の治獄について、その一端を確認して見たいと考える。

一　爰書

簡牘の爰書　爰書は、里耶秦簡の他、睡虎地秦簡、居延漢簡、敦煌懸泉置漢簡、張家山漢簡等々で出土し、『漢書』張湯伝顔師古注の「爰換也、以文書代換其口辭也」を始めとする、版本上での注解だけではなく、爰書の同時代史料が多数利用できるようになった。

この結果、爰書には、治獄での論決を求める上で基礎資料となる供述、証言、取り調べでの笞掠の使用、現場検証、財産の差し押さえ、財産譲渡の認定等々の記録や報告他、広範な司法案件への内容が含まれるが、それでもなお爰書については、課題も残される[11]。

武吏の爰書　里耶秦簡の場合も、引き続き簡牘が公表される中で、更に多くの事例が確認できると思われるが、先ずは『里耶秦簡（壹）』に収められる爰書の事例を以下列記する。

(1)廿五年九月己丑、将奔命校長周爰書、敦長買、什長嘉、皆告曰、徒士五右里繚可、行到零陽廡谿橋亡、不智（知）□□、〔Ⅰ〕繚可年可廿五歳、長可六尺八寸、赤色、多髪、未産須、衣絡袍一、絡單胡衣一、操具弩二、絲弦四、矢二百、鉅劍一、米一石☑。〔Ⅱ　八—四三九＋八—五一九＋八—五三七〕

廿五（前二二二）九月己丑（五日）、将奔命校長の周による爰書。敦（屯）長の買、什長の嘉は、共に、徒の士伍の［某県］

右里の繚可が、零陵県の廡谿橋に到着した際、逃亡しました。……不明です。繚可の年齢は、二五歳くらい、身長は六尺八寸（約一五六センチ）ほどで、肌は赤みがかり、頭髪は多いが、あごひげは生やしていません。衣服の絡袍一着、絡単胡衣一着、武器の弩器二、弦四、矢二〇〇、鉅剣一、粮食用の脱穀済の穀物一石（二五キロ）［が無くなっています］と、報告しました。

この爰書は、奔命（兵卒）に動員された人びとが、遷陵県に移送される途中で、徒の繚可が、零陵県（湖南省慈利県）の廡谿橋で逃亡した事案である。零陵県は、澧水、沅水、酉水を経て、水路、遷陵県を結ぶ澧水流域に位置し、廡谿橋は、この澧水にかかる橋、船着き場と思われる。繚可は行方不明になったためか、風貌や持ち出した物品が列記されている。爰書作成に関わった校長、敦（屯）長、什長はいずれも武吏である。この爰書は、引率者の敦長、什長の報告で、移送の責任者であった校長が作成し、県廷に提出している。新設遷陵県への屯戍者移送の実態を垣間見せる貴重な史料であるが、移送途中で、逃亡により人数に欠員が生じた。引率者の責任が問われかねず、逃亡事件への状況報告の必要性もうなずける。

郷吏の爰書―郷吏と里吏

(2)卅二年六月乙巳朔壬申、都郷守武爰書、高里士五武自言以大奴幸、甘多、大婢言、言子益〔Ⅰ〕等、牝馬一匹予子小男子產、典私占、初手、〔Ⅱ　八―一四四三＋八―一四五五〕六月壬申、都郷守武、敢言、上、敢言之、／初手、〔Ⅰ〕六月壬申日，佐初以來、／欣發、初手。〔Ⅱ　八―一四四三背＋八―一四五五背〕

卅二（前二一五）年六月乙巳朔壬申（二十八日）、都郷守の武による爰書。高里の士伍である武が、自ら申し出て、大奴の幸と甘多、大婢の言と、言の子供の益らと、牝馬一匹を、子供の小男子の產に与えたいと申し出ております。里典の私から上申がありました。初が記録した。六月壬申（二十八日）、都郷守の武が謹んで申し上げる。［爰書を県廷に］送付しました。謹んで申し上げます。初が記録した。六月壬申（二十八日）の日［出・中・入］（卯・午・酉時）に、佐の初が持参した。欣が開封した。初が記録した。

この爰書は、都郷守の爰書である。郷守は、里耶秦簡に多見する。郷内で幅広い職権を有する郷吏であったと思われる[12]が、その郷守が、里典の「占」、上申を基に爰書を作成している。爰書の内容は、都郷在住の父親から息子への財産（含奴婢）譲渡である。張家山漢簡『二年律令』戸律には、先令（遺言）による財産相続は、県吏である郷部嗇夫が、「自聴」と自らが事情を聴取し、参弁券を作成したが、この爰書の場合は、参弁券の作成は見えず、生前贈与のようである。この生前贈与においては、里典の「占」、上申が介在した。同時に、この爰書は、作成された当日に県廷に届き、即日開封されている。このことは、郷爰書に対する最終的な対応が、県廷の責任において行われていたことを意味すると思われる。

(3)卅五年七月戊子朔己酉、都郷守沈爰書、高里士五廣自言、謁以大奴良、完、小奴嚋、饒、大婢闌、願、多、□、〔Ⅰ〕禾稼、衣器、錢六萬、盡以予子大女子陽里胡、凡十一物、同券齒、〔Ⅱ〕典弘占、〔Ⅲ　八―一五五四〕七月戊子朔己酉、都郷守沈、敢言之、上、敢言之、／□手、〔Ⅰ〕〔七〕月己酉日入、沈以來[13]、□□、沈手。〔Ⅱ　八―一五五四背〕

卅五（前二一二）年七月戊子朔己酉（二十二日）、都郷守の沈による爰書。高里の士伍である広が、自ら申し出て、大奴の良と完、小奴の嚋と饒、大婢の闌と願と多、…、禾稼、衣服、銭六万を、全て子供の大女子の陽里在住の胡に与えたいと申し出ております。総てで十一種です。〔符〕券側面の刻歯も一致していますと、里典の弘から上申がありました。七月戊子朔己酉（二十二日）に、都郷守の沈が、謹んで申し上げます。〔爰書を県廷に〕送付しました。謹んで申し上げます。…（某）が記録した。〔七〕月己酉（二十二日）の日入（酉時）に、沈が持参した。……（某が開封した）。沈が記録した。

この爰書は、前出(2)と同じ都郷守が作成した爰書で、その内容は、父親から娘への財産譲渡であるが、(3)の場合は「券」が作成されている。もし案件が先令であれば、前述したように県吏が直接関り参弁券が作成されたが、ここでは里典が、当事者の「自言」と刻歯[14]とを確認するに止まり、(2)の生前贈与に類似する。このため刻歯が確認される

「券」は、父親と娘との間で交わされた二枚一組の符券であったと思われる。(3)の親子関係は、父親は高里、娘は陽里と居住する里が異なっている。これに対して(2)の親子関係は、父親が高里と明記されるのみで、息子の居住地は省略されていた。(2)の親子は、同じ里中で生活していた可能性が大きい。このことが(3)の場合、「券」の作成を必要としたかと思われる。(15)

居住する里を異にする親子間での財産譲渡に対して、間に立って「占」を行う里典は、いずれの里典が担当したかであるが、(2)・(3)共に、譲渡側の里典が「自言」(言＝占。上表の義、『釋名』釋書契「下言於上曰表、(略)又曰言」)を確認する役割を果たしている。このため郷吏への「占」は、譲渡者居住地の里典が、事実確認を行い、「占」を行っていたと思われる。(3)の爰書も即日県廷に届けられている。事務処理の迅速さは(2)と同様である。

(4)丗三年七月己巳朔甲戌、都鄉守壬爰書、高里士五武自□〼〔Ⅰ〕典縮□〼。〔Ⅱ 八—一五三七〕

丗三(前二一四)年七月己巳朔甲戌(六日)、都鄉守の壬による爰書。高里の士伍である武が、自ら……(申し出て)、里典の縮から……(上申がありました)。

この爰書は、高里の士五の武の「自言」を踏まえ、里典の縮が郷吏に「占」を行い、都郷守が、それに基づき爰書を作成したと思われる。断簡で内容は不明であるが、それでも住民の「自言」を基に里典が介在し、(2)・(3)同様、郷での爰書が作成された事例となる。郷吏による爰書が、財産の生前譲渡を始め特定の事項においては、里吏の「占」を求め、これに基づき作成される手順が、確立していたことを窺わせる。

この他、(5)「〼守歓爰書、陽里士五〼。〔八—二二二七〕」は、断簡であるが、陽里は(3)にも見え、都郷内の里であった可能性が残り、「都鄉守歓」の爰書であったかも知れない。

県府の爰書他　(6)「□六年六月丙辰、遷陵拔爰書、即訊□〼〔Ⅰ〕爲求得婺(傲)其產、咎安成不更李□〼。〔Ⅱ 八—九一八〕」は、遷陵県[令]抜の爰書で、「不更身分の李某」に対する訊問であった可能性があるが、断簡である。

また(7)「☐爰書、走使□☐〔Ⅰ〕☐□罪郭、臣當☐〔Ⅱ〕☐言之、上謁以〔臨〕☐。〔Ⅲ　八―一二〇〕」の爰書も、缺字が多く文義不明である。

以上が『里耶秦簡（壹）』において爰書と明示される簡牘で、七種に上る。(16)

二　睡虎地秦簡の爰書

睡虎地秦簡の爰書　この里耶秦簡と時代が重なる爰書としては、睡虎地秦簡『封診式』に、(1)「封守　鄉某爰書」、(2)「盜自告　□□□爰書」、(3)「□捕　爰書」、(4)「□□〔爰〕書」、(5)「盜馬　爰書」、(6)「爭牛　爰書」、(7)「群盜　爰書」、(8)「奪首　軍戲某爰書」、(9)「□□　□□某爰書」、(10)「告臣　爰書」、(11)「黥妾　爰書」、(12)「䙴（遷）子　爰書」、(13)「告子　爰書」、(14)「厲（癘）爰書」、(15)「賊死　爰書」、(16)「經死　爰書」、(17)「穴盜　爰書」、(18)「出子　爰書」、(19)「毒言　爰書」、(20)「奸　爰書」、(21)「亡自出　鄉某爰書」と、冒頭に表題と爰書である旨が明記される二一種の爰書が収められる。『封診式』には、この他に「治獄」、「訊獄」、「有鞫」、「覆」の表題を持つ文章が収められているが、これは、治獄に共通する留意事項を例示したもので、個別の事案に関わる爰書とは異なる。

爰書と吏人　睡虎地秦簡『封診式』の爰書と里耶秦簡の爰書とを比較してみると、里耶秦簡中では、(1)武吏の爰書、(2)～(5)鄉吏の爰書、(6)県府の爰書の三種が確認できるが、『封診式』でも、(8)は武吏の爰書（(9)も缺字になっているが武吏の爰書か）であり、(1)・(21)は鄉吏の爰書である。他は爰書作成部署が明記されていないが、(13)には、爰書中に「令史己爰書」、(15)～(17)には、爰書中に「令史某爰書」、(18)には爰書中に「丞乙爰書」が引用され、(10)・(11)は鄉吏に対して文書報告が命じられている。おそらく(10)・(11)・(13)・(15)～(18)は県府において作成された爰書ではと思われる。

これによると爰書は、県の官吏、または鄉吏、軍中の事案であれば武吏によって作成されるもので、里吏が作成する爰書は確認できない。

『封診式』の爰書は、「封守」等の表題が付されるが、これは利用の便を図って編集された結果で、表題を除く爰書の構成は、里耶秦簡の爰書と相似する。

郷吏の爰書―郷吏と里吏　睡虎地秦簡では、里耶秦簡爰書で確認できる年月日時刻や「以來」・「發」・「半」・「手」等の文書行政の詳細は省かれているが、里耶秦簡爰書の県郷里間での役割分担を、『封診式』の爰書作成において確認して見ると、⑴「封守」は、

⑴封守　郷某爰書、某縣丞某書、封有鞫者某里士五甲家室・妻・子・臣妾・衣器・畜產。●甲室・人、一宇二內、各有戶、內室皆瓦蓋、木大具、門桑十木、●妻曰某、亡不會封、●子大女子某、未有夫、●子小男子某、高六尺五寸、●臣某・妾小女子某、●牡犬一、●幾訊典某某・甲伍公士某某、甲黨（儻）有［它］當封守而某等脫弗占書、且有辠、某等皆曰、甲封具此毋當封者、卽以甲封付某等、與里人更守之、侍（待）令。

と、県丞からの書面を受け、郷吏が、被告人である甲の封守、差し押さえの対象物を確認した爰書である。県廷で行われる治獄において、財物に対する事実確認は、郷吏に下達され、郷吏は更に、里典や伍人の協力を求め、「占書」、すなわち文書によって報告を受けていた。この点は、里耶秦簡⑵・⑶の郷吏による爰書で、財物の譲渡が、里典の「占」を根拠に確認されていたことと同様であり、里耶秦簡の⑵・⑶爰書においても、里典の「占」は、文書で行われていた可能性が高まる一方、かかる「占」への伍人の関与も推論される。

『封診式』の郷吏による今一つの爰書、（21）「亡自出」は、

㉑亡自出　郷某爰書、男子甲自詣、辭曰、士五居某里、以迺二月不識日去亡、毋它坐［論］、今來自出、●問之□名事定、以二月丙子將陽亡、三月中逋築宮廿日、四年三月丁未籍一亡五月十日、毋它坐［論］、莫覆問、以甲獻典乙相診、今令乙將之詣論、敢言之。

で、郷吏が、出頭してきた亡命者対応の窓口となって、①名事［里］（姓名・身分・住所）、②亡命期間、③服役期間、④坐［論］（前科）、⑤覆問（覆訊）の確認を行い、亡命者の本人確認は、里典が行っていた。里吏による住民の本人確認は、住民の財物の験証とも、対応が現場で直接行われている点で共通しており、(1)「封守」の場合と役割を同じくする。郷吏は、手許の簿籍で確認できる住民の姓名や身分、住所、前科等々は判断できたが、更にその実態、現状確認を必要とする場合は、里典を介在させ、「占」か、急ぐ場合は里典自身の「詣論」、県廷での審理への参加が必要であった。

県府の爰書―県府と郷吏　以上は、爰書作成における郷吏と里典、あるいは伍人の役割分担についてであるが、睡虎地秦簡では、この事例の他に、県府と郷吏との職務分担を窺わせる爰書、(10)「告臣」がある。

(10)告臣　爰書、某里士五甲、縛詣男子丙、告曰、丙、甲臣、橋悍、不田作、不聽甲令、謁買（賣）公、斬以爲城旦、受賈錢。●訊丙。辭曰、甲臣。誠悍、不聽甲、甲未賞（嘗）身免丙、丙毋病殹、毋它坐辠、令令史某診丙、不病、●令少內某、佐某、以市正賈（價）賈丙丞某前、丙中人、賈（價）若干錢、●丞某告某鄉主、男子丙有鞫、辭曰、某里士五（伍）甲臣、其定名事里、所坐論云可（何）、可（何）辠赦、或覆問毋有、甲賞（嘗）身免丙、復臣之、不殹、以律封守之、到以書言。

は、県丞による財務担当の少内や郷主への指示が含まれ、県廷内で作成された爰書であるが、この中に、県丞から郷主に通告した調査項目が列記されている。それによると郷吏の調査項目は、①名事里、②坐論、③罪赦（有罪・赦免）、④覆問、⑤身分の変更に及び、①と⑤とは、いわゆる案比、戸の構成に関わる。その一方、②〜④は前科に関わるが、これもまた郷吏が保管する簿籍の中で確認することができるようになっていた。郷が架蔵する簿籍には、戸籍が知られるが、戸籍は県にも副本が架蔵されていた。しかし爰書作成の際は、副本ではなく郷の正本において名事里等の確認が行われ、併せて郷吏が、住民個々人の前科の有無をも確認し、これを「以書言」（言=占）と、文書で報告することになっている。

このことは県架蔵の戸籍副本では、郷架蔵の戸籍正本と異なり、戸別の具体的個人情報が欠落していた可能性を抱かせるが、同様の事例は、『封診式』の爰書(11)「黥妾 爰書」にも見え、県丞が郷主に、妾の持ち主の告発への意思確認と同時に、妾の①名事里と②坐論・③覆問の有無とを、同じく「以書言」（言＝占）と、文書で報告するよう通達している。

三　爰書作成と郷里吏

官獄徴事—「戸籍藏郷」　爰書を作成する際には、県郷里それぞれに、役割分担が存在した。治獄の初審は県廷において行われ、審理、論決は県の責務である。それにも関わらず住民の姓名・身分・住所や前科如何の確認は、郷吏の職責で、郷吏が、その確認を行っていた。

この点について、郷吏の職掌と関わる比較的整った簡牘が新たに公開された。漢代に降るが、『肩水金關漢簡（參）[17]』には、

河平五年五月庚子朔丙午、都鄕守嗇夫宗、敢言之、肩水里男子王野臣自言、爲都尉丞從史徐興取傳、謹案戸籍臧（藏）官者、野臣爵大夫、年一九、毋官獄徴事、當得以令取傳、謁移過所津關、毋〼　五月丙午、居延令宣・守丞城・倉丞赦、移過所縣道毋苛留止、如律令、／掾□。〔七三EJT二六：八七〕

河平五（前二四）年五月庚子朔丙午（七日）、都郷守嗇夫の宗が、謹んで申し上げます。肩水里の男子の王野臣が、自ら、都尉丞従史の徐興の「所用の」ために伝（通行証）を取得したいと申し出ております。謹んで「官」（郷府）内に架蔵されている戸籍を調査しました。野臣の爵は、大夫で、年齢は一九歳、治獄による前科はありません。令の定める通り伝（通行証）を

取得する資格を有しています。通過する河津や関に文書通知し、毋…（以下缺字があるが、郷守嗇夫から居延県への「道中の通行を阻害しないように」との主旨の文が続く）。五月丙午（七日）、居延県令の宣、守丞の城、倉丞の赦は、通過する道中の県や道は、厳しく審査して通行を遅らせず、律令に則るように、と通達を行った。／掾…。

とある。この木牘は、郷吏によって、「戸籍」で爵や年齢の他、「官獄徴事」、すなわち前科の有無が、「傳」、通行証発給の前段として確認されている。

この通行証発給に伴う手続きで、「戸籍臧（藏）官」が登場するが、このような事例は、他に、「戸籍臧（藏）郷官」（『肩水金關漢簡（壹）』七三EJT九：二五）、または「戸籍臧（藏）郷」（『居延漢簡甲乙編』八一・一〇）等とあり、「戸籍藏郷」は、慣用句となっていた。このため七三EJT二六：八七簡の「戸籍臧（藏）官」の場合も、「藏官」で「藏郷官」を意味していたこととなり、郷吏が、住民の前科の有無を郷に架蔵されている「戸籍」で確認していたことになる。[18]

前漢時代に、通行証発給のために郷吏が、「戸籍」で前科如何の確認を行ったことは、別に論じ、「戸籍」の中に、前科が確認できる簿籍が、秦代に遡り含まれていたことを確認したが、睡虎地秦簡『封診式』の爰書(10)・(11)においては、秦代に遡って、郷架蔵の「戸籍」で、治獄のために、郷吏が前科如何の確認を行っていたことになる。[19]

治獄と郷里吏　秦代の爰書は、治獄が、県の令丞や獄吏のみの手に委ねられるのではなく、地域に密着する郷里吏が、各々の職責に応じて職務を分担し、事実関係を文書化、事案への正確な判断、論決を下支えしていた様子が窺える。

『漢書』百官公卿表は、郷吏と治獄との関連について、「［郷］嗇夫、職聽訟」とあり、『續漢書』百官志には「［郷有秩・郷嗇夫］、皆主知民善惡」と見える。初審の告や劾は、県廷に対して行われるもので、郷吏が、「聽訟」と、訴え事を聴取する（例えば(21)「亡自出」）ことがあっても、直接、告劾を受理することはなかったが、住民の前科如何を確認する場合には、これを職責としていた。郷吏の職掌に「知民善惡」が伝えられる所以でもある。

里典や里父老（伍老）、伍人は、郷吏の「戸籍藏鄉」のような簿籍を管理することはなかったが、指紋などの本人確認の手段が存在しない中で、住民個々を特定し家族構成や生活実態を確認するためには、十数戸あるいは数十戸程度の地域社会で、日常を共にする里典や里父老（伍老）、伍人を介在させる以外に方法がなかった。[20] ここに爰書における里典による「占」や、伍人にまで及ぶ協力体制が構築され、それぞれの役割分担が存在することになる。

睡虎地秦簡『封診式』の爰書⒁ではまた、病状を確認するために、専門的知識を有する「醫」（医師）が動員されており、同⒅では、流産の原因を確認するために、出産経験を持つ「隷妾」が、審理に参加していた。治獄の客観性を高める上での配慮である。

「占」の字義　上申文書で使用される「占」の字義について、『里耶秦簡牘校釋』は、「登記」または「験證・察看・口述」の義とし、語釈が一定せず、[21] わが国でもまま「占」を「登記」とする理解が見える。睡虎地秦墓竹簡整理小組も「申報」、「登入」の両義を採用するが、『編年記』の「自占年（自ら年齢を占す）」は「令男子書年（男子をして年齢を書せしむ）」（『史記』秦始皇本紀）と同義とし、「占」を「申報」と解している。[22] 先に引用した里耶秦簡⑵・⑶の里典から郷吏への財物譲渡を確認する「占」も、睡虎地秦簡『封診式』⑴では、同様の里典から郷吏への里中住民の財物の確認で、「占書」と表記されており、この両者の「占」が異なる字義を持つとは考え難い。前者は住民の意思確認、後者は所有財物の現状確認と相違を感じさせるかも知れないが、共に住民の生活実態の験証が出発点となる。

このため里耶秦簡⑵・⑶と『封診式』⑴との「占」については、「申報」、上申（上表）の義と解し、「占書」は、上申を行った際の文書と理解した。『封診式』⑽・⑾でも、郷吏から県府への住民の名事里等の上申は、「以書言」（文書で申上げる。言＝占、上表）と文書を介して行われている。このことから県郷里間での「占」は、原則、文書を必要としたことが明らかで、里耶秦簡⑵・⑶での「占」も、文書による上申が行われていたと考える。[23]

四　治獄の課題

獄曹　里耶秦簡の爰書は、多く遷陵県での治獄と関わる。里耶秦簡中には、「獄東曹」と「獄南曹」との二個所の獄曹が確認でき、この獄曹は、遷陵県治所内の獄の所在地、容疑者が収容される部署を指していた。[24]

或一人獨訊囚　秦代の県での治獄には、県府だけではなく、被疑者と関係の深い郷吏や里吏、伍人等までもが動員されていたが、里耶秦簡にはまた、

卅年十一月庚申朔丙子、發弩守涓、敢言之、廷下御史書曰、縣〔Ⅰ〕□治獄及覆獄者、或一人獨訊囚、嗇夫長・丞・正・監非能與、〔Ⅱ〕□□殹、不參不便。書到尉言、●今已到、敢言之、〔Ⅲ　八―一四一＋八―六六八〕十一月丙子旦食、守府定以來、／連手、萃手。〔八―一四一背＋八―六六八背〕

卅（前二一七）年十一月庚申朔丙子（十七日）、発弩守の涓が、謹んで申し上げます。県廷は、御史の文書を下達し、県での…治獄並びに覆獄で、誰か一人が単独で囚人（被疑者）を訊問し、県令や県丞、獄正（獄史・獄佐）や牢監が関係していない場合は、……である。複数の関係する役人が参加しないと、有用で役割を果たしている治獄ではない、と通達しています。〔御史の〕文書は、県尉に送られてきているとの報告であります。●現在、已に〔御史の文書は〕届いております。謹んで申し上げます。十一月丙子（十七日）の旦食（辰時）に、〔発弩〕守府の定が持参した。連が記録した。萃が記録した。

と、一部欠字があるが、遷陵県に届いた「御史書」、御史府からの文書では、治獄や覆獄においては、県令（嗇夫長）や県丞、治獄担当の正や監等、複数の役人が関係しないで、一人単独で訊問を行うことは避けるべきである、との内容が記載されていた。治獄、覆獄関係者の内、県の令丞以外の正と監とは、獄に関わる県吏で、里耶秦簡には、獄史・獄佐・牢監・牢人等の吏名が見える。治獄、覆獄での論決は、県官が担当しており、正・監は、これを補佐する立場

で、獄史・獄佐や牢監等々の県吏が担当していたと思われる。

この御史府からの文書によれば、秦代の治獄に、正常な手順が踏まれていない実態が存在する。一部吏人による擅断が、まかり通る現実が存在していたことになる。

張家山漢簡『奏讞書』案例一八も、「御史書」を契機に南郡攸県での覆獄が開始され、嶽麓書院蔵秦簡でも「御史言」によって覆獄が行われている。(25) 御史の職掌は「舉劾按章」(『漢書』百官公卿表)と、挙劾、すなわち弾劾と関わりを持つ。里耶秦簡の「御史書」も、『奏讞書』案例一八等と同様、治獄関係吏人への弾劾、監察に関わる文書であったと思われる。

誤不當律　この里耶秦簡の「御史書」は、たまたま武吏の文書中に見えるが、下達された部署や特定の地域のみを対象としたものでなかった可能性がある。このため「御史書」の内容は、秦代の県廷総ての治獄を対象とする通達ではと思われるが、里耶秦簡にはまた、

等何解、辤(辭)曰、□等鞫獄弗能審、誤不當律☐。〔八―三一四〕

(上文缺落)等、何の解があろうか。〔詰問を受けた被疑者が〕供述するに、…等、鞫獄は、審理が尽くされておらず、間違っており、律令に違反しております。

と、被疑者が、「鞫獄」(断獄)では、審理が尽くされておらず、過誤があり、律令に違反していると、治獄の不当性を訴えている。文中の「等」は、人名かも知れないが、断簡のため不明である。「何解」は、訊問で供述がぶれ、より厳しい「詰」が行われた際、「詰」文の最後に記載される常套語である。嶽麓書院蔵秦簡や張家山漢簡の奏讞案例では、「詰」文の最後が、多く「「何解」」の語で結ばれている。「辭曰」以下の文は、詰訊を受けた被疑者による供述であるが、その内容は、治獄への不信感で蔽われている。

覆獄　前出里耶秦簡の「御史書」は、治獄と並んで覆獄も対象としているが、里耶秦簡中には、覆獄に関わる簡牘

が、八―一三五簡、八―一三六＋八―一四四簡、八―一四一＋八―六六八簡、八―二五五簡、八―二六五簡、八―四九二簡、八―六三二簡、八―一二九五簡、八―一七二九簡、八―一八九七簡の一〇種も含まれる。

覆獄は、『史記』六国年表始皇三十四年に、「適治獄不直者、築長城及南方越地、覆獄故失（治獄において誠実でないものは、長城や南方の越の地で土木工事に従事させる。覆獄で故意に判断を誤った者も同様である）」と見え、秦代の治獄の問題点を浮かび上がらせ、先の「御史書」や「誤不當律」の治獄と軌を一にする。『資治通鑑』秦紀始皇三十四年の胡三省注は、この覆獄を、「覆獄者、奏當已成而覆按之也」と解している。

胡注によると、覆獄は、上奏に当たって繰り返し内容を吟味することになるが、[26] 張家山漢簡『奏讞書』中の案例一八は、始皇二七（前二二〇）年の覆獄で、中断していた審理を軌道に乗せる経緯が詳述されている。覆獄の語は、『史記』では、先に掲げた一例のみであるが、ここでも「覆獄故失」が「治獄不直」と対比されており、先に引用した里耶秦簡の「御史書」でも「覆獄」と「治獄」とが併記され、覆獄は、治獄との関わりが深まる。『漢書』でも一例のみ、王嘉伝に「使者覆獄，劾敞賊殺人」と見えるが、この覆獄も京兆尹張敞の論決を問題視し再審理している。里耶秦簡の覆獄事例にも、

☑□月己亥朔辛丑、倉守敬敢言之、令下覆獄遝遷陵隸臣鄧〔Ⅰ〕☑□□名吏（事）、它坐、遣言、●問之有名吏（事）、定、故旬陽隸臣、以約爲〔Ⅱ〕☑□□史、有遝耐辠以上、毄（繫）遷陵未夬（決）、毋遺殹。謁報覆獄治所、敢言〔Ⅲ　八―一三六＋八―一四四〕☑□□刻刻下六，小史夷吾以來、／朝半、尚手。（八―一三六＋八―一四四背）

☑□月己亥朔辛丑（二日）、倉守の敬が、謹んで申し上げます。令が下り、覆獄において遷陵県の隸臣の鄧を追求し、姓名・身分、他に有罪の論決を受けていないか、譴責を受けていないかを………（確認するために）、訊問を行い、姓名・身分・住所を確認したところ、以前は旬陽県の隸臣でした。取り決めによって………となりました。耐罪以上の刑が相当とされ遷陵県で収監されておりますが、未だ論決は出されておらず、譴責も行われておりません。覆獄の論廷に報告いたします。謹んで申

し上げます。………刻刻下六（巳時）に、小史の夷吾が持参した。朝が開封した。尚が記録した。

と、審理が滞っていた遷陵県廷の治獄が、「令」によって審理を再開した様子が伝えられ、その再審理は、「覆獄」と称されている。

覆獄は、治獄での再審理を指していたと思われ、胡三省による覆獄の理解は、覆獄の実態と乖離することになりかねないが、里耶秦簡では、この覆獄に関わる簡牘が比較的数多く散見する。『史記』や『漢書』の覆獄の事例数が、どれだけ当時の実態を反映しているかは不明であるが、それでも覆獄自体は、通常の治獄形態とも言い難い。ただ里耶秦簡も、開示された簡牘は限られている。このため、即座に辺境西南地区での覆獄案件の多さを論じることは避けるべきであるが、秦の領域は、関中盆地を除けば、多く旧六国から奪い取った新領域、占領地である。(27) 秦の治獄体制が、さほど円滑に運用できていたとも思えない。比較的数多く感じられる里耶秦簡での覆獄簡牘も、かかる占領地支配での特殊事情が影響していたかどうか、なお今後の里耶秦簡の開示を俟たねばならない。

おわりに

以上、里耶秦簡を中心に、秦代の治獄について、その一斑を見てきた。清朝を遡る司法は、行政と一体化されており、秦代の爰書作成においても、県郷里間でそれぞれの職務が分担されていた。このことは審理の公正、正確さを希求する姿勢とも繋がり、統一帝国の安定性を感じさせるが、その一方で、運用、実態はとなると、なお未だしの感が拭い難い。

野鳥（水鳥）の宝庫　これまでは比較的、治獄の制度的な側面を見てきたが、最後に、里耶秦簡の治獄に関わる簡牘一例を引用し、往時の遷陵県を偲ぶこととする。

廿八年七月戊戌朔乙巳、啓陵鄉趙、敢言之、令令啓陵捕獻鳥、得明渠〔Ⅰ〕雌一、以鳥及書屬尉史文、令輸、文不肎（肯）、卽發鳥送書、削去〔Ⅱ〕其名、以予小史適。適弗敢受。卽詈適、已有（又）道船中出操楫〈楫〉以走趙、奊訽〔Ⅲ〕詈趙、謁上獄治、當論論、敢言之。令史上見其詈趙、〔Ⅳ　八―一五六二〕七月乙卯、啓陵鄉趙、敢言之、前書不到、寫上、敢言之、／貝手。〔Ⅰ〕七月己未水下八刻、□□以來。／敬半。貝手。〔Ⅱ　八―一五六二背〕

廿八（前二一九）年七月戊戌朔乙巳（八日）、啓陵鄉［吏］の趙が、謹んで申し上げます。令により、啓陵郷に鳥を捕らえ献上するようにとのことで、明渠の雌一羽を捕らえ、鳥（明渠）と送り状とを尉史の文に託し、輸送するよう申しましたが、文は、［鳥と送り状とを］受け取らず、直ちに「鳥送書」を開封し、自分［尉史の文］の名前を削除し、［鳥と「鳥送書」とを］史の適に渡しました。適は、受け取るのを拒んだところ、［尉史の文は］適を罵倒しました。その後、また船に乗り櫂を操り、趙のところに戻って、趙を罵倒し辱めました。［県の］獄治に告発いたします。論決の対象になるとの論（判決）をいただきたく存じます。謹んで申し上げます。令史が、［文が］趙を罵倒するのを実見した旨を上申しました。七月乙卯（十八日）に、啓陵郷［吏］の趙が、謹んで申し上げます。前に作成した文書（「送鳥書」）は、届いていないと思いますので、写し書きし献上いたします。謹んで申し上げます。貝が記録した。七月己未（二十二日）の水下八刻（午時）に、……が持参した。敬が開封した。貝が記録した。

は、遷陵県啓陵郷で捕獲された鳥の送付を、依頼された尉史が拒み、混乱を生じさせたため、郷吏が、「劾」を行った記録である。尉史がなぜ「令」によって捕獲した鳥の搬送を拒否したかは不明であるが、辺境の地で、道中の困難さが背景となっていたかも知れない。問題の県吏である尉史が、啓陵郷吏の趙に、直々に抗議を行った際、尉史は、陸路でなく船を用いていた。(28) 啓陵郷が、県治所である里耶同様、酉水流域の河街であった可能性が高まる。「啓陵津船人、高里士五（伍）啓封（啓陵郷の河津の船人である高里の士伍の啓封）」〔八―六五一〕と、都郷高里の士伍某のように啓陵津の「船人」として生計を立てる人びともいた。

この鳥の捕獲については、里耶秦簡にまた、啓陵郷と並んで貳春郷でも、

卅年十月辛卯朔乙未、貳春鄉守綽、敢告司空主、主〔Ⅰ〕令鬼薪軫、小城旦乾人爲貳春鄉捕鳥及羽、羽皆已〔Ⅱ〕備，今已以甲午屬司空佐田，可定薄（簿）、敢告主。〔Ⅲ　八―一五一五〕十月辛丑旦，隷臣良朱以來、／死半、邛手。〔八―一五一五背〕

卅（前二一七）年十月辛卯朔乙未（五日）、貳春郷守の綽が、謹んで司空の主に申し上げます。主は、鬼薪の軫と小城旦の乾人とに、貳春郷で鳥や鳥の羽を捕獲させました。羽は、全て已に整いました。現在、前日の甲午（四日）には、司空佐の田に届けてあり、簿書も作成済みです。謹んで司空の主に申し上げます。十月辛丑（十一日）［平］旦（寅時）に、隷臣の良朱が持参した。死が開封した。邛が記録した。

と、鳥の捕獲と並んで羽毛(29)の収集が命じられている。ただこの「捕鳥及羽」は、続く「羽皆已備」の記載で、鳥と羽とが「羽」字で一括、強調されている。このため捕獲された鳥も、食用や観賞用のみではなく、案外、羽毛の収集に重点が置かれていた可能性がある。遷陵県は、この啓陵郷・貳春郷と都郷の三郷に過ぎなかったが、先の八―一五六二簡の「明渠」は、章渠ではないかとの理解(30)がある。章渠は、羽毛にも適した水鳥鴨の仲間である。

啓陵郷の野鳥は、啓陵郷が河街と思われることから水鳥であった可能性が高まるが、貳春郷についても、

廿七年三月丙午朔己酉、庫後、敢言之、兵當輸内史、在貳春□□□□、〔Ⅰ〕五石一鈞七斤、度用船六丈以上者四樓（艘）、謁令司空遣吏、船徒取、敢言〔Ⅱ〕之、▨〔Ⅲ　八―一五一〇〕三月辛亥、遷陵守丞敦狐、告司空主、以律令從事、／……〔Ⅰ〕昭行、〔Ⅱ〕三月己酉水下下九，佐赿以來、／釦半。〔Ⅲ　八―一五一〇背〕

廿七（前二二〇）年三月丙午朔己酉（四日）、庫［吏］の後が、謹んで申し上げます。兵器（兵糧(31)）を内史に輸送するに当た

り、貳春郷で……、五石一鈞七斤。使用する船は、長さ六丈以上の船が、およそ四艚です。司空の遣吏と船徒とに［搬送物を］受領するように伝えました。謹んで申し上げます。…三月辛亥（六日）、遷陵県の守丞の敦狐が、司空の主に通達し、律令通りに処理するよう言いました。……昭が［郵で］発送した。三月己酉（四日）水下下九（未時）に、佐の趞が持参した。和が開封した。

とあり、貳春郷も大型船が接岸可能な立地にあって、酉水の河街であった(32)。このことから遷陵県の三郷は、所在地を特定する確証は未だ得られていないが、酉水流域に面した河街であった可能性が大きく、貳春郷で捕獲される鳥も、水鳥であったと思われる。同様、河街に位置した県治所の都郷をも含め、遷陵県は野鳥（水鳥）の宝庫であったと思われる。

まとめ　本稿では、新開地遷陵県を中心に、秦代県府の治獄を概観し、併せて睡虎地秦簡とも対比しつつ、秦代における治獄と郷里吏や伍人との関わりにも言及した。里耶秦簡の公開が進む中で、今後、更なる事実が解明されると思われるが、河街で営まれる遷陵県各郷の居住環境は、限られた人びとの思惑を除けば、豊かな自然に恵まれ、内郡では味わうことのできない理想郷であったに違いない。今日の里耶一帯も、武陵山脈烏龍山景区に位置し、雨期を別とすれば、静かな水面を湛える酉水が寄り添う深山幽谷の地であり、今なお往時を彷彿とさせる。

註

（1）楚の治獄は、論決に不服があれば、告劾を受けた被疑者、「不徎」（不詳者）が、同じ県廷で複数回に及ぶ審理を要求している。拙稿「戦国楚の法制」『中国古代の律令と社会』汲古書院、二〇〇八。

（2）睡虎地秦墓竹簡整理小組編『睡虎地秦墓竹簡』文物出版社、一九七八。

（3）彭浩・陳偉・工藤元男編『二年律令與奏讞書─張家山二四七號漢墓出土法律文獻釋讀』上海古籍出版社、二〇〇七。

（4）朱漢民・陳松長編『嶽麓書院藏秦簡（参・肆）』上海辞書出版社、二〇一三・二〇一五は、奏讞・律令。

（5）湖南省文物考古研究所編『里耶発掘報告』嶽麓書社、二〇〇七。湖南省文物考古研究所編『里耶秦簡（壹）』文物出版社、二〇一二。簡番号は、陳偉主編『里耶秦簡牘校釋（第一卷）』武漢大学出版社、二〇一二。簡番号で、『里耶秦簡牘校釋（第一卷）』未収の簡牘番号は、『里耶発掘報告』所収の簡牘である。

（6）註（5）『里耶秦簡（壹）』「前言」。張心平『発現里耶』湖南文芸出版社、二〇〇四、頁二〇は、一号井から数十から数百片に上る楚簡が、秦簡の上層部に投棄されており、一号井で最初に発見された竹簡は楚簡であった。このことは、古城が、秦に先立ち、楚によって建設されていたことを予告する。里耶は、楚文化の発祥、繁栄した地の一つである、と指摘する。

（7）註（5）『里耶発掘報告』、頁一九一。里耶秦簡博物館展示簡牘に「都鄉黔首、毋濮人・楊人・臾人。〔九―二三〇七〕」と見え、断簡であるが、濮人等は、黔首と異なる認識で捉えられていたと思われる。

（8）註（5）『里耶秦簡（壹）』「前言」。

（9）註（5）『里耶秦簡（壹）』「前言」。

（10）註（5）『里耶秦簡（壹）』。

（11）爰書の文書形態をめぐって、陳槃「漢晉遺簡偶述」『歴史語言研究所集刊（第十六本）』一九七五。大庭脩「爰書考」『秦漢法制史の研究』創元社、一九八二。籾山明「爰書新探」『中国古代訴訟制度の研究』京都大学学術出版社、二〇〇六。鷹取祐司「證不言請律と自證爰書の運用」『秦漢官文書の基礎的研究』汲古書院、二〇一五。

（12）拙稿「關於里耶秦簡中的鄉里吏問題」『紀念方詩銘先生學術論文集史林揮塵』上海古籍出版社、二〇一五。

（13）註（5）『里耶秦簡（壹）』の釈文は、「□手」。ただ註（5）『里耶秦簡牘校釋（第一卷）』は「□□」とする。

（14）刻歯の確認には、当事者間の「券」の同一性と記載内容の確認との両者が含まれる。張春龍・大川俊隆・籾山明「里耶秦簡刻齒簡研究」『文物』二〇一五年三期は、刻歯と記載内容（数値）との関連を分析。

（15）里耶秦簡博物館展示簡牘の、「卅三年十月庚申朔乙巳、貳春鄉守福爰書、東成大夫年自言、以小奴處予子同里小上造辨、∠〔里〕典朝占、福手〔一〇―一一五七〕」も、同里の子供への小奴譲渡で「券」が無い。

（16）里耶秦簡博物館展示簡牘には、他に註（15）の貳春鄉爰書、「廿六年端月己丑、上軴鄉爰書、⧄〔Ⅰ〕人黑色、長可六尺九寸□⧄〔Ⅱ〕端月甲戌、上□鄉奚、敢言之、〔Ⅲ〕二月癸丑、新武陵丞埣、敢告□⧄。〔Ⅳ―一五―二五九〕」と人定に類する上軴鄉爰書。更には貳春鄉茲〔九―一一四〕（荒地の桑田化）、都鄉守武〔九―二三五〇〕（荒地の農田化）、啓陵鄉趙（九—一二三五二）（乗馬の事故死）等の郷爰書がある。

（17）甘粛簡牘博物館等編『肩水金關漢簡（壹）・（貳）・（參）』中西出版社、二〇一一〜二〇一三。

（18）中国社会科学院考古研究所編『居延漢簡甲乙編』中華書局、一九八〇。

（19）拙稿「秦漢時代の戶籍について」東洋文庫古代中国地域史研究編『張家山漢簡『二年律令』の研究』東洋文庫、二〇一四。

（20）註（4）『嶽麓書院藏秦簡（肆）』の「尉卒律」には、「里自卅戶以上、置典・老各一人、不盈卅戶以下、便利、令與其旁里共典・老。（一四二正）（里は三〇戶以上に典と老とを置く。三〇戶以下は、適宜、近隣の里と一緒で典・老を兼務させる）」と見え、秦代の里典や里父老（伍老）が三〇戶を最底の基準として置かれていたことが分かる。また別に、「諸故同里里門、而別爲數里者、皆復同以爲一里、一里過百、而可隔垣益爲門者、分以爲二里。（一九五背）（それ元は、同じ里の里門内にあったが、分かれて複数の里となっている場合、いずれも元の里に戻して一里に統合する。一里が百［戶］を過ぎれば、境界（垣）を劃し、新たに門を造り、分けて二里とする）」と見え、戶数の少ない里の統合を促し、一里の戶数の上限を一〇〇戶としていた。これら秦律の上からも、複数の里が巷街を共にする聚落とならんで、三〇戶にも満たないような里が存在したことが明らかとなり、秦代における里の散村化の実態が窺える。

（21）註（5）『里耶秦簡牘校釋（第一卷）』頁一七八の【校釋】［2］は、「占」を「登記」とし、頁三二六の【校釋】［5］は、「占」を「験證・察看・口述」とする。

（22）註（2）頁一二の【注釋】㊿53、頁一四三の【注釋】②は、「占」を「申報」とし、同頁二五〇の【注釋】⑧は、「占書」の「占」を「登入」とする。註（2）頁七『編年記』の「自占」は、里耶爰書中の「自言」と同義であろう。朱駿声『説文通訓定聲』は、「自占」に関連して『漢書』宣帝紀地節三年の「流民自占八萬餘口」の顔師古注「占者、謂自隱度其戶口而著名籍也」他を引く。『編年記』の「自占」も、「著名籍」に関わるが、註（2）頁一二の【注釋】㊿53は、「占」を「申報」とする。「占」は文書を伴う上申で、登記手続きに連動するが、住民の名籍への登記には、吏人が介在する。註（4）『嶽麓書院藏秦簡（肆）』に、名数（戶籍）の「占」について、「⧄□郷部吏、貲一甲、占者、贖耐、莫占吏數者、贖耐。典・老占數、小男子年未盈十八及女子、縣道嗇夫誶郷部吏、貲一盾、占者、貲二甲、莫占吏數者、貲二甲。（一一正・一二正）（⧄□郷部吏、罰一盾。占者は、贖耐。吏に名数を上申せざる者は、贖耐。里典・里父老（伍老）で名数を上申し、小男子の年十八に満たざる及び女子は、県道の令（嗇夫）が郷部吏を誶め、罰一盾。占者は、罰二甲。吏に名数を上申せざる者は、贖耐)」と見え、里典・里父老による県廷（郷部吏は郷部嗇夫の下僚）への名数の上申が確認でき、里耶秦簡の「婿皙色，長二尺五寸，年五月，典和占。浮皙色，長六尺六寸，年卌歳，典和占。〔八―一五五〇〕」も、里典による県への案比資料の上申であった可能性が高まる。ただ註（19）拙稿で指摘した、戸籍の登記責任者が県吏の郷部嗇夫であること自体は問題でない。

(23) 「占」に伴う文書は、里吏、更には住民個々の「自占」（睡虎地秦簡『編年記』）にまで及ぶ文書行政となり、識字との関わりも生じる。その実態については、なお今後の出土史料が俟たれる。

(24) 註（12）拙稿。

(25) 註（4）『嶽麓書院藏秦簡（肆）』には、「縣官毋得過駿乘、所過縣以律食馬及禾之、御史言、令復獄、乘恒馬者、日行八十里、請許、如〔三一三背〕有所留避、不從令、貲二甲。〔三一四正〕（県の官吏は、三頭だての馬車を使用した場合、通過する県で律の通りの馬の飼料や食糧を得ることはできない。御史の通達で、覆獄の結果、恒馬で一日八〇里の行程が認められている。もし行程に、遅れが出て、令に違えば、罰二甲）」と見える。「御史言」と「御史書」とは同一であろう。

(26) 諸橋轍次『大漢和辭典（十巻）』大修館書店、一九五九、頁三一三の「覆獄」は、胡三省の語釈に従う。

(27) 里耶秦簡博物館展示簡牘に、遷陵県置県直後の世相として、「廿六（前二二一）年二月癸丑朔丙子（二十四日）、唐亭段、校長壯、敢言之、唐亭〔Ⅰ〕旁有盜、可卅人、[校長]壯卒少、不足以追、亭不可空、謁〔Ⅱ〕遣[卒]漸、敢言之、／二月辛巳（二十九日）、遷陵守丞敦狐、敢告尉告卿（鄉）主、以律〔Ⅲ〕令從吏（事）、尉下亭障、署士吏謹備、∠貳鄉上司馬丞、／亭手、／即令〔Ⅳ〕走饗行、〔Ⅴ〕二月辛巳、不更輿里戌以來／丞半、狀手。〔Ⅵ 九―一一一二〕」と、唐亭の坐と校長の壮とが、唐亭に群盗三〇人ほどが現れたが、校長壮の手勢（卒）が少なく、追撃するにも亭を空にできず、人を[県に]派遣する。遷陵県守丞が尉や郷主に通達を出し、尉が亭障に士吏を動員し、貳春郷（貳郷）主が司馬丞に事態を報告し、対応に当っている。遷陵県の治安の悪さを窺わせる。唐亭は、「貳春鄉傳田官，別貳春亭、唐亭。∅〔八―一一一四＋八―一一五〇〕（貳春郷は、田官に文書を送り、貳春亭と唐亭とにも別に[文書を]送った）」とあり、貳春郷域にある亭と思われる。

(28) 船は、県吏が使用しており小型の公船か。里耶秦簡には、「遷陵公船一、袤三丈三尺」〔八―一三五〕があり、県所有の長さ七・六メートルもの大型物資輸送船が存在した。これらの船は、「司空曹計録」に「船計」〔八―四八〇〕、「司空課志」に「船課」〔八―四八六〕が見え、県の司空が管理し、「船官□」〔六―四〕や「船徙卒史」〔八―一六七＋八―一九四＋八―

四七二＋八—一〇一一）等の吏名も見える。公船にはまた、「用船六丈以上者四樓（艘）」（八—一五一〇）と一四メートル近い船も複数艘確認できる。

(29) 魯家亮「里耶出土「捕鳥求羽」簡初探」『古代長江中游社会研究』上海古籍出版社、二〇一三。羽では、「翰羽」が「鍭（や）」に利用されている（八—一四五七・八—一四五八）。

(30) 註（5）『里耶秦簡牘校釋（第一卷）』頁三六〇【校釋】［4］。

(31) 註（5）『里耶秦簡牘校釋（第一卷）』頁三四一【校釋】［3］。

(32) 里耶秦簡博物館展示簡牘に、「廿七年六月乙亥朔壬午、貳春鄉窯、敢言之、貳春〔Ⅰ〕津、當用船一樓（艘）、●今以旦遣佐積受段令官坐〔Ⅱ〕、謁報、敢言之、〔Ⅲ　一二—八四九〕六月丁亥、遷陵丞歐告司空主、以律令從吏（事）、報之、／釦手、〔Ⅳ〕丁亥日中、佐積行、〔Ⅳ〕六月丁亥水下三刻、佐積以來、／釦半、積手。〔Ⅴ　一二—八四九〕」と貳春津が見え、船一艘が繋留され、管理に司空が関係する。里耶の碼頭は、河岸の岩場であったが、下流のダム碗米坡のため水没した（註（6）『発現里耶』頁五七）。

【追記】本稿は、中国古代史研究会において二〇一六年五月六日（於学習院大学東洋文化研究所）に発表した。その後、里耶秦簡博物館等編『里耶秦簡博物館藏秦簡』（中西書局、二〇一六年六月第一版）を入手した。『里耶秦簡博物館藏秦簡』の釋文・簡番号で、里耶秦簡博物館展示簡牘と異なる場合、註（5）『里耶秦簡牘校釋（第一卷）』を最優先したが、他は『里耶秦簡博物館藏秦簡』の釋文・簡番号を採用した。

統万城と代来城の地理的関係から見る匈奴鉄弗部の活動範囲

市来 弘志

はじめに

陝西省榆林市靖辺県にある統万城遺跡は、匈奴鉄弗部の首長である大夏国の天王赫連勃勃が四一三年に築いた城であり、現在に至るも大夏国の首都にふさわしい堂々たる威容を誇っている。

大夏国は四〇七年に赫連勃勃が挙兵し後秦から独立することにより建国され、四一八年に長安を占領して最大領土を築き、華北西部の大国へと成長する。だが彼が死去したわずか二年後の四二七年に統万城は北魏の攻撃を受けて陥落し、大夏国自体も四三一年には滅亡した。そのため大夏国は赫連勃勃の一代王朝のように考えられ、統万城の建設についても、主に赫連勃勃に関する事柄が語られる傾向がある。しかしオルドス地域における赫連勃勃の勢力は、元来彼の父である劉衛辰のそれを引き継いだものであり、大夏国の中核となった匈奴鉄弗部は、大夏建国の一〇〇年前からこの地で活動していた。従って大夏国と統万城の性格についても、それ以前の一〇〇年に及ぶオルドス匈奴鉄弗部の歴史との継続性を考慮するべきであろう。

本稿は劉衛辰が本拠地とした代来城と、統万城の地理的関係について述べ、劉衛辰および匈奴鉄弗部の活動範囲と

併せて検討することにより、統万城の地理的位置の意味についてあらためて考察するものである。(1)

劉衛辰の活動範囲

赫連勃勃の父である劉衛辰の活動範囲について検討する前に、劉衛辰が首長になるまでの鉄弗部の歴史について簡単に述べる。

匈奴鉄弗部は元来現在の山西北部に居住しており、その首長劉氏一族は匈奴単于の子孫と称していた。三〇四年に南匈奴の劉淵が挙兵し「漢」を建国すると、鉄弗部はこれに呼応し、西晋の幷州刺史劉琨と対立した。三一〇年に鉄弗部の首長劉虎は、劉琨の要請を受けた鮮卑拓跋部の拓跋猗盧に撃破され、鉄弗部はオルドスに逃れた。この年劉虎は、華北東部を制した「漢」皇帝劉聡より楼煩公・安北将軍・監鮮卑諸軍事・丁零中郎将に任じられた。「漢」は南匈奴が建てた国であるため、劉虎は劉聡より宗室の扱いを受けた。しばらくオルドスで力を蓄えた劉虎は、三一八年に拓跋部を攻めたが大敗し、劉虎自ら逃亡し部衆の一部が拓跋部に降伏するほどの打撃を受けた。劉虎と鉄弗部の多くはオルドスに逃げ帰り、以後鉄弗部はもっぱらオルドスを勢力範囲として活動することになった。

劉虎は三四一年に拓跋部の代国を攻撃するも拓跋什翼犍に敗れ、彼は間もなく死去した。劉虎の後を継いだその子劉務桓は、拓跋什翼犍の娘を妻に迎え子を拓跋部に人質に出すと同時に、華北主要部を制覇した後趙より平北将軍・左賢王・丁零単于に任じられた。劉務桓が三五六年に死去すると、務桓の弟閼陋頭が首長となり、拓跋部に敵対する態度を取った。この後鉄弗部は内乱状態となり、務桓の子悉勿祈が覇権を握るが、三五九年には悉勿祈の弟で務桓の第三子衛辰が首長となり部衆を統一した。

こうして劉衛辰は匈奴鉄弗部の首長となった。当時の鉄弗部は黄河を挟んで東に宿敵である鮮卑拓跋部と対峙し、また南には長安を首都とする前秦と接していた。前秦との境界はおよそ現在の陝西省北部と内モンゴル自治区付近に当たる。黄河湾曲部と後世の明長城線に囲まれた地域、即ちオルドスが鉄弗部の勢力範囲と考えて良い。拓跋部および長安の政権（前秦・後秦）は常にオルドスに勢力を拡大しようと図っており、この東と南の勢力といかに合従連衡するかが、劉衛辰生涯の課題となった。

劉衛辰は三六〇年に拓跋什翼犍の后慕容氏の葬儀に自ら出向き、什翼犍の娘を妻とした(2)。こうして拓跋部と平和的関係を結ぶ一方、前秦に使者を派遣して臣従し、左賢王に任じられた。この際に「田を内地に請い，春に来りて秋に返る(3)」という行動を取った。これは字義通りに解釈すれば、鉄弗部が毎年春にオルドスより南下して農耕に従事し、秋にオルドスに帰還するということである。これを以て鉄弗部の農耕化の証拠とする解釈がある。しかしこの「田」は「畋」の異体字であり(4)、これは「畋猎」すなわち狩猟の意味で、「春来秋返」とは遊牧民の季節移動のことであるという説もあり、断言はできない。この「内地」はあまりに漠然としていて、鉄弗部が来た具体的な地点を特定するのは難しい。

三六一年に劉衛辰は前秦と対立し、専ら鮮卑拓跋部寄りの立場を取ったが、三六五年一月には黄河を渡って拓跋部に攻撃を加え撃退されている(5)。七月に劉衛辰は貳城を中心に勢力を持つ匈奴右賢王の曹轂と共に前秦に叛し、衆二万を率いて杏城以南の郡県を攻めた。貳城、杏城ともに現在の陝西省黄陵県付近だが、これは劉衛辰が曹轂の勢力範囲に出兵したということで、この地域が鉄弗部の活動範囲だったわけではない。前秦の苻堅は前将軍楊安等を先鋒としてこれを討ち、曹轂の弟曹活と四千人あまりを斬り、曹轂は恐れて前秦に降った。前秦の建節将軍鄧羌は劉衛辰を討ち、これを木根山に捕らえた。苻堅は九月に朔方を巡察し、劉衛辰を夏陽公、曹轂を雁門公として、その部衆を統率させた(6)。木根山は現在の寧夏回族自治区塩池県にある。

鄧羌がどのようなルートをたどってオルドスに至ったかは明確ではないが、ある程度は比定できる。歴史上、南から横山山脈を越えてオルドス方面に至るには主に七つの道があった。但しその中でまっすぐ統万城に北上するいわゆる「聖人道」は赫連勃勃によって拓かれたので、ここでは除外する。それらのうちオルドス西方に出る道には、延安から西北行し安塞県、志丹県を経て呉旗県に至り定辺県に出るもの、甘泉県から洛水を遡って定辺県に出るもの、延安から西北行し延河を遡り、靖辺県に出るものがある。(7) 横山山脈を越えてオルドスに出るのは定辺県あるいは靖辺県であり、劉衛辰は鄜羌がオルドスに至ってほどなく捕縛されたと言って良いだろう。

三六七年に拓跋什翼犍は黄河を渡って鉄弗部を襲い、劉衛辰は不意を討たれて宗族と西に逃れ、前秦に逃げ込んだ。(8) 什翼犍は部落の六、七割を配下に収め、捕虜と捕獲した馬牛羊は数十万、鉄弗部は壊滅的敗北を喫した。この際の「西」は具体的にどの地を指すか定かではない。

三七四年には拓跋什翼犍が再びオルドスに侵攻し、劉衛辰は「南走」し前秦に助けを求めた。(9) 三七六年、苻堅は劉衛辰を先導として三十万の大軍を以て什翼犍を攻め、什翼犍は部下に殺され代国は滅亡した。苻堅はこの地域を黄河を境として東西に分割し、黄河以東をもともと代国の有力者であった独孤部の劉庫仁に、黄河以西を劉衛辰に任せた。苻堅は当初劉庫仁を厚遇し劉衛辰はその下に置かれたので、劉衛辰はこれを不満として前秦の五原太守を殺害して反旗を翻した。劉庫仁は劉衛辰を討って「陰山西北千余里」まで追撃しその妻子を捕らえた。(10) この「陰山西北千余里」を字義通りに受け取ると、現在の内モンゴル自治区アラシャン（阿拉善）盟の奥深くあるいはモンゴル国領内にまで入ってしまう。逃走のため一時的とはいえこれほど本拠地から遠く離れるとは考えにくく、またモンゴル国領内であれば柔然の勢力範囲で劉庫仁が兵を率いて追跡するのも難しい。これは誇張した表現だと考えるのが自然であろう。しかし程なくして苻堅は劉衛辰を西単于に任じ、「河西雑類」を督摂させ、代来城に駐屯させた。(11) また苻堅の娘あるいは宗室の女性を劉衛辰に嫁がせ懐柔を図ったようである。(12) こうして劉衛辰は前秦からオルドス一円の支配を認められ、「控弦之士三万八千」(13) と称される勢力を持つに至った。

三八三年に前秦が淝水の戦いに敗れ崩壊すると、この地域の情勢も大きく変化する。三八四年に慕容垂に包囲された苻丕を救うべく出兵した劉庫仁は陣中で殺害された[14]。三八六年には、かねて拓跋部に同情的だった劉庫仁に匿われていた什翼犍の遺児拓跋珪が自立し、ここに拓跋部の勢力が再興した。この頃、劉衛辰は後燕の慕容垂と誼を通じ、西燕の慕容永からは都督河西諸軍事・大将軍・朔州牧を受け、後秦の姚萇からは都督北朔雑夷諸軍事・大将軍・大単于・河西王・幽州牧を授けられている[15]。また柔然の一部が劉衛辰に帰服し、現在の寧夏回族自治区固原周辺に勢力を持つ高平鮮卑の没弈于とも手を結び、その勢力はオルドスを越えて広がりつつあった。

三九〇年に劉衛辰はその子直力鞮を派遣して拓跋部配下の賀蘭部を攻めたが、拓跋珪の援軍に敗れた。三九一年七月、劉衛辰は再び直力鞮に拓跋部を攻撃させたが反撃に遭い敗れた。十一月、直力鞮がまた攻め寄せると、拓跋珪は反撃してこれを大いに破り、金津で黄河を渡り鉄弗部の領内に侵攻した。拓跋珪が代来城に迫ると劉衛辰一族は逃亡し、劉衛辰の一族は白塩池で、直力鞮は木根山で捕らえられ、劉衛辰も部下に殺された。劉衛辰の宗族五千人が殺されて河に投げ込まれ、黄河以南の諸部は拓跋部に降り、拓跋珪は馬三十余万匹、牛羊四百余万頭を得て凱旋した[16]。かくて鉄弗部の勢力は壊滅し、劉衛辰の子勃勃が落ち延びて再起を図ることになるのである。ここに出てくる白塩池は陝西省定辺県苟白池、木根山は先述のように寧夏回族自治区塩池県にある。

以上のように検討すると、劉衛辰の活動範囲はオルドス南部に集中していることがわかる。鉄弗部が拓跋部を攻撃する際は、君子津あるいは金津で黄河を渡ると考えられ、ここが鉄弗部の勢力範囲の東限と言える。ここから代来城を経て木根山・白塩池といった土地は、いずれも前田正名氏が名付けた「オルドス砂漠南縁路」の線上にある[17]。オルドス北部および中央部において鉄弗部の活発な活動が認められるのは、赫連勃勃の大夏建国後である。従って劉衛辰の中心的勢力範囲はオルドス南部のオルドス砂漠南縁路周辺だと考えることが可能である。但しその本拠地である代来城の位置については諸説あるので、これについてあらためて検討したい。

代来城の地理的位置

代来城の位置については以前に拙稿で論じたことがあるので、[18] ここでは前稿で取り上げた先行研究については簡単に触れるにとどめ、近年のいくつかの論考について私見を述べたい。

代来城の位置については、胡三省が『資治通鑑』巻一百四孝武帝太元元年条の胡注に「代来城は、北河の西に在り、蓋し秦築きて以て衛辰を居らしむ。[19]」と記し、代来城は北河（陰山山脈南方で分流する黄河の北流）の西方にあるとする。これは陰山山脈の付け根である。しかし以前に拙稿（「代来城の位置と現況について」）で述べたように、これは劉衛辰や赫連勃勃の活動した地点や範囲とあまりにかけ離れており、とても首肯できない。

顧祖禹『読史方輿紀要』は代来城の位置について巻三「州域形勢三」で「今の楡林衛の北に在り」、巻六十一「陝西十」では「鎮北に在り」と記すのみで、詳細な地点を比定していない。

楊守敬は、『水経注図』『歴代輿地沿革図』の中で代来城をウラムレン（烏蘭木倫）河上流、現在の内モンゴル自治区オルドス市エジンホロー（伊金霍洛）旗付近に比定した。楊はその根拠を記していないが、この説は後に広く踏襲され、譚其驤編『中国歴史地図集』も代来城をエジンホロー旗としている。しかしその地に代来城に比定されるべき遺跡は存在せず、これがエジンホロー説の最大の弱点である。考古学的裏付けがないため、現状ではあくまで推定と言わざるを得ない。

日本では前田正名が代来城は統万城と同位置あるいはその近くの無定河上流に在ったはずであるとする。[20] 前田は、「魏書劉衛辰伝や同書巻二八劉潔伝を熟読すると、その位置は無定河上流であると考えられる。」として、いくつかの根拠を示して胡三省注を否定する。また北魏軍がオルドス砂漠南縁路沿いに西進したことも指摘している。また田村

実造が代来城は即ち統万城であるとの説を唱えたが、根拠は示していない。(21)

戴応新は一九八七年に陝西省楡林市西方の白城台遺跡の現地調査を行い、その成果をふまえて白城台こそ代来城であると主張した。(22) 戴は四つの根拠を挙げて論を展開する。一・北魏軍の侵攻経路、二・劉衛辰の敗戦後の逃走経路、三・代来城が楡林以西の無定河流域にあったとされる史料、四・白城台遺跡と統万城の建築的類似である。私は戴の示す根拠の全てに必ずしも賛同するものではないが、彼の示す根拠はおおむね首肯できるものである。また、代来城をエジンホロー旗付近に比定することはさらに根拠が薄く、全く肯定できない。従って私は基本的に戴説に賛成で、現時点では白城台遺跡を代来城とするのが最も妥当であろうと考える。

匈奴鉄弗部と大夏国に関する初めての総合的専著である呉洪琳『鉄弗匈奴与夏国史研究』は、第一章「鉄弗匈奴的形成及早期活動」の中で代来城の位置に関する先行研究を拙稿も含めてまとめ、最後に「楊守敬説に従う」と述べるが、特に根拠は示していない。

黄義軍「代来城新考」（侯甬堅・邢福来・鄧輝・安介生・陳織仁編『統万城建城一千六百年国際学術研討会文集』、陝西師範大学出版総社、二〇一五年）は、代来城を楡林市の白城台遺跡とする説を退け、現在の内モンゴル自治区オルドス市の境内にあるとする。黄は楡林白城台説を否定するにあたりいくつかの論拠を挙げている。

第一に前秦は代来城を築いて劉衛辰に黄河以西の朔方を管轄させ、東の鮮卑を牽制させようとしたが、その場合に代来城が楡林にあっては、南は前秦の上郡、東は黄河に近すぎてその目的を果たせない。また赫連勃勃は統万城を築く際、その北の契呉山周辺の美しさに感嘆しているが、もし代来城が楡林にあるなら契呉山は遠くなく、ここの景色を見て感嘆するなどあり得ない。第二に、拓跋部が劉衛辰を攻め滅ぼした際の行軍速度を計算すると、黄河を渡って三日で代来城に到着している。もし代来城が楡林にある場合、渡河地点である金津から四〇〇キロも離れており、一日一三〇キロ以上の速度で行軍するのは騎馬部隊でも無理がある。それに対して代来城が内モンゴル自治区のエジンホロー旗付近にあるとすれば、金津から一〇〇キロ足らずであり、三日間で充分に到達できる。

行軍速度に関する論拠には説得力がある。ただし金津から白城台遺跡までは途中に山岳や渓谷のない平地であり、騎馬部隊が強行軍を重ねればこの移動距離はかなり厳しいが不可能ではない。またエジンホロー旗付近に代来城があるとすると、劉衛辰が殺害された木根山との距離が合わない。そのため黄は史料に知られた「木根山」とは別のもう一つの木根山があるはずだと主張するが、これはいかにも根拠薄弱である。またエジンホロー旗付近には代来城と比定し得る遺跡がないのも弱点である。

白城台遺跡は二〇一〇年に本格的な調査が行われ、統万城西城よりやや小さいよく整備された城の輪郭が明らかになりつつある。[23] これにより白城台遺跡と統万城が類似する特徴を持つことも、より明確になってきた。従ってやはり代来城は楡林市の白城台遺跡である可能性がより高いと言えるであろう。

おわりに

以上のような検討の結果、劉衛辰の活動範囲は、代来城を含めたオルドス南部のオルドス砂漠南縁路周辺に集中し、大夏建国前の赫連勃勃の活動範囲もこれを大きく外れるものではない。[24] 従って匈奴鉄弗部は特に代国滅亡後にはオルドス一円の支配を確立したものの、その中心的勢力範囲はオルドス南部の限られた地域に留まると考えることができる。

統万城がこの地に建設された原因については様々に議論されてきたが、オルドスが鉄弗部の長年の本拠地であり赫連勃勃にとって熟知した土地であることも、多くの論者によって指摘されてきた。とりわけ建国初期に高平（固原）を首都とすることを勧められたのを退けた原因の一つには、この点が大きいだろう。

しかし無定河上流のこの地点というよりミクロの視点からは、オルドスや朔方という範囲は広すぎる。白城台である代来城から統万城までは、直線距離でわずか五〇キロ足らずであり、非常に近く同一地域上に立地していると言って良いだろう。そしてこの地域は鉄弗部の本来の中心的勢力範囲であり、代来城に深い縁のある赫連勃勃にとって最もなじみ深く知り尽くした土地である。代来城および鉄弗部の勢力範囲の角度から考えると、統万城は赫連勃勃にとって父祖以来の本拠地の中心に立地していることになり、この地に大夏国の首都を建設したのは極めて自然なことだったと言うことができるだろう。

註

（1）本稿の基本的内容は「統万城和代来城的地理関係与匈奴鉄弗部的活動範囲」（侯甬堅・邢福来・鄧輝・安介生・陳織仁編『統万城建城一千六百年国際学術研討会文集』、陝西師範大学出版総社、二〇一五年）として、中国語で発表したものである。拙稿所収の同じ論文集に、全く見方が異なる黄義軍「代来城新考」が掲載されたので、これに対する私見やいくつかの修正を加え、日本語で発表するものである。

（2）『魏書』巻一序記。『資治通鑑』巻第一百十一晋孝宗穆皇帝下昇平四年。

（3）『魏書』巻九十五鉄弗劉虎伝は「求田内地，春来秋去」といい、『晋書』巻一一三苻堅載記上は「遂請田内地」といい、『資治通鑑』巻第一百十一晋孝宗穆皇帝下昇平四年は「請田内地，春来秋返」という。異動はあるが、田を「内地」に請うた、という点は共通している。

（4）周偉洲「十六国夏国新建城邑考」（陝西師範大学西北環発中心編『統万城遺址総合研究』、三秦出版社、二〇〇四年）。

（5）『魏書』巻一序記。『資治通鑑』巻一百十一孝宗穆皇帝下昇平五年。

（6）『魏書』巻九十五鉄弗劉虎伝。『晋書』巻一一三苻堅載記上。『資治通鑑』晋孝宗穆皇帝下興寧三年。

（7）史念海『河山集』四「陝西北部的地理特点和在歴史上的軍事価値」（陝西師範大学出版社、一九九一年）。

（8）『魏書』巻一序記。『魏書』巻九十五鉄弗劉虎伝。

（9）『魏書』巻一序記。『資治通鑑』晋太宗簡文皇帝寧康二年。

(10)『魏書』巻二十五劉庫仁伝。『資治通鑑』巻第一百四晋烈宗孝武皇帝上中太元元年。

(11)『資治通鑑』巻第一百四晋烈宗孝武皇帝上之中太元元年の胡注に「蓋秦築以居衛辰」とあり、ここから代来城は前秦が劉衛辰のため建設したもので、劉衛辰自ら築いたものではないとされる。

(12)呉洪琳『鉄弗匈奴与夏国史研究』第一章「鉄弗匈奴的形成及早期活動」（中国社会科学出版社、二〇一一年）。

(13)『晉書』巻一百三十赫連勃勃載記。

(14)『魏書』巻二十五劉庫仁伝。『資治通鑑』巻第一百四晋烈宗孝武皇帝上中太九年。

(15)『魏書』巻九十五鉄弗劉虎伝。

(16)『魏書』巻二太祖本紀。『晋書』巻一百三十赫連勃勃載記。『資治通鑑』巻第一百七晋列宗孝武皇帝中之下太元十六年。

(17)前田正名『平城の歴史地理学的研究』第四章「平城をめぐる交通路」（風間書房、一九七九年）。

(18)市来弘志「代来城の位置と現況について」（『東洋文化研究』第5号、学習院大学東洋文化研究所、二〇〇三年）。

(19)「代来城、在北河西、蓋秦築以居衛辰。」

(20)『平城の歴史地理学的研究』第四章「平城をめぐる交通路」（風間書房、一九七九年）。

(21)『中国史上の民族移動期』（創文社、一九八五年）。

(22)『赫連勃勃与統万城』（陝西人民出版社、一九九〇年）。

(23)『中国考古学年鑑（二〇一一）』（文物出版社、二〇一二年）。

(24)胡玉春「赫連夏地方州鎮考」（『内蒙古社会科学』（漢文版）第三四巻第二期、二〇一三年）は、匈奴鉄弗部の勢力範囲の中核は「朔方」地方であり、これは漢代の朔方刺史部の範囲で、朔方郡・五原郡・上郡・北地郡・西河郡西部の範囲で、現在の内モンゴル自治区中部・寧夏回族自治区・山西北部に当たるとする。私はこれは広すぎると考える。

李柏文書の性格をめぐって

――李柏文書断片群を中心に――

伊藤敏雄

はじめに

本稿は、李柏文書の性格について、李柏文書断片群を中心にしながら主文書と合わせて検討しようとするものである。

いわゆる李柏文書とは、一九〇九年に第二次大谷探険隊の橘瑞超氏が楼蘭で発見した前涼の西域長史李柏の書信草稿とその断片群を指す。現在、龍谷大学大宮図書館に、ほぼ完全な書信の草稿二通（西域文化資料五三八Ａ・Ｂ、以下「主文書Ａ」「主文書Ｂ」と称す）と断片三九点（西域文化資料八〇〇一～八〇三九）が所蔵されている。ただし、『西域攷古圖譜』に写真が掲載されていて、現在行方不明の断片も六点ある。(1)

李柏文書主文書は、従来、前述のように書信草稿として扱われてきたが、近年、［荒川正晴二〇一四］は半ば公的な文書、一種の外交親書としての側面をもっていたと捉えるべきことを提起し、その上で古文書的研究を試み、唐の文書行政との関連から、単なる草稿ではなく、「正校案文」(2)として発出元に留め置かれた文書と解し得るとした。古文書学的視点からの貴重な指摘であり、公的な発出文書の草稿が「正校案文」になり得たとする意欲的な見解であるが、李柏文書断片群が視野に入っていないという問題がある上、後述のような疑問も残る。

また、従来、李柏文書主文書を書信草稿とすることで、筆者も含め、断片群の性格についてはほとんど言及して来なかったと言える。そこで、本稿では、［荒川正晴二〇一四］に触発されつつ、李柏文書の性格について、李柏文書断片群を中心としながら主文書と合わせて整合的に検討することにしたい。

一　李柏文書主文書と新見解

先ず李柏文書主文書について、紙幅の都合により主文書Bのみを示すと、以下の通りである（拙稿二〇〇二）。

［李柏1］主文書B　大谷五三八B　〈林六二三、孟六〇五、西A六〇、胡五〉一二三八×二八五ミリ

1　五月七日海頭西域長史［關内］
2　侯李柏頓首頓首別［久思想］
3　恒不去心今奉臺使來西月
　　　　海頭
4　二日到　此　未知王消息想國中
5　平安王使廻復羅從北虜
6　中與嚴參事往想是到也
　　使
7　今遣相符大往相聞通

8　知消息書不悉意李柏頓首頓
9　首
（五月七日、西域長史・關内侯の柏、頓首頓首す。別れて久しく思想し、恆に心を去らず。今、臺使を奉じて西に來り、月二日に海頭に至るも、未だ王の消息を知らず。想ふに國中は平安ならん。王の使の廻復羅は北虜中より嚴參事と與に往きたり。想ふに是れ到れるならん。今、使の符大を遣はし、往きて相聞せしめ、消息を通知せしめん。書は意を悉さず。李柏、頓首頓首す。）

この李柏文書は、発信地で出土したと見られることや、(3) 主文書Aの文中に追記があり、主文書Bに上記のように書き直しが見られることから、［羽田亨一九一一］以来、書信草稿と認識されてきた。これに対し、［荒川正晴二〇一四］は、李柏文書を半ば公的な文書、一種の外交親書としての側面をもっていたと捉えるべきことを提起し、単なる草稿ではなく「正校案文」として発出元に留め置かれた文書と解し得るとし、以下のように整理した。

①　西域長史から西域諸国の王に宛てた李柏文書は、通常の「通信用官文書」を用いることのできない相手に宛てて使用された書簡的な官文書としての側面を有していると見られ、隋唐以降の「致書」形式文書の淵源に当たる可能性は高い。

②　李柏文書は、古文書学的にはこれを「正校案文」として発出元に止め置かれた文書として解し得る。もしそうであれば、李柏文書は、西域長史府において秘書的な役割を果たしていたと見られる門下の主簿・録事掾が作成した原案そのものであった。また門下には、掾属である書史・行書が配置されていたので、彼らが原案の謄本を作成して西域諸国の王に宛て発出したと考えられる、ということになる。

①と②の後半についてはその可能性が理解できるが、②の前半については、若干疑問が残る。先ず、唐代の文書行政の視点から李柏文書主文書と吐魯番出土文書等との比較を主として検討したものであり、主文書と同時に出土した

断片群が視野に入っていないという点である。次に、主文書を半ば公的な文書と見なしても、どこまで公的な文書と同様に扱われたのかが判然としない中で、公的な文書と同様の「正校案文」と見なせるかという点である。言い換えれば、主文書が公的な文書と同様に扱われたという仮定に立っての推測になっているとも言える。

因みに、漢簡研究において、[角谷常子二〇〇三]が草稿に日付と長官名を記入した上で保存されて副本になった可能性を想定しているが、[邢義田二〇一一]は否定的で、底本は修正や校訂を経た草稿を書き写してできあがるとしている。(4)現時点では、漢簡研究において、公的な文書（以下、「公文書」と称す）の草稿が副本や底本（案文）・「正校案文」になり得たかどうかは確定していないと言える。

では、次に李柏文書断片群とその性格について検討することにしたい。

二　李柏文書断片中の公文書と正背両面に墨書のある断片

先ず、李柏文書断片中に主文書A・Bの冒頭部分同様の記載の断片がある。

[李柏2]大谷八〇一八〈林六二五、孟六〇七（一）、西A六二、胡六〉二三七×七〇ミリ

1　五月七日西域長史關内

2　侯李柏五[月]▨

主文書AとBは[藤枝晃一九七〇・一九九一]等も指摘するようにそれぞれ別筆であるが、[李柏2]は主文書A・Bとも別筆で文字は大振りである。[李柏2]の書き出しが主文書A・Bと同様であるので、主文書と類似したものの断片と想定されるが、主文書Aが「關内侯柏」とし、主文書Bが「關内侯李柏」を「關内侯柏」に修正しているのに対し、[李柏2]では「關内侯李柏」のままになっていて違和感がある。更に「李柏」の後に「五[月]」が続くの

も意味をなさないので、校閲前の草稿か書き損じの可能性がある。

次に、副本・底本は主に公文書において作成されるので、李柏文書断片中の公文書について検討することにしたい。先ず［拙稿二〇一七］で明らかにしたように、李柏文書断片中に公文書が存在する。それは、次の二片であり、［片山章雄一九九五］が指摘したように、［李柏3］の後に［李柏4］が接続する。

［李柏3］大谷八〇三三〈林六二六、孟六〇九(三)、西A五九、胡一六〉一〇二×七〇ミリ

1 〼達海頭□〼

2 〼威?命慰［勞］〼

〈［柏?］〉

3 〼□誠惶誠恐□〼

［李柏4］大谷八〇三六〈林六二八、孟六〇九(一)、西A五七、胡一四〉一二〇×五六ミリ

1 ［臣］〼

2 尚書

3 臣柏言焉耆王□〼

4 ［月］十五日共［發］□〼

［片山章雄一九九五］は、［李柏4］の冒頭一行目「［臣］〼」の下に、［李柏3］の末尾「〼□誠惶誠恐□〼」(最初の□は「［柏?］」)を接続すると、「臣［柏?］誠惶誠恐□〼」となり、蔡邕『獨斷』に記す「表式」に合致し、それぞれの接合部分の切断状況がほぼ一致するとし、二通文の草稿が一枚に続けて記されていた可能性を指摘している。

蔡邕『獨斷』巻上に、次のようにあり、上掲の［片山章雄一九九五］の指摘が確認できる。(5)

表者不需頭。上言「臣某言」、下言「臣某、誠惶誠恐、頓首頓首、死罪死罪」。左方下附曰、「某官臣甲上」。(中

略）詣尚書通者也。

（表は需頭せず。上に「臣某言ふ」と言ひ、下に「臣某、誠惶誠恐、頓首頓首、死罪死罪す」と言ふ。左方下に附して曰く、「某官臣甲上る」と。（中略）尚書に詣して通ずる者なり。）

そこで、二片を接続すると次のようになる。なお、［小田義久二〇〇三］も二片を同様に接続している。

［李柏3・4］大谷八〇三三・八〇三六

1　〼達海頭□〼
2　〼威？命慰［勞］〼
3　臣［柏］誠惶誠恐□〼
4　尚書
5　臣柏言焉耆王□〼
6　［月］十五日共［發］□〼

（…海頭に達す。…威命を（承りて？）…慰勞す。…。臣柏、誠惶誠恐し…。尚書あて。臣柏言はく。焉耆の王□…月十五日共に發す。□…）

すなわち、三行目が蔡邕『獨斷』に記す「表式」の末尾に合致し、五行目が同じく「表式」の冒頭に合致するので上行文書の一部であることが分かり、しかも三行目以前の部分と四行目以後の部分が別々の上行文書の一部であることが分かる。二通文の上行文書が一枚に続けて記されているので、［片山章雄一九九五］が指摘するように草稿と考えられる。あるいは、上行文書なので、発出文書の控えとしての副本・底本である可能性もある。しかし、『獨斷』記載の左方下の「某官臣甲上」に相当する文言が［李柏3・4］の三行目の後に見られないのが注目される。副本・底本であれば、「某官臣甲上」の文言を省略するとは思われないので、草稿のため省略した可能性が高い。したがって、

［李柏3・4］は、二通文の上行文書の草稿の可能性の方が高いと言えよう。

一行目で「海頭に達した」といい、二行目で「威命を（承りて？）…を慰勞する（した）」とある。李柏主文書が、李柏が西域長史として赴任し、海頭に到着したことを西域各国王に伝えるとともに、各国の安泰と各国使者の無事帰還とを尋ねるものであったので（拙稿二〇〇二）、［李柏3・4］一～三行目は逆に海頭に到着したことと威命を受けて西域諸国王を慰労した（しようとしている）ことを前涼王張駿に報告したものと思われ、書写時期は主文書とほぼ同時期であろう。主文書の書写時期は三二五年（又は三三三年）から三二七年（又は三二八年）の間と考えられ、特に、張駿が即位し、各国から使者が来て帰国する時期の三二五年（前涼の建興十三年）の可能性が高いと思われる（拙稿二〇〇二）。主文書の書写が三二五年五月七日だとすれば、［李柏3・4］一～三行目の書写は同日かその前後（五月二日以降、十五日以前）であろう。同四～六行目は続けて書写された草稿と考えられるので、同六行目の「［月］十五日」は五月十五日に相当し、四～六行目は、「焉耆の王某が…し、五月十五日に共に（兵を？）發して…した」ことを前涼王張駿に報告したものの草稿と思われる。先に海頭到着の尚書宛報告草稿が五月七日前後に記され、後に五月十五日以降、焉耆の王某の活動に関する尚書宛報告草稿が記されたのであろう。

したがって、李柏文書の性格を考察するには、断片群の中に上行文書の草稿が含まれているのを前提にすべきであろう。

ところで、［藤枝晃一九七〇］は李柏文書断片群を筆跡等により二種類とその他に分類したが、［藤枝晃一九九一］はその分類を撤回し、橘瑞超氏によると思われる龍谷大学大宮図書館における袋ごとの分類を基本にすべきことを提言している。その袋ごとの分類は、①八〇〇一、②八〇〇二～八〇〇七、③八〇〇八・八〇〇九、④八〇一〇～八〇一三、⑤八〇一四・八〇一五、⑥八〇一六・八〇一七、⑦八〇一八・八〇一九、⑧八〇二〇・八〇二一、⑨八〇二二・八〇二三、⑩八〇二四～八〇二七、⑪八〇二八～八〇三〇、⑫八〇三一・八〇三二、⑬八〇三三～八〇三六、⑭八〇三七〜八〇三九の十四袋になる。分類の基準が分からないのが残念であるが、分類する際の基本的な手掛かりになると思われる。

［李柏3］・［李柏4］は、⑬八〇三三〜八〇三六に含まれているが、⑬に含まれる次の［李柏5］は写真版によると［李柏3］・［李柏4］と同筆と思われる。但し、［李柏3］・［李柏4］と同一紙かどうかは確定できない。[6]

［李柏5］大谷八〇三五　〈林六二七、孟六〇九（二）、西A五八、胡一五〉

1　▨□逆賊趙▨

2　▨［不禮?・百?・姓?・］▨

同じく⑬に含まれる次の［李柏6］には、IDPのWeb上の写真版と実見によると、背面に墨書が見られる。[7]

［李柏6］大谷八〇三四　〈林六二九、孟六一一（七）、西B七一―七、胡四三〉　一〇六×三〇ミリ

（面）1　▨但有悲至唯□▨　（背）1　▨…［熱恕?・卿］□▨

2　▨□絮黄不［能?・］何▨　2　▨□［阻見?・］□□□▨

［李柏6］は、写真版を見る限り［李柏3］・［李柏4］と同筆かどうか判断しがたいが、正面の一行目に「但だ悲しみの至れる有り」とあるので、［李柏3］・［李柏4］とは別紙で、書信かその草稿の可能性がある。

また、［李柏6］と同様に、IDPのWeb上の写真版と実見により背面に墨書が確認できる断片が以下のように三点見られる。［李柏7］の正面二行目は、背面一行目の中部の欠落部分がよじれたものと思われる。

［李柏7］大谷八〇〇九　〈孟六〇九（一四）、西B六九、胡二七〉　一五三×八三ミリ

（面）1　▨綫累世　▨　（背）1　▨　▨　▨　信?▨

2　▨［乂?・］□▨　2　▨□［頓?・］首々▨

［李柏8］大谷八〇三一　〈林六四八、孟六一一（六）、西B七一―二、胡三八〉　三〇×一〇〇ミリ

（面）
1 ⍁[西]□⍁
2 ⍁抴[集]⍁
3 ⍁□故[隴]⍁
4 ⍁□□⍁
5 ⍁□□⍁

（背）
1 ⍁□□□⍁
2 ⍁臣?·與?·生?·⍁
3 ⍁□還⍁
4 ⍁□神?·⍁
5 ⍁[須?·壽?·]⍁
6 ⍁□□⍁

[李柏9] 大谷八〇三八 〈林六五五、孟六〇九（三）、西B六六、胡四五〉 九五×二七ミリ

（面） ⍁[五]月廿三日⍁　（背） ⍁□ ⍁

更に、行方不明の断片大谷（八）—一・四、（八）—二・六、（八）—三・七でも両面に墨書が見られる。

以上のように、両面に墨書が見られるものがあるので（断片のため両面の書写時期の先後関係は不明）、少なくとも一面は草稿または習書である。李柏文書の性格を考察するには、断片群の中に草稿または習書が含まれているのを前提にすべきであろう。

なお、公文書に関連して、公文書の可能性のある断片に次の[李柏10]がある。上部が欠けていて、正確なことは分からないが、一行目に「使君教命」とあるので、使君の教あるいは使君の教命を受けての上行文書の可能性がある。(8)

[李柏10] 大谷八〇〇一 〈林六三一・六三四、孟六〇八（一）、西B六八、胡九〉 一五〇×三二〇ミリ

1 ⍁使君教命王可
　湯?·前自爲逆
2 ⍁□趙阿舎黃金
3 ⍁□殺之首欲擊

4　⧄［恐?・］□事急報一故
5　⧄□已?具知
6　⧄已?爾?令歸腹一
7　⧄□⧄□
8　⧄委曲問□
9　⧄黄金完
10　⧄□一切不問罪
11　⧄□保?任白

二行目の「阿舎黄金」（阿、黄金を舎《とど》め）を塗り潰して右横に「蕩?前自爲逆」（蕩《ほしいまま》に前に自ら逆を爲し）と書き直し、四行目の「報一」を塗り潰して消しているので、上行文書の草稿または「正校案文」の可能性があるが、(9)この断片のみでは判断できない。

三　李柏文書断片中の習書と草書体の断片

先に、両面に墨書が見られる場合、少なくとも一面は草稿または習書であると述べたが、明かな習書が次の［李柏11］である。正面三・五・六行目が濃墨で大振りの文字による習書で、三行目は二・四行目の上に習書されている。背面でも五行目後半に逆向きに習書されている。

［李柏11］大谷（八）―三・七　〈林六五七・六六一、孟六〇九（三）、西B七五、胡四七〉

（面）1　萬琦常　近一枚?　　（背）1　已呼燒奴問馳意猶惟

2　還　　　　　　　　2　其餘
3　琦　頓首頓首別　　3　疑便爲斷作兩張半其主云
4　　頓首?　　　　　4　欲爾便當早了於意何（宴）
5　姪?經年常爲思歎　5　如故示王其（宴）¿咗臼王宴
6　想月……當如常□疑
7　經?付遺書不□…

同様に、次の［李柏12］の正面が習書になっている。［西川寧一九九一］によると、両面とも草書体での書写とされている。正面が習書なので、背面の書写が先で、書信または草稿の可能性があろう。

［李柏12］大谷（八）—一・四　〈林六五八、孟六一五・六一六、西B七四、胡四九〉

（面）1　□□▨　　（背）1　徒?故未▨
2　適適▨　　2　平在近▨
3　適聞▨　　3　□□□▨

断片群にはこのように草書体で書写されているものが見られる。［西川寧一九九一］によると、このほか大谷八○一五、八○二八、八○二九、八○三○が草書体で書写されているという。その中に「李柏」の名が見えるものがあり、その大谷八○二八の釈文を示すと以下のようになる。

［李柏13］大谷八○二八　〈林六四○、孟六○九（六）、西B六一、胡二○〉　七五×一一四ミリ

1　▨□四日柏及?□▨
2　▨□書?知?□□□▨

3　⧄□安善?□⧄
4　⧄云李柏白?⧄
5　⧄自春至今□⧄
6　⧄此住□□⧄
7　⧄賓又至?⧄
8　⧄因?意?□⧄

断片のため意味不明なところが多いが、二行目に塗り潰した箇所があり、「柏」（一行目）と「李柏」（四行目）の二通りの方法で名が記され、五行目に「春より今に至るまで」とあるので、書信の草稿の可能性が高い。大谷八〇二九、八〇三〇も⑪八〇二八〜八〇三〇に含まれ、［李柏13］と同筆であり、同一紙の可能性もある。

大谷八〇一五は大振りの文字で次のように記され、一行目に「足下」とあるので、書信またはその草稿と思われる。

［李柏14］大谷八〇一五　〈孟六八一一（二）、西B七三、胡四六〉　二〇三×九八ミリ

1　足下督孟?□⧄
2　勞久善々王上□⧄
3　威?崐?山收?復?群?□⧄　（胡平生二〇〇五は「收?復?」を「敦?煌?」とする）

以上のように、草書体で書写されている断片の多くは、書信またはその草稿の可能性が高いと言えよう。

おわりに

以上、李柏文書断片群について、公文書や公文書と思われる断片をはじめ、正背両面に墨書のある断片、習書のあ

る断片、草書体で書写されている断片など、特徴的な断片を取り上げ、検討した。このほか楼蘭発出の書信草稿の断片（大谷八〇二〇）や会計簿の断片（大谷（八）―四）なども見られる（紙幅の都合により釈文の掲載を省略する）。以上検討してきたことを整理すると、以下のようになる。

① 李柏文書断片中の公文書［李柏3・4］は、一枚の紙に二通文の上行文書が記されていて、草稿の可能性が高い。

② 李柏文書断片中の［李柏6］［李柏7］［李柏8］［李柏9］の背面に墨書があり、正背の少なくとも一面は草稿または習書である。［李柏11］［李柏12］正面は明かな習書である。草書体で書写されている［李柏13］は書信草稿、［李柏14］は書信またはその草稿と思われる。

③ 李柏文書断片群には、主文書冒頭と同様の記載の断片、上行文書の草稿の可能性が高い断片、正背両面に墨書がある断片（一面は草稿か習書）、習書の断片、草書体で書写された断片（書信またはその草稿）、会計簿の断片などが含まれている。

したがって、李柏文書断片群は、多様な断片群で、単一の種類からなるものではないし、李柏と関係のない断片を含む可能性もある。断片群の傾向として、判明する限りでは、上行文書の草稿、書信またはその草稿、習書が多く含まれていると言える。

主文書と［李柏10］については「正校案文」という可能性もないわけではないが、以上の断片群の状況から、断片群と合わせて整合的に説明することは困難である。現時点では、主文書と［李柏10］を「正校案文」と解するよりは、草稿とする方が妥当であろう。なお、主文書が一定期間「正校案文」として保管されてから、断片群と一緒に廃棄された可能性もある。しかし、［李柏1］の墨写りの状況から折り目が推定でき、保存状態または廃棄状態を復元すると、無造作に軽く握りつぶしたような状態のものが圧縮された状態になって墨写りしたことが分かる[10]。粗雑な丸め方になっているので、「正校案文」として丁重に保管された可能性は少ないように思われる。また、少なくとも、李柏の本国宛報告書草稿の可能性が高い［李柏3・4］や、李柏の名が記されている［李柏13］（書信草稿の可能性が高い）は、主文書等とともに一時保存された上で、廃棄された可能性の方が高いのではないだろうか。

以上のことから、現時点では、主文書・断片群を含む李柏文書全体の性格について、多様な種類を含み、特に公文書の草稿をはじめ、書信またはその草稿、習書などを多く含んでいるとしておくのが良いと思われる。

註

（1）以下、西域文化資料の文書番号については、大谷〜として示し、行方不明のものについては、大谷〜として『西域攷古圖譜』の「史料」番号と位置（右上からの順番）を示す。釈文については、先行研究や［林梅村一九八五］、［西川寧一九九一］、［孟凡人一九九五］、［侯・楊一九九九］、［小田義久二〇〇三］、［胡平生二〇〇五］などを参考にしながら、写真版や実見記録をもとに作成し、紙幅の都合により校勘は最低限に止める。ただし、参照しやすいように、独自の編号を付している［林梅村一九八五］、［孟凡人一九九五］、［西川寧一九九一］、［胡平生二〇〇五］の編号を〈 〉内に示すことにする（［胡平生二〇〇五］については大谷探検隊部分の編号を付す）。なお、現在、IDP（International Dunhuang Project）のWeb上で、裏打ちをはずした後の李柏文書主文書及び断片三九点のカラー写真が公開されているので、参照した。

また、上下端の断簡（欠落）と途中の断簡（欠落）を「⧄」、推定の文字を「［ ］」、不明な文字を「□」、字数不明な不明文字を「…」で示し、墨で消したあとを網掛け ▒ で示すことにする。断片の前後の「（前欠）」「（後欠）」は省略する。

（2）［佐藤進一一九七一］は、「正文と対照して校正した案文を校正案文・正校案文といって、正文に准ずる効力が認められた。」としている。

（3）出土地については、LA遺址（楼蘭故城）かLK遺址かをめぐって種々の論争があったが、［片山章雄一九八八］、［拙稿二〇〇二］、［金子民雄二〇〇五・二〇一四］、［Imre, G & Kitsudo, K 2012］によってLA遺址出土と確定されている。

(4) 副本・底本については［邢義田二〇一一］参照。

(5) 因みに、後漢末の鍾繇の「賀捷表」(書道博物館蔵欝岡斎帖) は、「臣繇言」で始まって「臣繇誠惶誠恐、頓首頓首、死罪死罪。」で終わり、次行下部に「建安廿四年 (二一九) 閏月九日、南蕃東武亭侯臣繇上。」と添えている (『書道全集』、［西川寧一九六七・一九九二］、『小楷集』)。

(6) なお、一行目の「逆賊趙」は、［羽田亨一九一一］以来、高昌に拠った「逆賊趙貞」を指すとされてきたが、「趙貞」かどうかは不明である (拙稿一九九二・一九九九・二〇〇二)。

(7) なお、一九八九年に龍谷大学大宮図書館で実見した際に、後掲［李柏7］［李柏8］とともに、裏打ちされた断片の背面に墨書があることを龍谷大学の北村高氏とともに確認したが、裏打ちのため釈読は困難であった。

(8) なお、［藤枝晃一九九一］は本国宛の文書のようであるとしているが、本国宛かどうかは不明である。

(9) なお、［王素二〇〇六］は「蕩?前自爲逆」を「旦陽前自爲逆」と釈し (小田義久二〇〇三の釈文も同じ)、「旦陽」を趙貞の字としている。しかし、趙阿の「阿」字等を塗り潰して書き改めたもので、趙阿の名は大谷八〇〇五にも見えるので (拙稿一九九二・一九九九・二〇〇二)、「旦陽」は趙貞の字ではあり得ない。［李柏5］の「逆賊趙」は趙阿を指す可能性もある。

(10) 一九九〇年に片山章雄氏と共に龍谷大学大宮図書館で李柏文書主文書Bを数回見学しながら、墨写りの状況を確認し、折り目を推定し、復元模型を作成したことがある。

【略号一覧】

『西域攷古圖譜』: 香川默識 (編)『西域攷古圖譜』上・下巻、国華社、一九一五年 (中文版、学苑出版社、一九九九年)
『書道全集』: 神田喜一郎・田中親美 (監修)『書道全集　第三巻』平凡社、一九五九年
『小楷集』:『中国書法選11　魏晋唐小楷集　魏・晋・唐』二玄社、一九九〇年
西川寧一九九一 (または西): 西川寧『西川寧著作集　第四巻　西域出土晋代墨蹟の書道史的研究』二玄社
小田義久二〇〇三: 小田義久 (責任編集)『大谷文書集成　第三巻』(龍谷大学善本叢書二三) 法藏館
林梅村一九八五 (または林): 林梅村 (編)『楼蘭尼雅出土文書 (秦漢魏晋出土文献)』文物出版社

孟凡人一九九五（または孟）：孟凡人『樓蘭鄯善簡牘年代學研究』新疆人民出版社
侯・楊一九九九：侯燦・楊代欣（編）『楼蘭漢文簡紙文書集成』成都天地出版社
胡平生二〇〇五（または胡）：胡平生（主編）「新疆維吾爾自治区巻」中国簡牘集成編輯委員会（編）、初師賓等（主編）、胡平生・陳松長（校註）『中国簡牘集成　二編　第二〇冊　新疆維吾爾自治区・四川省・北京市巻』敦煌文藝出版社）

【主な参考文献】

〈邦文〉

荒川正晴二〇一四「西域長史文書としての『李柏文書』」白須淨眞（編）『大谷光瑞とスヴェン・ヘディン』勉誠出版
伊藤敏雄一九九二「魏晋期楼蘭屯戍の諸活動――魏晋期楼蘭屯戍の基礎的整理（四）――」『東洋史論』第八号。伊藤敏雄一九九九、所収。
伊藤敏雄一九九九『鄯善国及び楼蘭屯戍と周辺諸地域との関係に関する研究　一九九七年度～一九九八年度科学研究費補助金基盤研究（C）研究成果報告書　（課題番号　〇九六一〇三六五）』
伊藤敏雄二〇〇二「李柏文書小考――出土地と書写年代を中心に――」野口鐵郎先生古稀記念論集刊行委員会（編）『中華世界の歴史的展開』汲古書院
伊藤敏雄二〇一七「楼蘭出土漢文文字資料中の簿籍と公文書について――残紙の簿籍と公文書を中心に――」土肥義和・氣賀澤保規（編）『敦煌・吐魯番文書の世界とその時代』東洋文庫
片山章雄一九八八「李柏文書の出土地」『中国古代の法と社会　栗原益男先生古稀記念論集』汲古書院
片山章雄一九九一「李柏文書（五三八B）の冒頭部分――李柏文書覚え書き（一）――」（『吐魯番出土文物研究会会報』第六五号
片山章雄一九九五「楼蘭出土李柏文書の欠損補充と断片接合」「中国西域楼蘭学与中亜文明学術討論会」（中国・庫爾勒、一〇月二六～二八日、口頭発表及び配布資料）
金子民雄二〇〇五「タクラマカン、ロプ沙漠に入った日本人たち」ＮＨＫ「新シルクロード」プロジェクト『ＮＨＫスペシャル　新シルクロード五　カシュガル　千年の路地に詩が流れる／西安　永遠の都』ＮＨＫ出版
金子民雄二〇一四「第二次大谷探検隊・橘瑞超の楼蘭調査とその波紋」白須淨眞（編）『大谷光瑞とスヴェン・ヘディン』勉

誠出版
佐藤進一一九七一『古文書学入門』法政大学出版局。新版一九九七年、新装版二〇〇三年。
角谷常子二〇〇三「簡牘の形状における意味」冨谷至（編）『辺境出土木簡の研究』（京都大学人文科学研究所研究報告）朋友書店
西川寧一九六〇『西域出土 晋代墨蹟の書道史的研究』（博士論文、前掲、西川寧一九九一、所収）
西川寧一九六七「李柏書稿年代考」『東京教育大学教育学部紀要』八巻。前掲、西川寧一九九一、所収。
羽田亨一九一一「大谷伯爵所蔵 新疆史料解説 第一」『東洋学報』第一巻第二号。『羽田博士史学論文集 歴史篇』（東洋史研究会、一九五七年）所収。
藤枝晃一九七〇「楼蘭文書札記」『東方学報』（京都）第四一冊
藤枝晃一九九一「李柏文書」『仏教東漸——祇園精舎から飛鳥まで——』思文閣出版

〈中文〉

邢義田二〇一一「漢代簡牘公文書的正本、副本、草稿和簽署問題」『中央研究院歴史語言研究所集刊』第八二本第四分。邦訳（中村威也訳）「漢代簡牘文書における正本・副本・草稿と署名の問題」籾山明・佐藤信（編）『文献と遺物の境界——中国出土簡牘史料の生態的研究——』六一書房、二〇一一年。
王素二〇〇六「関于前涼討伐戊己校尉趙貞的新資料——大谷文書八〇〇一号考釈」『文物』二〇〇六年第六期

〈欧文〉

Imre, G & Kitsudo, K 2012; Japanese exploration of Central Asia: The Otani expeditions and their British connections. *Bulletin of SOAS*, 75, 1.

【附記】 本稿は二〇一三〜二〇一六年度科学研究費補助金・基盤研究（A）「新出簡牘資料による漢魏交替期の地域社会と地方行政システムに関する総合的研究」（研究代表者：關尾史郎／課題番号二五二四四〇三三）の分担研究の成果の一部である。なお、李柏文書主文書とその断片群の閲覧に際しては、一九八九年以来、龍谷大学大宮図書館に大変お世話になった。ここに、記して謝す次第である。

南陽の六門陂をめぐって

大川　裕子

はじめに

六門陂は前漢元帝期、南陽太守・召信臣によって創建され、荒廃と復興をくり返しながらも、南陽盆地の農業を支える水利施設として明末まで利用された。南陽盆地では、隣接する淮河北岸と同様に、早期から陂による水利開発が進められている(1)。筆者は別稿において漢代淮河流域の水利開発について検討し、とくに淮河北岸の豫西地区が陂の多い稲作適地であったこと、豫西では地理環境に応じた構造・機能を持つ陂が作られていることを指摘した(2)。南陽盆地においても豫西と類似した水利開発が展開したと考えられる。

南陽の陂については、先行研究において、所謂「南陽豪族」の経済状況をはかる材料として取り上げられることがあった(3)。また、火耕水耨の解釈をめぐる議論の中では、南陽において陂をともなう先進的な稲作が展開したとする指摘もある(4)。しかし、従来の研究における陂は、漢代豪族や江南の生産力を論じるための一つの材料として利用されたに過ぎず、陂そのものへの関心、すなわち水利機能・役割・背後の地理環境との関係についての言及はほとんどなされてこなかった。本稿では、古代南方稲作地域の水利技術を考えるための作業の一つとして、六門陂を中心とする南陽の水利事業の実態を検討してみたい。

一　召信臣の水利事業とその継承

古代南陽盆地の水利開発は、前漢元帝期の南陽太守・召信臣の事業を出発点として、それを後世の地方官が修築・復興する形で継承されていった。『漢書』巻八九「循吏列伝」によれば、

（南陽太守に遷り）躬ら耕農を勧め、阡陌に出入し、郷を離れて亭に止舎し、居に安んずる時の有ること稀なり。行《めぐ》りて郡中の水泉を視、溝瀆を開通し、水門・提閼を起こすこと凡そ數十處、以て廣く漑灌すれば、歲歲增加し、多きこと三萬頃に至る。民、其の利を得て、畜積に餘りあり。信臣、民が爲に均水約束を作り、石に刻み田畔に立て、以て分爭を防ぐ…吏民信臣を親愛し、之を號して召父と曰う。

とあり、召信臣が自ら農業の普及に勤め水利を整備したこと、さらに均水約束を作り、民の水分配を調停した事が記される。前漢後半から後漢にかけて、勧農は循吏的地方統治として史料に多数の例を見いだすことができる。(5) 佐藤達郎によれば、その際に地方官の自主裁量にかかる教令が頒布され統治に活用されたという。召信臣が行った農業・水利の振興、均水約束の制定も、そのような流れの中の一つとしてとらえることができよう。(6)

召信臣が築いた水利施設は、後漢初期に修築されている。

（建武）七年、南陽太守に遷る。性、節儉にして政治は清平、以て暴を誅し威を立て、計略に善く、民の役を省愛す。水排を造作し、鑄して農器を爲り、力を用いること少くして、功を見《あらわ》すこと多し、百姓之を便とす。又陂池を修治し、廣く土田を拓く。郡內、室を比《なら》べて殷《さか》んに足り。時の人、召信臣に方《なぞら》う。故に南陽之が爲に語りて曰く「前に召父あり，後に杜母あり」と（『後漢書』列伝二一「杜詩伝」）。

南陽太守となった杜詩は、郡内の治安に努め、陂池を修築して耕地を開拓した。その結果、郡内は尽く豊かになり、人々は杜詩をその功績から召信臣と並び称したという。杜詩が行った「修治陂池」は、前漢・召信臣の水利事業の修繕・復興であった可能性が高い。

西晋期には杜預により邵（召）信臣の水利遺跡の修復が行われている。

> 又た邵信臣の遺跡を修め、滍淯の諸水を激用し以て原田を浸すこと萬餘頃、疆を分かちて石に刊《きざ》み、定分有らしめ、公私利を同じくす。衆庶之に頼り、號して杜父と曰う（『晋書』巻三四「杜預伝」）。

杜預は、滍水・淯水から引水して一万餘頃を灌漑した。さらに、境界・分水の規約を石に刻み、公私ともに水利を受けることができるよう調停し、「杜父」と称された。これに先立ち、杜預は淮北平野においても漢代以来の開発方法を継承して、水利事業を興すことを主張していることから、淮域・南陽一帯の水文や漢代以来の水利事業の経緯に通じていたと考えられる。[7] また、境界・分水の規約を定めたのは、前漢・召信臣の業績を意識しての事であろう。名高い地方官の事業継承が、南陽統治にあたっての重要な行為となっていたと思われる。

六朝期には、南朝宋の襄陽令・劉秀之により六門堰の修復が行われている。

> （元嘉一六）世祖、襄陽に鎭し、以て撫軍録事參軍・襄陽令と爲る。襄陽に六門堰ありて、良田數千頃なるも、堰久しく決壊し、公私廢業す。世祖、秀之を遣して修復せしめ、雍部、是に由りて大豊たり（『宋書』巻八一「劉秀之伝」）。

召信臣以来、修復を重ね利用されてきた水利施設は、ここに至り初めて史料に「六門堰」という固有名称で現れる。南北の分裂に際し、南陽盆地は北朝と南朝の争奪の地となったため、堰も長年決壊したままとなり、公・私ともに農業は廃れていたという。劉秀之は混乱期に荒廃した六門堰の復興を手がけたのである。

以上、南陽における水利施設は、前漢・召信臣や後漢・杜詩の例のように、地方官による勧農政策の一環として整備され、混乱により維持管理がなされなくなると荒廃している。また、西晋・杜預、宋・劉秀之の例からは、南北対峙期にあっては前線に近い南陽において水利施設の修築と農業復興が行われていることが明らかとなる。水利施設を整備した結果、史料には「廣灌漑…多至三萬頃」「郡内比室殷足」「良田數千頃」とあり、灌漑耕地の増加や農業生産性の向上がもたらされたことが記されている。陂により灌漑される耕地で行われたのは水稲作である。無論、畑作でも単位面積当たりの生産増加を狙い灌漑が行われることがある。しかし、張衡『南都賦』の記載、豫西に築かれた鴻隙陂、鄧艾が淮北で進めた屯田の事例は、陂の建設によって水稲作が展開したことを示しており、しかもそこで行われているのは火耕水耨などの粗放な稲作ではなく、生産性の高い「良田」における安定した稲作栽培であったと考えられる。(8)

二　南陽における私陂の建設

南陽では、民間における私陂の建設も行われている。『史記』巻一二九「貨殖列伝」には、前漢期、冶鉄と商業により蓄財した宛県の孔氏が「規陂池（陂池を占有した）」とある。湖陽県の樊氏も陂を所有しており、『後漢書』列伝二二「樊宏伝」には、

（父の重）乃ち田土三百餘頃を開廣するに至る。其れ起こす所の廬舎は皆な重堂高閣有りて、陂渠灌注す。

とあり、樊宏の父・樊重が前漢末に三百餘頃を開墾し、さらにその耕地は陂渠により灌漑されていたという（【表一】③参照）。(9) また、『水経注』巻二九「湍水注」には樊氏同様に後漢の南陽で勢力を誇った鄧氏にまつわる陂の存在が記されている（【表一】⑤）。『水経注』には樊氏・鄧氏など後漢期の南陽豪族の名を冠した陂が確認されるものの、その詳細は明らかではなく、後世の仮託の可能性も考える必要がある。(10)

この他、召信臣に遡る武帝期の水利事例に、酷吏として有名な寧成の「陂田」経営がある。寧成は、穰の人なり…乃ち貰貸して陂田千餘頃を買い、貧民に假し、數千家を役使す。數年、會赦す。產を致すこと數千金、任俠と爲り、吏の長短を持し、出づるに數十騎を從う。（『史記』巻一二二「酷吏伝」）。

前漢武帝期に内史まで務めた寧成は、失脚後に故郷の穰県に戻り、「貰貸《まえがり》して穰の陂田（陂による灌漑耕地）千餘頃を購入し貧民に仮作」したという。穰県は、後の元帝期に召信臣が六門陂の原型となる水利事業を興すことになる地であるが、それ以前から陂による灌漑耕地があったことになる。その水源となる陂については、仮に、千餘頃を灌漑しうる単独の大陂を想定すると、これは通常、郡の主導で建設・管理される大規模陂に相当する。[11]さらに、陂が複数であったとすると、相当の数に上るはずである。穰県には召信臣以前から、官営の陂が存在していたと考えるべきであろう。[12]

以上、南陽の私陂を列挙したが、最後の寧成の陂田の事例のように、史料上は個人の経営に見える水利施設や灌漑田であっても、その実、官との関わりを考慮せねばならない場合もある。この点については後述する。

三　『水経注』に見る水利施設の立地

つぎに、南陽盆地の水利施設の名称・所在が多く記される『水経注』をもとに、南陽の水利施設の立地環境について考えてみたい（【表一】【図一】参照）。南陽盆地には、漢水支流の白水（淯水）、湍水、朝水、唐水（泚水）などの河川が流れている。盆地内部は、その地形的特徴に基づいて以下の三つに大別されることが多い。[13]

ⓐ盆地周縁段丘（海抜130〜200m、窪地と相対高度20〜30mの台地から成る）。

ⓑ緩傾斜平原（海抜100〜200m、0.2〜1‰の緩傾斜平原でa区との境界に小窪地が点在する）。

ⓒ盆地中央河川氾濫原（100m以下）。

以上の三区分の中で、水利施設の多くは盆地中間部に広がるⓑ緩傾斜平原・窪地に立地している。この分布の特徴は、桐柏山を隔て東側の豫西地区と類似する。豫西にもまた、漢代、鴻隙陂を始めとする大小様々な陂が造られている。『水経注』には、南陽盆地に所在する水利施設として陂・堨・堰・港などの名称が記されている（【表一】参照）。陂は、澤や河川の流れをつつみで遮って造られた蓄水施設であり、その河川を遮るつつみが、堨や堰であった。堨も堰も魏晋以降の史料に多く見られ、とくに堨については淮河・漢水流域に多く分布している。[14] 港については、安衆港の一例のみであるが、巻二九「湼水」に「堨《ふさ》ぎ陂と為す、之を安衆港と謂う」とあり、また巻三一「淯水」には「土地は墊下《ひくく》、湍溪《はやせ》是れ注ぎ、古人、安衆にて之を堨《ふさ》ぎ、遊水をして是れ瀦めしむ。之を安衆港と謂う」（【表一】⑥）とあり、窪地に流れ込む水をつつみで堰き止めた蓄水施設であったことが窺われる。[15]

後述する六門陂が、時に六門堰・六門堨と呼ばれていることから察するに、同一の水利施設であっても流れを堰き止める部分（堨・堰）を示す場合と、蓄水部分（陂・港）を示す場合とで呼称が異なるのであろう。これらの水利施設は、湍水と唐水（泚水）支流の板橋水系に多く分布しており、この流域一帯が南陽における開発の中心であったことを窺わせる。同一水系に分布する水利施設は相互に何らかの関係を有していたようだが、この点については、次章で検討する。

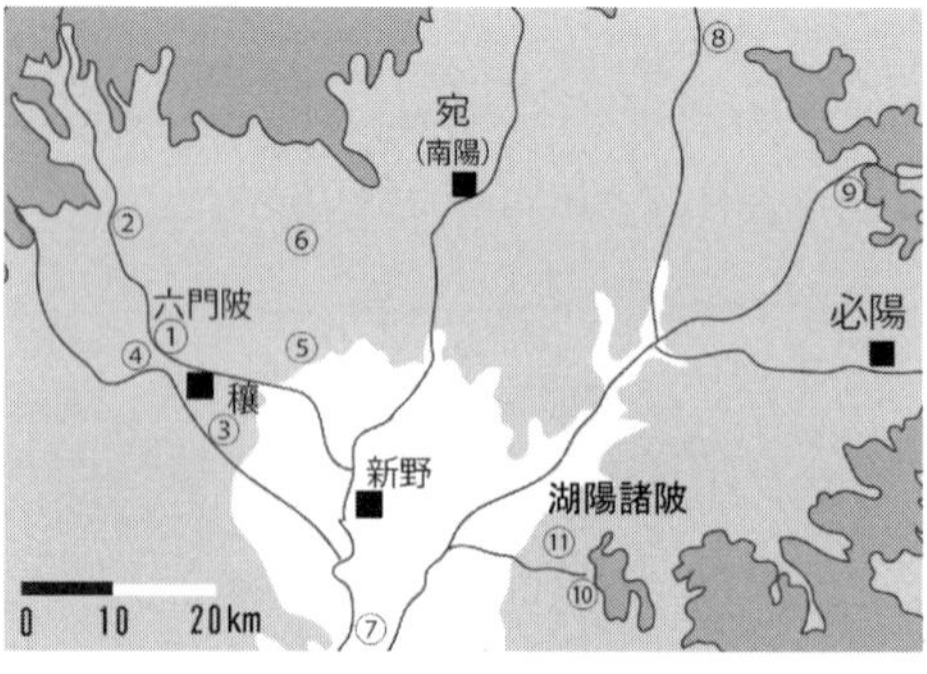

【図一】南陽盆地水利分布
地図上の数字は、【表一】に対応する。

【表一】『水経注』等に見る水利施設　＊は湍水流域に所在することを示す。

	水利施設名	所在地	創建者	概要
①	＊六門堰（六門陂）	穰県西	前漢 召信臣	漢孝元之世、南陽太守邵信臣、以建昭五年斷湍水、立穰西石堨。至元始五年、更開三門爲六石門、故號六門堨也。溉穰・新野・昆陽三縣五千餘頃、漢末毀廢遂不修理。晉太康三年、鎭南將軍杜預、復更開廣利加于民、今廢不修矣。（29・湍水）。
②	＊楚堨（楚堰）	冠軍西北		高下相承八重、周十里。方塘蓄水、澤潤不窮（29・湍水）。
③	＊樊氏陂	新野西	漢 樊氏	朝水又東南、分爲二水。一水枝分東北爲樊氏陂。陂東西十里、南北五里、俗謂之凡亭陂。陂東有樊氏故宅、樊氏既滅、庾氏取其陂。故諺曰、陂汪汪下田良、樊子失業庾公昌。晉世杜預繼信臣之業、復六門陂。遏六門之水、下結二十九陂。諸陂散流咸入朝水。事見六門碑。六門卽陂、諸陂遂斷（31・朝水）。
④	＊鉗盧陂（玉池）	穰県南	前漢 召信臣	於其陂澤則有鉗盧玉池（南都賦）。／漢元帝建昭中、召信臣爲南陽太守、復於穰縣南六十里造鉗盧陂、累石爲堤、旁開六石門、以節水勢、澤中有鉗盧玉池、因以爲名（元和志21）。
⑤	＊鄧氏陂	新野西	漢 鄧氏	湍水至縣西北、東分爲鄧氏陂。漢太傅鄧禹故宅、與奉朝請華西侯鄧晨故宅隔陂、鄧颺謂晨宅畧存焉（29・湍水）。
⑥	安衆港	安衆県	？	涅水又東南逕安衆縣、堨而爲陂、謂之安衆港（29・涅水）。土地墊下、湍溪是注。古人于安衆堨之、令遊水是瀦、謂之安衆港（31・淯水）。
⑦	豫章大陂	士林戍西		淯水又東南、逕士林東、戍名也。戍有邸閣、水左有豫章大陂、下溉良疇三千許頃（31・淯水）。
⑧	東陂・西陂［兩湖］	堵陽県		堵水東爲縈源堵水。參差流結兩湖、故有東陂・西陂之名（31・堵水）。
⑨	馬仁陂（馬人陂）	必陽県西陰北山麓	伝 前漢 召信臣	比水右會馬仁陂水、水出潕陰北山、泉流競湊水積成湖。盖地百頃、謂之馬仁陂。陂水歷其縣下西南、堨之以溉田疇、公私引裂（29・沘水）。
⑩	大湖	湖陽県		其水南入大湖、湖陽之名縣藉茲而納稱也。湖水西南流又與湖陽諸陂散水合、謂之板橋水、又西南與醴渠合、又有趙渠注之（29・沘水）。
⑪	湖陽諸陂	湖陽県		

四　六門陂の構造と機能

ここでは、再び六門陂を取り上げ、その構造・機能を検討する。六門陂については『水経注』巻二九「湍水注」に詳細に記載されている【表二】①。

漢孝元の世、南陽太守・邵信臣、建昭五年を以て湍水を斷じ、穰の西に石堨を立つ。元始五年に至り、更に三門を開きて六石門と爲す、故に六門堨と號すなり。穰・新野・昆陽三縣五千餘頃に漑ぎ、漢末、毀廢し遂に修理せず。晉太康三年、鎭南將軍杜預、復た更に開廣し利もて民に加う。今廢れて修めず。

これによれば、六門陂は前漢元帝・建昭五年（前三四）、邵信臣が穰県の西に湍水を堰き止め石造りの堨を造ったことに始まる。前述の『漢書』「循吏伝」では、「（召信臣が）溝瀆を開通し、水門・提閼凡数十處を起こす」としか記されていないが、この数十処の水門・提閼の一つが、後に六門陂へと発展するのであろう。元始五年（五）、更に三門を加え水門が六つになったため、「六門堨」と呼ばれるようになったという。漢末に荒廃したが、晋・杜預により再建され、その後再び廃絶した。[16] 六門陂は、ここでは六門堨と呼ばれ、『宋書』「劉秀之伝」では六門堰とも呼ばれている。前述したように、南陽盆地では河川を堰や堨で塞いだ陂や港などの蓄水施設が建設されていた。六門陂が、六門堰・六門堨とも呼ばれるのは、湍水を堰や堨で堰き止めて陂を作り、その陂に六つの水門を設けて分水する構造であったことを示している。

また、同巻三一「朝水注」では、樊氏陂について述べた直後に、

昔、晉の世ありて杜預・信臣の業を繼ぎ、六門陂を復す。六門の水を遏ぎ、下二九陂を結ぶ。諸陂散流し、咸、朝水に入る。事、六門碑に見ゆ。

とある（【表一】③）。これによれば、六門陂の水利構造は、湍水の流れをせき止めて陂を造り、その陂に六つの水門を設けて、下流に連なる小陂へと順次水を送っていくというものであった【図二】。「朝水注」では、樊氏陂に言及した直後にこの二九陂についての記載が見られ、樊氏陂もその一つであったように読み取れる。このような連珠式（数珠つなぎ式）の水利構造は豫西の鴻隙陂水系にも見られる[17]。穰県の六門陂以外では、湖陽県の諸陂も連珠式の構造を有していた。『水経注』巻二九「沘水」によれば、「其の水、南して大湖に入る…湖水西南して流れ、又た湖陽の諸陂の散水と合う、之を板橋水と謂う」とあり、大湖の下流には、この湖を水源とする「諸陂」が連なり、さらに諸陂の水は板橋水に灌いだようである【図三】。

現在、南陽地区の平均雨量は八〇〇ミリメートル、六～九月に年雨量の六～七割が集中する。連珠式陂の存在からは、雨量に偏りのある南陽では自流灌漑だけでは水量が不足するため、水路に陂が併設され灌漑水の確保が行われたことが窺える。この構造は、淮河中上流部にも見られるもので、水稲作を行うに当たり長江流域ほど充分な雨量を確保することができない地域において生み出された独自の水利灌漑の方法であろう[18]。

さらに、連珠式陂の水利構造からは、漢代以来、南陽で行われてきた公私にわたる水利事業の実態を窺うことができる。郡太守主導で建設された官陂の水利効果は、実際には公私に及んでいた。『晋書』「杜預伝」には、境界を区

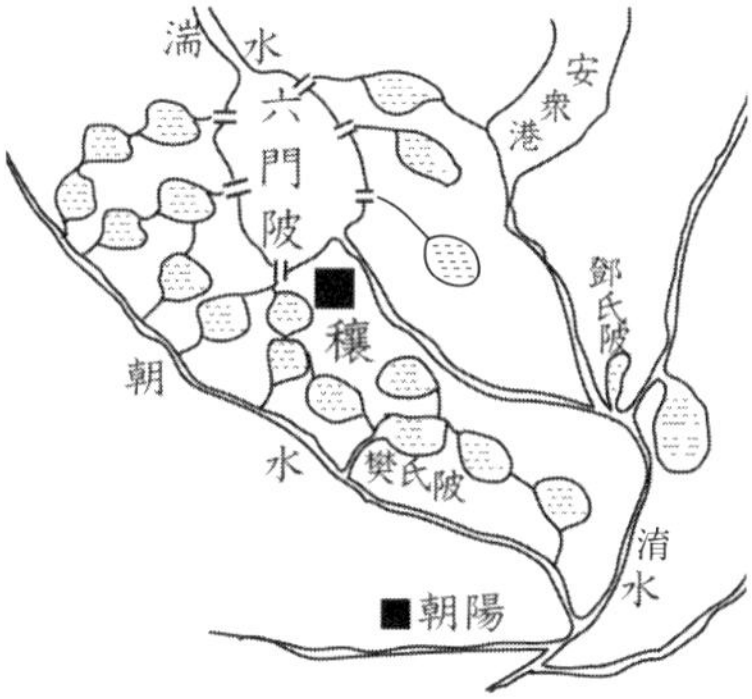

【図二】六門陂下二九陂（想定）

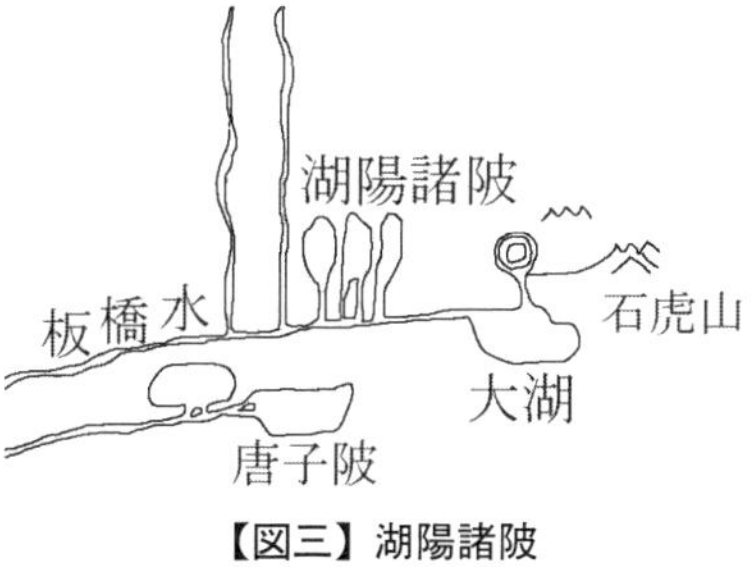

【図三】湖陽諸陂
※【図二】【図三】ともに楊守敬『水経注図』をもとに作成。

分して石に刻み分水規定を設け「公私利を同じくした」とか、『宋書』「劉秀伝」に、堰が久しく決壊したため、公も私も廃業したと記載されている。連珠式陂が展開する地域においては、私陂といえども、上流の官陂の水分配下に置かれるため、私陂の所有を単純に水利の独占として解することはできない。少なくとも、南陽の六門陂下に建設された私陂は、官による規制下に置かれていたことになろう。この点については好並隆司が、『水経注』巻三一「朝水」の記載から、六門陂下の二九陂の中には樊氏陂のような私陂も含まれていて、「土豪は官の規制下に私設の灌漑施設を把持しつつ、農業経営をおこなっていた」と指摘する通りである。(19)

おわりに

以上、六門陂を中心に、南陽盆地の水利開発について検討した。水利事業は気候（雨量）・地形・水文等の地理環境と深く関わるため、古代各地における水利事業のあり方を具体的に検討することが不可欠となる。その上で、水利社会の展開についても具体的に検討を進める必要があろう。(20)

このように多様な地理環境下で行われた中国各地の水利事業については、地理条件に応じた違いを確認する一方で、地域間における技術の伝播の問題も考えなければならない。とくに、稲作地帯における水利・稲作技術がどのように伝播していくのか、南方稲作地帯という大きな視点の下、検討する必要があろう。具体的には、早期に陂灌漑が発達した南陽盆地や淮河流域の水利技術が、どのように長江中・下流域の水利事業へと繋がっていくのか、とくに魏晋期以降の水利に与えた影響を考えることが今後の課題である。

註

（1）西山武一「中国における水稲農業の発達」（『農業総合研究』三巻一号、一九四九年。のち『アジア的農法と農業社会』東京大学出版会、一九六九年所収）、佐藤武敏「古代における江淮地方の水利開発―とくに陂を中心として―」（『人文研究（大阪市立大学大学院文学研究科）』一三巻七号、一九六二年）によれば、陂は戦国以前、軍事用・水産物採取用として利用されていたが、漢代以降に農業灌漑に転用されるようになったという。西山、佐藤ともにその早期の利用は漢水・淮水上中流域の山の裾野で始まったと指摘する。

（2）拙稿「汝南・鴻隙陂の興廃をめぐって―漢代江淮の水利と開発―」（『日本秦漢史研究』一七号、二〇一六年）。

（3）陂は公権力により建設される大規模なもの（官陂）から、個人で造営される小規模なもの（私陂）まで様々な規模がある。私陂の建設は、水利を独占し自己の所有する耕地の安定した農業生産、農業経営拡大と直結するため、南陽の陂は、所謂「南陽豪族」の経済的基盤を証明する材料として注目されてきた。

（4）陂を伴う稲作は、すべて粗放で後進的な火耕水耨の段階にあるとする西嶋定生「火耕水耨について」（『和田博士還暦記念東洋史論叢』講談社、一九五一『中国経済史研究』東京大学出版会、一九六五年に加筆収録）に対して、米田賢次郎は『南都賦』に描写される陂下の稲田を例に、後漢の南陽ではすでに稲と麦の一年二毛作が行われ、田植法による高度な稲作技術が見られる稲作先進地であったと指摘する（「漢六朝間の稲作技術について」『慶陵史学』七、一九八一年。のち『中国古代農業技術史研究』同朋舎、一九八九年）。

（5）例えば渤海太守・龔遂の勧農（『漢書』巻八九「循吏伝」）や、廬江太守・王景による芍陂稲田の修復、牛耕の導入（『後漢書』列伝六六「循吏伝」）など。

（6）佐藤達郎「漢代の扁書・壁書―特に地方的教令との関係で」（『関西学院史学』三五号、二〇〇八年）、「漢六朝期の地方的教令について」（『東洋史研究』六八巻四号、二〇一〇年）。

（7）村松弘一「魏晋期淮北平原の地域開発―咸寧四年杜預上疏の検討―」（『史学』七〇巻三・四号、二〇〇一年。のち『中国古代環境史の研究』汲古書院、二〇一六年）を参照。

（8）「於其陂澤則有鉗盧玉池・赭陽東陂…其水則開竇流浸彼稲田」（張衡『南都賦』）、「（鄧）晨興鴻郤陂數千頃田、汝土以殷、魚稲之饒、流衍它郡」（『後漢書』列伝五「鄧晨伝」）、鄧艾「陳蔡之間、土下、田良…大治諸陂於潁南・潁北、穿渠三百餘里、溉田二萬頃」（『晉書』巻二六「食貨志」）。

（9）樊氏陂については、『後漢書』李賢注に「其陂至今猶名爲樊陂、在今鄧州新野縣之西南也。」とあり、『水経注』巻三一「朝水注」に「陂東有樊氏故宅。樊氏既滅、庾氏取其陂」とあることから、新野県西・湍水流域の樊氏陂がそれに当たると考えられている。しかし、多田狷介「魏晋代の潁川庾氏について」（『史艸』一六号、一九七五年。のち『漢魏晋史の研究』汲古書院、一九九九年所収）は、樊氏には南陽新野県を拠点とするものと、湖陽県を拠点とするものがあり、樊重・樊宏親子は湖陽の樊氏であったのだから、離れた新野に陂を所有することはなく、樊重が整備した陂は『水経注』が記す「湖陽の諸陂」の中の一であろうとする。本稿では是に従った。

（10）この他、前漢宣帝期、新野の陰氏が七百餘頃の耕地を所有したとする『後漢書』列伝二二「陰識伝」の記載もあり、宇都宮清吉「劉秀と南陽」（『名古屋大学文学部研究論集』八号、一九五四年。のち『漢代社会経済史研究』弘文堂、一九五五年所収）は召信臣の水利灌漑との関係を指摘する。

（11）例えば、隣接する汝南郡鴻隙大陂の灌漑面積は数千頃（『後漢書』列伝五「鄧晨伝」）、徐県の蒲陽坡は、張禹の水門開設により「孰田數百頃」（『後漢書』列伝三四「張禹伝」）と伝えられる。

（12）藤田勝久は、千頃は漢代一県平均の定墾田の約二割にあたり、個人で経営するには多すぎるため、寧成の陂田は、県内の官有地を借入したものであったと指摘する（「漢代郡県制と水利開発」『岩波講座世界歴史3・中華の形成と東方世界』一九九八年。のち『中国古代国家と郡県社会』汲古書院、二〇〇六年所収）。

（13）南陽地区地方史志編纂委員会編『南陽地区志』河南人民出版社、一九九四年。

（14）『説文解字』の堨への段玉裁の注では「今義堰也」とし堨と堰を同義にとるが、『水経注』の時代では、形状により区別されていた可能性もある。或いは、地域的な呼称の差であるとも考えられる。時代と地域を意識した、堰や堨の用例を集めて分析する必要があろう。今後の課題である。

（15）港と称する水利施設は『水経注』巻三五「湘水」の長洋港、同巻二八「沔水」の浴馬港に例を見いだすことができる。「港」字には水の分流地点、あるいは水面の貌を指す意味があり（『集韻』巻五「港溝、水分流也…港洞、水皃也」）、また『水経注』では涅水と淯水支流の梅谿において各々安衆港について記載されている。ここから、安衆港とは、元来、複数の河川が流れ込む低地の沼沢地の如き箇所を利用した蓄水施設であり、陂と区別されていたのであろう。

（16）六門陂は明末まで利用された記録が残っており、鄧県県城西の岔股路村北～韓凹村に取水口跡と伝えられる遺跡が残されている（注（13）所掲『南陽地区志』下、巻三九第一章「古遺跡」）。六門陂の遺跡は湍河の屈曲点にあり、秦の都江堰や漳水渠の引水技術と類似する。

(17) 拙稿注（2）所掲論文。

(18) 張芳「中国古代淮河・漢水流域的陂渠串聯工程技術」（『中国農史』二〇〇〇年一期、『中国古代灌漑工程技術史』山西教育出版社、二〇〇九、第二編第二章「蓄水陂塘」所収）

(19) 好並隆司「漢代の治水灌漑と豪族」（『中国水利史研究』一号、一九六五年。のち『秦漢帝国史研究』未来社、一九七八年所収）。

(20) 嘉靖『固始県志』巻四「水利」には、明代、史河流域（淮河南岸）の「三十六塘堰」における分水規定が記載されている。後世、「陂」にかわり「塘」の呼称が多く用いられるが、「三十六塘堰」は、まさしく連珠式陂の構造を持っていたと考えられる。

史河東分二支、上一支曰清河。立閘二灌塘堰三十有六。曰上閘一名均濟…一中閘一名清河閘…河東刻石記放水日時選閘長二人、督理承均濟閘引水、閉截分入…下至管新塘閉灌十一日零六時、定爲一月上下一轉。

（史河は東流して二つに別れ、その一支が清河である。清河には二つの閘門があり、三十六の塘堰に灌ぐ。その一は上閘均濟閘で、もう一つが中閘清河閘である。…河東に石刻を立て、放水期間や閘長二名の選出、均濟閘からの引水と閘門を閉じて分入を監督する旨を記した…下は管新塘に至る注水期間は十一日と六時間。一ヶ月で上下全ての塘堰に水を行きわたらせる）。

(20) 藤田勝久注（12）所掲論文は地方社会における水利支配のあり方について、「郡の長官は法令で水利支配をしているのではなく、特定の灌漑地域における公私の田に対して水利用益を調停している」のだと指摘する。

秦漢簡牘史料再考二題

太田　幸男

一　はじめに

本稿は新たな研究課題を設定して論証したオリジナルな論考ではない。本稿では大別して二点について、筆者の既発表の諸論文にもとづいて、論述が不十分であった何点かについて補充し、執筆後に出土・発表され（他の研究者によってすでに引用・研究されたものも含む）た簡牘史料について補充し、これらの作業において既述の拙論に修正を加える必要のある点を修正した。そして最後に、戦国時代から漢代初期における家族形態と農耕についての、未だ実証的な論証は不十分ながら論理的には考え得ると思われることを、ある意味で一つの仮説として問題提起を試み、諸氏の御検討・御批判をあおぎたいと考えた。(1)

二　『雲夢秦簡』法律十八種・倉律における倉をめぐって

周知のごとく、『雲夢秦簡』の中には、「倉律」という倉庫の管理をめぐってのかなりくわしい規定がみられる。ところがこのような規定はそれ以後の諸王朝の法律ではみられず、唐代に至って「唐令」中に「倉庫令」という短文があるが、国家が徴収した税糧の管理規定がみられるのみである（仁井田陞『唐令拾遺』）。

筆者は、特異なこの法律の歴史的性格について、全文の試訳も含めて「戦国末期秦の倉庫―『雲夢秦簡』秦律十八種・倉律の分析」（拙著『中国古代国家形成史論』汲古書院刊・二〇〇七年〈以後「拙著」と略称〉の第二篇第八章）において検討した（以後これを「拙稿1」と略称する）。

この論文の主要な論点はつぎのように要約される。

① 倉律に描かれる倉は郷（春秋時代頃までは邑）に存在した。

② 郷民の生産するすべての穀物はこの倉に収められ、田租をはじめ国家が収納すべき部分は倉から搬出された。

③ 郷民の日常の食糧は、一定の単位（おそらく「伍」）にまとめられて定期的に搬出された。

④ 倉を管理する官吏（倉嗇夫・倉佐等）は県（もしくは一部特殊の大郷の場合は郡）から任命されたが、それらは県・郡が設置されるまでは郷民から選ばれた有能な人物によってなされていた。県・郡はそれらを新たに官吏として任命し、自らの支配下においた。倉庫の官吏は県・郡共に国家の農民支配を執行する任務を遂行したが、同時に郷民の一員として郷民の食糧をあずかってその日常生活を助けるという二面性をもっていた（以後、大多数の場合である県の支配を前提として記述する）。

筆者のこうした考え方は、「拙稿1」発表から[2]さまざまな批判に直面した。そのうちの主な批判点については、すでに反論を書いたのでここでは繰り返さないが[3]、倉の存在場所と収蔵穀物の性格について説明が不十分な点が多々あったので、ここで追加したい。

(1) 倉律で規定する倉庫はどこにあったか

大櫛氏は註（3）に示した二論文において、『雲夢秦簡』にみえる倉庫は国家が徴収した田租を国家の手で管理するための倉であり県廷付近に置かれ、県に存在する官によって管理され、在倉の穀物はそこから首都の太倉や戦地の最前線等に輸送されるとする。

しかし、同じ戦国秦の倉を分析・紹介した池田雄一「里耶秦簡の郷吏について」（『紀念方詩銘先生学術論文集・史林揮麈』上海古籍出版社、二〇一五年所収、原中文）では全くこれと異なる。いま池田氏の論文から必要箇所を要約して述べることにする。

① 農民から徴収した田租としての穀物はすべて県の指示・指導のもとで郷に置かれた倉庫で管理された。

② この倉庫を管理する官吏で、倉庫からの穀物の出稟や倉への搬入を担当する郷の役人には倉主、倉佐、倉史、稟人の名が見え、彼等の上役として倉嗇夫の名も見えるが、倉嗇夫と倉主との関係はいま一つ不明な点がある。

③ 穀物の出稟、搬入には県の吏である令史が「監」・「視平」として立ち会った。

④ 倉嗇夫・倉守の代替人として郷嗇夫・郷主がその仕事をおこなうこともあった。

⑤ 穀物の搬出・搬入の量や日付、穀物の種類等は県令の指示にすべてもとづき、それに応えて結果も倉守や倉嗇夫が必ず県に文書で報告した。

⑥ 搬出した穀物は県の指示にもとづき、軍隊の駐屯地等に直接送られるが、当地で働く隷臣妾等の食料に使われ、また出張中の役人の滞在中の食糧にも使われた。

なお池田氏は付加すべき事実として、『居延漢簡』にみえる送り状の発送地が郷を単位にして記載されていることを述べている。

もちろん、郷の倉から搬出される穀物は、県の役人の給料等、県が独自に使用すべき部分もあったと思われ、それらを保管する倉庫は県廷の近くにも存在したことは容易に想像される。

また、大櫛氏が述べられるように、中央政府が使用すべき穀物として、県からの指示によって首都の太倉に送られる部分も当然あったと思われる。しかし、『雲夢秦簡』の倉律に記される倉庫は明らかに郷に設置されたものであると言えよう。

(2) 倉律中の一部の規定について

倉律の中には、倉庫の管理とはおよそ関係のないような規定がみられる。そのうちのいくつかを例示する（冒頭の一行は拙稿1に示す史料番号と簡番号）。

㈠〔史料13、倉律四五〕

有事軍及下県者、齎食、毋以伝貳（貸）県。　倉

軍に事え及び県に下る有る者は、食を齎《もたら》し、（よりて）伝を以って県に貸る毋れ。　倉

㈡〔史料17、倉律四九～五二〕

隷臣妾其従事公、隷臣月禾二石、隷妾一石半。其不従事、勿稟。小城旦・隷臣作者、月禾一石半石。未能作者、月禾一石二斗半斗。小妾・舂作者、月禾一石二斗半斗。未能作者、月禾一石。嬰児之毋（無）母者各半石。雖有母而与其母冗居公者亦稟之、禾月半石。隷臣田者、以二月月稟二石半石。到九月尽而止其半石。舂、月一石半石。隷臣・城旦高不盈六尺五寸、隷妾・舂高不盈六尺二寸・皆為小。高五尺二寸、皆作之。　倉

隷臣妾の其の公に従事するは、隷臣は月ごとに禾二石、隷妾は一石半。其の従事せざる（もの）は、稟する勿れ。小城旦・隷妾の作する者は、月ごとに禾一石半石、未だ能く作せざる者は、月ごとに禾一石。小妾・舂の作する者は月ごとに禾一石二斗半斗。未だ能く作せざる者は月ごとに禾一石。嬰児の母無き者は各《おのおの》半石。母有る

と雖も其の母と公に冗居する者も亦た之に稟し、禾は月ごとに半石。隷臣の田《たづく》る者は、二月を以て月ごとに二石半石を稟し、九月の尽《おわ》るに到りて其の半石を止めよ。舂は、月ごとに一石半石。隷臣・城旦の高さ六尺五寸に盈たざると、隷妾・舂の高さ六尺二寸に盈たざるとは、皆小と為せ。高さ五尺二寸は、皆な之を作せ。　倉

㈢〔史料19、倉律五四〕

更隷妾節（即）有急事、総冗、以律稟食、不急勿総。　倉

更隷妾即《も》し急事有らば、総冗し、律を以って食を稟し、急ならざれば総する勿れ。　倉

㈣〔史料18、倉律五三〕

小隷臣妾以八月傅為大隷臣妾、以十月益食　倉

小隷臣妾八月を以って傅《つ》けて大隷臣妾と為し、十月を以って食を益せ。　倉

㈤〔史料15、倉律四七〕

駕伝馬、一食禾、其顧来、有（又）一食禾、皆八馬共。其数駕、毋過日一食。駕県馬労、有（又）益壺（壱）禾之。　倉律

伝馬を駕すれば、一食の禾。其の顧来には、又た一食の禾、皆な八馬共にせよ。其の数《しばしば》駕するも日ごとに一食を過ぐる毋れ。県馬を駕して労さば、又た壱禾を之に益せ。　倉律

同様の条文はまだいくつか見られ、これらの私訳は拙稿1の訳注を見られたい。拙稿執筆当時、これらの条文が倉律の中になぜ見られるのか、不思議であり、苦しまぎれに穀物に関する法規定はすべて倉律の中に含まれているのではないかと解していた。いま『里耶秦簡』を分析した前掲の池田論文に接してはじめてその真相が判明した。すなわち、倉庫のある郷で働き、また居住する隷臣妾等の平民以下の賤民、出張して来た、またはその途上の官吏の食料、駕馬の飼料はすべてその郷の倉庫の田租に相当する部分から支給される規定があるからである。郷の倉庫は県の支配・

管理下にあるから、㈠に見られるようにその支出は県の許可のもとで支給されることになっていたのであり、どれだけ、何を誰に支給したかはすべて倉嗇夫または倉佐から県にいちいち報告されていたのである。

(3)　倉庫に収蔵する穀物の性格

筆者は拙稿1において、倉律に規定される倉庫は先秦時代の邑という農民の共同体がもつ共同の貯蔵庫であり、まず農民の全収穫物がすべて収納され、必要に応じて農民がそこからの搬出を受け、また卿・大夫等の邑の支配者への年貢もそこから搬出した。郷の上に県が置かれて倉庫は国家の支配下に置かれて以後もこの性質は変わらず、年貢の代りに国家への田租がここから徴収された、と考えた。この考えは今も変っていないが、これに対する研究者からの批判は多いようで、その多くは、倉律に規定された倉庫には農民の供出する田租のみを収納している、農民自身が必要とする穀物（主として自らの食糧）をその都度倉庫に行って受け取るなどのわずらわしい行為の存在は疑問である、という意見は註(1)に示した本書作成前に行なわれた執筆者の報告会・討論会においても多く出されている。

先秦時代において、すべての邑に倉庫が置かれていたとは断言できず、また農民が戸ごとの自宅に生産物を一年間保管していた例が皆無かと言われればそう断言はできない。しかし倉律に規定されたような倉庫は先秦時代から受け継がれたものと考えての自説、すなわち邑一般の共同体的性格の継続根拠についてあらためてここで述べておきたい。

『管子』牧民篇の有名な「倉廩実つれば則ち礼節を知り、衣食足れば則ち栄辱を知る」の句は古代の諸文献に同様な文言が見え、きわめて一般的に認識されていた倉庫の実態に基づくものと思われるが、この倉稟とは、農民の生産した穀物全体を収蔵するが故に農民も卿・大夫たちも共に礼節を知るのであり、春秋末期の状態を述べた格言でありえる。決して邑の支配者の卿・大夫のための倉庫ではないが故に格言たり得るのであろう。このような倉庫を、県を通して国家が支配したとき、その倉庫の性格は一変して田租だけを収蔵する所になりえたであろうか。農民はわざわざ田租だけを倉庫に運んで、戸ごとに食用とするぶんを自家に一年間置いたであろうか。

『雲夢秦簡』法律答問一五二には倉庫における鼠害に関する規定がある。

論鼠穴幾可（何）而当論及誶。廷行事鼠穴三以上貲一盾、二以下誶。鼷穴三当一鼠穴。

倉の鼠穴幾何にして論じ及び誶に当たるや。廷行事は鼠穴三以上は貲一盾、二以下は誶。鼷穴三にして鼠穴一に当るべし。

また倉律二七（前述の拙訳注の史料1の末尾）に

見屚之粟積、義（宜）積之、勿令敗。

屚見ゆるの粟石は宜しく之を積し、敗せしむること勿れ。

前者の場合、鼠害によって処罰を受けるのは倉嗇夫等の倉庫を管理する官吏であろうし、後者の害虫の害の拡大阻止に努める義務を負うのは穀物の搬出・入に立ち合う長吏であろう。屚とは穀物を食う害虫を指すと思われる。倉庫に保管されている穀物であっても、法律にいちいち規定されなくてはならないほど鼠害・虫害は多くみられるのであり、一般の民家に一年間保管するのが普通であれば、これらの害は想像に難くない。

さらに考えられるのは盗賊による被害である。倉庫でもこれはあるのだろうが、一応鍵がかけられていて襲撃するのは容易ではないが、民家には収穫後の昼間など、周辺の非農民による集団的侵入は容易に想像されよう。

さらに、戸ごとの民家に一年間に使う穀物を保管できるだけのスペースが存在したかどうかも疑問である。虫害・鼠害の他に穀物が腐敗しにくい乾燥した場所があるであろうか。

里に倉庫が存在した形跡はなく、農民が戸ごとに貯蔵庫を持つことも考えられない以上、農民は先秦時代以来の建物に全生産物を託したのではないか。しかし、卿・大夫に供出した年貢分が県を通して国家に差し出されただけではない。国家権力は倉庫を管理する在郷の官吏を差配して倉庫を実質上都合よく支配するのであり、世は戦国時代であるから、軍糧をはじめとする戦費に相当するものをかなりの自由度をもって持ち出したのではないかと思われる。農民にとって倉庫はもはや共同の建物ではなく、国家によって支配される拠点と化したのである。

(4) 播種用の穀物　倉への搬入法など

倉律には、播種用の穀物に関するつぎのような規定がある（一行目の文言は前例のごとし）。

〔史料9、倉律三八～三九〕

種：稲・麻畝用二斗大半斗、禾・麦畝一斗、黎・荅畝大半斗、叔（菽）畝半斗。利田畴、其有不尽此数者、可殹（也）。其有本者、称議種之。　倉

種まくこと：稲・麻は畝ごとに二斗大半斗を用い、禾・麦は畝ごとに一斗、黎・荅は畝ごとに大半斗、菽は畝ごとに半斗なり（以下略）。

種をまくのは農民であるから、農民の自家用の穀物の中から種は出されると一般には思われ勝ちであるが、田租が何に使うためにどこに運ぶかを記す条文や記述はあっても、農民の自家用の穀物（大部分は戸ごとの家族と家畜の食糧・飼料）の用途は記されていない。

時代は百年ほど下るが、『文物』一九七四年六月号に湖北省江陵鳳凰山十号漢墓出土の「漢景帝二年（B・C一五五）南郡江陵県鄭里廩簿」なる竹簡が紹介されており、これは池田温『中国古代籍帳研究』に八一番の史料として再録されている。これによると戸ごとに戸主、人口、土地耕作面積が記され、春先に戸ごとに貸し出す穀物の量が示されている。これは日本古代にも広く行われていた公出挙と同様のものと思われるが、百年近くもさかのぼって秦代にも行われていたのではないかと考えられ、農民自身が供出した田租がこれにも利用されていたのではないかと推測される。

田租が郷の倉庫から直接必要な場所（戦場等）に送られることや在郷の出張して来た官吏の食糧等にあてられるこ

とがあるのであれば、農民用食糧の一般とは区別されていなくてはならず、農民が搬入する時点ですでに別々に分けて持ち込まれ、倉内の所在場所も一応は区別されていた可能性がある。これも漢代の史料ではあるが、前掲の史料と同じく『文物』から池田温氏前記著作に再録されている「漢景帝初年（B・C一五六～一五三）南郡江陵県市陽里田租録」（竹簡）に

市陽租五十三石三斗六升半　其七升半当□　定卌□石五斗三升半
其六石一升当稾（藁）物　其一石一斗二升当秏　監？印？
其一斗大半当麦　其四石五斗二升当黄白術（秫）　凡□十一石八斗三升

とある。

短文で不明字もあり、心細い史料であるが、要するに市陽里から郷の倉庫に搬入するために集めた田租一回分の総量を示したもので、供出者の名または所属の「伍」等の組織名は記されていない。しかし田租分をまとめてあることから、里で田租分と農民使用分を別々にして運び込んだ形跡がある。郷倉制度が秦から前漢初期まで変わっていないことを前提とする推察であるが、可能な推測として述べておきたい。

三　秦漢時代の家族と農耕の形態についての一考察

(1)「同居」再考

筆者は拙稿「戦国期秦の家族動態と商鞅変法―『雲夢秦簡』の分析を通して―」（前掲拙著第二篇第六章）の第三節「戸と同居」において『雲夢秦簡』をはじめとする諸簡牘にみえる「同居」の語について、これは商鞅変法の「分異の法」において、成年男子とその家族は本来別居すべきであるのに、従来からの家族の絆を断ち難く、また父母等と

労働を共にしてきた関係から同居を続け、国家もそれを認めざるを得なかったものを指す、とした。しかしこれは法の定義としてはあまりにもあいまいな論法であり、また厳格な法の適用を命じた商鞅の姿勢とも異なる。そこで、その後発表された『二年律令』の条文にもとづいて修正したことが第一である。

しかしその前に、多田麻希子氏による筆者の説への批判[4]に対する反論[5]の追加事項について述べておきたい。

多田氏は宅を同じくして住居を持つ者が「同居」であるとする。『二年律令』の「田律」三一四～三一六には爵位に応じて戸ごとに配分される田の最大面積と思われる数が記されていて、農家のなかでも最多数を占めると思われる士伍＝無爵者は方三十歩とされている。この中に一戸の平均人口の五人が住む住居があり、野菜類を植える畑が必要であり、衣類製造に必要な麻・桑などの草木類が植えられるべきスペースが必要であり、さらに豚・犬等の家畜のための小屋も必要となる。普通に考えれば、ここにさらに「同居」と称される小家族の住む住居が建てられる面積はあり得ないのではないか。

「宅」をいかに利用すべきかという規定は律令には見当たらないので、その利用法は居住者の自由にまかされていると思われ、したがって他のスペースを可能なかぎりつめて住居を建てるにしても一戸さえ無理であろう。宅を同じくして住居を建てて住む者を「同居」と称するとは考えられないのではないだろうか。

多田氏は戸を越えた複数の血縁者が農耕を共にする集団であると考えることに、私も数少ない賛同者の一人であると自認している。しかし狭い一宅の中に二住居を考えるのは無理がある。私なりの「同居」説は次に述べたい。

『二年律令』置後律三六七～三六八に、

疾死置後者、徹侯後子為徹侯、其毋適（嫡）子、以孺子☒子。関内侯後子為関内侯、卿侯〈後〉子為公乗、【五大夫】後子為公大夫、公乗後子為官大夫、公大夫後子為大夫、官大夫後子為不更、大夫後子為簪裹、不更後子為上造、簪裹後子為公士、其毋適（嫡）子、以下妻子・偏妻子。[6]

疾もて死し後を置く者《は》、徹侯の後子は徹侯と為し、其の嫡子毋くんば孺子⊠を以ってす。関内侯と為し、卿の侯、後子は公乗と為し、五大夫の後子は公大夫と為し、公乗の後子は官大夫と為し、公大夫の後子は大夫と為し、官大夫の後子は不更と為し、大夫の後子は簪裹と為し、不更の後子は上造と為し、簪裹の後子は公子と為し、其の嫡子毋くんば下妻の子・偏妻の子を以ってす。

とあり、同上三六九～三七一には

為県官有為也、以其故死、若傷二旬中死、皆為死事者、令子男襲其爵。毋爵者、其後為公士。毋子男以女、毋女以父、毋父以母、毋母以男同産、毋男同産以女同産、毋女同産以妻。諸死事当置後、毋父母・妻子・同産者、以大父、毋大父以大母与同居・数者。[7]

⊠□県官の為《ため》に為す有る也、その故を以って死するに、若《も》しくは傷して二旬の中に死するは、皆な事に死する者と為し、子男をして其の爵を襲わ令む。爵毋き者は其の後を公士と為す。子男毋くんば女を以ってし、女毋きくんば父を以ってし、父毋くんば母を以ってし、母毋くんば男の同産を以ってし、男の同産毋くんば女の同産を以ってし、女の同産毋くんば妻を以ってす。諸れ事に死し当《まさ》に置後すべきは、父母・妻子・同産毋きは、大夫を以ってし、大父毋きは大母の與に居・数を同じくする者を以ってす。

とみえる。前者は戸主が病死したときの後継者が継ぐべき爵位を示しており、後者は戸主が国家的義務（兵役・徭役）の途中で死亡した場合の継承者の爵位を示している。後者の場合、後継者は女性をも含めて多く予定されているが、また戸主が無爵者であっても公士の爵が与えられるが、前者の場合は後継者もまた無爵である。不慮の死亡によって戸が崩壊するのを防ぐためであろう。

商鞅の分異の法には、成年男子は戸籍を独立させることが義務づけられているが、[8]『二年律令』段階ではこの法はもはや適応されなくなっているので、男子が成年に達しても戸主と同居して籍を同じくしていても違法ではない。しかし、「田律」には籍を独立させれば一定の田と宅が配分されるが、戸主の所に同居している限り宅は配分されないであろうが、田の配分はあり得るのではないか。「同居」の語は『雲夢秦簡』にも『二年律令』にも出できて、その内容は両王朝時代で大きくは変わらないであろう。また、爵制は秦漢を通じて存在し、戸主の爵を後継者が受け継ぐ制度も、それに基づく田の配分格差も秦律には見られないが、秦代から基本的には存続していたと筆者は推測している。考えられる筆者の「同居像」は次のごとくである。

秦代では、分異した有爵者の父の後継者（前引史料の「後子」）が父の死後または老退して配分地を後継者に継承させる時、戸主は父か母であるが、それらと後継者は同居して「同居」とよばれる。やがて後継者は戸主となる。漢代に入ると、後継者は成人してもそのまま同居して「同居」とよばれ、父の老退または死後、その田を受けてやがて戸主となる。すなわち「同居」とは爵とそれにともなう田の相続の規定にともなっておこる現象であり、一般に長子相続制を前提とするものである。

(2) 「戸」を越えた血縁集団―特に「伍（四隣）」のもつ意義についての一試論と課題提起

『雲夢秦簡』や『二年律令』では、明らかに「戸」という組織が、戸籍に登記される最小の血縁単位であり、県の主導のもとで在郷の官吏によって田・宅が配分される単位でもある。つまり国家は戸を把握することによってすべての人民を掌握しているといっても過言ではない。

しかし、戸が自立した経済単位としてしっかり確立した存在であったかどうかとなると、いささか疑問を禁じざるを得ない。だが、国家による掌握を越えた生活の実態を示す史料を見出すことは、古代においてはきわめて困難であり、状況証拠から可能な限りの推論をする他ない。以下は、諸氏の研究成果をもふまえた仮説的提起として諸氏の御批判を待つものである。

椎名一雄「二年律令にみる民の生活形態」（東洋文庫中国古代地域史研究『張家山漢簡『二年律令』の研究』所収）は漢初に農民が郷から配分される戸ごとの田は基準より少なく、多くの戸ではそれだけで生活できず、鉱業、製塩業等での労働や、国有地等での庸作によって生活を補っていた実態を丁寧に実証しており、戸を単位とする小農民がそれだけでは自立できない状態を示している。しかし、農民はあくまでも戸で自立した生活を目指してアルバイトにも類する農業や、それ以外の仕事をしていたのであろうか。もしそうなら、何らかの事故があればその戸はたちまち崩壊してしまう危うさを持っていることになる。筆者は複数の戸が各戸に割りあてられた田を共同で耕作し、庸作等もまた戸を越えた人数で行う何らかの組織があったはずではなかったかと推測している。国家の側もその組織の存在を前提として農民支配を行っているのであり、決して各戸だけを個別支配の基盤としていなかったのではないかと察している。椎名氏のすぐれた実証に触発され、その組織を追及していきたい。

まず、秦漢時における家族形態としての三族制家族論について。この論は一時期、主に関西の中国古代史家によって多く主張されてきたように思われるが、現在ではあまり聞かれない。しかし宇都宮清吉氏は最後まで主張し続けられたように思える。(9) 父母と自分の兄弟夫婦の世代およびその子の世代の三世代が一つの家族として漢初まで文献中に多く言われており、父母から独立することが不孝であるとする儒家倫理が一般化していたことによるものとする。しかし、この三世代は同一家屋に居住するとは思われず、近接した家屋に居住していた可能性は大である。商鞅変法の分異制が法家の思想にもとづく特異なものであるにしても、近年になって発表された『二年律令』の戸を単位とした田と宅の配分との関係や、国家が戸を単位に人民を把握する制度との関係も当然ながらまだ考えられていない等、問題は多い。「家族」という語がどういう存在を定義して使われているかも問題である。しかし、農業経営の実態、戸を越えた範囲の血縁的結合の実態など、法には書かれない現実社会のあり様を考えるとき、今一度検討すべき論であるように思われる。組織として史料に頻出する「戸」を結合する重要な組織は「伍」であるが、「戸」と直接関わる点から見ると、池田雄一「中国古代の伍制」（同氏『中国古代の聚落と地方行政』（二〇〇二年五月・汲古書院刊）の「地方行政篇・第三章」）と「睡虎地出土竹簡にみえる伍制」（同前第四章）が最も重厚で、文献にみえる「伍」の語について、軍隊の組織から人民の里内の組織に転嫁して以後について精査されている。商鞅変法で地縁をもとに作られた組織としての告姦・連坐を目的としたものとしての性格をのべているのは当然であるが、「伍」をそれだけでとらえていていいかどうか、若干の不十分さが残るのを感じる。

古賀登「阡陌制下の家族・什伍・閭里」（同氏『漢長安城と阡陌・県郷亭里制度』〈雄山閣刊、一九八〇年二月〉のⅡの第四章）は前述の宇都宮氏の三族制家族論に一部分の批判を示しながらも秦漢時代の基本的家族と考え、その家族を什伍制に組み込んだ新制度を考えている。すなわち、「伍」は「戸」（古賀氏は「家」としているが、のちに見るように「家」は別の概念で史料に出てくる語であり、古賀氏が「五口」と言うところからしても「戸」と私なりに判断して言い換えた）を五つ集めた組織で、宇都宮氏言うところの父母、子、孫の三族が構成する五戸を「伍」としており、「伍」は血縁組織であるとする。また、同様の「伍」を一本の道をはさんで二つ組み合わせて「什」を作る、とする。血縁組織である両「伍」の間には何の血縁関係もないのが「什」であることになり、連坐は「伍」の中で実施され「告姦」は反対側に住む非血縁者に対して行われやすくなり、二つの機能を併せもつ居住地の隣組制度となる、と解している。

古賀説に対しては、いくつかの疑問も残る。「伍」が五個の住居が一列に並んだ集団であるならば、『雲夢秦簡』にも所々出てくる「四隣」は「伍」とは別のものを指すことになり、筆者の抱いていた居住形態のイメージと異なる。告姦制そのものに相互不信を生む要素はあるが、「伍」同士連日向き合っていたのでは、居住体制そのものが相互不信で維持できなくなるのでは、等々。しかし「伍」を血縁グループと考えることには賛意を表したい。血縁に基づく「伍」の存在は筆者はあり得ることであると考える。「什」の語は文献中に単独ではほとんど見かけないので正確にはとらえられないが、前述の「伍」に入らない他の三族の別の「伍」と合わさって構成されたこの二つの「伍」によるひとまわり大きい血縁組織と推測できないだろうか。

池田氏は伝世史料と秦の法律文書（『雲夢秦簡』）から商鞅の第一次変法にはじまる什伍の制を、法家思想に基づく非血縁組織の形成とみて、什伍の制を新たな地縁組織として形成された、とみている。だから、『雲夢秦簡』では伍に血縁関係はみられない、とも断言されている。しかし什伍の制を構成する前の里における居住は、血縁者が相い隣り合って住む、文字通り「四隣」を構成していたのではないだろうか。その血縁関係を破壊するには、里内の居住を一度バラバラにして構成し直すことが必要だが、とてもそれはなし得る作業ではない。ただ、五戸を以って近隣者を集めて一伍を作っただけでは、ただちに、三族制家族員のみの構成となったと断言はしかねるだろうが、旧来の血縁者を組織内に含んだもので新たな地縁的組織の形成にはならないのではないか。

筆者が敢えてこのことを強調するのは、「伍」に農業生産と生産物の分配における共同体的機能を認めたいからである。椎名氏の述べるように、戸ごとに配分される田が規定を下回る場合が多く、他に庸作等が必要な場合、一定の安定した生活を保障するためには何らかの協業を必要とすると思われるからで、その協業は血縁的結合によるものより強い結合は当時ではまだ考えられないからである。

もちろん、すべての「伍」が血縁的集団であるともかぎらず、機械的に「伍」を編成したのであれば、当然非血縁者の戸もふくまれる場合もある。しかしその場合でも、他の多くの「伍」と同様に農耕と分配の協業と連坐の義務は周囲にもならって強いられる状況が作られていくのではないか。

多くの「伍」が血縁者で占められている場合、連坐はスムーズに行くであろう。「伍」では犯罪者を出さないための相互援助等が行われやすく、犯罪者が現れたとしても、血縁者同士の連坐で、抵抗は少ないのではないかと思われる。筆者は連坐制は罰則というよりむしろ犯罪防止または減少のための制度として意味があると考えている。

問題は告姦であり、血縁者同士であればこの効果は減少する。古賀氏は非血縁者を組み合わせた「什」にこの役割を持たせたように考えたのであるが、「伍」の他に何故「什」が必要であるのか、人間の組織に告姦の機能を持たせることの意味について、今後の課題として残しておきたい。見方によっては、権力者側は血縁者であるが故に敢えて告姦を強いたこともあり得よう。前述のごとく、「什」は必ず非血縁でなくてもよいのではないか。「伍」よりもう一まわり大きい連坐・告姦・相互扶助のための組織ではないだろうか。

戸を超える血縁組織として筆者にとって未だとらえられないのが「家」によって表現されるものの範囲である。『雲夢秦簡』にみえる「家罪」、「商君列伝」の第一次変法の中にある「明尊卑爵秩等級、各以差次、名田宅、臣妾・衣服以家次」の「家」とは何か、他に用例は多くはなく、この内容を分析した研究も多くは見当たらない。どのような場合においてこの「家」が問題となっているのかを、時代を限定した範囲において検討する課題があるように思われる。

最後に家族形成の過渡期についてのエンゲルスの次の二文について検討してみたい。

「耕作地はなお部族所有であり、はじめは氏族の、のちには氏族から世帯共同体の、ついには個々人の利用にゆだねられた。これらのものは、耕作地に対してある種の占有権はもっていたかも知れないが、しかしそれ以上のものはもたなかったのである。」（『家族・私有財産および国家の起源』第九章「未開と文明」、戸原四郎訳、岩波文庫二一二〜二一三頁）

「古い共産制的世帯共同体がそれまで維持されていたところではどこでも、個々の家長の財産の差異がそれを破砕し、それとともに、この共同体の計算で行われていた土地の共同耕作を破砕する。耕地はさしあたり時期を限って、のちには終局的に個々の家族の用益にゆだねられる。」（同前二一六頁）

この二文においては、氏族、世帯共同体、家族という三つの血縁集団の名が、それぞれの位置づけをもって示されているように思われる。このうち、世帯共同体の語は、中国古代史研究においてはほとんど見当たらない名称である。

筆者はマルクス・エンゲルスの文言を中国史に直接あてはめて歴史を理解する方法をあまり適当とは考えないので、この語を使わないことに批判があるわけではないが、しかしエンゲルスは氏族から単婚小家族に至る、人類史の一般的に考えられている変化の過渡期を示す語として「世帯共同体」の語を使っている以上、賛否はともかく注目すべき語ではないかと考えている。特に筆者は単婚小家族に至る過渡期が西欧諸地域と比べて永く続くことに中国では特徴があるのではないかと密かに考えているので、特にそう考える次第である。例えば前述の「三族制家族」という語であるが、筆者は宇都宮氏言われるごとく、先秦〜秦漢期の血縁的集団の実態を示しているのではないか、と思っているが、これを「家族」の一種とみているのであれば、国家が掌握する単位である「戸」も「家族」の一種の形態であるから、その関係、相異を十分とらえることが困難になるのではないだろうか。私はエンゲルスが使った世帯共同体こそ過渡期の血縁集団の一種のあり様ではないかと考えているが、宇都宮氏は（今回筆者は検討を省いたが）前漢後期頃から顕在化してくる「豪族」につなげて考えられておられるふしもあり、この点で再検討しなければならないと思っている。

以上、仮説・問題提起等縷々述べてきたが、現在における筆者の結論として、秦〜漢初の農村社会における単婚小家族（戸）は、一応成立してはいるが、独立して生計を営むことは困難であり、「伍」という血縁体での協業・分配によって再生産が可能とされていた、ということである。

註

（1）なお、本稿での私の論点のなかには、特に氏名は記さないが、本論文集編集以前に開かれた予備報告会における私の報告への批判・疑問の御意見への回答にあたる内容も含まれている。

（2）拙稿1ははじめ『東京学芸大学紀要・第二部門社会科学』第二七集・二八集に二回にわたってともに一九八〇年に掲載

した。

（3）大櫛敦弘氏の批判は「秦代国家の穀倉制度」（『海南史学』二八、一九九〇年）および「雲夢秦簡倉律より見た戦国秦の穀倉制度―「秦代国家の穀倉制度」補論」（『海南史学』三〇、一九九二年）、冨谷至氏の批判は「漢代穀倉制度―エチナ川流域の倉糧支給より」（『東方学報　京都』第六八冊、一九九六年）である。私の反批判は「大櫛敦弘氏の批判に答える」、「大櫛氏の再批判および冨谷至氏の批判に答える」（いずれも拙著第二篇第八章の「附論」一、二に所収）。

（4）同氏「秦・前漢初期における『室』・『戸』・『同居』をめぐる問題と家族」（『専修史学』四七、二〇〇九年）。

（5）拙稿「秦漢出土法律文書にみる『田』・『宅』に関する諸問題」（『張家山漢簡『二年律令』の研究』〈東洋文庫刊　二〇一四年、所収〉）の註（7）。

（6）本簡は不明字や欠字と思われる箇所が多くあり、この引用文はそれらを補った専修大学二年律令研究会「張家山漢簡『二年律令』訳注（八）―置後律―」（『専修史学』四二号・二〇〇七年三月）の釈文を引用した。なお、他の『二年律令』からの引用はすべて張家山二四七号漢墓竹簡整理小組『張家山漢墓竹簡（釈文修訂本）』（文物出版社、二〇〇六年五月）からの引用である。

（7）本簡の冒頭部分について前引の専大訳の註で「図版より簡の冒頭を欠く。（整理）小組はこの部分を四字分の欠字とするが、欠落の字数不明。為字の上には一字みえるも判読できない」とする。

（8）拙稿「商鞅変法論」（拙著　第二篇第二章）参照。なお、商鞅変法の所謂分異の法を私はこのように解釈したが、その理由は同論文に詳しい。「男子が二人以上有れば一人は分異する」と解する論者も多い。爵位と田の継承という点からはこの方が考えやすいが、しかし、戦国時代、軍事優先の秦国においては徴兵をもれなく行い、なおかつ男子が農業に必ず従事できる制度の創設という意図からは、筆者は自説を変える必要はないと思っている。

（9）宇都宮清吉「漢代における家と豪族」（同氏『漢代社会経済史研究』〈弘文堂刊、一九五五年〉の第十一章）。本稿では氏の三族制家族論と漢代豪族論についてはふれる余裕はない。

【付記】本稿作成にあたっては、視力の衰えた筆者のために東京学芸大学の下田誠氏の協力をいただいた。文末ながら感謝の意をのべたい。

中国古代国家論

楠山　修作

はじめに

ここに国家というのは、F・エンゲルス『家族、私有財産および国家の起源』（以下『起源』）に説かれている国家にほかならない。

国家は階級対立を抑制しておく必要から生まれたものであるから、だが同時にこれらの階級の衝突のただなかで生まれたものであるから、それは、通例、最も勢力のある、経済的に支配する階級の国家である。この階級は、国家を用具として政治的にも支配する階級となり、こうして、被抑圧階級を抑圧するための奴隷所有者の国家であった。

中国古代国家もまたエンゲルスの規定した古代国家すなわち「奴隷を抑圧するための奴隷所有者の国家」の例外ではありえなかった。それらは基本的に秦帝国の構造と性格を継いだものであり、その起原は商鞅変法にさかのぼると考える。商鞅はどのようにして古代国家を形成したのであろうか。

賦について

私の秦漢代の把握は、独自の（現今の学界の通説から離れているという意味で）賦の理解を前提としているので、まず、そのことから述べておかなければならない。

第一に、これは他の場所でも機会あるごとに述べたことであるが、漢代に算賦、口賦、更賦の三種の賦があったとする通説は誤りであると私は考える。これらは、それぞれ算銭・賦銭、口銭・賦銭、更銭・賦銭の約まったもので、いずれも銭納で人頭税として徴収されたために併称されたものであろう。漢代の人民の負担を賦と税との二種に大別するとすれば、算銭、口銭、更銭は後者に属し、前者の賦（銭）とは判然用途を異にする。この意味で使用されて『史記』にみえる「賦」は何らの修飾語も限定詞も付せず、ただ卒然と『賦』の一字で出てくることに注意すべきであろう。

第二に、賦の課徴の対象についてである。これは一般に成人男女であったと漫然と解されている。私はこれに反対で、女子は除外され成人男子のみを賦の課徴の対象としたと考える。興味深いのは、漢代、賦を納付した十五才以上五十六才以下の男性が、そのまま民爵賜与の対象となっていたことである。成人男子であっても、奴隷はもちろん、商人、手工業者、医者などは、民爵賜与の対象から除かれていた。私は、かつて「賦と爵とは、ともに戦闘軍事から生まれた雙生児であった」と述べたことがある。こなれのわるい稚拙な表現ではあるが、本質的にはそれほど的をはずれた認識ではないと今でも思っている。

第三に、賦は、漢代の国家財政の主要な財源であった。漢代に帝室財政と国家財政との区別があったことは、加藤繁氏がつとに指摘されたところであるが、氏が国家財政の財源に田租を含めたのは問題であって、これは、好並隆司氏の考証にしたがって帝室財政に収納されたと考えるのが妥当であろう。加藤論文の後、宮崎市定氏が、漢代に賦と税との区別があったことを論じ、それぞれの由来、特質に関する卓説を発表された。結局、賦は国家財政の収入を、税は帝室財政の収入を指すと解するのが、最も素直ですっきりした解釈ではなかろうか。

加藤氏が、いみじくも命名された「国家財政」の「国家」こそ、私のいう古代国家にほかならない。広く人民から徴収された多額の賦の主な用途は軍事費であった。国家の倉庫（武庫）に保管された武器、軍用の車馬、はては前線に駐屯する兵士の給与に至るまで、すべて賦から補給されたものであった。匈奴をはじめとする多方面からの外敵に備えるためだけでなく、被抑圧階級たる奴隷や下層民の反乱を防圧すること、これこそ、この国家が自らに課した役割であった。

このように考えてくると、秦の孝公十四年（前三四八）に商鞅の改革の一環として断行された、

初為賦

という措置は、中国古代国家の誕生を告げる事件であると評価すべきではないだろうか。

佐竹靖彦氏は、この初の表現に着目し、若干の例外を除いて、「司馬遷が年表において、『初』の字を冠した記事は全て秦に属している」と指摘し、次のように述べておられる。

元来、年表における秦国に関連する記事は他の諸国に比して決して多くない。むしろよほど少いというべきであるが、その中で、このような書き方がなされていることは、司馬遷が春秋以降漢代に至る重要な諸制度の起源を全て秦に帰すべきであるという明確な判断の上で年表を撰したことを物語るものであろう。そして、もしそうであるなら、秦孝公十四年条に、「初爲賦」と「初」の語を用いていることは、かれが、ここに漢代の算賦の前身としての賦—おそらくは実質上口賦としての戸賦—の成立をみとめたことを意味すると考えてよいのではなかろうか。

基本的には私も佐竹氏の高見に同感である。氏のすぐれた着眼に依拠し、更に『史記』の他の箇所の記載をも集めて作成したのが表1である。

表1「初」字を冠する記載による秦国年表

西暦前	秦君主紀年	記事	備考
七七〇	襄　公8	初立西畤、祠白帝	A、Dでは襄公12
七五六	文　公10	初為鄜畤	C
七五三	〃　13	初有史以紀事	C
七四四	〃　20	法、初有三族之罪	C
六八八	武　公10	伐邽冀戎、初県之	C
六八七	〃　11	初県杜・鄭	C
六七八	〃　20	葬雍。初以人従死	A
六七七	徳　公1	初居雍城大鄭宮	C
六六四	宣　公12	初志閏月	D
四六五	厲共公21	初県頻陽	C
四〇九	簡　公6	初令吏帯剣	B。Cでは令吏初帯剣。Dは簡公7に百姓初帯剣
四〇八	〃　7	初租禾	B、C
三七九	献　公6	初県蒲・藍田・善明氏	B、C
三七八	〃　7	初行為市	D
三五〇	孝　公12	初取小邑三十一県	B
三四九	〃　13	初為県有秩史	B
三四八	〃　14	初為賦	B、C
三三六	恵文王2	初行銭	D
三〇九	武　王2	初置丞相	B、C
二七二	昭襄王35	初置南陽郡	C
二五七	〃　50	初作河橋	C
二四九	荘襄王1	初置三川郡	B、C
二四七	〃　3	初置太原郡	B、C
二四二	始皇帝5	初置東郡	B、C
二二一	〃　26	初并天下	B、C

出典：A＝『十二諸侯表』、B＝『六国年表』、C＝『秦本紀』、D＝『始皇本紀』。

さて、ここで問題となるのは『史記』巻六七『商君列伝』にみえる

民有二男以上不分異者。倍其賦。

の一条である。これは、商鞅のいわゆる第一次変法に出てくるので、先の「初めて賦を為す（つくる、おさむ、あるいはさだむ）との間に矛盾が生まれる。そこで、この矛盾を解くために、『本紀』、『列伝』いずれかの編年の誤りと解する、あるいは、二つの賦の意味を互いに相違したものと解する、という二つの考え方が提起されている。

結論をいえば、私は前者の考えを採りたい。その理由は、まず、前述したように、『史記』にみられる「賦」は卒然と「賦」とあるのみで、それらの間に意味の相違がある（少なくとも太史公がそのような配慮を払った）とは読みとれないからである。つぎに、『列伝』中のいわゆる第二次変法の条に

令民父子兄弟同室内息者。為禁。

とあり、この大家族同居を禁止する法規が先に制定され、しかる後にこれを犯した者に対する罰則規定が制定されるのが順序である、と思われるからである。

この賦を人頭税として徴収するためには、その対象となる丁男を従来の家族制度から析出し、彼らに一定の生産手段（具体的には田地）を与える（保証する）必要があった。それでは、商鞅変法以前の秦民の家族生活の状態はどのようなものであり、彼らはそれをどのように改革したのであろうか。次節以下ではそれらの点について考察を加えることにしたい。

エンゲルスの家父長制共同体論

家族制度についてうんぬんするには、やはり、『起源』から学ぶことが欠かせない作業であると私は考える。

「今日でもセルビア人やブルガリア人のあいだにザードルガ（朋友団）、またブラストヴォ（兄弟団）という名まえで存在し、また変形した形態で東洋の諸民属のあいだに見いだされるような家父長制世帯共同体が、集団婚から発生する母権制家族と近代世界の個別家族とのあいだの過渡段階をなすものであったことを証明したのは、マクシム＝コヴァレフスキーの功績である。すくなくとも旧世界の文化諸民属、すなわちアーリア人とセム人については、このことは証明ずみのように思われる。」

ここでエンゲルスは、コヴァレフスキーの業績を引いて、次のようなシェーマを提起している。

母権制家族→家父長制世帯共同体→個別家族

この過渡段階をなす家父長制世帯共同体（家族共同体）の実態は、どのようなものであろうか。エンゲルスは続けていう。

「南スラヴ人のザードルガは、このような家族共同体の、いまなお生きながらえている最良の実例である。それは、一人の父から出た数世代の子孫と彼らの妻たちをふくんでいる。彼らはみな、一つの屋敷にいっしょに住み、彼らの畑地を共同で耕し、共同の貯蔵によって衣食し、収穫の余剰を共同で保有する。この共同体は、家長の最高の管理のもとにあり、家長は、外部にたいして共同体を代表し、小さな物品を譲渡することができ、会計をつかさどり、会計と仕事の規則的な進行とについて責任を負う。」

以下、『起源』では、東欧、西欧、アジア、アフリカ、アメリカにおいて、このような家族共同体が歴史的に存在したこと、いまなお一部の地域で存在していることを具体的に述べている。それらの地域を『起源』の叙述にしたがって列挙すれば、次の如くである。

ロシア、ポーランド、チェコ、ドイツ、ローマ、アイルランド、フランス、インド、カフカース、アルジェリア、メキシコ、ペルー。

これらの地域に言及したなかで、とくに私の注意をひくのは、次のような描写である（傍点は筆者）。

「（フランスの）ルアン地方（ソーヌ＝ロアール県）には大きな百姓家が見られるが、それには、天井の高い、屋根までとどく共同の中央広間と、そのぐるりにいくつかの寝室とがあり、六段ないし八段の階段をのぼってそれにはいるようになっていて、同じ家族に属する数世代の人々がそこに住んでいる。

インドでは、土地を共同で耕作する世帯共同体のことを、すでにアレクサンドロス大王の時代のネアルコスが述べており、これは、今日でもそれと同じ地方、すなわちパンジャーブと国の北西部全体とに存在している。」

そうして、エンゲルスは次のように結んでいる。

「いずれにせよ、土地を共有し共同耕作をおこなう家父長制世帯共同体は、いまや従来とはまったく異なった意義をもつようになっている。それが、旧世界の文化諸民属や他の多くの民属において、母権制家族から個別家族への過渡に重要な役割を演じたことを、われわれはもはや疑うことができない。」

商鞅の家族制改革

周知のように、商鞅変法以前の秦国の家族状態を伝える史料は、きわめて少なく、前述『商君列伝』の「令民父子兄弟同室内息者、爲禁」ともう一つ、同『列伝』に商鞅と趙良との問答を載せて、次の如くあるのが数えられる程度である。

商君曰。始秦戎翟之教。父子無別。同室而居。今我更制其教。而為其男女之別。

この二史料から知られるのは、商鞅入秦当時の秦では父子（兄弟）が「室を同じくして内息していた（同居していた）」ことである。商君自身は、家族制改革の動機として「戎翟之教」を改めたことをあげ、「男女の別を爲した」と誇っている。いわば儒教的道徳上の動機を掲げているのである。この点を重視された牧野巽氏は、『同室内息』は（中略）生息する・休息するの両方に通じ、夜間に就寝することを主として意味したであろう。室とは家そのものを意味することがあるが、ここではへやの意味に解しておきたい」と述べておられる。私は、道徳的動機は表面上のものに過ぎず、彼の改革の本質的動機は経済上のものであったと考える。従って「室」を家そのもの、家屋をさすと考えたい。父子兄弟（その妻子たちを含めて）が生活を共にするのであるから、彼らの家屋はかなり大きな規模のものであったことであろう。

表1の簡公七年（前四〇八）の条に「初めて禾に租す」とあるように、すでに秦人の主産業は農業であった。商鞅改革以前の秦国の家族は、エンゲルスが明確に規定した「土地を共有し共同耕作をおこなう家父長制世帯共同体」の段階に至っていたといえるのではなかろうか。

商鞅家族制改革の目的は、単に大家族を解体することにあったのではなく、終局的には男子壮丁一人を中核とする個別家族の創成であったにちがいない。それは、既述の「民有二男以上不分異者。倍其賦」にあらわれている。これは男児のうち、父の後を継ぐ者以外の者は、分異（分居異財）することを求めた規定であり、賦の増徴は真の目的ではなかったと思われる。

雲夢睡虎地秦墓竹簡（以下「秦簡」と略称）の「日書」の中に「分異」という語がみえている。

> 良山之胃（謂）離日不可以家（嫁）女。取婦及入人・民・畜生。唯利以分異。離日不可以行。行不反。戊午去父母・同生。異者焦寠居（癃）丙申以就同居。必寠。

この文を紹介し、丁寧な意訳と解説を施された太田幸男氏は、次のように結んでおられるが、氏の高見に同意したい。

> 本文からは、「分異」と「同居」が関係あることかどうかは確定できない。しかし、この二つの行為に関する凶

日をならべて述べている書き方から推すと、この両者は相対的な行為であった可能性が強いのではないか。即ち、商鞅の法で決められた「分異」は、秦簡が書かれたと思われる前三世紀においても広く実施されていた。しかし同時に、その反対の、一度分異した者が再び父母兄弟等と居を共にする「同居」もまた広く行なわれ、法的にもそれは認められていた。したがって、この両方に関する凶日をまとめて述べたのが本文であると推察されるのではないか。

また、秦簡の「法律答問」、「封診式」、「編年紀」を材料として、当時の秦の家族形態を綿密に究明された松崎つね子氏は、秦のそれを「夫妻子型」ととらえ、「この三文書の示す家族形態がほぼ一致するということは、当時の家族の一般的形態を示すものと考えていいと思う」と述べておられるが、妥当な結論であるといえよう。

松崎氏は、秦の国家と家族とのかかわりについても言及されており、その議論は傾聴に値する。

父子間、親族間、主人と奴隷間の犯罪は、「父＝主人」を通して官に告がなされ、法は父を通して家族内、親族内に入ってくる。こういう形で家族は国家につなげられていたのではないか。では父＝主人の家族員に対する犯罪は、という疑問が生ずるが、子が父を、奴婢が主人を告すことは「非公室告」として許さない律がある以上、父＝主人は「家族員」の中にあっては、そういう対象として考えられていなかったということになり、そもそもこうした法規は「父＝主人」を、その場での「全能者」としなければ成立し得ないのではないだろうか。

まことに、秦簡に規定された家父長権の強大さは、エンゲルスが説くローマの家父長権のそれをほうふつとさせるものがある。「封診式」中に「封守」という事件が挙げられ、士伍甲なる者の家族及び臣妾が記されている。

妻曰某。亡。不会封。子大女子某。未有夫。子小男子某。高六尺五寸。
臣某。妾小女子某。

すなわち、甲は、妻と長女（成人）、長男（未成年）の三人の家族と男（成人）、女（未成年）の奴隷各一人を擁して、

「全能者」として彼らの上に君臨した如くである。

この「全能者」たる家父長は、農業を生業とし、一旦緩急あれば戦場に赴く「耕戦の士」であった。K・マルクスは述べている。

古代には、都市の工業と商業は蔑視されていたが、しかし、農業は尊重されていた。〔略〕農業を古代人は一致して、自由人の本来の生業、兵士の学校だ、と考えていた。国民のうちの古来の種族は農業のなかで保存されている。他国の商工業者が定住する都市では、国民が変化するし、営利がまねくところに内国民もうつる。

商鞅が農業を重視したことは、『列伝』に

変法令を載せて

大小僇力。本業耕織。致粟帛多者復其身。事末利。及怠而貧者、挙以為収。

とあることによって明らかである。また、商君書の各篇にも彼の農業重視策が随所に顔を出している。しかし、農業が唯一の富を生産する営為であるとは、商鞅も考えていなかったのではなかろうか。秦漢時代には、農業は「本」とされ、これに対して他の生業―工業、商業などは「末」とされている。しかも、「本」とされた農業にいそしむことは必ずしも裕福さをもたらすものではなく、「末」に励む方が楽であって、実入りが多いことは常識とさえなっていた。

農業が尊重されたのは、主食である穀物を生産するということが預って力があるのはもちろんであるが、それに従事すること自体が健全な市民としての証であったのである。

中国古代に奴隷が農業に従事している例がきわめて乏しいのもここから説明できるのではあるまいか。再びマルクスを引こう（前出の文の続きである）。

奴隷制が存在するところでは、どこでも解放奴隷はこのような生業によって自分の生計を立て、彼はまたこの生業で富をたくわえることもしばしばある。そこで、これらの営業もまた、古代にあっては、たいてい彼らの手中にあり、その結果、市民にふさわしからぬものとされていた。そこから手工業者に完全な市民権をみとめるのは考えものだ、という意見が出てきた。いかなるローマ人も、商人または手工業者の生活をいとなむことをゆるされなかった。

「本」である農業は、国家を担う市民の独占的な生業であり、市民から除かれた人々は「本」以外のなりわい、つまり「末」である工業にたずさわらざるを得なかったのである。

商鞅家族制改革によって「夫妻子型」の家族が生まれてきたといっても、それは近代的な個別家族がすぐに出現してきたというのではない。彼らは、商鞅の設置した県の住民として徙民され、県城内の里に住居を定めた。この「里」こそは、秦漢古代帝国を特徴づける農業共同体にほかならなかったと私は考える。

マルクスの農業共同体論

マルクス『諸形態』中のローマの土地所有形態が、秦漢のそれに類似することは既述の通りである。

第二の形態は、土地をその基礎とするのではなくて、農耕者（土地所有者）の既成の定住地（中心地）としての都市を想定している。農耕地は、たんに土地の付属物としての村落にではなく、都市の領域としてあらわれるのである。〔略〕

家族からなっている共同体は、さしあたり軍事的に編成されている――軍制および兵制として、そして、これが共同体が所有者として生存する条件の一つなのである。住民が都市に密集するのが、この軍事組織の基礎である。〔略〕

個人は、生計を立てるという条件、致富が彼の目的ではなく、自己保存、共同社会の一員として自分自身を再生産すること、一筆の土地の占有者として、またその資格で共同体の一員として自分自身を再生産することが目的であるような条件、のなかにおかれている。〔略〕

所有とはクィリトリウム、すなわちローマ的土地所有であり、私的土地所有者は、ローマ人としてのみそうであって、しかもローマ人であるからこそ彼は私的土地所有者なのである。

引用が長くなったが、さながら商鞅の県制について述べているかの如き感を与える。マルクスは文中で「家族からなっている共同体」といっているが、商鞅の家族制改革（大家族の解体）によって簇生してきた単婚家族は県内に住みついて農業共同体の一員となっていった。

ヴェラ＝ザスーリッチに与えた手紙の中でマルクスは、農業共同体の特質を「それよりも古代的な型」、「それ以前の原始的な共同社会」と比較することによって的確に整理し指摘する。

（一）他のすべての共同社会は、その構成員間の血縁関係にもとづいている。うまれながらの血族または養子とされない限り、だれもこの共同体のなかにはいれない。〔略〕「農業共同体」は、血縁関係によって拘束されない、最初の、自由人の社会的集団であった。

（二）農業共同体においては、家屋とその付属物たる屋敷とが、それぞれ耕作者に属する。これに反して、共同家屋と集団住居とは、より原始的な共同社会の経済的な基礎であった。〔略〕

（三）譲渡しえない共有財産としての耕地が、定期的に、農業共同体の構成員のあいだに割替えされ、そうすることによって、自分にあてがわれた耕地を各人が自分の計算で経営し、その成果をそれぞれ自分のものにする。より原始的な共同社会では、労働が共同におこなわれ、その共同の生産物が―再生産のためにとっておかれる部分は除いて―消費の必要に応じて分配される。

農業共同体の構造に固有な二重性が、この農業共同体に力づよい生命をあたえうることは、だれもわかっている。自然的血縁関係という強靭ではあるが狭隘な紐帯から解放された土地の共有と、それから生じる社会関係とが、農業共同体に強固な基礎を保証し、それと同時に、個々の家族の排他的領域たる家屋と屋敷、分割地耕作及びその成果の私的占有が、より原始的な共同社会の組織とは両立しない個性をのばしてやる。

農業共同体はマルクスによれば「共有にもとづく社会から私有にもとづく社会への過渡段階」である。一般的には、私有の要素が集団的（共同体的）要素にうちかっていき、遂には私有財産制の社会を生み出していく。エンゲルスのいう「家族共同体」からマルクスのいう「農業共同体」へと秦国の社会を転換させたのが、商鞅の改革の主眼であったと私は考える。

『漢書』巻二四上「食貨志」に董仲舒の上言を載せて

至秦則不然。用商鞅之法。改帝王之制。除井田。民得売買。富者田連阡陌。貧者亡立錐之地。

とあり、商鞅変法を私有制の濫觴とみる限りにおいては、あながち見当ちがいの非難であると一蹴できないものがあるのではないだろうか。

中国古代国家の基本構造

前節までに述べた商鞅の家族制改革によって生み出された家父長制家族の家長たる成人男子（丁男）は、爵を有し（あるいは、それを賜与される資格を有し）、武器の費用を提供する。彼らは、平時には農耕にいそしみ、一旦緩急あれば軍事に従う「耕戦の士」であった。このような家父長が支配階級を形成していた国家に、私は、仮に「爵賦制国家」の名称を与えた。この「爵賦制国家」こそ真実の意味での中国古代国家であるというのが私の考え方である。

いったい、わが国においては、農業労働の過酷さから伝統的に農民の地位を低くみなしがちである。封建時代の

「土百姓」と蔑視され厳しい搾取を受けた存在、近代国家に入っても地主＝小作制が盛行し支配的であり、農業労働にたずさわる小作人の生活は惨めな苦渋にみちたものであった。唐の詩人李紳の「憫農」の五絶ほどわが国人士の共感を誘った詩はなかったのではなかろうか。

鋤禾日當午　汗滴禾下土
誰知盤中飧　粒粒皆辛苦

別稿でも触れたことであるが、地主＝小作制の支配的であった時期にわが国の東洋史学が生成発展を遂げたために、上述の農民生活、農民の地位の低評価が、その中に投影され、半ば定着してきたように思われる。
したがって、家父長制家族の農民が支配階級を形成していったという私の考えは、わが国の学者には馴染みが薄く、そのままうけいれられないのではないかという危惧を抱かないでもない。
西嶋定生氏は、大著『中国古代国家と東アジア世界』（東京大学出版会、一九八三年）の「第一篇　中国古代国家の構造」「第一章　序説—中国古代帝国形成史論—」の「六　皇帝と人民を結ぶもの」の中において次のように述べておられる。

秦漢時代における皇帝と人民との関係は、たしかに支配の関係であるとともに、当時の社会構成における基本的な階級関係である。もちろんこれには異説があって、当時の基本的階級関係は、豪族地主とそれに使役される農奴であるとか、あるいはまた豪族とそれに所有される奴隷であるというような見解もある。〔略〕しかし結論的にいうと、わたくしの見解はこれと相違するのであり、これまでの叙述からも推測されうるように、この時代の基本的階級関係は、皇帝と人民＝家父長的農民とのあいだにあると考えている。（二一ページ）

遺憾ながら、私はこの西嶋氏の高説には従いえない。皇帝が支配階級であるということ、そもそも皇帝が階級であるということが、私には不可解なのである。西嶋氏が異説として挙げられた二説及び氏自身の説と私の考えを表2に

表2　秦漢時代の支配―被支配関係についての諸説の比較

	支配階級	被支配階級
1	豪族（地主）	農奴
2	豪族	奴隷
3（西嶋説）	皇帝	人民（家父長的農民）
4（筆者説）	家父長的農民	奴隷

示してみよう。

表中の第四の説をとる私は、商鞅変法とりわけ彼の家族制改革によって支配階級たる家父長的農民が生み出されてきたと考える。

この農民について、飯尾秀幸氏は、秦簡の研究にもとづいて次のように述べておられる。

> 農民は、里内に居住し、伍に編成されているが、商工業者は里内に居住していた形跡はない。〔略〕また爵制に関しても、農民は爵制的秩序に構成されているが、商工業者はその枠外に位置づけられている。そして、この段階の爵制が軍功爵であるため、兵役義務が原則として農民にあり、軍功を挙げて爵を獲得していく。商工業者には兵役の義務がなく、同時に爵制のさまざまな恩恵を受けられない。それは、管理任官にもあらわれ、爵制的秩序内に構成される農民のみが任官でき、商工業者は官吏にはなれない。

飯尾氏の秦簡にみられる農民の理解は正確であると思われるが、氏は農民を「主要な社会構成員」とされているにとどまり、私のように支配階級とまでは考えておられないようである。家父長的農民によって構成された爵制的秩序の頂点に立っていたのが秦王であり、秦漢統一国家においては皇帝となった。『呂氏春秋』の「孟春紀」に

> 今吾生之爲我有。而利我亦大矣。
> 論其貴賤。爵爲天子。不足以比焉。

とあり、天子も一つの爵位であるとする考えがあったことが示されている。

むすび

あれこれと述べてきたが、要するに商鞅の改革は、一般に言われているように、富国強兵を目的としたものであった。その改革に対立抗争する戦国の諸国のなかで格段に巧妙でより徹底したものであった。

戦国封君―王権構造の一側面―

小林 伸二

はじめに

戦国時代は七雄に代表される強国の対立のなか、領域拡張を目指す軍事と外交が展開されたが、その支配体制には郡県制など中央集権化が行われた。特に王号を称謂して権力を拡大する諸侯にとって、領域の一部を領有した封君は、当該期の支配構造の一翼を担う存在だった。別稿「孟嘗君―戦国封君の一形態―」では、封君の代表的存在である孟嘗君について、斉の軍事と外交からその動向と性質を論じた。(1) ただ、封君に関しては『戦国縦横家書』二三章に封地を国都から遠くの地域、あるいは他国に求めることが語られ、戦国諸国を領土国家と見做す考え方とは異なり、当時の郡県・封邑のありかたに関わる重要な問題が存在する。(2) そこで、本小論は戦国時代の封君の実態と王権との関わりについて基礎的な分析を行い、王権構造の一側面を解明するものである。

一　封君の実態

封君には高官としての立場、なかでも相職との関係がいくつか指摘できる。靖郭君・田嬰は五官の経理を王に代行し（斉策一4）、封君の高官としての立場が窺えるが、封君の当該国での権力が関連したようで、そもそも斉の封君には相に就任する者が多かった。(3)他国でも封君は相職との結びつきが顕著であり、その相関関係についてはいくつかの事例が確認できる。(4)燕の人であった蔡沢は、秦に入り范雎に替わって相となって周室を収めたが、数か月後、讒言があり、病と称して相の印を返し剛成君と号し、秦に居ること十数年、昭王・孝文王・荘襄王・王政にも仕えた（秦策三18・蔡沢伝）。周室に対する相としての功績が封君就任につながったのであろう。魏冉・穣侯は昭襄王十二年（前二九五年）に相となっていたが（秦本紀）、穣侯伝によれば「其明年、燭免、復相冉、乃封魏冉於穣、復益封陶、号曰穣侯」とあり、罷免を経て相復帰が穣・陶に封じられる契機となったようである。(5)相職での功績が封君就任へつながったといえよう。趙の公子成（趙成）については、前二九五年、李兌と公子章の乱を平定した功により相国となり、安平君に封じられた（趙世家）。李兌もこの乱の平定により司寇となり（趙世家）、のち相国の位にあって（趙策四2）、奉陽君に封じられていたらしい（趙策四3）。相国としての功績が封君就任に結びついている。この他、前二五一年には、趙孝成王が相国の廉頗を尉文に封じ信平君としているが（趙世家）、廉頗の相国としての貢献に対する処遇と考えられる。また、魏の人であった范雎は軍事的功績が大きかったが、宣太后の廃位に関わり、前二六六年、秦相となり応に封じられ応侯と号した（范雎伝・秦策三10）。秦策三18には、応侯の相としての功績が蔡沢の言説によって示され、相の立場も封君となる前提であったといえる。呂不韋は秦公子異人（子楚）を太子とし、荘襄王となると自ら相となり、文信侯として藍田十二県を与えられた（秦策五5）。相としての功績が封君就任につながったわけである。一方で封君が相職に就く場合もあった。

趙孝成王期の建信君は相邦であったようで（趙策三16・18・19）、趙策一14には「以趙之弱而拠之建信君」と見え、[6] 国政を委ねられていた。また、中山君は前三四三年、魏恵王期に相に就任している（六国表・魏世家）。その前年に魏は諸侯と逢沢に会し、天子に朝見したが（秦本紀・紀年魏紀81・周本紀・六国表）、これは魏恵王の「梁君伐楚勝斉、制趙・韓之兵」（秦策五）という、楚・斉をはじめ韓、趙への圧力の上になされたものであった。確かに「乗夏車、称夏王」（秦策四）など魏恵王自身、諸侯として僭越するところが見られたが、この度の中山君の相就任には魏王の補佐役として、こうした情勢に関わったことが関係したためと考えられる。[7] 趙豹・陽文君は趙武霊王の元年、前三二五年に相になっている（趙世家）。この年、魏恵王と韓威侯（韓宣王）の巫沙の会、さらに韓宣王の魏への朝見（紀年魏紀95）、魏恵王・太子嗣と韓宣王・太子倉の趙への朝見と（趙世家）、三晋の講和が成立する。[8] 即位間もない武霊王にとって陽文君の相としての貢献は大きかったであろう。封君として相に就任した後の功績が窺われる。また、蘇秦については、張儀の言説に「凡天下而以信約従親相堅者蘇秦、封武安君、相燕、即陰与燕王謀伐破斉而分其地、乃詳有罪出走入斉、斉王因受而相之、居二年而覚、斉王大怒、車裂蘇秦於市、夫以一詐偽之蘇秦、而欲経営天下、混一諸侯、其不可成亦明矣」（張儀伝）とあり、事績が示されているが、特に合従の実績により武安君に封じられ、燕相に就任した（楚策一18・縦横家書四）。[9] 封君が相として権力を保持し実績をあげたわけである。こうして封君権力は相職と関連し、王権を支え、王権構造の一端を担っていたものと考えられる。[10]

封君権力の実態については、『荀子』臣道篇に「平原君之於趙可謂輔矣、信陵君之於魏可謂払矣」とあり、封君が王権の補佐役としてその権力を保持した点を伝えている。具体的には趙勝・平原君は恵文王と孝成王の治世に相であり、前二五七年、秦の邯鄲攻囲で楚に派遣され援軍を求め合従を成立させたが（平原君伝）、封君の権力が合従に導いたものと考えられる。また、田文・孟嘗君にあっては、斉湣王が傲慢となり、彼を退けようとしたため魏に赴き、魏昭王から相に任じられる（孟嘗君伝）。このとき、魏昭王が秦の攻撃を阻止しようと孟嘗君（田文）に相談すると、孟嘗君は趙・燕に赴き両国の軍を借り対秦戦争に備えたため、秦では地を割き講和、その功績から魏王によって封じられた（魏策三7）。相としての孟嘗君の交渉が功を奏し、魏での封につながったわけで、封君が外交交渉を推進した結果であった。前二六二年、黄歇は楚頃襄王が死去すると令尹に任じられ、春申君となっているが（春申君伝）、楚では秦に人質となっていた太子を即位させ（考烈王）、春申君のもと新体制で親秦外交を進めた（春申君伝・楚世家）。封君主導の外交が展開されたものと思われる。また、昭奚恤は楚宣王期の人で（楚策一3）、楚策一3に「今王之地方五千里、帯甲百万、而専属之昭奚恤」、楚策一7には「魏氏悪昭奚恤於楚王、楚王告昭子、昭子曰、臣朝夕以事聴命、而魏入吾君臣之間」とあり、権力を手中にしていたが、『資治通鑑』周顯王十六年条では「楚昭奚恤為相」と相であったとし、縦横家書二七章には「工（江）君奚恤」と、封君として見える。[11]封君が権力を手中にしていた点が窺え、それが相としての職を確立させたものと考えられる。また、楚の州侯は江乙が魏のために楚に出仕した際、楚（宣）王に「州侯相楚、貴甚矣而主断、左右倶曰無有、如出一口矣」（楚策一11）といわれ、その権力の大きさが窺える。さらに、張儀は秦本紀・六国表によれば、秦相（前三二八年）、魏相（前三二二年）、秦相（前三一七年）、楚相（前三一三年）であって、張儀伝には「韓王聴儀計、張儀帰報、秦恵王封儀五邑、号曰武信君」と、秦恵王から武信君に封じられているが、これも相としての立場が関係したらしい。[12]封君の権力を如実に示しているが、張儀の活動はその象徴といえる。相に象徴される封君の実態は、楚策四4に「荘辛謂楚襄王曰、君王左州侯、右夏侯、輦従鄢陵君与寿陵君、専淫逸侈靡、不顧国政、郢都必危矣」とある、楚襄王期の州侯・夏侯・寿陵君による政治体制に的確に表われている。では、そもそもこうした封君権力の前提は何であったのであろうか。

田文・孟嘗君を趙恵文王が武城に封ずる際、「趙王封孟嘗君以武城、孟嘗君択舎人以為武城吏、而遣之曰」（趙策一16）と、孟嘗君は舎人を選び吏として送っている。これは封君が実際に封邑に赴かず、中央にあって実際政務を担っていたことを示している。[13] なかでも、封君には「舎人」という支持基盤があった点は重要であろう。[14] また、斉の靖郭君には薛築城に際して反対する多くの賓客があり（斉策一3）、客の斉貌弁に親しむことに批判的な門人もいた（斉策一5）。ここからも、封君は賓客・門人の存在によってその存立基盤が支えられていたと考えられる。こうした賓客らの貢献は以下の事例から推察できる。魏策一14では、陳軫の意見に従い、犀首が燕・趙に使いすることが魏王によって承諾されると、魏に派遣されていた諸侯の賓客はそれぞれ自国の王に報告している。したがって、この賓客の国際社会での情報収集が、封君の賓客を扶養する環境を生み、封君の外交を支えたのが舎人・賓客・食客の類であったと考えられる。斉策三1には楚の景鯉の発言に薛公を「君之所以重於天下者、以能得天下之士而有斉権也」と、天下に重んじられているのは天下の人材を擁し、斉の権力を保持しているからだというが、食客三千人の孟嘗君の伝承を的確に示している。孟嘗君の評価はその情報網の広がりを前提として、人材確保によって知名度を確立したものといえよう。無論、封君にはこのほか経済的基盤、例えば鄂君啓節から窺える通行税免除に関わる利権、さらに貨幣の発行、高利貸業、俸邑の所有などの諸要素があったと考えられる。[15] こうした基盤をもつ封君は、特に外交にあって交渉力を保持することになったのである。

前三〇〇年、秦・楚が軍事衝突（秦本紀・編年記「(秦昭王)七年、新城陥」）、前提には「斉・秦約攻楚」（楚策二2）があったが、趙策四16に「楚王惧、令昭応奉太子以委和于薛公」とあり、斉側の交渉担当は薛公（孟嘗君）で、斉・楚外交にあって重要な立場を担っていた。封君の外交交渉力を示すものである。さらに、斉では「魏襄王十九年、薛侯来、会王于釜丘」（紀年魏紀129）と、薛侯（孟嘗君）が魏王と釜丘に会しているが、斉の対魏外交でも孟嘗君が主導的な立場にあった。韓にあっては前二六二年、秦軍が滎陽・太行に臨むと陽城君を秦へ派遣して謝し、上党を献じて講和を目指したが（趙策一11）、陽城君の外交手腕を期待した措置と考えられる。封君の交渉力を前提とした政策、外交面での潜在的な権力が窺える。こうした封君の交渉力は封君自身の国際性を生み、封君の国を超えた活躍を可能とした。張儀の言に「且夫従人多奮辞而少可信、説一諸侯而成封侯、是故天下之游談士莫不日夜搤腕瞋目切歯以言従之便、以説人主、人主賢其弁而牽其説、豈得無眩哉」（張儀伝）と、合従論者に信用できる者が少なく、諸侯を説得すれば侯に封じられるとの期待から熱心だ、とある。国際情勢に通じた遊説家が封君となることを期待するのは、封君の国際性を如実に語っていると思われる。[16] 同時にこれは封君の実態として、その国際性が当該国にとっても、外交上重視されていた点を示すものである。前三二一年、田嬰・靖郭君が斉威王によって薛に封じられたが（紀年魏紀100・田世家・孟嘗君伝）、当初、この封に楚は難色を示し、魯・宋との相対関係から承認する（斉策一2）。封じることが国際社会の批判にあっているが、封君・封邑の存在が当該国にとって軍事・外交上、有効であったためと考えられる。したがって、諸侯（王権）側としても、他国の封君を有効に利用する外交を、戦略として推進することになった。趙孝成王七年（前二五九年）、秦の邯鄲包囲にあって、趙では楚相の春申君を霊丘に封じているが（趙世家）、趙としては秦との講和を模索する一方で、楚・魏との合従を求める意見があったことが関係したようである（趙策三12）。他国の封君をあらためて封じることで、外交上の有利な状況を期待したためであろう。ただし、こうした点が、縦横家書八章に「以斉封奉陽君、使梁・韓皆效地、欲以取趙、趙氏不得」（以て斉、奉陽君を封じ、梁・韓をして皆な地を效さしめ、以て趙を取らんと欲すれども、趙氏、得られず）と見える、斉が趙の奉陽君に封地を与え、魏・韓の両国にも土地を献上させて趙と結ぼうとした政策を生んだように、封君は他国から封地を与えられ、その外交活動にあって封邑の獲得が優先目的となったと考えられる。そこで、封君側も国際情勢を巧みに利用し、奉陽君は秦との講和をとりやめ、斉・魏を味方につけて陰を取ろうとしているように、自己に有利な外交を展開したものと思われる。[17] いずれにしても、ここに一人の封君が複数の封邑を保持する現象が出現することになる。[18]

以上から封君は相職の権力との関連により王権構造の一端を担い、その国際性が当該国にとっても外交上重視された。そこで他国の封君を有効に利用する外交戦略として、他国の封君をあらためて封じることで、封君は他国から封地を与えられ、その外交活動では封邑の獲得が優先目的となった。実はこうした点は封君と王権の関係を微妙なものとし、結果として封君と王権のあいだに問題を生じさせたのであった。

二　封君と王権

封君の保持する権力は王権にとってどうであったのであろうか。まず、封君に対する王権側からの制約を確認してみよう。縦横家書九章には「謂斉王曰、始也燕累臣以求摯（質）」（斉王に謂いて曰く、始め、燕、臣を累ぎて以て質を求む）とあり、外交の使者となる際、その人物に人質が要求されている[19]。封君には外交で王権からの制約が存在したものと思われる。加えて封君の外交では封君自身が人質を担うことがあったようである。前二六五年、秦が趙を攻め、趙では斉に救援を求めたが、このとき長安君が車百乗で斉に人質となり、斉は出兵している（縦横家書一八・趙策四18・趙世家）。襄安君は前二八六年、斉が宋を攻める際、人質として斉に赴いた模様である（趙策四3・縦横家書二〇）[20]。こうして封君は人質として外交を担わされており、これは封君に対する王権側の制約に他ならない。さらに、斉策一3では、靖郭君・田嬰が薛に築城しようとすると、賓客が「今夫斉、亦君之水也」と、封君として拠って立つ当該国斉との関係の重要さを指摘し、断念した話を伝えている。封邑はあくまで当該国の封君の地位・権力があってのもので、封君の当該国での立場が重要であった。封君は当該国との関係に配慮を払っていたわけで、王権との関係を重視し、王権の制約を受けていたと考えられる。山陽君は秦から山陽、斉から莒に封じられていたが、楚が莒を占領すると、あらためて莒を求めに楚に赴いた（韓策三15）。封邑の当該国との関係の必要性をいうもので[21]、封君は王権を前提としていたわけである。この点は以下の事例が端的に示している。韓の成陽君は、前二九〇年、東周と秦に入朝し（秦本紀）[22]、同盟を成立させたようで、韓・魏で秦に従うことを目指したが（魏策四15）、前二八七年、韓を含む五国が連合して秦を攻めると（趙策四2）、韓より斉（秦策三7）、さらに周に至り（韓策三14）、国際情勢の変化にともない、「成陽君為秦去韓」（韓策三14）と、韓での立場を悪化させた。これは封君外交の失敗といえるが、王権を前提とした封君権力の限界であって、王権からの制約を示唆している。しかし一方で、封君は当該国との関係より、前述した自己の封邑獲得を目指す動きを加速させ、王権からの自立が見られる。

趙恵文王期に外交・内政に権力を保持していた奉陽君・李兌は、縦横家書三章によれば「奉陽君之所欲、循〔善〕斉・秦、以定其封、此其上計也、次循善斉以安其国」（奉陽君の欲する所、斉・秦に〔善〕くするに循い、以て其の封を定むるなり、此れ其の上計なり、次は、斉に善くするに循い以て其の国を安んずるなり）とあり、斉・秦と連合して自己の封地を定めることが上策で、斉と連合して趙を安泰にすることが次策とする計画を望んでいた。[23] 奉陽君には外交を進めるなか、自己の封邑獲得の思惑が窺え、封君の外交が当該国にとって負の面を内在し、王権からの自立が認められる。また、前二八六年ころ蘇秦が趙にあって斉・趙関係を悪化させる工作をしていたようで、薛公（孟嘗君）・韓徐為による斉攻伐派と、奉陽君の斉・秦との講和派の対立が伝えられ、斉が韓・魏と一緒に秦に取り入って趙に防備し、趙は薛公と韓徐為の計略を用いて斉に防備するとの状況にあった（縦横家書三）。薛公ら封君の動向が趙の外交に影響を与え、王権を左右しているが、なかでも薛公などの他国人封君の登用が王権にとって不安材料となっていた。いずれにしても、こうした状況には封君の王権からの自立を前提とし、封君権力の国際的効力が国内対立を生み、王権にとって負の要因として働いているわけである。しかも、当該期の他国人登用がもたらす対立であり、実際に封君を登用することが、王権にとって負荷であった点を示している。また、これは孟嘗君を秦昭王が相にしようとすると、ある人が「孟嘗君賢、而又斉族也、今相秦、必先斉而後秦、秦其危矣」（孟嘗君伝）と、相に就任すれば必ず斉のことを先に考え、秦のことを後まわしにし危険だと、出身国を第一に考える当該期の他国人登用の限界を指摘する主張と通じている。こうして出身国を第一とする封君には、当該期における他国人登用の限界の側面が確かにあった。封君権力をこのように恐れる王権については、以下の事例からも窺える。魏相の田需の死後、蘇代が次の相を予測して、張儀なら秦に親しんで魏を疎んじ、薛公なら斉に親しんで魏を疎んじ、犀首なら韓に親しんで魏を疎んじると分析する（魏策二14）。それは「皆将務以其国事魏、而欲丞相之璽」（魏策二14）という、自己の親しむ国を後ろ盾とした政権運営であるが、実のところやはり他国人封君の登用の限界とともに、王権と封君の対立、せめぎあいを示唆している。しかし、現実として他国人の登用には需要があった。魏策二2に魏相の犀首（公孫衍）が斉の田嬰と盟約を結び、文子（田文）を招いて魏の相とし、自らは韓の相となったように、他国人を相とする事例が見られる。秦策三8では、秦の范雎の説客である范子が昭王に、「臣聞善厚家者、取之於国、善厚国者、取之於諸侯」と、家を興すものは国内から、国を興すものは諸侯の国々から求めよ、と上奏しており、他国から有能な人材を集めることが必要であった。さらに、魏相の翟強の死後、秦・魏関係を勘案して楚では斉と盟約し、甘茂を魏相とする意見があるように（楚策二1）、他国の相人事に積極的に関与する政策がとられていた。秦の相となっていた楚出身の屈蓋は、秦・魏の楚攻伐に対して楚のため秦に和を講じ、自国の利権を第一としている（秦策二14）。こうして他国の政治体制を変化させるため、相人事に関与することが有効であったのである。ここに結果的に他国人の封君が国際社会で採用され、封君の国際的活動を生む要因があったと考えられる。王権のいわば限界に封君勢力がつけ込む隙があったのではなかったか。これが封君の当該国の王権からの自立を加速させ、他国人登用の需要と封君の国際性が合致した結果、封君権力は肥大化していったと考えられる。

楚では斉が田嬰を薛に封ずるとき、「大斉削地而封田嬰、是其所以弱也、願勿止」と、地を割いて斉が弱体化することだと認めた（斉策一2）。これは魏策三3に「宋・中山数伐数割、而随以亡宋・中山」と、宋・中山が地を割いて滅んだとする考えに通じ、封ずることが当該国の勢力削減につながるとの理解であり、それだけ封君権力が肥大化していた点を示している。確かに、領地の割譲は一つの戦略であったが（縦横家書一五・穰侯伝）、地を割くことを内在する封君制には、その権力の肥大化と関連しながら、当該国の勢力削減の意味合いが強かった。こうした点で権力の基盤となる封君の封邑は、領域支配にあって重要であったと思われる。田嬰が薛に去ったとき、楚が数倍の土地と薛を取り替えようと申し入れた話があるが（斉策一5）、楚にとって薛は軍事・外交上の重要な拠点であったからであろう。(24) また、奉陽君の封邑と見做される陶は（縦横家書一二、一四）、「朱公以為陶天下之中、諸侯四通，貨物所交易也」（貨殖伝）とあり、外交の要衝で交易の中心だった。封君はこうして地理的に重要な地を封邑として求めたが、封君権力の肥大化には封地の潜在的都市力が重要な条件であったと考えられる。(25) したがって、封邑を保有する封君の権力は王権のみならず国際社会でも問題視された。秦策三10には、范雎の情勢分析として「臣居山東、聞斉之内有田単、不聞其王、聞秦之有太后・穣侯・涇陽・華陽、不聞其有王」とあり、斉の田単・安平君、秦の太后（宣太后）をはじめ、穣侯、涇陽君、華陽君らのいわゆる「四貴」の専権によって、王権は実態のない存在だとする。なかでも「穣侯使者操王之重、裂諸侯、剖符於天下、征敵伐国、莫敢不聴」と、穣侯の権勢は王権を操り、諸侯の領土を分割し、軍事力によって諸国を攻伐する絶対的なものと見做している。封君の権勢は王権とは相容れず、諸侯・天下（国際社会）にとって重要な懸案事項であったことが窺える。また、魏では衛攻伐にあって、成陵君が魏王よりも権力を保持していたと語られている（魏世家）。こうして封君権力が中央政治で肥大化すれば、自ずと王権との対立を招いたわけである。しかし一方で、当該国すなわち王権も封君権力の肥大化に対して規制を加えていたと考えられる。

縦横家書一二章には「韋非以梁王之命、欲以平陵蛇（虵）薛、以陶封君、平陵雖（唯）成（城）而已、其圖（鄙）尽入梁氏矣、寡人許之已」（韋非、梁王の令を以て、平陵を以て薛に虵し、陶を以て君に封ぜんと欲す、平陵はただ城のみにして、其の鄙は尽く梁氏に入る、寡人、之を許すのみと）と、平陵の地を封邑として薛公に増す話のなかに、平陵の地はただ城郭だけで、その郊外はすべて魏の領有となるとある。これは封邑の構造と当該時代の都市を考えるうえで重要であるが、封邑にあってその中心（城）を与え、周辺（鄙）は与えず当該国が領有する、封邑のありかたに関わっている。いずれにしても、当該国は封邑に関して、その領域に何らかの規制を加えていたことになろう。[26]また、趙策一16によれば、趙（恵文）王が孟嘗君を武城に封じたとき、孟嘗君は舎人を選び武城の吏として派遣した。封君の封邑に対する支配が限定的であった点を示唆するものであろう。恵文王三年（前二九六年）、主父（趙武霊王）が長子章を代の安陽君とする際、その監視役として田不礼を相として派遣しているが（趙世家）、国君が封邑の相を直接派遣するのは、当該国の封君に関する規制に他ならない。ただ、こうした規制にも関わらず、封君権力はさらに増大したと思われる。

楚の魯陽文君は「魯四境之内、皆寡人之臣也、今大都攻其小都、大家伐其小家、奪之貨財、則寡人必将厚罰之」（『墨子』魯問篇）とあり、封君として治民権、司法権を保持していたようである。[27]春申君は楚にあって相国として、その実態が楚王であったという（春申君伝）。また、斉襄王の即位後、孟嘗君がどこにも所属せず諸侯に中立の立場を保持したと伝えられ（孟嘗君伝）、斉策四2には「（秦）昭王、大国也、孟嘗、千乗也」と、諸侯と見做されている。さらに、斉策六5に斉の亡国の危機を救った安平君が王に対して君臣の礼、上下の別もなく、内では民心をまるめこみ、外では夷狄や天下の賢士を手なづけ、諸侯の雄俊豪英と結んでいるという批判が見える。こうして封君の権力志向と外交・内政に関する独自の方針が窺え、封君には当該社会のなかで諸侯国のように自立性を強めるものも出現していた。実際、趙の主父が国を二つに分け、安陽君を代の国の王とする試案があったことが伝えられている（趙世家）。一方で封君については、小国諸侯としての認識もあった。昌国君・楽毅は、燕策二10には「故裂地而封之、使之得比乎小国諸侯」とあり、地を割いて封じられ、小国諸侯に匹敵するほどの待遇を受けていた。縦横家書一九章では「謂穰侯、秦封君以陶、仮君天下数年矣、攻斉之事成、陶為万乗、長小国、率以朝、天下必聴、五伯之事也」（穰侯に謂わく、秦、君を封ずるに陶を以てし、君に天下を仮すること数年なり、斉を攻むるの事成らば、陶は万乗と為らん、小国に長として、率いて以て朝し、天下必ず聴くは、五伯の事なり）とあり、ある人が穰侯に、秦が君を陶邑に封じ天下のことを任せているが、斉への攻伐が成功すれば陶は万乗の国となり、小国の長として国を率いて天子に入朝できると語っている。これは封君の封邑が大国となって、小国の長となる可能性をいうが、封邑の潜在的な発展性を示唆するものと思われる。そもそも小国は当該期にあって重要な存在であった。楚世家には「(頃襄王)十八年……、夫弑共主、臣世君、大国不親、以衆脅寡、小国不附、大国不親、小国不附、不可以致名實」とあり、周の立場から天下共同の元首の存在とともに、小国の重要性を指摘しているが、封君の封邑の存在も当該国にあって同盟小国のような立場が期待されていたのかもしれない。(28) それには、封君自身の軍事権行使が前提にあったと考えられる。秦の邯鄲攻囲に際して、平原君は「得敢死之士三千人」と、決死の三千人を秦軍に突撃させている(平原君伝)。また、趙では秦の攻撃に対して、「乃請賓客、約車騎百余乗、欲以客往赴秦軍、与趙倶死」と、信陵君が賓客を動員して車騎百余乗で救援に向かった(魏公子伝)。封君が軍事要員を動員するのは、賓客の存在を前提とした封君の軍事力の一端を裏付けるものである。(29)

封君はこうして自立性を備えていたが、当該国との支配―被支配からの離脱も見られる。魏策四24には、魏が韓の管を攻めたが降らず、安陵の人の縮高の子が管の守だったことから、信陵君は安陵君に縮高を管に遣わすことを要請した。安陵君はこれを拒否し「安陵、小国也、不能必使其民」と、安陵が小国で民を意のままにすることはできないとする。これに対して、信陵君は「安陵之地、亦猶魏也」と、安陵も魏の地で、管を降すことができなければ秦軍が魏に至り、国が危険だとした。そこで、安陵君が安陵へ封じられた事情を「吾先君成侯、受詔襄王、以守此地也」と、先君成侯が魏襄王からこの地を受け、その文書(大府之憲)に「子弑父、臣弑君、有常不赦、国雖大赦、降城亡子不得与焉」とあり、子が父を殺し、臣が君を弑した場合、刑を課し赦さない、国に大赦が行われても、城邑ぐるみで降ったもの、城邑を棄て逃亡したものは、これに与かれないとある、と主張している。封邑が小国であって、その民が封君でさえ意のままにできないとする封君側の見解、一方、封邑はあくまでも国の領域であると見做す当該国の立場に立った認識が窺える。加えて成侯から安陵君への継承、封ぜられた際の王の認証と文書の存在が示されている。(30) なかでも、封邑の他国への所属の変更が厳しく規制されていた点は興味深く、当該国との支配—被支配の関係をもつ封君が離反することを想定した条文といえる。さらに、安陵については、魏策四27に秦王が五百里の地と交換を求めた話が見え、「受地於王、愿終受之、弗敢易」と拒否されたが、「寡人以五百里之地易安陵、安陵君不聴寡人、何也、且秦滅亡魏、而君以五十里之地存者、以君為長者、故不錯意也」と、安陵が魏滅国後も存続する点が指摘されている。(31) したがって、「受地於王」としながら、封邑が当該国の滅国後も依然として存続したのは、封君の当該国から自立する可変性を伝えるもので、戦国期の王権と封君の関係にあって注目すべき状況である。(32) これは例えば、当該期に諸国が滅国されるなか、衛君が統一後も依然として存在したことと関連するものと考えられる。(33)

以上から封君は王権による制約のなか自立し、他国人登用の需要と封君の国際性が合致し、次第にその権力を肥大化した。封君権力が中央政治にあって肥大化すれば、自ずと王権との対立を招き、当該社会のなかで諸侯国のように自立性を強め、大国となって小国の長となる可能性や、当該国にあって同盟小国の立場が期待された。ただ、王権構造では封邑の他国への所属の変更が厳しく規制されたが、これは反対に封君が王権から自立する可変性を備えていたからと考えられる。

おわりに

封君は本来、王族として当該国での功績によって、王権を支える支配機構の一環として存在したもので、郡県制と併存する効果的な統治の役割が期待されていた。無論、時期的問題と地域差は考慮しなくてはならないが、封君の高官として内政・外交での功績と封邑所有の利権にともない、自己の封邑の拡大が一番の関心事となり、国際的活動により、その権力が当該国で肥大化すれば、王権との対立を招いたわけである。この王権との対立が封君の自立性を加速させ、小国のような存在となって、当該国の支配―被支配の関係を離れる可変性を生んだ。

封君権力の肥大化にともなう、自己の封邑獲得と小国としての自立性は、当該国にとって規制せざるを得なかった。安陵君の事例に見える封邑の他国への所属の変更を厳しく規制する当該国の動向は、封邑があくまでも当該国の領域であるとする王権側の主張であって、自立化した封君権力とのせめぎ合いの結果であった。ただ、封君も王の認証の存在を主張するが、一方で民でさえ意のままにできない封君側の限界も存在した。封君制は郡県制とともに、当該時代の領域支配の特質であったが、王権の伸長にあって制御し難い面を内在し、それをどう内包するかが王権構造の確立と領土の拡大に直結したものと考えられる。こうした封君と王権に関わる問題は、統一王朝に向けた残された課題である。

註

（1）拙稿「孟嘗君―戦国封君の一形態―」（『鴨台史学』一四、二〇一七年）、以下の孟嘗君に関する記述はこの小論にもとづいている。

（2）佐藤武敏監修『馬王堆帛書・戦国縦横家書』二三章注（5）（朋友書店、一九九三年）参照。以下の『戦国縦横家書』（縦横家書と略称）の引用等は同書および『戦国縦横家書』（文物出版社、一九七六年）を参照している。封君については、楊寛『戦国史』（上海人民出版社、二〇〇三年）、陳偉『包山楚簡初探』（武漢大学出版社、一九九六年）、鄭威『楚国封君研究』（湖北教育出版社、二〇一二年）、劉卓華・劉景泉「戦国時期的食邑与封君述考」（『北京師院学報』一九八二―三）、銭林書「戦国時期斉国的封君及封邑」（『復旦学報』一九九九―二）、孫国志「戦国時期秦国封君考論」（『求是学刊』二〇〇二―七）、彭華「燕国的政治制度―戦国時期的官僚機構和封君制度」（『宜賓学院学報』二〇〇五―五）、工藤元男「戦国秦の都官―主として睡虎地秦墓竹簡による―」（初出一九八二年、同氏『睡虎地秦簡よりみた秦代の国家と社会』所収、創文社、一九九八年）、「祭祀儀礼より見た戦国楚の王権と世族・封君―主として『卜筮祭禱簡』『日書』による―」（『歴史学研究』七八九、二〇〇二年）、船越昭夫「鄂君啓節について」（『東方学報』（京都）四三、一九七三年）、間瀬収芳

「蜀楚関係史への一試論―戦国時代出土文物を手掛りとして―」（『戦国時代出土文物の研究』所収、京都大学人文科学研究所、一九八五年）、藤田勝久「包山楚簡よりみた戦国楚の県と封邑」（初出一九九九年、同氏『中国古代国家と郡県社会』所収、汲古書院、二〇〇五年）、太田麻衣子「鄂君啓節からみた楚の東漸」（『東洋史研究』六八―二、二〇〇九年）、大塚博信「戦国楚の権力構造について―特に世族・封君をめぐる諸問題―」（『龍谷大学大学院文学研究科紀要』三七、二〇一五年）等参照。

（3）註（2）楊寛氏前掲書、註（1）拙稿参照。なお、『戦国策』に関しては、常石茂訳『戦国策』1・2・3（東洋文庫、平凡社、一九六六―六七年）にもとづき、各篇の分段も従っている。戦国紀年については、楊寛『戦国史料編年輯証』（上海人民出版社、二〇〇一年）に準拠する。以下、引用の『編年記』は睡虎地秦墓竹簡整理小組『睡虎地秦墓竹簡』（文物出版社、一九七八年）、『竹書紀年』は方詩銘・王修齢『古本竹書紀年輯証』（上海古籍出版社、一九八一年）参照。当該期の地名比定は、譚其驤主編『中国歴史地図集』第一冊（地図出版社、一九八二年）による。

（4）相については、鎌田重雄「相国と丞相」（初出一九五五年、同氏『秦漢政治制度の研究』所収、日本学術振興会、一九六二年）。森谷一樹「戦国秦の相邦について」（『東洋史研究』六〇―一、二〇〇二年）参照。

（5）穰侯については、註（2）『馬王堆帛書・戦国縦横家書』一五章注（5）、藤田勝久「『史記』穰侯列伝の一考察」（初出一九八六年、同氏『史記戦国列伝の研究』所収、汲古書院、二〇一一年）参照。

（6）建信君関係兵器については、下田誠「相邦・守相監造青銅兵器の編年をめぐって―戦国後期趙の政治過程・国際関係の解明のために―」（初出二〇〇七年、同氏『中国古代国家の形成と青銅兵器』所収、汲古書院、二〇〇八年）参照。

（7）拙稿「田斉の軍事と外交（一）」（『鴨台史学』一〇、二〇〇九年）参照。

（8）拙稿「田斉の軍事と外交―戦国中期―」（『川勝守・賢亮博士古稀記念　東方学論集』所収、汲古書院、二〇一三年）参照。

（9）蘇秦に関しては、蘇秦伝に合従成立により六国の相を兼摂し、加えて「蘇秦既約六国従親、帰趙、趙粛侯封為武安君、乃投従約書於秦、秦兵不敢闚函谷関十五年」とあり、その実績により武安君となったという。蘇秦については、註（2）『馬王堆帛書・戦国縦横家書』一章注（6）、藤田勝久「『史記』蘇秦・張儀列伝の史料的考察―戦国中期の合従と連横」（初出一九九二年、註（5）同氏前掲書所収）参照。

（10）註（2）劉氏等前掲論文では、相職と封君の関係について、その前後関係にあって王族は先ず封君、後に相となったと見ている。

（11）註（2）『馬王堆帛書・戦国縦横家書』二七章注（5）。

（12）張儀に関しては、註（2）『馬王堆帛書・戦国縦横家書』二四章注（4）、註（9）藤田勝久氏前掲論文参照。

（13）註（2）楊寛氏前掲章では、封君は封地に赴いたもの、中央にあって官に就き、代理を送ったもの、退職後赴いたものがあるとする。註（2）鄭威氏前掲書も楚の封君に関して郢都で官職についていたと指摘している。

（14）「舎人」については、増淵龍夫「戦国官僚制の一性格―郎官と舎人」（初出一九五五年、同氏『新版　中国古代の社会と国家』所収、岩波書店、一九九六年）参照。

（15）註（2）楊寛氏前掲書、船越昭夫氏、間瀬収芳氏前掲論文、藤田勝久「戦国楚の領域形成と交通路」（初出一九九四年、同氏『中国古代国家と社会システム―長江流域出土資料の研究』所収、汲古書院、二〇〇九年）、趙徳馨『楚国的貨幣』（湖北教育出版社、一九九六年）、鄭威「呉起変法前后楚国封君領地構成的変化」（『歴史研究』二〇一二―一）等参照。

（16）杉村伸二「漢代列侯の起源」（『東洋史研究』七五―一、二〇一六年）では、戦国後期の封君が各国内において将相として国政の中枢にありながら、その存在は「外」に開かれたものであったとする。

（17）奉陽君が斉から封邑を受けたことは、縦横家書三・八・一二・一四章に見えるが、その封地は四章では蒙、一二・一四章では陶とする（註（2）『馬王堆帛書・戦国縦横家書』四章注（18）参照）。

（18）藤田勝久「史記戦国四君列伝の史料的性格」（初出一九九一年、註（5）同氏前掲書所収）では、戦国中期より以降の諸国は、郡県制の展開とともに、王族の封邑を拡大するという二重体制によって、領土国家を形成しようとしたと指摘する。

（19）「質」については、小倉芳彦「中国古代の質―その機能の変化を中心として」（初出一九六二年、同氏『小倉芳彦著作選3』所収、論創社、二〇〇三年）参照。

（20）註（2）『馬王堆帛書・戦国縦横家書』四章注（9）参照。註（2）劉氏等前掲論文では、外交上、封君は人質としての側面があったとし、秦涇陽君・斉孟嘗君・趙長安君の事例を挙げている。

（21）註（2）劉氏等前掲論文では、正常な状況下で封君は国家の保護を受け、封邑が王室に対して藩屏の作用を担ったとする。なお、楚が薛を攻めたとき斉王は救援に向かった（『呂氏春秋』慎大覧「疾挙兵救之、由是薛遂全」）。

（22）秦本紀では「城陽君」とあるが、秦策三7鮑本注に「以趙・魏策知為韓人、此十七年入朝時在其国」と見え、「成陽君」

と同一人物と考えられる。註（2）『馬王堆帛書・戦国縦横家書』八章注（6）参照。
(23) 趙策四2・3・4、註（2）『馬王堆帛書・戦国縦横家書』一章注（5）参照。
(24) 薛については、藤田勝久『司馬遷の旅』（中央公論新社、二〇〇三年）参照。
(25) 註（2）楊寛氏前掲書では、封君が工商業税収の特権をもっていたとし、中原地区の発達した工商業城市は秦・斉・趙等の大国の封君争奪の対象であったとする。
(26) 註（15）鄭威氏前掲論文参照。註（2）陳偉氏前掲書は、楚において封邑が県と同じかそれよりも小さい規模とする。註（2）藤田勝久氏前掲論文での、県レベルの行政単位のなかに封邑の機構と県的な機構が並存するとの指摘は、封君に対する王権の規制のひとつといえるかもしれない。
(27) 註（2）鄭威氏前掲書では法律上、封君は中央の管制を受けていたと指摘する。
(28) 小国問題に関しては、拙稿「小国論の展開―春秋戦国時代の国家論―」（勁草教育文化研究所紀要『教育文化』二、二〇〇七年）参照。註（16）杉村伸二氏前掲論文は、戦国後期の封君が一般に「諸侯」と認識され、国際的に活躍し天下に確固たる地位を築いていたとする。
(29) 註（2）劉氏等前掲論文は、「墨者鉅子孟勝、善荊之陽城君、陽城君令守於国、毀璜以為符、約曰、符合聴之」（『呂氏春秋』上徳）から、封君の官吏の任命権、武装力量を指摘する。註（2）楊寛氏前掲書では、封国と郡県の兵を発する権はみな中央の国君が直接掌握していたとし、封君は封邑内における権力に限りがあり、封君が中央政権で権力を握っていれば、輝かしい名声があったが、一旦権勢を失ったならば、無力であったと、封君の軍事力を限定的と見る。一方で註（2）太田麻衣子氏前掲論文では、楚の軍事は戦国時代を通じて世族や封君等の貴族勢力が担ったと指摘する。
(30) 安陵については、註（2）『馬王堆帛書・戦国縦横家書』一六章注（21）参照。
(31) これとは対照的に孟嘗君の封邑であった薛は、彼の死後、後継をめぐる対立のなか斉・魏に滅ぼされている（孟嘗君伝）。薛が諸侯国と同等に考えられていたからに他ならない。
(32) 註（2）劉氏等前掲論文では、封君と封地の関係から、封君には異なる性質があり、1「臨土治民」終身的で、土地を子孫に伝える、独立的体系、附庸小国＝魏の安陵君　2「不臨土不治民」賦税権のみ、官僚の禄田＝趙の武安君・蘇秦　3「虚栄之号」秦の剛成君・蔡沢、などを挙げる。
(33) 拙稿「戦国時代の滅国について」（『小此木輝之先生古稀記念論文集　歴史と文化』所収、青史出版、二〇一六年）参照。

註（16）杉村伸二氏前掲論文は、戦国期の封君が秦統一時には「列侯」「倫侯」として、秩序構築のために整備された軍功爵制の最上級の身分に編入されたと見る。

刖者の力
―古代中国における門番についての一試論―

齋藤道子

はじめに

『春秋左氏伝』（以下『左伝』）荘公一九年の条に、次のような印象的な一文がある。

十九年春、楚子之を禦ぐも、津に大敗す。還るに鬻拳《いくけん》納れず。遂に黄を伐つ。黄師を踖陵に敗る。還りて湫に及び、疾有り。夏六月庚申、卒す。

魯の荘公一九年（前六七五年）に、楚の文王は前年の冬より楚に攻撃を仕掛けて来ていた巴人（文中にいう「之」）を迎え撃ったが大敗を喫し、都に戻ったところ、鬻拳という人物によって入城を拒否され、やむなく黄を攻撃し、こちらには勝利したものの、帰途において湫という地で病になり、六月に亡くなったというものである。さらに同年の『左伝』は、

初め、鬻拳楚子を強諫す。楚子従はず。之に臨むに兵を以てすれば、懼れて之に従ふ。鬻拳曰く「吾君を懼れしむるに兵を以てす、罪焉より大なるは莫し。」と。遂に自ら刖《げつ》す。楚人以て大閽《たいこん》と為し、之を大伯と謂ふ。其の

後をして之を掌らしむ。

と記して、文王と鬻拳との間にあった以前の経緯を述べている。それによれば、鬻拳は武器で脅して王を諫めたことがあり、それへの罰として自ら刖《げつ》（足切り）刑を受けて、いわゆる「刖者」となった。そこで楚では彼を大閽に任じて大伯と称し、子孫をもその官に任じた、というのである。ここで注目すべきは、文王の入城を拒否した鬻拳は、刖刑を受けて大閽という職にあった者ということである。

楚の「大閽」とは、この箇所の杜注は「今の城門校尉の官の若し」とし、会箋は「蓋し閽人の総帥なり」としており、門を守る官の長ともいうべきものである。しかし、果たして門守護の役人が王の入城を拒否できるのであろうか。しかも、「刖」すなわち足切りの刑を受けたものを、なぜ楚では門を守る職に就かせたのであろうか。[1] この話の背景には、門を守るものに対する、この当時にあっては普遍的で、かつ現代とは異なる思考・共通理解があるのではなかろうか。

門が空間的に「内部」と「外部」を区切るもの、あるいは境界そのものという性質を普遍的に持つことは今更言を俟たない。「内部」とは「安全」「味方」「仲間」「身内」であり、「外部」はそれらに反する性格を持つ。門が本来持っているこうした性質を念頭に、改めて上記の『左伝』を見るならば、そこには門の外からの、この場合は文王をその実体とする何らかの脅威の入城を拒もうとする、門（あるいは門を守護する鬻拳を含めて）が担っている峻厳な役割とそれを支える当時に固有な意識がこの話に反映されているのではないか、という思いを感じざるを得ない。[2]

本稿は、上記の『左伝』にみえる、「門を守るもの（門番）」[3]「刖」、そして「王と門番という世俗的身分の上下関係からの逸脱」という三つの要素に注目しつつ、中国古代における「門番」の社会的性格、さらに「門番と刖者の結びつき」が持っていた意味を考えようとするものである。

一　門番としての「刖者」

先に引いた『左伝』では、鬻拳が大閽となったのは刖刑を受けたからであった。門を守るのが刖刑を受けた、もしくは片足を失った人間であるという事例は、実は楚に限らず広く認められる。この節では、資料からその状況を確認したい。

まず文献史料を見れば、門番が片足を失った者であることを直接示すものとして

孔子、衛に相たりしとき、弟子子皐、獄吏と為り、人の足を刖《き》る。刖られし者、門を守る。(『韓非子』外儲説左下)

夏后氏孔甲、東陽の萯山に田す。天に大風ありて晦盲なり。孔甲迷ひ惑ひて民の室に入る。主人方《まさ》に乳《う》まんとす。或るひと曰く、后来たる。是れ良日なり。この子是れ必ず大吉ならん、と。或るひと曰く、不勝なり。この子是れ必ず殃有らん、と。后乃ち其の子を取りて以て帰りて曰く、以て余が子と為せば、誰か敢て之に殃せん、と。子長じ人と成る。幕動きて橑を坼くに斧其の足を斫斬《しゃくざん》す。遂に門を守る者と為る。(『呂氏春秋』音初篇)

が挙げられる。[4]

さらに、刖刑か否かは特定できないが、門番は肉刑を受けた人とする史料として、

閽者とは何ぞや。門人なり。刑人なり。(『公羊伝』襄公二九年)

がある。[5] また

墨者に門を守らしめ、劓者に関を守らしめ、宮者に内を守らしめ、刖者に囿を守らしめ、髠者に積を守らしむ。
(『周礼』巻三六、秋官、司寇刑官之職、掌戮)

閽とは門者なり。寺人なり。(『穀梁伝』襄公二九年)

は、門番を「墨者」「寺人」としているが、これも刑を受けた人である。[6]

さらにこうした伝世文献に加え、出土資料にも門番が刑人、あるいは明確に足の不自由な者とする記事が見える。

呉、越を伐ち、其の民を復し、以て帰り、復た□□せずして之を刑し、舟を守布せしむ。（中略）呉子餘蔡舟を観るとき、閽人之を殺す。（馬王堆帛書『春秋事語』「呉伐越章」）[7]

は、刑せられて舟守りをさせられていた閽人が、呉子餘蔡を殺した、とする。また上博楚簡『容成氏』第二簡には身体に障碍のある人の仕事について

是に於てや喑聾は燭を執り、椙戉は瑟を鼓ち、跛躃は門を守り、……[8]

とあり、跛躃の者が門を守るとされている。

さらにより具体的な現物資料として、一九七六年に陝西省扶風県荘白村一号西周青銅器窖蔵出土の「刖人守門方鼎」がある。陝西省周原博物館に収蔵されているこの鼎は高さが一七・七センチメートルと小型であるが、下半分が四角な爐膛であり、その正面は観音開きの門形式である。その右扉のかんぬき部に、裸体、束髪で左足のくるぶしから下がない人間が鋳出されている。劉越氏はこれを刖刑を受けた奴隷の形象とし、「刖者に囿を守らしめ」（『周礼』掌戮）の記載を反映したものとしているが、[9]まさしく片足のない門番を視覚的に示す貴重な資料であろう。[10]

以上見てきたように、先秦時代の門番には、すべてではないとしても刑を受けた人、特に刖刑で足を失った者が就いていたことは確かであろう。[11]これを確認したうえで、中国古代における「門番」の意味、さらに「門番と刖者の結びつき」の検討を続けよう。

二　「刖者」が門番となる意味

『荀子』非相篇に、伊尹や周公旦など中国古代の聖人・賢人が常人と異なる外観や障碍を持っていたとする記事があることはよく知られている。さらに『礼記』王制には、瘖や聾など種々の障碍を持つ人々に対しては「各其の器を以て之を食《やしな》ふ」と為政者による保護の考えが見られる。(12) 中国古代における身体障碍者に関する問題は、極めて深くかつ大きなものである。本稿ではそうした問題全体を論ずることはできないが、そのごく一部として、足を失ったいわゆる「刖者」に焦点を当て、なぜ門番とされるのかを考えるものである。そのため、まず、「刖者」としての門番とは社会的存在としていかに捉えられるか、次いで『左伝』荘公一九年の記事において、なぜ文王は大閽鬻拳によって入城を拒否されたのかを考察し、最後にそれらを総合して本稿の問題にどのような結論が導けるか、の順で考察を続けることとする。

問題の出発点である楚の大閽鬻拳は、兵で文王を諫めたことに対し自ら刖刑を受けたのであった。刑、その中でも特に肉体を損傷する肉刑、さらに肉体の損傷そのものについて、先学に次のような指摘がある。

滋賀秀三氏は、肉刑を受けることが死亡と同じく相続の開始原因となった事例（『左伝』成公一七年）を挙げ、肉刑の目的は一種の民事死の実現であり、肉体を毀傷するのはそのための刻印である。受刑者は賤役に使役されて余生を終えるのが常であって、その意味で奴隷と極めて近い関係であったとし、(13) さらに肉体の毀傷は、社会的な廃人化、いわば終身的な市民権剝奪の象徴であった、とも述べている。(14)

さらに貝塚茂樹氏は、戦死者あるいは刑死者が公墓地に埋葬されないのは戦死・罪死自体を不名誉としたためではなく、彼らは死骸が完全ではなく、再生を目的とする喪礼または死後の祭りを享ける意味が失われているからと解釈すべきであるとし、[15] また高木智見氏は、原中国の人にとって肉体は自分のものであると同時に親の肉体そのものであり、軽々しく損傷できないとされていたと指摘する。[16]

　こうした指摘を参考に、改めて刖刑を受けることで生じる事態を考えるならば、受刑者は片足を失うことで本来の肉体の完全性を失い、それによって祖先への負い目を負って通常の祖先—子孫関係から放擲され、社会的存在としての資格に欠陥が生じるとみなされたものと思われる。

　滋賀氏が挙げている『左伝』成公一七年の「秋七月壬寅、鮑牽を刖し、高無咎を逐ふ。……斉人来たりて鮑国を召し、之を立つ。」は、斉が刖刑をうけた鮑牽に替わって鮑国を魯より迎えて鮑氏の宗主としたことを記すが、ここでの鮑牽から鮑国への宗主交代は、刖刑とは無関係に鮑牽が罪人となったためという見方もできなくはない。しかし同じく『左伝』の昭公七年に見える、足が悪く歩行困難な衛の襄公の公子孟縶に対し、史朝が「人に非ず。将《もっ》て宗に列せられざれば、長と謂ふ可からず。」と述べ、これに杜預が「足の跛なるは全人に非ず、列して宗主と為す可からず。」と注していることからして、「全人」でない者は宗主となれないと考えられていたことが分かる。従って成公一七年の記事は、やはり滋賀氏の解のとおり刖刑を受けることは「民事的な死」とされたことを示すものであろう。すなわち、刖刑を受けて片足を失った人は「人にして、（十全な）人にあらず」という存在、すなわちきわめて「境界的存在」になったと考えられる。

　境界領域にある存在の性質について、M・ダグラス氏の「危険は過渡的状態の中に存在する。その唯一の理由は、過渡的状態とは一つの状態でも次の状態でもなく明確に定義しえないものだということである。……境界線上にいたということは、危険と接触していたことであり、能力《ちから》の源泉にいた事に等しいのである。」という指摘が非常に興味深い。[17] ひとつの範疇の中に完全には含まれず、しかし完全にその範疇の外にあるわけでもない、すなわち境界上にあるものの両義性については、宗教学や民族学・民俗学等の分野の大きな研究対象である。例えば、M・エリアーデは、「聖は同時に「聖なるもの」であるとともに「汚れてあるもの」である」と述べ(18)、波平恵美子氏は長崎県壱岐郡勝本浦での事例研究をもとに、水死体という不浄なものが「おえべっさん」として祀られる事例を紹介し、このエビス神の諸特徴は海と陸、外界と此界両方に属するといった境界性・両義性にあるとし、ダグラスを援用して両義的境界的存在は不浄性を付帯され、危険視されると同時に神聖さを帯びる、と述べる(19)。

さらに本稿との関係で注目されるのは、身体的不具という両義的・境界的存在と聖との関係の事例である。井本英一氏は、イランのフィールーズ・クーで冬至の夜に行われる「布袋の投げ入れ」という慣習では、袋を投げ入れる来訪者（本来は、死から再生するエネルギーを入れた袋を持って冬至の日に村を訪れるとされた者）に予定された者が片目を剔られたり、片足を跛にされたという事例を紹介し、またイランの国民的英雄ロスタムはある伝承では片腕で生まれており、片目・片足・片手は神の容姿であるのでロスタムは神（の子）の姿で生まれたとされている、と述べる(20)。

身体不具者という境界的存在が、古代の中国においてもその境界性ゆえに聖と穢れという両義性を感じられていたことは、不具者に対する正負の評価を示す史料の並存からも類推することができる。すなわち、本節の冒頭でも言及した古代の聖人・賢人が常人と異なる外観や障碍を持っていたとする『荀子』非相篇は、いわば不具者への正《プラス》の評価であり、また「瘖、聾、跛、躃、断者、侏儒、百工は各其の器を以て之を食《やしな》ふ。」（『礼記』王制）は不具の人にそれぞれ相応の食い扶持を与えるという、いわばニュートラルな評価である。一方、同じ『礼記』王制の「公家は刑人を畜はず、大夫は養はず、士は之に塗《みち》に遇ふも、与に言はざるなり。之を四方に屛《しりぞ》け、唯其の之く所のままにし、及ぼすに政を以てせず、亦故《ことさら》に生かさざるなり」は刑を受けた人を排除し、彼らに対して政治的取扱いをせず、生きて行けるような配慮をしない、という負《マイナス》の評価を述べる。

こうした異なる評価の並存に対して、滋賀秀三氏は、本稿一節でも見たような刑人を使役することが春秋戦国の世の実情であったことと、上記の『礼記』王制のうちの後者の肉刑を受けた人に対する負の評価の記事との関係を、「王制」のほうが追放の原初的形態そのもので時代的にはより古く、一方刑人を賤役に使役することは、肉刑によって社会から葬られたものに余生を遂げさせる恩恵的便法として始まり、その利用価値が認識されて一般化したもの、と時代的推移という観点から解釈されている。(21) 滋賀氏の、時代による変化という視点は非常に興味深い。

滋賀氏の観点を参考にするならば、では『荀子』非相篇にみえる古の聖人・賢者が常人と異なる外観や障碍を持っていたとする、いわば常人と異なる外観や障碍を聖性や能力の印《しるし》とする記事はどう考えられるであろうか。非相篇の該当記事全文を引くことはさし控えるが、「人の形状顔色を相《うらな》ひて其の吉凶妖祥を知る。世俗はこれを称するも古《いにしえ》の人は有りとすること無く、学者は道《い》はざるなり。」として、荀子の時代である戦国時代と「古」と述べられているそれ以前の時代とでは、人の外貌・形状による評価が変わっていることが暗示されている。さらに異相の聖人・賢人として挙げられている一六人も、衛の霊公の賢臣といわれる公孫呂、(22) 楚の孫叔敖と葉公子高、仲尼(孔子)、さらに孔子と同時代の人ともいわれる子弓の五人が春秋期の人物であり、(23) それ以外の一一人―堯・舜・禹・湯・周文王・皐陶・伊尹・傅説・閎夭・周公・徐偃王―は西周以前の人物である。ここからみる限り、身体不具者・異相の人に対する中国古代社会の見方は、本来「境界人」としての両義性を有しながら、戦国時代に向けて次第に聖性よりも負・賤のイメージが強くなっていったように思われる。そうした変化を推し進めた背景の一つには、

斉の懿公の公子為るや、邴歜《へいしょく》の父と田を争ひて勝たず。位に即くに及びて乃ち掘りて之を刖し……(『左伝』文公一八年)

のような権力者の私怨による刖刑の実行や

是に於いて、景公刑を繁くし、踊を鬻ぐ者有り。故に対へて曰く、踊貴《たか》く、履賤《やす》し、と。(『左伝』昭公三年)

とあるとおり、普通の履物より踊(杜注は「足を刖られし者の履なり」)の値段が高くなるほどの斉の景公による刖刑の

頻繁な執行など、世俗の権力者による肉体を毀損する刑罰の増加があったことが考えられる。
すなわち、ここまでの考察から、本稿で問題とする楚の大閽鬻拳が文王の入城を拒否した魯の荘公一九年（前六七五年）という春秋時代の前期には、中国でも異形な人間に常人を超えた聖性・能力を認める心性がまだあったことが推測できる。(24)

ではこうした両義性―そのどちらの意味がより強く感じられるかは時代によって異なるが―を持つ刖者が門番を勤める意味を考えるためには、門番の役割を改めて考察する必要があろう。

門番の職務をまとめたものとしては次の『周礼』が挙げられる。

閽人は王宮の中門の禁を守るを掌る。喪服凶器は宮に入れず。潜服賊器は宮に入れず。奇服怪民は宮に入れず。凡そ内人公器賓客に帥無きは、則ち其の出入を幾《ただ》す。時を以て啓閉す。凡そ外内命夫命婦出入すれば則ち之が為に闢す。門庭を掃ふを掌る。大祭祀喪紀の事には門燎を設け、宮門廟門に蹕す。凡そ賓客にも亦之の如し。（『周礼』巻七、天官、冢宰治官之職、閽人）

司門は管鍵を授《う》け以て国門を啓閉することを掌る。出入の不物なる者を幾し、其の貨賄を正す。凡そ財物の禁を犯す者は之を挙ぐ。其の財を以て政に死するの老と其の孤を養ふ。祭祀の牛牲焉に繋ぎ、監門之を養ふ。凡そ歳時の門には其の余を受く。凡そ四方の賓客焉に造らば則ち以て告ぐ。（『周礼』巻一五、地官、司徒教官之職、司門）

このように、一口に門番といっても、『周礼』には職掌を異にする天官の閽人と地官の司門の二つが見える。天官の閽人は「喪服凶器」(25)「潜服賊器」(26)「奇服怪民」(27)といった非日常的なものが宮門から入るのを防ぐ、あるいは「内人」「公器」「賓客」といった為政者階級を対象とする、さらに「祭祀」や「喪紀」といった礼と関わるなど、より礼的・霊的なものとの関わりが強いといえるのに対し、地官の司門は「物ならざる者」(28)を調べるという職もあるものの、門を通る物資を監督し、税を徴収し、門の委積で国事で亡くなった人の親と子を養ったりするなど、実際の人間を対象とした任務という性質が強いともいえよう。本論の問題である楚の大閽の鬻拳は「大閽」という職名からしても『周礼』の二つの「門官」の枠組みのなかでは天官閽人に類するものと見ることもできるが、しかし実際に春秋前期の楚にこのような官制が存在したかどうかは不明であり、鬻拳がどちらの官かを考えることにさして意味があるとは思われない。むしろ門とは初めにも記したように、空間的に「内部」と「外部」の境界を区切るもの、あるいは境界そのものという性質を普遍的に持つものであり、「内部」とは「安全」「味方」「仲間」「身内」であり、「外部」はそれらに反する性格を持つものであるならば、そうした門を守る門番は「外部」の「危険」「敵対する者」「非日常」というものと接するという性格を普遍的に持つものといえる。その上で、『周礼』「閽人」が「喪服凶器」「潜服賊器」「奇服怪民」といった非日常的なものが宮門から入るのを防ぐことを最初に挙げていることに注目したい。当時の人々が「門から入ってくる脅威」としたものには、実際に目に見える軍隊や武器という人間による脅威だけでなく、目に見えない死や日常から逸脱した異界のものという霊的なものがあったことは、例えば『左伝』成公一〇年の条が伝える、晋の景公が子孫を殺されたと怒る厲鬼が大門と寝門を壊して入ってくる夢を見、その後景公が死去した、という話からも推測することができる。

楚の大閽鬻拳が文王の入場を拒否した事件は前六七五年、すなわち異形な者に聖性や能力を認める心性がまだ存在していたと思われる春秋前期のことであった。であればこの事件とは、異界の脅威が入ってくる可能性のある門で、文王と刖刑を受けたが故に「境界人」となり聖性や能力を感じさせる存在となった大閽鬻拳が対面したことになる。では、何故文王が入城を拒否されたのか、節を改めてその考察に進みたい。

三　文王が象徴するもの

文王は楚史上において重要な王であることが推測されながら、資料が少なく、謎の多い王である。漢水以東への活発な進出を見せた武王の後を受け、申・息・鄧の三国を滅ぼして県とするなど、楚の中原進出の端緒を開いたのはこの文王であり、[29] 郢に都を移したのもこの文王といわれる。[30] ただ、巴の攻撃に加えて世族の閻氏が乱を起こすなど政治的に混乱した状況のうちに死を迎えたようであり（『左伝』荘公一八・一九年）、本稿の問題は将にそのときのことである。[31] このように文王は楚の政治史の中で一つの期を画する王であったと思われるが、ここではそうした政治史的問題には立ち入らない。

本稿冒頭に引いた『左伝』荘公一九年によれば、鬻拳によって文王が入城を拒否されたのは、巴を迎え撃って大敗した帰りのことである。ここに、鬻拳による王の入城拒否と敗戦とに何か関係が有るのではないか、という疑問が生じる。果たしてこの鬻拳の拒否について、会箋は「武王以来未だ嘗て敗を以て帰国せず。而るに今大敗して以て入らんとす。故に之を激して以て黄を伐たしむ。前段に叛乱麻の如く、一たびの納れざるを経て、敗を転じて功を為さしむ。乃ち鬻拳の力有るを見《あら》はすなり。」と解し、このままもう一度出陣して勝利を得させようとしたと鬻拳の賢人ぶりを示すエピソードとする。[32] しかしこうした解釈は、入城を拒否された後の文王が黄を討って勝利したにも拘らず、病になって都に入ることなく死亡したという話とは内容的にはつながらず、後の賢臣思想的理解であるように思われる。鬻拳による入城拒否は、実はもっと原始的なもの、すなわち敗戦が当時どう捉えられていたか、という面から見るべきではなかろうか。

「国の大事は祀と戎とに在り」（『左伝』成公一三年）という言葉が示すように、春秋時代には戎、すなわち戦争は、祭祀とともに国の存立の基盤であった。そのため、「師を帥ゐる者は命を廟に受け、脤を社に受け」（『左伝』閔公二年）とあるように、祖先の加護の下に出陣した。[33] こうした社会では、勝利は祖先神の加護によると理解されたであろう。一方の敗戦に関しては、軍を率いる者の徳が無いと神の加護を受けられない、という考えが『左伝』には散見する。[34] 資料からは文王の資質は必ずしも明らかではなく、巴に対する敗戦が文王の個人的資質に帰せられたかどうかは定かではない。ただ、神に嘉《よみ》されたか否かに関しては、敗戦という結果からして負に傾いていることは明らかであろう。

さらにもう一つ注目すべき点がある。『左伝』において、敗戦の将に対する処置を見ると、責めを負って殺害された者（自殺を含む）六例はいずれも楚の事例なのである。[35] 殽の戦いに敗れた秦の孟明が再び国政を委ねられている例（文公元年）や、邲の戦いで敗れた晋の中行桓子が自殺を止められている事例（宣公一二年）に比べると、楚では敗戦は死に値する罪とする傾向が強かったということができよう。

すなわち大閽鬻拳と門で対面したのは、敗戦の責めで当然死すべき身でありながらも帰国した文王であった。前節に引いた『周礼』「閽人」からも推測されるように、門番が入門を防ぐべき目に見えない脅威には、死の穢れ・死の脅威があったであろう。そして現世では誰も命を下すことのできない王に対して、入城拒否を宣告できたのは、人間にして（十全の）人間ではないが故に人間界の位階には組み込まれない「境界者」であり、その故に異界に対応できる聖性・能力を認められた刖者の大閽鬻拳であればこそだったのではないか。そして当時の心性によれば、巴に対する敗戦の罪は、黄への勝利でも償えずに神からの病と死という形で文王自身が贖うこととなったと理解されたのではなかろうか。

結びに代えて

本稿は、王の入城を拒否した楚の大閽鬻拳の話を出発点として、中国古代における門番の社会的性格、さらに門番と刖者との結びつきの意味を考えようとしてきた。これまでの考察から、おおよそ次のことが見えてきたように思われる。

門は内と外の境界であり、門内の安全を脅かす外部からの脅威を防ぐのが門番であるなら、門番自身の力によって、あるいは門番を含めたシステムとして、外部からの脅威に対抗するのは、時代を問わず普遍的なあり方であろう。本稿で取上げた楚の文王と大閽鬻拳の時代、つまり春秋時代前期は、門から入ってくる脅威として、子孫を殺されて怒る霊鬼（『左伝』文公一〇年）のような、人間の力では如何ともしがたい異界からの禍々《まがまが》しいものを、実体として感じていた時代であった。そうした時代の防御システムとして、「境界」的存在である刖者が人間界を超えた異界に対抗できる聖性や能力を備えているとされた故に、門番に当てられたと考えられる。

『左伝』荘公一九年において入城せんと鬻拳の前に立った文王は、死に値する敗戦という罪の体現者であった。死すべきものの穢れや罪は、それが王であろうと門を守る鬻拳にはとても入城を許可できるものではなかったと考えられる。(36) すなわち鬻拳が王の入城を拒否したこの話は、当時信じられていた門から入ってくる脅威と、さらに鬻拳のような境界人は、その境界性のゆえに現世の人間界の身分秩序を超越して、王と対等もしくは対等以上の力があるとする当時の心性とを背景に理解されるべきものではなかろうか。

尤も、身体不具者に常人とは異なるプラスの力や能力を認めて畏怖するこうした思考は、春秋時代の間に次第に影を潜めていくように思われる。あるいはこの文王と鬻拳のエピソードは、敗戦を死に値する罪とする楚の特異性とともに、身体不具者に対する畏怖の念が楚の場合他国より遅くまで残存していた、という可能性の上で考えるべきかも知れない。

本稿で、なお詰めきれなかった問題は、門番に刑人・身体障碍者のうちでも、何故足を失った刖者が多く当てられたのかである。外部の脅威の門内への進入という「動き」に対して、足を失っていることによって「動きの不自由」な刖者が多く当てられていることにどのような必然性と理由があったのかについては、今後の課題としたい。

註

（1）鬻拳が守っていた門については、沈欽韓『春秋左伝補注』は宮門とし、楊伯峻『春秋左伝注（修訂本）』（全四冊、中華書局、一九九〇年第二版。以下の楊伯峻注はこれによる。）はこれを否定する。本稿ではこの問題には踏み込まず、どの門であっても門番が王が入ることを拒否した、というその点に焦点を当てる。

（2）先秦時代の門については、拙稿「中国先秦時代の門をめぐる一考察―春秋時代を中心に―」（『東海史学』四八、二〇一四年）で、春秋時代に固有な門の機能や意味を考えたことがあるが、本稿は門をめぐる問題のうち、そこでは触れられなかった側面を考察するものである。

（3）鬻拳が就いていた大閽という職は、我々が日常的に使う「門番」よりは官位的には上であったと考えられるが、本稿では「門を守るもの」「門を管理するもの」という職務を持つものを便宜上「門番」と総称する。

（4）さらに『韓非子』内儲説下には「門者刖跪」の語があり、また『左伝』昭公五年の「楚子其の大夫を朝《あつ》めて曰く、（中略）、若し吾韓起を以て閽となし」の閽に対して杜預は「足を刖して門を守らしむ」と注し、本稿冒頭の『左伝』荘公一九年の本文「楚人以て大閽と為す」に対し、楊伯峻は「則ち古人は常に刖者を以て門を守らしむ」と注している。

（5）註（4）に引いた『韓非子』内儲説下でも、この門者に対し「去れ、刑余の人」という叱責の語が見える。さらに「閽人、王宮は門毎に四人。囿游亦之の如し。」（『周礼』巻一、天官、冢宰治官之属、閽人）への鄭玄注「閽人、昏晨に以て門を啓くを司る者なり。刑人墨者に門囿御苑を守らしむるなり。游とは離宮なり。」がある。

（6）刑を受けた人間が門番になるというこうした記事の一方、『礼記』祭統には「閽者は守門の賤者なり。古は刑人をして門を守らしめず」という文言が見える。これに対して鄭玄は古とは夏殷を指すと注しているが、これも『礼記』の編纂の時点では閹者に刑人がいたことを示すものと考えられる。

(7) 『春秋事語』の「訓読文」は、野間文史『馬王堆出土文献訳注叢書　春秋事語』(東方書店、二〇〇七年)に従う。『左伝』襄公二九年の条にも同じ話があるが、『左伝』では「呉人越を伐ち、俘を獲て、以て閽と為し、舟を守らしむ。」とあり、刑を受けたか否かまでは見えない。

(8) 『容成氏』の釈文は馬承源主編『上海博物館蔵　戦国楚竹書(二)』(上海古籍出版社、二〇〇二年)に従う。邱徳修著『上博楚簡容成氏注譯考證』(台灣古籍出版有限公司、二〇〇三年)でも門を守る者に関するこの四字は同様に「跛躃守門」と解している。

(9) 北京大学考古文博学院・北京大学古代文明研究中心編『吉金鋳国史　周原出土西周青銅器精粋』(文物出版社、二〇〇二年)一九六頁。書き起こしの図版は同書一九九頁。また劉越氏によれば(同書一九六頁)、故宮博物院蔵の西周後期の銅鬲などにも、刖刑を受けて門を守る像があるとされる。

(10) 一九八九年に発掘の、いわゆる龍崗秦簡を伴った湖北省雲夢龍崗六号墓の墓主について、下肢骨が明らかでないこと、さらに遺体の腰の部分から発見された木牘の記事から、湖北省文物考古研究所・孝感地区博物館・雲夢県博物館「雲夢龍崗6号秦墓及出土簡牘」(『考古学集刊』八、一九九四年)や、黄盛璋「雲夢龍崗六号秦墓木牘与告地策」(『龍崗秦簡』中華書局、二〇〇一年。原載『中国文物報』一九九六年七月十四日)さらに胡平生「雲夢龍崗六号秦墓墓主考」(前掲『龍崗秦簡』。原載『文物』一九九六年八期)は墓主は刖刑を受け、それ以後雲夢の禁苑を守る役についていた、と解釈している。しかし劉国章「雲夢龍崗簡牘考釈補正及其相関問題的探討」(前掲『龍崗秦簡』。原載『江漢考古』一九九七年一期)では墓主のすべての下肢骨が見られず、これは刖刑を受けた状態とは合わないとし、さらに近年の馬彪『秦帝国の領土経営　雲夢龍崗秦簡と始皇帝の禁苑』(京都大学学術出版会、二〇一三年)九頁では楊文清氏に確認の結果として六号墓の遺体には下半身も上半身も骨がほとんど残されていなかったとしている。これらから見て、六号墓の墓主が『周礼』掌戮に見える「刖者に囿を守らしめ」の実例の可能性はあるものの、遺体の保存状態が悪いことから、そうと断定できるまでには到っていないようである。

(11) 『左伝』僖公二八年の「門尹般」、哀公二六年の「門尹楽得」には、記述内容から見て特に障碍がある様子は見られない。

(12) 竹田健二「上博楚簡『容成氏』における身体障害者」(『福祉文化　島根大学』三、二〇〇四年)は、『容成氏』の二箇所の障害者に関する部分について、上古の帝王の理想的な統治では身体障害者や生活困窮者に対する福祉政策があったこと、さらに身体障害者は悪政の結果生ずるもので、身体障害者の福祉こそ政治の善悪を示す一種のバロメーターの役割を果たすという解釈を示し、古代帝王の理想的政治と身体障害者の福祉を結びつける点で、『礼記』王制・礼運と共通の思想が見える、とする。

(13) 滋賀秀三『中国法制史論集　法典と刑罰』（創文社、二〇〇三年）第三章「刑罰の歴史」三一三頁。（初出は、「刑罰の歴史（東洋）」として荘子邦雄等編『刑罰の理論と現実』岩波書店、一九七二年。）

(14) 滋賀秀三「中国上代の刑罰についての一考察―誓と盟を手がかりとして―」（滋賀秀三・平松義郎編『石井良助先生還暦祝賀　法制史論集』創文社、昭和五一年）二四頁。

(15) 貝塚茂樹「不朽―中国古代人の死後生命観の変遷」（『古代中国の精神』筑摩叢書九一、一九六七年）八頁。（初出は『学海』四―一、昭和二二年。さらに『貝塚茂樹著作集』第六巻、中央公論社、昭和五二年に再録。）

(16) 高木智見『先秦の社会と思想』（創文社、二〇〇一年）六七頁。なおこの書での「原中国」は夏・殷・西周・春秋時代を指すとされている。「古代中国における身体と自己」（『大航海』五三、二〇〇五年）にも同様の指摘がある。

(17) メアリ・ダグラス（Mary Douglas）著、塚本利明訳『汚穢《けがれ》と禁忌』（ちくま学芸文庫、二〇〇九年）二三一・二三三頁。ダグラス氏のこの説には、危険に対する恐怖は単に境界との結びつきから推論することはできない、とするニーダム氏の批判もあるが（ロドニー・ニーダム（Rodney Needham）著、吉田禎吾・白川琢磨訳『象徴的分類』みすず書房、一九九三年、六〇頁）、以下の本文で述べるように、「境界にあるもの」「両義性を持つもの」に不浄性のゆえに危険と同時に神聖さを認める心性はかなり普遍的なものであり、従ってダグラス氏の主張は首肯できると考える。

(18) ミルチャ・エリアーデ（Mircea Eliade）著、堀一郎訳『大地・農耕・女性―比較宗教類型論―』（未来社、一九六八年）四一頁。

(19) 波平恵美子『ケガレの構造』（青土社、一九八四年）一四五、一八二～一八三頁。

(20) 井本英一『穢れと聖性』（法政大学出版局、二〇〇二年）一六三～一六四・一七三頁。

(21) 滋賀秀三、注(14)論文、二三～二四頁。

(22) 衛の霊公の在位は『史記』十二諸侯年表によれば前五三四～前四九三年。

(23) 孫叔敖は荘王の覇業を助けた賢臣として『荀子』臣道や『墨子』所染などに、子高は『左伝』哀公一六・一七年に見える。子弓は『荀子』非十二子にあるがそれ以外の古い典籍には見えず、孔子の門人仲弓、子夏の門人馯臂子弓、朱張子弓とする説がある。
(24) 藤野岩友「中国古代における不具者尊重の習俗について」(『中国の文学と礼俗』角川書店、昭和五一年。初出は『漢文学会会報』二、昭和一一年)は、中国古代に不具者尊重の習俗が存在したと推定している。
(25) 鄭注は、喪服を「衰絰」、凶器を「明器」と解する。
(26) 鄭注は、潜服を「衷甲の若き者」、賊器を「盗賊の任器兵物」とする。
(27) 鄭注は、奇服を「衣の常に非ざるもの」、怪民を「狂易(心がくるって性質が変わる)」とする。
(28) 鄭注は、「不物」を「衣服、視瞻の衆と同じからず、及び操る所のものの品式の如からざる者」と解し、特異な服装をしたり、奇怪なものを持っている者とする。
(29) この時期の楚の対外進出については、拙稿「春秋前期における楚の対外発展―『左伝』を中心に―」(『東海大学紀要文学部』三三、一九八〇年)参照。
(30) 『史記』楚世家、十二諸侯年表。清華簡の『楚居』では、文王が武王の開いた疆郢から湫(和)郢、さらに樊郢、為郢、免郢に移った、と記されている。「楚居」の釈文は、浅野裕一「清華簡『楚居』初探」(浅野裕一・小澤賢二著『出土文献から見た古史と儒家経典』汲古書院、二〇一二年)に拠る。
(31) 註(29)の拙稿では、鬻拳による入城拒否を、文王が閻氏の乱を鎮圧できずに楚内部の勢力争いに敗れたためと推測した。しかし本稿は、先の拙稿では抜けていた、刖者の門番と王という視点から改めて取り上げるものである。
(32) 『漢書』古今人表も鬻拳(人表では「粥拳」)を「上下智人」にランクしているのは同様の解釈にたつものと思われる。
(33) この時代の戦争への祖先神の強い関与は、高木智見「春秋時代の軍礼について」(『名古屋大学東洋史研究報告』一一、一九八六年)参照。
(34) 例えば、晋の故太子申生が、夷吾(恵公)が無礼なため、晋の国を秦に与えることの赦しを天帝から得たと語る例(僖公一〇年)や、傲慢な振る舞いをした楚の闘椒を魯の大夫叔仲恵伯が、神霊の加護が無いからいずれ若敖氏を滅ぼすだろうと予言した話(文公九年)などがある。
(35) 羅と盧戎に敗れた屈瑕(自殺。桓公一三年)、巴に攻められ脱出した閻敖(王命による殺害。荘公一八年)、城濮の戦いでの子玉(自殺。僖公二八年)、鄢陵の戦いでの子反(自殺。成公一六年)、呉との戦いでの子重(国人の非難により自殺。

襄公三年)、楚王の夫人と宝器を呉に奪われた遠越(自殺。昭公二三年)の六例。

(36) 敗戦と穢れとの関係について、桐本東太「春秋時代の降伏儀礼」(『長江流域文化研究所年報』四、二〇〇六年)一三七頁に、「戦争に敗れたクニはケガレるのである」との指摘がある。

那珂通世の中国通史認識

佐藤　武敏

はじめに

那珂通世の「支那通史」はわが国の中国史・東洋史研究にとってモニュメンタルなものである。それは中国史の体系的通史の最初のものであるだけでなく、その後の中国史研究に大きな影響を与えたものであるといえよう。「支那通史」の読み方、評価はいろいろあるが、私は「支那通史」に二つの柱があると考える。一つの柱はそれが中国の伝統的な史書、歴史学にもとづいているということである。もう一つの柱は那珂が上京以来学んだ福沢諭吉、田口卯吉らの文明開化の史観（開化史観）の影響を受けているということである。

こうした二つの柱が「支那通史」に具体的にどのようにあらわれているか、ということをさぐるのが本稿の目的である。

一　「支那通史」の時代区分

「支那通史」は三時期区分法を採用している。三時期区分法を中国史に適用したのは「支那通史」が最初であるといってよい。三時期区分法というと、西洋の歴史学の古代、中世、近世が頭に浮かぶ。那珂はこの書執筆の頃、この西洋の歴史学の三時期区分法を知っていたと思われるから、これを中国史に採用したのではないかと想定し勝ちであるが、そうではなく、中国伝統の歴史学にもとづいているようである。「支那通史」巻一首篇総論第三章朝家屢々易る、の附に史三紀に分ると題して、次のようにいう。

「……（中国の歴史は）其の間治朝有り、亂世有り。秦・晉・隋の如きは暫く一統を成すと雖も、其の業長からず。漢・唐・宋は運祚久延にして政俗又觀る可き者あり。故昔、人之を稱して後三代と爲す。其の後元・明・清相踵ぎ、皆隆盛の朝たり。此れも亦近世の三代と稱するに足れり。然らば則ち、古三代の後、二十六朝（秦・漢・三國《魏・呉・蜀》・晉・宋・齊・梁・陳・後魏・北齊・後周・隋・唐・五代《後梁・後唐・後晉・後漢・後周》・遼・宋・金・元・明・清）其の盛世と稱すべき者は、卽ち兩次の三代なり。故に今編述の便を圖り、假に古今を分つて三大紀と爲す。唐・虞三代より六國の秦に幷せらるるに至るまで二千餘年、是を上世と爲す。秦より漢・唐を歴て宋・金の衰ふるに至るまで千四百餘年、是を中世と爲す。元初より明を歴て今に至るまで六百八十年、是を近世と爲す。中世近世は又各々其の三代に因り、分つて三紀と爲す。……」

これによると、唐・虞三代より今に至るまでを上世・中世・近世の三つの時代に分け、上世に三代、中世に三代、近世に近世三代があるので、上世・中世・近世は三統とされ、毎紀一巻を以てあてるというのである。

三統説というと、中国伝統の歴史学の中から生まれたものである。ただし三統説にもいくつか説があったようで、その主なのは三正説と三統循環説である。両説を岡崎文夫「司馬遷」(弘文堂)により説明すると次の通りである。三正説とは三統暦のことで、夏・殷・周三代の正朔である。夏は正月を北斗の劍先が寅の方向に立つ時期に定め、殷は丑に、周は子に建つ時を歳首と定めた。それは天数を新に整理すること、その目的は世界に新しい秩序を興すことにある。天数は三を以て循環するが、天運の大変が起る毎に必ず正朔を改めるということで三正説という。そして正朔を改めることは服色、制度を易えることでもある。これを三才にあてると夏は人統、殷は地統、周は天統である。したがって三正を三統と呼ぶこともある。三代の暦にもとづく暦法は前漢末の劉歆が作った暦のもととなる。

これに対して三統循環説は「史記」天官書論賛に見えるもので、次のようになっている。

「かの天運なるものは、三十年で一たび小変し、百年で中変し、五百年で大変し、三大変を一紀とし、三紀をもって大いに備わるのが大体の傾向である。したがって国を治めるものは必ず三五の変を貴び、上下各々千年をもって天人の際(関係)がみな備わるのである」

これによれば、天運による変化は、三十年小変、百年中変、五百年大変で、三大変すなわち千五百年を経て天運が完備する。天運が完備すると新たな天運が開け、こうして天道と人間の世代は永久に続く。

これは三統循環説であり、岡崎文夫はこの説の祖型は孟子にあり、「孟子」の篇末に道統を述べ、凡そ五百歳で世運は大変し、堯舜より文王にいたり、孔子にいたるまでの千五百歳、天運は孔子の時に完備したというのである。

那珂のいう三統法はおそらくこの古代中国の三統循環法を指すと思われる。そしてこれを中国史の唐・虞三代より今にいたるまでを上世・中世・近世の三時期にあてた点、那珂独自の見解があると思われる。

那珂の中国通史の時代区分は基本的には中国伝統の歴史にもとづくというのが一つの柱をなしていたと思われるが、もう一つの柱である開化史観はどう理解したらよいか。わが国の開化史観は福沢諭吉に始まるが、とくに中国史を特定した開化史観の史書に田口卯吉の「支那開化小史」がある。那珂の開化史観に入る前に田口の説を取り上げてみる。

二　田口卯吉「支那開化小史」について

田口は安政二年（一八五五）の生まれであるから那珂より四歳下である。「支那開化小史」は跋によると、この書は初め五巻に分かち、明治十六年十月以降、本年本月〈明治二十年十一月〉まで漸次出版し、全史を成したとあり、那珂の「支那通史」は明治二十一年から同二十三年にわたり著わされたとされているから、田口の書物は那珂のより少し前に出されたものである。

田口の書物の特色は本人のことばによると二つある。

一つは史論体であること。史には三種の体があり、編年体・記事体・史論体で、この書は史論体を用いるという。もう一つは開化の歴史を主としていること。ただしこれには大きな問題がある。原稿を見た島田三郎は本書はもっぱら治乱の大綱を記し、記すところはとくに政治上のことで、一般社会のことに渉らず。称して開化小史というが、名その実を過ぐ。政綱十史と改めた方がよいと評した。

これに対する田口の反論は次の通りである。

「……西洋に於ては、……又文物進歩の元素を有し、支那に於ては多く政治権力の元素を有す。是れ一開化史として異相を呈しむるものならざるべからず。故に開化史を以て特に文物の變遷を記するものとするは誤りなり」

開化といっても、その元素は西洋と中国とで相違し、西洋のは文物の進歩であるが、中国のは政治権力であるとしている。

そして議論の根拠となる史書について、多くの中国史書を読んだが、記するところ錯雑繽紛、独り趙甌北〈翼〉あり、砂中より珠玉を拾うものであるという。

「支那開化小史」の内容は十五章に分かれ、開闢より明朝まで及び、最後の第十五章が総評となっている。第一章は開闢から周代まで、第二章は各時代の政治上の重要問題を取上げ、史論体で論じている。結論として最後の第十五章総評で次のようにいう。

「以上の事實に因りて考ふるに、支那國の人民は常に政治上の弊害に苦しめることを詳にすべし。周より以前數千年間は封建亂離の禍害に埋没したる時代なり。秦より以後二千餘年は専制政治の禍敗に沈淪したる時代なり。……其平和の時に當たりてや、詩歌文章若《も》しくは經學の類發達せる者なきにあらず、是れ皆な貴族隱遁者流の閑散を慰むるの一具にして見るべき者なし。畢竟政治の權力上に強氣が爲に財力下に枯渇、文物の發達するを得ざりしならん。……」

これによると、田口は中国史を周以前の封建乱離の時代と秦以降の専制政治の禍敗に沈淪した時代に分けて理解しているが、開化史観を全面的に適用したものである。野にあって経済雑誌社を設立し、自由主義経済学の唱道、民権の鼓吹に努めた（『広辞苑』）と要約される田口の政治思想が「支那開化小史」においても明確に表現されている。

三　那珂通世と開化史観

那珂の中国史理解の一つの柱は中国の伝統的な歴史学であり、もう一つの柱は開化史観であることは前述した通りである。そこでここでもう一つの柱である開化史観について考えてみたい。那珂は首編総論で次のようにいう。

「漢人治を論ずれば、必ず唐・虞三代の隆を稱す。三代とは夏・商（殷）・周を謂ふなり。其の文化の盛んなること、盡く漢人の稱する所の如くならずと雖も、而も四隣皆純夷の時に當り、漢土獨り禮樂の邦と爲り、政教風俗正に美を東洋に擅にす。以つて古代開化の一例を觀るに足る。秦・漢以下、二千餘年、歴朝の政俗は殆ど一様なり。文化凝滞して、復た進動せず、徒に朝家の廢興を反復するのみ。其の間戰亂擾奪は、勝げて紀す可からず。而してその禍の最も慘烈なる者は、胡漢陵轢の時に在り。然り而して胡人已に漢土を取れば、則ち其の舊習を捨てて、輙ち漢俗に從ひ、其の異種たるの實を失ふ。蓋し支那の國を建つるや甚だ久しく、俗を成すこと極めて固く、其の開化の度も、亦四夷の及ぶ可きに非ず。故に胡人或は能く其の武を以つて漢に勝つも、而も其の文を以つてすれば必ず自ら漢に服す。胡君上に在りと雖も、其の國は則ち依然たる漢唐の中國なり。國民の情態は一定して變ぜず、進むこと無く退くこと無く、恰も範型の中に在るが如し。此れ支那開化の大に西國に異なる所なり。」

これによると、唐・虞三代は漢人だけの国で、礼楽の邦となったのは古代開化の一例とされ、秦・漢以下二千余年は歴朝の政俗一様で、胡人の支配下にあっても漢文化に服し、国民の情態は変わらなかったとされる。

以上の那珂の開化史観を田口のと比較すると、田口のは先秦の乱離の時代から皇帝の独裁、人民の受難の時代が始まり、その後政治体制に変化はないとしているのに、那珂も秦以後、政俗や国民の情態は範型の中にあるようであるとしている。範型というのは stereotype のことで鉛版のこと、転義としてきまりきったことばとされ、これは西洋の政治学や社会学で用いられ、那珂は西洋の書物で知ったものであろう。したがって中国史を秦以後大きな変化はないとしている点、田口と同じである。ただし田口が独裁政治批判となっているのに、那珂は中国的な開化が見られ、これは漢人だけではなく、胡人の支配の王朝でも同様である、と考えている。

こうしたことから那珂は政権の推移だけでなく、「支那通史」上世史第七篇で世態及び文事、第八編先秦諸子で先秦の社会・文化の項目を設定している。世態ということばは「広辞苑」によると、世間の状態のことで、世態学というのは井上哲次郎の造語で、社会学の旧称であるという。とすれば那珂のいう世態とは社会に解してよいであろう。

具体的には、世態について第七篇第一章では名・字・姓・氏及び世族、第二章では嫁娶の制、第三章では喪祭の礼、第四章では陰陽五行の説となっており、上世の社会関係の主要問題が網羅されている。そして唐・虞から秦にかけて世系を重んずる国勢から秦六国を并するに及び、世系の家滅亡し、布衣将相の局が開かれ一大変があらわれたことを指摘する。周の封建制がくずれ、各国間の権力が熾烈になるのみならず、卿・大夫・士・庶民の別が崩壊したことを指摘したというのである。これはまた血縁重視から個人の力量が重視される社会になるということでもある。

戦国時代を単に乱離とする田口の説にくらべ、個人重視の社会を指摘する那珂の説は大いに異なるし、同じ開化史観といっても全く異なったものとなっている。

次は文事、つまり文化に関するもので、第五章の文書の沿革、第六章の先秦の典籍となっている。第五章は文字、とくに六書の説明、古文・篆書・隷書・楷書・行書・草書の字体、書写の材料などの紹介であり、第六章は先秦の典籍であるが、これについては第八篇先秦諸子で詳しくのべている。その第一章は学風の変動で、とくに戦国時代、士は智勇を競い、世に訴え、儒家以下諸子百家の出現をのべている。そして次のようにいう。

「正邪相混じ、純駁竝びに陳ず。然れども各々卓見を出し、敢て前人を蹈襲せず。支那人智の活動は、まだ此の時より盛んなるは有らざるなり」

「人智の活動」ということばは福沢諭吉が智徳の中、智を重視している考えを襲っているし、戦国時代をこのようにとらえるのは福沢と同じである。

第二章は孔子略伝、第三章は老子及び楊・墨・列・荘、第四章は孟・荀及び同時の諸子、第五章は法家諸子となっている。

これらの中、儒家では荀子が礼を論ずること最も詳びらかで、その神怪災祥形相の説を斥くることは当時に在って卓見と評価している。また法家について、特に韓非子について仁義を蔑《なみ》し、刑名を厲《きび》しくし、惨礉《さんかく》刻深、大いに人性に悖《もと》るが、その言峭直にして迂ならず、時勢に適するを求め、古を尚ぶを以て陋とし、鬼神を恃《たの》まず、卜筮星占を信ぜず、識見 頗る高し、という。

そして法律は経国の要典で、三代の礼楽を学ぶといえども、政刑の具が備わらなければ治をいたすことはできないとし、漢の蕭何・叔孫通が法律を制してより法律の学起り、その後、歴朝修飾して儒学と並び行われるようになったと考える。つまり中国の学術は儒学だけでなく、法律の学も儒学と並んで重要であったと見るのである。

以上の点からすると、那珂は人智を重視する開化論者であること、法律を国家統治の要点とし、中国において法律の学を進めた法家の人たちを評価していることからすると、現実主義であったことが推測される。その後の中国の歴史は秦以後、中世が始まり、その後、宋まで中世がつづく。この時代区分はもちろん一つは中国伝統の三統説にもとづくが、また開化史観にも重なるものである。開化史観にもとづく中国の中世の社会・文化は具体的にどのように展開しているか。

これらについては中世史上第九篇制度略、中世史中第八篇学芸・宗教、第九篇制度の沿革、中世史下第五篇学芸、第六篇制度などに見える。以上の中、制度は主に政治制度史の変遷で、学芸・宗教の項目にこの時代の文化がのべられている。

中世史中第八篇ではまず漢から唐までの学制、つまり学校の制をのべ、次いで儒学、文芸を扱っている。その後宗教として仏教、道教の歴史、さらに基督教（附蘇魯支《ゾロアスター》教・摩尼《マニ》教・摩 麦《マホメット》経）に及んでいる。

そして中世史下では第五篇で学芸を取上げる。その中心となるのは儒学で、唐代まで五経は専門化し、儒道は章句訓詁の学となったが、宋代仁宗朝、胡瑗・周敦頤、さらに邵雍などがあらわれ、周・邵の学は道家の影響をうけ、太極の説を演じ、張載も二程（程顥・程頤）と道学を語り、異学を捨てたとしている。南宋では呂祖謙、朱熹、陸九淵で、陸九淵などは禅に近かった。

最後に詩文、宋代の文においては欧陽脩・三蘇（蘇洵・蘇軾・蘇轍）・曾鞏・王安石、詩においては欧陽脩・梅堯臣・蘇軾・黄庭堅などがあげられている。南宋は文は、王十朋・葉適・陳亮・朱熹・呂祖謙、詩は尤袤・楊萬里・范成大・

陸游などである。

以上、秦漢から宋代にかけて学芸において活躍した主な人物をきわめて簡単であるが、網羅的にあげている。これは中国的な文明の開化を示すものと考えたからであろう。

そこでこれまで見てきた那珂の開化史観をまとめてみる。

那珂の中国を見る基本的な観点は福沢諭吉・田口卯吉らの開化史観を受けついだものである。最も重要なのは中国史に対する基本的な観点である。それは開化史観であり、それによれば政治の体制、仕組みは唐・虞三代さらには秦・漢以降ほとんど一様であるとする。つまり支配者は王乃至皇帝の君主で、これには変化がない。また社会や文化も渋滞して進動しない。国民の情態は一定して変ぜず、進むことなく、退くことなく、ちょうど範型の中にあるようなものであると考えたのは前述のとおりである。この考え方は西洋の開化史観、発展史観から見た場合である。

ところが次に那珂は中国には西洋の開化史観と異る独自の開化が見られるという。その柱は二つあり、一つは中国伝統の三大紀説に見られる三時期区分説、もう一つは中国独自の社会・文化の開化である。三大紀説により唐・虞三代より秦の統一までの二千余年を上世、秦・漢より宋・金までの千四百余年が中世、元初より明をへて今（那珂の時代）までの六百八十年を近世と分けるのである。社会・文化もほぼこの三大紀説と重ねて理解している。

むすび

私は那珂の「支那通史」に見られる中国通史理解を以上のようにとらえるが、那珂自身はその後、「支那通史」が中世史で終っていたのでそれ以降の歴史を書こうとする。ただそれは支那史でなく、東洋史であり、また時代区分も

「支那通史」と異なったものとなっている。「支那通史」以後着手したのは元朝史の研究で、そのため蒙古語を習得し、「成吉思汗実録」（「元朝秘史」）の訳に取りかかる。そして明治三十六年（一九〇三）に「那珂東洋小史」を刊行する。これについては別に考察を必要とするが、この書の時代区分について一言ふれておく。この書は第一篇上古として第一章太古の支那から第九章仏法の興起まで、第二篇中古として第一章秦の一統から第廿三章宋代の西域諸国、第三篇近古として第一章元の太祖の勃興西征から第十二章葡萄牙西班牙の東略、天主教の東流まで、第四篇近世として第一章清の開国、世祖の一統から第十二章世界に於ける東亜細亜諸国の現勢までとなっている。

凡例を読むと、この書は高等学校並にこれと同じ程度の学校の教科書として編述したもので、中古は稍々節略し、近古近世の事績を委しくしたものであるという。上古と中古と近古に分け、清朝以後が近世とされている。上古・中古・近古ということばは独特であるが、近世を清朝に始まるとする説は注目される。後に内藤湖南は宋代を近世の始まりとする説を提唱したが、那珂の説と大きく喰い違うものである。那珂の説は内藤だけでなく、後世多くの研究者に影響を与えたもので那珂の説を抜きにしてはその後の日本の中国史研究は成立たないと思われるが、これらは稿を改めて論ずる必要がある。

参考文献

窪寺紘一「東洋学事始」（平凡社、二〇〇九年）。
田口の著書については、
田口卯吉「支那開化小史」（経済雑誌社、一八八四年）。
那珂の伝記・著書については
「文学博士那珂通世君伝」「文学博士那珂通世君著述目録」（「那珂通世遺書」一九一四年）。
那珂通世と内藤湖南との関係については、
拙稿（未発表）「那珂通世と内藤湖南との交游関係」。

中国古代の養生思想

清水浩子

はじめに

『春秋左氏伝』昭公元年に醫和[1]の言葉として

天有六氣、降生五味、發爲五色、徵爲五聲、淫生六疾。六氣曰陰陽風雨晦明也。分爲四時、序爲五節、過則爲菑。陰淫寒疾、陽淫熱疾、風淫末疾、雨淫腹疾、晦淫惑疾、明淫心疾。

天に六気有り、降りて五味を生じ、発して五色と為り、徵して五声と為り、淫すれば六疾を生ず。六気とは陰陽風雨晦明を曰ふなり。分れて四時と為り、序して五節と為り、過ぐれば菑《わざわい》と為る。陰の淫するは寒疾、陽の淫するは熱疾、風の淫するは末疾、雨の淫するは腹疾、晦の淫するは惑疾、明の淫するは心疾。

とある。

この言葉から醫和は「気」と「疾病」と深い関係があると考えていたことが、明らかである。すなはち、天に六気があり、五味・五色・五声が降され、六気が淫すれば「疾病」を生じるというのである。

また、天から降される五味は『神農本草経』序録（凡例）に薬有酸・鹹・甘・苦・辛。

　薬に酸・鹹・甘・苦・辛有り。

とある。このことについて、真柳誠氏は五味が薬の本質を象徴する概念として規定されていると指摘(2)している。また、『神農本草経』には三五七品の味が規定されていて、結晶化したハチミツについては

　石蜜。一名を石飴という。味は甘。からだを温めも冷やしもしない。山谷に産出する。心腹の邪気……を治す。……久しく服用すると志を強くし、身が軽々となり、飢えず、老いない。

と記載されていることも紹介している。この一例だけで五味の「甘」が心腹の邪気を治したり、老いないなどということはできない。しかし、古代、「五味」は「薬」の一種として考えられていたことは推察できる。

　以上から、天にある気、天から降される五味なども疾病と関係してとらえられていたことが理解できる。『五行大義』の著者蕭吉もそのように考えていたようである。蕭吉は隋の人であるから、ずっと後代であるが、先にあげた春秋時代の名医醫和の言葉を借りて疾病を説明しようとしている。

　五藏者、肝心脾肺腎也。六府者、大腸小腸膽胃三焦膀胱也。肝以配木、心以配火、脾以配土、肺以配金、腎以配水。膀胱爲陽、小腸爲陰、膽爲風、大腸爲雨、三焦爲晦、胃爲明。故杜子春秋醫和云、陰淫寒疾、陽淫熱疾、風淫末疾、末四支也、雨淫腹疾、晦淫惑疾、明淫心疾。(『五行大義』巻第三、第十四、四「蔵府に配すを論ず」)

　五蔵とは、肝心脾肺腎なり。六府とは、大腸小腸胆胃三焦膀胱なり(3)。肝は以て木に配され、心は以て火に配され、脾は以て土に配され、肺は以て金に配され、腎は以て水に配さる。膀胱を陽と為し、小腸を陰と為し、胆を風と為し、大腸を雨と為し、三焦を晦と為し、胃を明と為す。故に『杜子春秋』に醫和云ふ、「陰の淫するは寒疾、陽の淫するは熱疾、風の淫するは末疾、末とは四支なり、雨の淫するは腹疾、晦の淫するは惑疾、明の淫するは心疾。」と。

六府と六気の関係と疾病

六府	膀胱	小腸	胆	大腸	三焦	胃
六気	陽	陰	風	雨	晦	明
疾病	熱疾	寒疾	末疾	腹疾	惑疾	心疾

ここで蕭吉が『杜子春秋』の醫和の言葉としているのは先にあげた『春秋左氏伝』昭公元年に記載されている醫和の言葉である。醫和は六気の乱れが疾病を招くとしているが、蕭吉は

藏府者、由五行六氣而成也。藏則有五、稟自五行爲五性。府則有六、因乎六氣。是曰六情。（『五行大義』巻第三、第十四、四「蔵府に配すを論ず」）

蔵府は、五行六気[4]に由りて成るなり。蔵に則ち五有り、五行自り稟けて五性[5]と為す。府に則ち六有り、六気に因る。是を六情[6]と曰ふ。

と述べている。これは五臓は五行の気から、六府は六気から形成されているというもので、ほぼ醫和の考え方と同じであるので、その説明は名医醫和の言葉を借りているのである。しかし、気の捉え方が、六気から五行に変わっている。蕭吉のように疾病が五行と関係がある[7]と考えるなら、疾病を起こさないようにすることも五行と関係があるであろうことが推察できる。すなはち、疾病を発症させないためには五行をどのようにコントロールしたらよいかということになる。以下に詳しく五臓と五行の関係をみていく。

一　五臓と五行の関係

後漢の書である『白虎通』や『春秋元命苞』に五臓と五行の関係を以下のように述べている。

白虎通云、肝之爲言扞也。肺之爲言費也。情動得序也。心之爲言任也、任於思也。腎之爲言寫也、以竅寫。脾之爲言辨也、所以精稟氣也。（『五行大義』巻第三、第十四、四「蔵府に配すを論ず」）

『白虎通』に云ふ、「肝の言為るは扞なり。肺の言為るは費なり。情の動きて序を得るなり。心の言為るは任なり、思に任ずればなり。腎の言為るは写なり、以て竅写《きょうしゃ》す。脾の言為るは弁なり、精の気を稟くる所以なり。」と。

元命苞云、脾者辨也。心得之而貴、肝得之而興、肺得之而大、腎得之以化。（『五行大義』巻第三、第十四、四「蔵府に配すを論ず」）

『（春秋）元命苞』に云ふ、「脾は弁なり。心は之を得て貴し、肝は之を得て興り、肺は之を得て大なり、腎は之を得て化す。」と。

『白虎通』の文は「情性篇」によるもので、その意味は以下のとおりである。

肝臓は大事な所である。肺は身体を盛んにするものである。感情の働きによって正しい働きを得る。心臓はすべてを委ねられている。これは五事の[8]「思」の働きに委ねられている。腎の働きは漏らすということである、だから腎臓からは尿が排泄されるのである。脾臓を弁というのは併（合）せるということで、精気（元気）を受けるところであるからそういわれる。

『春秋元命苞』の意味は

脾臓は合わせる性質がある。心臓はこの脾臓の働きを得て貴い働きをし、肝臓は脾臓の働きを得て盛んな働きをし、肺は脾臓の働きを得て強大な働きをし、腎臓は脾臓の働きを得て精製する働きをする。

というように、『白虎通』は五臓は五事の働きと関係があることを説き、『春秋元命苞』は五行の土に当たる脾臓の働きが他の四臓に影響を与えるという五行説の考えに従った解釈を行っている。

また、蕭吉は五臓と五行の関係を以下のように述べる。

肝仁、肺義、心禮、腎智、脾信。肝所以仁者何。肝木之精。仁者好生。東方者陽也。萬物始生、故肝象木。色青而有柔。肺所以義者何。肺金之精。義者能斷。西方殺成萬物、故肺象金。色白而有剛。心所以禮者何。心者火之精。南方尊陽在上、卑陰在下。禮有尊卑、故心象火。色赤而光。腎所以智者何。腎水之精。智者進而不止、無所疑惑。水亦進而不惑。故腎象水。色黑水陰、故腎雙。脾所以信者何。脾土之精。土主信。任養萬物、爲之象。生物無所私、信之至也。故脾象土、色黃。(『五行大義』巻第三、第十四、四「蔵府に配すを論ず」)

肝は仁、肺は義、心は礼、腎は智、脾は信。肝の仁なる所以は何ぞや。肝は木の精なればなり。仁は生を好む。東方は陽なり。万物始めて生ず、故に肝は木を象る。色は青にして柔なること有り。肺の義たる所以は何ぞや。肺は金の精なり。義は能く断つ。西方は万物を殺成す、故に肺は金を象る。色は白にして剛きこと有り。心の礼なる所以は何ぞや。心は火の精なり。南方は尊陽にして上に在り、卑陰は下に在り。礼に尊卑有り、故に心は火に象る。色は赤くして光あり。腎の智なる所以は何ぞや。腎は水の精なり。智は進んで止まずして、疑惑する所無し。水は亦た進んで惑はず。故に腎は水に象る。色は黒にして水なり陰なり、故に腎は双《ふたつ》あり。脾の信なる所以は何ぞや。脾は土の精なり。土は信を主る。万物を任養す、之の為に象る。物を生ずるに私する所無くして、信の至りなり。故に脾は土に象る、色は黄なり。

と、五臓は五行ばかりか、五常とも関係があることを述べている。『五行大義』の以上の文は『白虎通』情性篇の文と思われる。以上の五行・五臓・五常の関係を表にすると以下のようになる。(『白虎通』・『春秋元命苞』)

五行	木	火	土	金	水
五臓	肝	心	脾	肺	腎
五常	仁	礼	信	義	智

なお、『白虎通』情性篇と同様な考え方は『尚書』の夏侯や歐陽の説と同じである。

許愼五經異義、尚書夏侯歐陽説云、肝木、心火、脾土、肺金、腎水。（『五行大義』巻第三、第十四、四「蔵府に配すを論ず」）

許慎の『五経異義』に、『尚書』の夏侯欧陽の説を[9]（引いて）云ふ、「肝は木、心は火、脾は土、肺は金、腎は水。」と。

以上から、『白虎通』、『春秋元命苞』、『尚書』の夏侯や歐陽の説は五行と五臓の関係を同じように考えていたことが理解できる。

しかし、『古文尚書』には異なった説がある。

古文尚書説云、脾木、肺火、心土、肝金。此四藏不同。（『五行大義』巻第三、第十四、四「蔵府に配すを論ず」）

『古文尚書』に説いて云ふ、「脾は木、肺は火、心は土、肝は金。」と。此れ四蔵は同じからず。

『古文尚書』では腎臓以外の四臓は先に述べた説とは異なっていて、この説は以下の『礼記』月令の説に従ったものであることが、『礼記』月令篇の孔穎達の疏から理解できる。

許愼案月令云、春祭脾、夏祭肺、季夏祭心、秋祭肝、冬祭腎。與古尚書同。（『礼記』月令篇、孔穎達疏）

許慎は『礼記』月令[10]を案じて云ふ、「春は脾を祭り、夏は肺を祭り、季夏は心を祭り、秋は肝を祭り、冬は腎を祭る。『古尚書』と同じ。」と。

しかし、鄭玄は許慎のこのような考え方を以下のように反論する。

鄭駁之云、月令祭四時之位、及其五藏之上下、次之耳。冬位在後、而腎在下。夏位在前、而肺在上。春位小前、故祭先脾。秋位小却、故祭先肝。腎也脾也倶在鬲下、肺也心也肝也倶在鬲上。祭者必三、故有先後焉。（『礼記』月令篇、孔穎達疏）

鄭は之を駁して云ふ、「月令は四時の位を祭るに、其れ五蔵の上下に及び、之を次するのみ。冬の位は後に在るに、而ち腎は下に在り。夏の位は前に在るに、而ち肺は上に在り。春の位は小し前に在る、故に祭は脾を先にす。秋の位は小し却《しりぞ》く、故に祭は肝を先にす。腎や脾は倶に鬲の下に在り、肺や心や肝は倶に鬲の上に在り。祭る者は必ず三あり、故に先後有り。」と。

と、五臓の体内における位置と祭りの順序が関係していることを説いている。すなはち、許慎の引く『礼記』月令の祭りは先のみを言っているだけで[11]、後のことを言っていないと鄭玄は批判するのである。その根拠は四時の位と五臓の上下によっているとする。この五臓の上下論は『八十一』（『黄帝八十一難経』三十二）にも以下のようにある。

八十一問云、五藏倶等、心肺獨在鬲上何。對曰、心主氣、肺主血。血行脉中、氣行脉外。相隨上下、故曰榮衛、故令心肺在鬲上也。（『五行大義』巻第三、第十四、四「蔵府に配すを論ず」）

『八十一』に問ひて云ふ、「五蔵は倶に等し、心肺は独だ鬲上に在るは何ぞや。対へて曰く、心は気を主り、肺は血を主る。血は脈の中を行き、気は脈の外を行く。相ひ随ひて上下す、故に栄衛[12]と曰ふ、故に心肺をして鬲上に在らしむなり。」と。

また、『五行大義』には『甲乙経』（『鍼灸甲乙経』）を引用して、五臓と五色・四季の関係を次のように述べている。なお、同様の説は『黄帝素問霊枢経』第四十四にもある。

甲乙經云、黄帝、問岐伯曰、人有五藏、藏有五變。肝爲牡藏、其色青、其時春、其日甲乙。心爲牡藏、其色赤、其時夏、其日丙丁。脾爲牝藏、其色黄、其時季夏、其日戊己。肺爲牝藏、其色白、其時秋、其日庚辛。腎爲牝藏、其色黑、其時冬、其日壬癸。（『五行大義』巻第三、第十四、四「蔵府に配すを論ず」）

『甲乙経』(13)に云ふ、「黄帝は、岐伯に問ひて曰く、人に五蔵有り、蔵に五変有り。肝を牡《ぼ》蔵と為し、其の色は青、其の時は春、其の日は甲乙。心を牡蔵と為し、其の色は赤、其の時は夏、其の日は丙丁。脾を牝蔵と為し、其の色は黄、其の時は季夏、其の日は戊己。肺を牝蔵と為し、其の色は白、其の時は秋、其の日は庚辛。腎を牝蔵と為し、其の色は黒、其の時は冬、其の日は壬癸。」と。

五臓と五色と季節の関係（『古文尚書』・『八十一』・『甲乙経』）

五臓	肝	心	脾	肺	腎
五色	青	赤	黄	白	黒
季節	春	夏	季夏	秋	冬

そして、『五行大義』では『素問』（『黄帝内経素問』六節蔵象論篇、第九）を引用して

素問曰、肝者魂之所居、陰中之小陽。故通春氣。心者生之本、神之所處、爲陽中之大陽。故通夏氣。脾者倉廩之本、名曰興化、能化糟粕、轉味出入、至陰之類。故通土氣。肺者氣之本、魄之所處、陽中之少陰。故通秋氣。腎者主蟄、封藏之本、精之所處、陰中之太陰。故通冬氣。（『五行大義』巻第三、第十四、四「蔵府に配すを論ず」）

『素問』(14)に曰ふ、「肝は魂の居る所、陰中の小陽なり。故に春気に通ず。心は生の本、神の処る所、陽中の大陽為り。故に夏気に通ず。脾は倉廩の本、名づけて興化と曰ひ、能く糟粕を化し、味を転じて出入し、至陰の類なり。故に土気に通ず。肺は気の本、魄の処る所、陽中の少陰なり。故に秋気に通ず。腎は蟄を主り、封藏の本、精の処る所、陰中の太陰なり。故に冬気に通ず。」と。

とある。『素問』（『黄帝内経素問』）による五臓と五神と季節の関係は以下のとおりである。

五臓	肝	心	脾	肺	腎
五神	魂（小陽）	神（大陽）	（至陰）	魄（少陰）	精（太陰）
季節	春	夏	土用（土気）	秋	冬

すなはち、『古文尚書』・『八十一』（『黄帝八十一難経』）・『甲乙経』と『素問』（『黄帝内経素問』）とは五臓と季節の関係は同じである。しかし、脾臓を前者は季夏とし、『素問』では土用と表現が異なっている。そして、

又云、春無食肝、夏無食心、季夏無食脾、秋無食肺、冬無食腎。（『五行大義』巻第三、第十四、四「蔵府に配すを論ず」）

又た云ふ、「春に肝を食すること無く、夏に心を食すること無く、季夏に脾を食すること無く、秋に肺を食すること無く、冬に腎を食すること無し。」と。

と、ある。すなはち、各季節に配当されている五臓はその季節には食してはいけないということである。また、『五行大義』には食の禁止だけでなく、五臓と五行の正しい関係を保つことによって疾病を治癒することができるが、それに反すれば死に至るとも『周礼』天官の言葉を引用して以下のようにある。

周禮疾醫、掌養萬人之疾病者、以肝爲木、心爲火、脾爲土、肺爲金、腎爲水、則疾多瘳、反其術、則死。（『五行大義』巻第三、第十四、四「蔵府に配すを論ず」）

『周礼』(15)に「疾医の、万人の疾病を養ふことを掌るは、肝を以て木と為し、心をもって火と為し、脾をもって土と為し、肺をもって金と為し、腎をもって水と為せば、則ち疾の瘳《い》ゆること多く、其の術に反すれば、則ち

死す。」と。

これは五臓と五行の関係に逆らわなければ疾病は治癒するが、逆らえば死にいたると考えられていたよい例である。以上からも五行と疾病の関係を知ることができる。

二　五臓と五神及び五官

前節で『素問』(『黄帝内経素問』)を引用した時に五臓と五神との関係を述べていたが、ここで、さらに五臓と五神との関係について考察したい。『五行大義』では『道経義』を引いて次のように記載している。

道經義云、魂居肝、魄在肺、神處心、精藏腎、志託脾。此與素問同。魂爲木氣、神爲火氣、志爲土氣、魄爲金氣、精爲水氣。魂通於目、神通於舌、志通於口、魄通於鼻、精通於耳。(『五行大義』巻第三、第十四、四「蔵府に配するを論ず」)

『道経義』に云ふ、「魂は肝に居り、魄は肺に在り、神は心に処り、精は腎に蔵し、志は脾に託さる。」と。此れ『素問』と同じ。魂は木気為り、神は火気為り、志は土気為り、魄は金気為り、精は水気為り。魂は目に通じ、神は舌に通じ、志は口に通じ、魄は鼻に通じ、精は耳に通ず。

五行	木(肝)	火(心)	土(脾)	金(肺)	水(腎)
『道経義』	魂	神	志	魄	精
『素問』	魂	神	意	魄	志
五官	目	舌	口	鼻	耳

『五行大義』では『道経義』と『素問』は同じとされるが、両者には違いが認められる。すなはち、五行の土と水において、両者とも五臓は脾と腎とするが、『道経義』では五神を「志」、腎を「精」とし、『素問』では「意」と「志」になっているので、五行と五臓の関係は同じであるが、五行と五神の関係は同じではない。

また、『五行大義』では『老子』河上公注にも五臓と五神の関係が説かれていることが記載される。

河上公、注老子云、肝藏魂、肺藏魄、心藏神、腎藏精、脾藏志。五藏盡傷、則五神去矣。(『五行大義』巻第三、第十四、四「蔵府に配すを論ず」)

河上公(16)、老子に注して云ふ、「肝は魂を蔵し、肺は魄を蔵し、心は神を蔵し、腎は精を蔵し、脾は志を蔵す。五蔵の尽く傷つけば、則ち五神去る。」と。

この考え方は先に述べた『道経義』と同じである。しかし、『道経義』では述べられていなかった「五臓が傷つくと五神は働きを停止する」ということが結論にあげられている。これと同様な文章は『素問』宣明五気論篇(17)にあり、いずれも五神は五官とも関係することが述べられている。河上公注と『素問』(『黄帝素問霊枢経』)による五神と五官の関係は以下のとおりである。

五臓	肝（木）	心（火）	脾（土）	肺（金）	腎（水）
河上公注	魂	神	志	魄	精
『素問』	魂	神	意	魄	志

すなはち、河上公注は上記の『道経義』と五行と五神の関係は同じである。このことから、『道経義』も道家系の書物であることが推察できる。

そして、五官と五臓の関係は『五行大義』には次ぎのようにもある。

甲乙經云、鼻爲肺之官、目爲肝之官、口脣爲脾之官、舌爲心之官、耳爲腎之官。故肺病喘息鼻張、肝病目閉眥靑、脾病口脣黄乾、心病舌巻短顔赤、腎病權與顔黑黄耳聾。此名五官。（『五行大義』巻第三、第十四、四「蔵府に配すを論ず」）

『甲乙経』[18]に云ふ、「鼻を肺の官と為し、目を肝の官と為し、口脣を脾の官と為し、舌を心の官と為し、耳を腎の官と為す。故に肺の病は喘息し鼻張り、肝の病は目閉じ眥《まなじり》青し、脾の病は口脣黄乾し、心の病は舌巻きて短くし顔は赤し、腎の病は権《ほほぼね》と顔と黒黄にして耳聾す。」と。此れ五官を名づく。

この文章からは五官と五臓の関係と疾病の関係をも知ることができる。『管子』水地篇では

管子曰、脾發爲鼻、肝發爲目、腎發爲耳、肺發爲口、心發爲下竅。（『五行大義』巻第三、第十四、四「蔵府に配すを論ず」）

『管子』[19]に曰ふ、「脾は発して鼻と為り、肝は発して目と為り、腎は発して耳と為り、肺は発して口と為り、心は発して下竅と為る。」と。

と、五官はどのようにしてできるかの説明が五臓との関係で説かれているが、『甲乙経』（『黄帝素問霊枢経』）と『管子』では五官と五臓の関係は異なることが明らかになる。また『相書』では五官を五候として次のように記載される。

相書亦名五候。以鼻人中爲一官、主心。餘竝同。候者、以五藏善惡色出五官、可占候吉凶也。鼻人中、猶是口之分也。（『五行大義』巻第三、第十四、四「蔵府に配すを論ず」）

『相書』[20]は亦た五候と名づけ、「鼻の人中を以て一官と為し、心を主る。」とし、余並びに同じ。候とは、五蔵の善悪の色の五官に出づるを以て、吉凶を占候す可きなり。鼻の人中は、猶ほ是れ口の分なり。

『相書』の「鼻の人中を以て一官と為し、心を主る。」という言葉からは、後に述べる「一説」の「鼻は心を主る」と

同じ理論から成り立っていることが、分かる。

また、五官も五常とも関係することが次のように述べられている。

孝經援神契云、肝仁、故目視。肺義、故鼻候。心禮、故耳司。腎信、故竅寫。脾智、故口誨。（『五行大義』巻第三、第十四、四「蔵府に配すを論ず」）

『孝経援神契』に云ふ、「肝は仁、故に目視る。肺は義、故に鼻候ふ。心は礼、故に耳司る。腎は信、故に竅写す。脾は智、故に口誨す。」と。

そして、五神が無い状態は

道家太平經云、肝神不在、目無光明。心神不在、脣青白。肺神不在、鼻不通。腎神不在、耳聾。脾神不在、舌不知甘味。（『五行大義』巻第三、第十四、四「蔵府に配すを論ず」）

道家の『太平経』[21]に云ふ、「肝の神在らざれば、目に光明無し。心の神在らざれば、脣は青白なり。肺の神在らざれば、鼻通ぜず。腎の神在らざれば、耳聾す。脾の神在らざれば、舌甘味を知らず。」と。

と五神の無い状態の病状を説明している。『孝経援神契』と『太平経』では五臓と五官の関係が異なっているので、五神のなき状態での病状も異なっている。

又一説云、目主肝、耳主腎、鼻主心、舌主脾、口主肺。（『五行大義』巻第三、第十四、四「蔵府に配すを論ず」）

又た一説に云ふ、「目は肝を主り、耳は腎を主り、鼻は心を主り、舌は脾を主り、口は肺を主る。」と。

と、「一説」を紹介している。以上述べたことを表にすると以下のようになる。

五行	五臓	五神	五常	五官①	五官②	五官③	五官④	五官⑤
木	肝	魂	仁	目	目	目	目	目
火	心	神	礼	舌	下竅	耳	唇	鼻
土	脾	志	智	口脣	鼻	口	舌	舌
金	肺	魄	義	鼻	口	鼻	鼻	口
水	腎	精	信	耳	耳	竅写	耳	耳

①『甲乙経』②『管子』③『孝経援神契』④『太平経』⑤一説

以上の表からも明らかなように『孝経援神契』以外は木と水と五官の関係は同じであること、『管子』は火と土において違いがあることが理解できる。これらからは五行説の理解に異なった考え方のあることが明らかになる。

そして、先に述べた『甲乙経』・「一説」・『管子』の鼻が何に応ずるかを問題にした記載とその理由が以下のように述べられている。

甲乙以鼻應肺、道家以鼻應心、管子以鼻應脾。甲乙應肺者、鼻以空虚納氣、肺亦虚而受氣故也。道家鼻主心者、陽也。(『五行大義』巻第三、第十四、四「蔵府に配すを論ず」)

『甲乙』[22]は鼻を以て肺に応じ、道家は鼻を以て心に応じ、『管子』は鼻を以て脾に応ず。『甲乙』の肺に応ずるは、鼻は空虚を以て気を納め、肺は亦た虚にして気を受くるの故なり。道家の鼻は心を主るとは、陽なればなり。

すなはち、五行・五臓・五神は同じ関係であっても五官においてはかなりのばらつきがあることが分かる。そして、その違いは鼻の解釈の違いによっていることも理解できる。さらに、

老子經云、天以五行氣、從鼻入藏於心。鼻以空通出入息。高象天、故與天通、而氣藏於心也。(『五行大義』巻第三、第十四、四「蔵府に配すを論ず」)

『老子経』[23]に云ふ、「天は五行の気を以て[24]、鼻従り入りて心に蔵す。鼻は空通を以て息を出入す。高きは[25]天に象る、故に天と通じて、気は心に蔵すなり。」と。

この『老子経』の考え方はやはり、道家の「鼻は心を主る」という考えと同じであることから、先にあげた「一説」はやはり道家系と考えてよいであろう。

管子以脾是土、鼻在面之中、故爲其候。甲乙以脾應口。道家以肺應口、與管子同。甲乙以脾應口者、口是出納之門、脾爲受盛之所。口能論說、脾能消化。故以相通。(『五行大義』巻第三、第十四、四「蔵府に配すを論ず」)

『管子』は脾を是れ土とするは、鼻は面の中に在るを以てなり、故に其の候と為す。『甲乙』は脾を以て口に応ず。道家[26]は肺を以て口に応ず、管子と同じ。『甲乙』は脾を以て口に応ずるは、口は是れ出納の門なり、脾は受盛の所為り。口は能く論説し、脾は能く消化す。故に以て相ひ通ず。

この『甲乙』の考え方は、口は物の出入口であって、脾臓も精気を受けるところで、受けるという意味で共通するから、五臓では脾臓、五官では口という理論が成立する。このような考え方には論理性があり、道家や『管子』の考え方とは異なることが理解できる。また、道家と『管子』を比較して

道家以肺應口者、肺金也。金能斷割。口有牙齒、亦能決斷、是金象也。管子之意、恐亦然也。甲乙以舌應心、道家以舌應脾、管子以心應下竅。(『五行大義』巻第三、第十四、四「蔵府に配すを論ず」)

道家の肺を以て口に応ずるは、肺は金なり。金は能く断割す。口に牙歯有り、亦た能く決断す、是れ金の象な

り。『管子』の意、恐らくは亦た然るなり。『甲乙』は舌を以て心に応ず、道家は舌を以て脾に応ず、管子は心を以て下竅に応ず。

と解説している。

三　出土資料に見られる身体と五行

一九七七年七月に、安徽省阜陽縣の前漢汝陰侯墓から天文学及び占星術用の三種の器械が発見された。一つは六壬式盤（一号墓）、太一九宮盤（二号墓）、天文器械（三号墓）である。二号墓から発見された太一九宮盤は『太素』巻二十八の「九宮八風」篇（『霊枢』巻十一「九宮八風」）に新たな光をなげかけることになったことが、山田慶児氏によって指摘されている[27]。

この太一九宮盤は円形の天盤と方形の地盤からなり、地盤に取り付けた回転軸が天盤を支えている。今に伝わる六壬式盤のようなものである。天盤の上面、地盤の上面の枠内と枠外、地盤の下面にはそれぞれの方位線や文字などが記されている。その意味するところは占星術や天文学的内容である。天盤の文字を山田氏は次のように読み解いている。

一君・當者有憂・冬至冬至汁蟄四十六日廢明日
八・當者病・立春立春天溜四十六日廢明日
三相・當者有喜・春分春〔分〕蒼門四十六日廢明日
四・當者有僇《りく》・立夏立〔夏〕陰洛四十五日明日
九百姓・當者顯・夏至夏至上天四十六日廢明日

二當者死・立秋立〔秋〕玄委四十六日廢明日

七將・當者盜爭・秋分秋分倉果四十五明日

六・當者有患・立冬立冬新洛四十五明日

天盤の数字の配列は縦・横・斜めの合計がすべて十五になる魔方陣であり、後世の洛書に等しく、五に当たる中央には何も書かれていない。これは後に述べる『黄帝九宮経』[28]とも深い関係がある。そして、これらは『霊枢経』巻十一の「九宮八風」篇の次の文と同じ理論である。

立秋・二・玄委西南方。秋分・七・倉果西方。立冬・六・新洛西北方。夏至・九・上天南方。招揺・中央。冬至・一・汁蟄北方。立夏・四・陰洛東南方。春分・三・倉門東方。立春・八・天溜東北方。

以上を方位でいえば、汁蟄は北、天溜は東北、倉門は東、陰洛は東南、上天は南、玄委は西南、倉果は西、新洛は西北、招揺は中央になる。図で表すと上図のようになる。

新洛　六 （西北）	汁蟄　一 （北）	天溜　八 （東北）
倉果　七 （西）	招揺 （中央）	倉門　三 （東）
玄委　二 （西南）	上天　九 （南）	陰洛　四 （東南）

山田氏は、右記に挙げた文に続けて太一の移動を次のように述べている。

太一常冬至之日、居汁蟄之宮四十六日。明日居天溜四十六日。明日居倉門四十六日。明日居陰洛四十六日。明日居上天四十六日。明日居玄委四十六日。明日居倉果四十六日。明日居新洛四十六日。明日復居汁蟄之宮、曰冬至矣。

すなはち、太一は常に冬至の日に、汁蟄の宮に四十六日居る。（立春の日に天溜に移り）天溜に四十六日居る。以下同様に循環して、一年後の冬至の日にはまた汁蟄宮に還ると指摘する。しかし、天盤に見える四十六日の後の「廢」の字は「九宮八風」にはない。この「太一」の移動の理論は『五行大義』（巻第一、第三、五「九宮の数を論ず」）では

黄帝九宮經云、戴九履一、左三右七、二四爲角、六八爲足、五居中宮、總御得失。其數則坎一、坤二、震三、巽四、中宮五、乾六、兌七、艮八、離九。太一行九宮、從一始、以少之多、順其數也

『黄帝九宮経』に云ふ、「九を載せ一を履み、三を左にし七を右にし、二四を角と為し、六八を足と為し、五を中宮に居らしめ、総べて得失を御す。」と。其の数は則ち坎は一、坤は二、震は三、巽は四、中宮は五、乾は六、兌は七、艮は八、離は九なり。太一は九宮を行り、一從り始めて、少なきを以て多きに之き、其の数に順ふなり。

とあり、「九宮八風」篇の理論と同じであることが分かる。そうであれば、出土されたものには身体との関係は説かれていないが、漢初にあったこの考え方は『黄帝九宮経』と同じ理論であるといえる。次に九宮図、『黄帝九宮経』、洛書図を示してみる。

4	9	2
3		7
8	1	6

九宮図

巽四	離九	坤二
震三	中宮五	兌七
艮八	坎一	乾六

黄帝九宮経

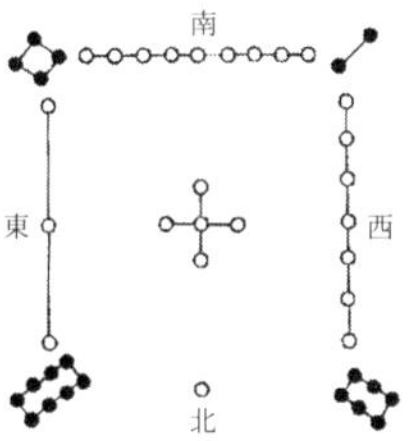

洛書図

また、厳敦傑氏は「関于西漢初期的式盤和占盤」（『考古』一九七八年第五期）でこの理論を

1、河図洛書の図は九宮である。

2、九宮は現代数学の「魔方陣」であり、神秘ではない。

3、地盤に記載される日付を「七年家辛酉日中冬至」とする。山田氏はこの「七年家辛酉日中冬至」の日付を「文帝七年（BC一七三年）の冬至」として、このころまでには占いの体系ができあがっていたとする。そして、『黄帝九宮経』の「其の数は則ち坎は一、坤は二、震は三、巽は四、中宮は五、乾は六、兑は七、艮は八。」の文は『太乙金鏡式経』巻二・推九宮所主法に

九宮之義、法以靈龜。以二四爲肩、六八爲足、左三右七、戴九履一。此爲不易之常道。

九宮の義は霊亀に法る。二と四を以て肩とし、六と八を足とし、左が三で右が七、九を戴き一を履まえる。此れ不易の常道為り。

とあることも指摘している。また、「霊亀」に法るの「霊亀」とは『河図』を指すとする。そして、この方陣の配列は独特の記数法であり、計算法であり、後漢の徐岳の『数術記遺』のなかにも「九宮算」があるとも指摘されるが宋代には「九宮」の考え方はなくなったと山田氏は指摘している。しかし、この点については再考が必要と考える。

四　『黄帝九宮経』の理論について

『黄帝九宮経』の考え方をさらに考察すると、『五行大義』には以下のような記載がある。

尚書洪範云、初一曰、五行。位在北方、陽氣之始、萬物將萌。次二曰、敬用五事。位在西南方、謙虚就德、朝謁嘉慶。次三曰、農用八政。位在東方、耕種百穀、麻枲蠶桑。次四曰、叶用五紀。位在東南方、日月星晨、雲雨竝興。次五曰、建用皇極。位在中宮、百官立表、政化公卿。次六曰、乂用三德。位在西北、抑伏強暴、斷制獄訟。次七曰、明用稽疑。位在西方、決定吉凶、分別所疑。次八曰、念用庶徵。位在東北、肅敬德方、狂僭亂行。次九曰、嚮用五福、威用六極、位在南方、萬物盈實、陰氣宣布、時成歳德、陰陽和調、五行不忒。（『五行大義』巻第一、

北

三徳 六	五行 一	庶徴 八
稽疑 七	皇極 五	八政 三
五事 二	五福六極 九	五紀 四

南

『尚書』洪範の九宮図

第三、五「九宮の数を論ず」）

『尚書』洪範に云ふ、「初の一は五行を曰ふ。位は北方に在り、陽気の始なり、万物将に萌さんとす。次の二は敬んで五事を用ふるを曰ふ。位は西南方に在り、謙虚にして徳に就き、朝に嘉慶を謁す。次の三は農《あつ》く八政を用ふるを曰ふ。位は東方に在り、百穀を耕種し、麻枲、蚕桑す。次の四は、叶ふるに五紀を用ふるを曰ふ。位は東南方に在り、日月星辰、雲雨並びに興る。次の五は建つるには皇極を用ふるを曰ふ。位は中宮に在り、百官表を立て、政は公卿に化する。次の六は乂《おさむる》は三徳を用ふるを曰ふ。位は西北に在り、強暴を抑伏し、獄訟を断制する。次の七は明らかにするには稽疑を用ふるを曰ふ。位は西方に在り、吉凶を決定し、疑ふ所を分別す。次の八は念ごろにするには庶徴[33]を用ふるを曰ふ。位は東北に在り、粛敬は徳方にして、狂僭は乱行す[34]。次の九は嚮むるには五福[35]を用ひ、威《おど》すには六極[36]を用ふるを曰ふ。位は南方に在り、万物盈実し、陰気宣布し、時に歳徳を成し[37]、陰陽和調し、五行忒《たが》はず[38]。」と。

『尚書』洪範の九宮図と『黄帝九宮経』の九宮図を比較すると全く同じ理論であることが分かる。そして、九宮の理論の利用は多岐にわたることも理解できる。山田氏は安徽省阜陽県の前漢汝陰侯墓から出土されたこの太一九宮盤を「医学と八風占との原初的な結びつきの存在を、傍証してくれる」と指摘する。確かに先の検証から、『五行大義』に残されているものとは異なる九宮理論が先行していたことが理解できる。

そして、この理論が『黄帝素問』や『霊枢』などの理論形成に大いに影響を与え、古代の医学や養生思想の基礎をなしていたことも推察できる。

おわりに

疾病と五行が深く係わり、占いとして利用されている「九宮」の理論もまた、私たちの身体と深いかかわりのあることが理解できる。最後に疾病を起こさないためにはどうしたらよいか少し考察したい。

甲乙以舌應心者、凡資身養命、莫過五味、辨了識知、莫過乎心。五味之入、猶舌知之。萬事是非、猶心鑒之。心欲有陳、舌必言之。故心應舌。道家以舌應脾者、脾者陰也。(『五行大義』巻第三、第十四、四「蔵府に配すを論ず」)

『甲乙』に舌を以て心に応ずるとは、凡そ身を資け命を養ふに、五味に過ぐる莫し、弁了識知するは、心に過ぐる莫し。五味の入るるときは、猶ほ舌之を知るがごとし。万事の是非は、猶ほ心の之を鑑るがごとし。心は陳ぶること有らんと欲するとき、舌必ず之を言ふ。故に心は舌に応ず。道家は舌を以て脾に応ずるとは、脾は陰なればなり。

『甲乙経』で舌を心に対応させているのは五味を舌で感じ、是非を心で認知するからである。しかし、心は是非を表出せず、舌にその反応を検出することができる。それが「心は舌に応ず」ということであると説明する。

老子經云、地飴人以五味、從口入藏於胃。舌之所納、則有津實。地體既是質實。品味皆地所產。故舌與地通也。(『五行大義』巻第三、第十四、四「蔵府に配すを論ず」)

『老子経』に云ふ、「地の人を飴《やしな》ふに五味を以てし、口従り入り胃に蔵す。舌は之れ納るる所なれば、則ち津実[39]有り。地の体は既に是れ質実なり。品味は皆地の産する所なり。故に舌と地とは通ずるなり。」と。

『老子経』では口から入る地によって産出される五味は舌によって胃に運ぶ作用を助ける。それ故、「舌と地とは通ずる」ということになる。地は五行では「土」と考えられるので、先にあげる『太平経』の理論と同じである。

管子心應下竅者、以心能分別善惡、故通下竅、除滓穢也。五藏候在五官。口舌二官、共在一處、餘不共者、口是脾候、脾土也、舌是心候、心火也。共處者、土寄治於火郷也。舌在口內者、火於五行、不常見也。須之則有、不用則隱、如舌在口內、開口即見、閉口則藏。（『五行大義』巻第三、第十四、四「蔵府に配すを論ず」）

『管子』の心は下竅に応ずとは、心能く善悪の分別するを以て、故に下竅に通じ、滓穢《さいあい》を除くなり。（以下書き下し文を省略）

『管子』の心が下竅に通ずるというのは心が善悪を分別することができるので、下竅と同じように穢れた滓を除ける。すなはち、心と下竅はともに「穢れた滓を除く」働きをするからである。そして、

甲乙素問、是診候之書。故従行實而辨。道經管子、各以一家之趣。（『五行大義』巻第三、第十四、四「蔵府に配すを論ず」）

『甲乙』、『素問』は、是れ診候[40]の書なり。故に行実に従りて弁ず。『道経』[41]、『管子』、各の一家の趣[42]を以てするなり。

と、結論を下す。すなはち、『甲乙』、『素問』は、診候（診断）を下す書であるので、表れた事実に従って述べられていて、『道経』や『管子』はそれぞれの派の考え方によって説をたてている。従って蕭吉は養生に関係する説は『甲乙』、『素問』だけが重要であり、他の説は単に五臓や五行、五官などの関係を述べているに過ぎないとしている。

ここまでで、疾病と五行説の関係を考察することはできたが、養生について述べることはできなかった。「はじめに」で「五味」が天から降されることは『春秋左氏伝』昭公元年に名医醫和の言葉であることを述べたが、『春秋左氏伝』昭公二十五年に子産の言葉として「気は五味と為る」とあり、また、鄭玄は「口に通ずる者は五味と為す。」（『五行大義』第三第十四、三「気味に配するを論ず」[43]）と述べていることから、「五味」と養生が関係することが推察されるが、紙面の関係で詳しく論じることはできないので、『五行大義』第三第十四、三「気味に配するを論ず」の項に

は五行による季節と「五味」、「五菜」などの関係が説かれていて、そこには養生の理論が説かれていることを紹介して小考を閉じたい。

註

（1）春秋時代の秦の名医。晋の平侯の病気の時に、秦から招聘され、平侯の病は治療不可能と診断して、趙孟に良医と称された。（『春秋左氏伝』昭公元年）
（2）『vesta』第88号七五頁（二〇一二年一一月）
（3）水穀の通路で上焦は胃の上口にあり、飲食を胃に入れる働きをし、中焦は胃の中腔にあり、消化の働きをし、下焦は膀胱の上にあり、排泄の働きをする。（『黄帝八十一難経』三十一）
（4）陰・陽・風・雨・晦・明のこと。
（5）仁・義・礼・智・信のこと。
（6）喜・怒・哀・楽・好・悪のこと。
（7）『中国医学の誕生』加納喜光著（東京大学出版会、一九八七年）には「四時の秩序と〈気〉—病気—五臓との相関関係について『霊枢』本論篇は『これは四時の序、気の処る所、病の舎る処、五臓の宜しとする所』と述べている。」とある。
（8）五つのつつしむべき事柄。貌・言・視・聴・思のこと。
（9）『尚書』には今文と古文とがあり、夏侯・歐陽説は今文系であり、今文系には夏侯（勝）・歐陽（生）の説のほかに夏侯建の説もある。『今文尚書』とは漢の文帝（在位ＢＣ一七九—一五七）の命を受けて晁錯《ちょうそ》が伏生に口授したとされるもの。『古文尚書』は景帝（在位ＢＣ一五六—一四二）のころ孔子の邸宅の壁中から出てきたといわれるもの。
（10）『礼記』月令に「孟春之月、其祀戸、祭先脾。孟夏之月、其祀竈、祭先肺。季夏之月、其祀竈、祭先肺。孟秋之月、其祀門、祭先肝。孟冬之月、其祀行、祭先腎」とある。
（11）鄭玄は春には脾を先に祭り、後に腎を祭る。夏は肺を先に祭り、心肝を後に祭る。季夏は心を先に祭り、肺を後に祭る。秋は肝を先に祭り、心肺を後に祭る。冬は腎を先に祭り、脾を後に祭るというように、祭りには先後があるとする。月令篇で言っていることは季節の始めだけを問題にしているだけであるというのが鄭玄の考え方である。

(12) 気血の作用。
(13) 『鍼灸甲乙経』五臓変脈、第二。
(14) 『黄帝内経素問』六節蔵象論篇、第九。
(15) 『周礼』天官。
(16) 前漢の文帝の時、『老子』に通じていた人で、文帝の問いに答えたことがあると言われる。しかし、現在の『老子』河上公注は六朝時代の仮託の書である。
(17) 『河上公章句』に「神謂五藏之神也。肝藏魂、肺藏魄、心藏神、腎藏精、脾藏志。五藏盡傷、則五神去矣。」とある。
(18) 『素問』宣明五気論篇に「心藏神、肺藏魄、肝藏魂、脾藏意、腎藏志」とある。
(19) 『甲乙経』との同類の文は『黄帝素問霊枢経』五閲五使、第三十七にある。
(20) 『管子』水地篇。
(21) 『隋書』経籍志三に「相書四十六巻・相經要録二巻、蕭吉撰」
(22) この経典については不明であるが、『三洞珠嚢』一道品に『太平経』を引いた同類の文がある。
(23) 『甲乙経』のこと。
(24) 河上公注の文。
(25) 天は五行の気で人を養う。
(26) 「鼻が高いのは」の意味。
(27) 道家太平経のこと。
(28) 『東方学報』52所収「九宮八風説と少師派の立場」(一九八〇年)
(29) 『黄帝九宮経』は『隋書』経籍志に「黄帝九宮経一巻・九宮経一巻」とある。
(30) 中正の道をもちいる。
(31) 三種の徳を働かせる。
(32) 裁き定める。
(33) 卜筮を使って疑問の点をはっきりさせる。
(34) よい徴と悪い徴を明確にする。

(34) 君の行いが厳粛であれば道徳が行われ、君の行いが狂妄であれば世の中が乱れる。
(35) 五福（五つの賞）によって人を奨励する。
(36) 六つの罰によって人を威かし民を善に向かわせる。
(37) その時は四季を主る土徳となる。
(38) 五行を乱すことがない。
(39) 唾液。
(40) 病気の診断をくだす。
(41) 『太平経』。
(42) 考え。
(43) 出典不明

【附記】 この小論は、基盤研究（B）、課題「前近代東アジアにおける術数文化の形成と伝播・展開に関する学際的研究」（課題番号16H03466）の成果の一部である。

殷王朝の集権機能—武丁期を中心に—

末次信行

一　はじめに

殷王朝の武丁期（前一二五〇〜前一一九二（目安）[1]）における公的機関による占卜は、王朝の意志を決定するための手段であった。占い師（貞人）によって提示された案件の、その内容（命辞に相当する）は、文字として甲骨版に刻まれた。さらに占断者（王など）によって吉凶が判断され、これもまた文字として刻まれた。こうして刻まれた文字内には朱や墨が充塡され、場合によっては「朝」に公示されたにちがいない。

たとえば、他勢力との戦争が決断された場合、この決定を占い師同士が互いに確認するとともに、いわゆる「百官」にも提示する必要があった。すみやかに軍を動かす準備にとりかかるためである。いいかえると、この最終的結論を示すことで、関係した「貞人」たちが相互に確認しあい了承する宗教的意味を兼ね、そのうえで「百官」の意志を揺るぎないものとし、くわえて行軍に関係する主要な部署に就く人々もこの占断を「聖なる決断」として疑わない、という政治的状況を生じせしめたのである。つまり、卜辞にそれだけの宗教的信頼と求心性、これに加えて政治的集権力が潜在していたということになる。占卜結果が「出陣」という具体的な形をとって顕在化するということは、占卜に当時の人々の人心を収攬する、強力な求心力があり、占卜のことばを刻んだ卜辞には宗教的・政治的集権力があったことになる。

本稿は卜辞と占卜制度について、とりわけ求心性や集権力について従来の筆者の研究の紹介を兼ねつつまとめてみたい。

二　卜辞の「盟約」的機能

卜辞自体の宗教的・政治的集権力については、「卜辞出現の歴史的経緯について」(『千里金蘭大学紀要』一三号、二〇一七年)で、すでに取りあげたところである。ここでは、この小論に沿って簡略に、かつ補足しつつ紹介したい。

貝塚茂樹は、「甲骨文字は突然に出現する」と指摘した。さらに敷衍して「殷代文化の考古学的な編年(鄒衡説―筆者補)のなかで、甲骨文字がほとんど何の序奏もなく、唐突に発現する」とのべる。そして「甲骨文字の突然の出現」の理由を、武丁時代以後の殷王朝の活動範囲の急な拡大と文化一般の向上(鄒衡説)と無関係ではないとした。[2]

そもそも、動物の骨版による占いは、広くユーラシア大陸にみられる習俗であるが、とりわけ、竜山時代については、中国全土にわたって鹿・牛・羊などの肩甲骨による占いが行われており、中国全域に共通の宗教的意識がひろまっていたとされる。[3]

こうした竜山時代の占卜には、意思疎通の道具としての文字やことば(卜辞)は刻まれていない。したがって、占卜された亀版や骨版に卜辞が刻まれることになるのは、時代の要請であったにちがいない。卜辞が「突然に出現」したのは、「殷王朝の活動範囲の急な拡大と文化一般の向上」に関係するとの貝塚説は、結果としては理解できる。しかし、卜辞が出現した理由にはならない。

筆者は、武丁になって突然に卜辞が出現した背景には、相応の緊迫した政治的・宗教的状況があったと推定する。卜辞の不必要な時代から必要な時代へ転換したのは、重大な歴史的要因があったからにちがいない。(4) この時代の転換点として想定される状況はつぎの通りである。

一、盤庚が遷都したのは、いわゆる殷墟ではなく、城郭のある洹北商城との説があり、武丁即位前後、この商城が大火に見舞われ、放棄せざるをえなくなったとされる。(5) すなわち、宮殿が焼失し、城郭の重要な役割である「防御施設」を利用できなくなる事態となった。

一、殷墟の「防御施設」とされるものに、いわゆる大灰溝がある。洹河を天険とし、宗廟・宮殿区を中心とする都を外敵から防御するための環濠とされるが、この大灰溝（環濠）は間断性の溝とされ、環濠としての不完全性が指摘された。(6) つまり、殷墟は軍事的に無防備状態にあったということである。

こうした殷墟の窮状にあって、ともすると外敵の脅威に晒され、さらには王族の四分五裂も想定される時期に前後して、「卜辞」が甲骨版に刻まれ始めるのである。

武丁早期とされる師組卜辞を検討すると、「王」は貞人ではあるが、占断者ではない。占断者は「扶0272」であり、「叶0729」であった。字体分類の「師組大字類」の卜辞には、敵国である「方」が、商（殷墟）を攻撃し、また敵国が「今日」襲来するか否かを問う卜辞もみえ、かなり切迫した状況が推定され、さらには「庚2891・庚2892」や「虎1668」という、有力者もしくは将軍に、敵国を意味する「方」を追撃させることを占う卜辞もみえる。字体分類の「師組小字類」になると、戦争卜辞がはるかに多くなってくる。

「王」が占断する立場になく、占断者は別にいる。この状況で「庚・庚」や「虎」という、軍事的・政治的勢力のある将軍たちを動かす必要に迫られた場合、「王」をとりまく貞人や諸勢力の協力が必須となる。かれらを納得させ、承諾を得ることが必要とされる。このために占卜し、神に問いかけ、行動の是非を占うことになる。そして、この問いかけの内容について、卜辞として文字を甲骨版に刻み、「王」ならびに関係者同士が占った内容を確認し合い、この確認の上に立って、はじめて出陣が可能となったと理解できる。

ここに卜辞の「盟約」的機能をみることができる。つまり、殷墟が危殆に瀕し、この都邑の防衛を役目とする城郭あるいは環濠の機能を、「卜辞」が代替したと理解するのである。

この卜辞の「盟約的機能」が、「王」一族を軸とする上下関係を再確認し、また、新たに、占卜に対する信仰に基づくことによって、「王」族以外の勢力とも同盟関係もしくは君臣関係を結び、殷墟の都城としての不完全さを克服する結果につながったというわけである。卜辞が『周礼』秋官にみえる「盟書」（大司寇）あるいは「盟載」（司盟）の役割に準じ、同盟関係あるいは盟約的君臣関係の絆となることを、同盟国同士あるいは君臣双方が確認し合う形を形成したのである。(7) 卜辞による神聖封建制ともいうべき王朝の始まりといえる。あるいは、戦士国家として発展する基礎を築いたというべきかも知れない。

以上が、小論「卜辞出現の歴史的経緯について」の要約である。

三　「王」の占断の諸相―戦争関連卜辞を中心として

さて、筆者のこれまでの主たる研究対象に「帝（上帝）信仰」があった。この「帝信仰」は地域的にも広範囲におよび、当時の内外の諸国に厚く支持された。これを象徴するものが、占卜材料としての亀材とその奉納者であった。そして、王朝の政治権力が増大するにしたがって、殷王の祖先神の役割が「戦争許諾」におよび、「帝」の権限に対等する形となる。純粋であった「帝信仰」が、殷王の祖先神を介在させての「帝信仰」に変質、もしくは「帝信仰」が相対化する。これを象徴するものが、占卜材料としての骨材とその奉納者であった。亀材や骨材の奉納者たちは、時によっては占いの対象となるものも多くあり、このことが、占卜に対する信仰を厚くする絆となっていた。[8]

本項では、戦争関連卜辞にみえる「王」の占断の諸相もしくは推移について数例をとりあげ、「帝」信仰を背景とする占卜の宗教的求心性、卜辞自体の宗教的・政治的集権力などについて、これまでの筆者の研究を基礎として考察してみたい。

武丁時代早期とされる師組卜辞には「王」の占断はみえない。貞人である「扶」と「叶」には占断例がある。[9]「王」の占断がみえないことについて、李学勤・彭裕商は、武丁は当時「年少」でもあり、吉凶を判断する能力がなかったことを暗示するとのべる。[10]

さて、崎川分類による賓一大類（過渡②類）に「王」の占断がみられる。[11]

この分類の卜辞（過渡②類）のなかで、五枚の亀版を用いた例と一枚の亀版を用いた例を紹介したい。両種はいずれもYH一二七の出土である。

A―1　「五枚一組の亀版例（賓一大類〈過渡②類〉YH一二七出土）[12]」

五枚一組の亀版は、同文の卜辞（命辞）が各版の同部位に刻まれ、各々の兆序数が刻まれているところから、占った順序が知られる。つまり、第一版から第五版（合集六四八二〜六）にそれぞれ同じ内容の卜辞が刻まれている。五版の正反両面の刻字の中には褐色か墨色が充填されていた。亀版はいずれも推定全長が三〇センチメートルを越え、大亀版の部類に属す。第一版と第五版の反面には、亀版の奉納者名などを記す甲橋刻辞がある。両甲橋刻辞はほぼ同文で、「夂匚匚3375入二在2482」とあり、「夂匚匚」が、中継地点である「」を経由して亀版二枚が公的占卜機関に奉納された、という記事である。この一連の占いには、遠方からの奉納による大亀が少なくも二例用いられている。大亀については古文献（『書経』大誥など）にもみえ、『史記』巻一二八亀策伝の「褚先生曰」にあるように、漢代に下っても神亀として扱われ、行軍の吉凶が占われている。漢代の場合の神亀は「廬江郡（安徽省）」の産で千歳生きたとされる亀を用い、その大きさは「尺二寸（約二七センチメートル）」とされるから、当該の五枚の大亀版は、王朝の大事が占われるにふさわしい大きさと推定される。

そこで、亀版に刻まれた卜辞のうち、「王」の占断との関連でつぎの卜辞をとりあげたい。

(ア)「辛酉（58—干支番号。以下同じ）卜、殻2864貞、今者、王从望0653乘0239伐下危3272、受㞢3350又」

（辛酉の日に卜し、殻が問う、「今、王が望乗とともに下危を征伐するが、御加護は得られるでしょうか」と。）

(イ)「辛酉（58）卜、殻貞、今者、王勿从望乘伐下危、弗其受㞢又」

（辛酉の日に卜し、殻が問う、「今、王が望乗とともに下危を征伐しないとすると、御加護は得られないでしょうか」と。）

両卜辞は対貞で、占卜内容はほぼ同じである。(イ)卜辞には「从望乘」の前に「勿」の一字、「受㞢又」の前に「弗其」の二字があるところが、(ア)卜辞と違う。この「勿」の位置に注目すると、「望乘」の将軍としての是非が争点になっているとも解せられる。こうした微妙なニュアンスがあるが、いずれにせよ「王」が「望乘」とともに「下危」を征伐することの是非を問うということであろう。

同文の両卜辞が、五版にそれぞれ刻まれている。

そして第三卜版と第四卜版に「王」の占辞がみられる。第三卜版の反面には、

(ウ)「王（占）曰、其㞢設0949、其隹戊㞢設不吉」

（王が占断して曰く、「設なる現象があった。戊の日は設なる現象があり、不吉である」と。）

とあり、第四卜版の反面には

(エ)「王占曰、丁丑（14）其㞢設不吉、其隹甲㞢隹設吉、其隹辛㞢設亦不吉。」

（王が占断して曰く、「丁丑の日、設なる現象があり、不吉である。甲の日に設なる現象があり、吉と出た。辛の日も設なる現象があり不吉である」と。）

とある。「設」というのがよく分からないが、何らかの前兆にちがいない。[13]

　両占辞を合わせると、「下危」征伐はすでに決定済みで、何時、出陣するかが問われているらしい。これについて、王の占断は「甲」の日のみが「吉」（第五卜版）と出ている。「戊」の日（第三卜版）、「丁丑」の日（第五卜版）、「辛」の日（第五卜版）は「不吉」とされる。卜日が「辛酉（58）」であるから、卜日にもっとも近い「甲」は「甲子（1）」、おなじく「戊」は「戊辰（5）」、おなじく「辛」は「辛未（8）」である。「丁丑（14）」は一六日後となる。

　王の占断としては、占った日から最短の三日後の「甲子」の日の出陣を「吉」とした。しかし、ある日は不可、その日も不可とあるのは、この占卜前に、出陣時期について議論があり、「速攻」という意見もあれば半月後という意見もあり侃々諤々、これらをまとめ切れない状況があったはずである。出陣には準備期間が必要であるところから、出陣の時期に対する種々の意見も、貞人たちから発せられていたにちがいない。また、ともに戦う「望乘」に近しい貞人もあったかも知れない。出陣の日の決定に、四つの意見があり、事が重大なだけに、各説についても、それぞれの可否を占断する必要があったと解せられる。

　なお、各々の同版には、将軍である「沚0804戛2422」とともに行軍するか否かが同日に占われている。「望乘」以外の将軍と「王」がともに戦う方が、有利とする意見、あるいは「望乘」「沚戛」の双方の出陣も考慮され、占卜の俎上にのぼされたらしい。こうした人選や諸勢力の意思が勘案されて、はじめて重大事である出陣の決定がなされた。そして、卜辞に刻まれることによって行動に移されたのである。

A―2「一枚の亀版例（賓一大類〈過渡②類〉YH一二七出土）[14]」

　つぎに「五枚一組の亀版例」と同時期（賓一大類の過渡②類）の例（合集一一〇〇）をとりあげたい。

　この亀版は、一版の正面に二卜辞がきざまれ、卜辞内容はつぎの通りである。

(オ)「辛亥卜、賓2065貞、甾1038正0810化其挈0022王係3160」

（辛亥の日にトし、賓が問う、「甾正化が王の係（俘虜）を齎すでしょうか」と。）

(カ)「辛亥卜、賓貞、甾正化弗其挈王係」

とあり、両卜辞は対貞であり、占われた内容はおなじである。各卜辞の横には兆序数が刻まれており、各々五卜されている。正反両面の刻字の中には朱が充填されている。序数ならびに兆語にも塡朱されている。刻兆もある。刻兆とは、卜兆がさらに彫り込まれ、鮮明となったひびわれのことで、この刻兆にも墨が充填されている。亀版は全長が二〇センチメートルほどであり、「五枚の亀版例」ほど大きくはない。反面に亀版の奉納者名などを記す甲橋刻辞がある。「雀1790入二百五十」とみえ、時の雄族「雀」の奉納名を刻む。(15)

「王」の占断は反面中央に刻まれ、

(キ)「王占曰、吉、挈」

（王が占断して曰く、「吉である。齎す」と。）

とある。先の五版一組（A—1）にみえる「望乗」に対する占いに比較すると、「王」の占断に迷いは一切感じられない。亀版の刻辞や序数や兆語や卜兆には塡朱もしくは塡墨され、「聖化」されたごとくである。「甾正化」に対する、「王」の絶対的な、揺らぐことのない信頼があるように見えるが、事実そうであったかは確証がない。(16) あるいは、大規模な戦争のための占いと小規模な攻略のための占いとの差異を示すとも考えられる。

つぎに字体分類（崎川分類）の「典型典賓」にみえる「王」の占断例をとりあげたい。

B 「骨版例（典賓大類〈典型典賓類〉朱家十四畝出土）(17)」

合集六〇五七正（菁一・一）と同反（菁二・一）にみえる卜辞について、まず命辞と占辞をとりあげたい。なお、占辞のあと験辞が続くが後で解説する。

(ク)「癸未（20）卜、殻……（正面）王占曰、㞢祟1540其㞢來嬉2811乞至（反面）」

(ケ)「癸巳（30）卜、殻貞、旬亡禍2240、王占曰、㞢祟其㞢來嬉乞至（正面）」
（癸巳の日に卜し、殻が問う、「この十日間に災禍は亡いでしょうか」と。王が占断して曰く、「祟りがある。艱禍が迫り来るであろう」と。）

(コ)「癸卯（40）卜、殻貞、旬亡禍、王占曰、㞢祟其㞢來嬉（正面）」

(サ)「〔癸亥（60）……〕王占曰、㞢祟、其㞢來嬉乞至（正面）」

これら四例は、いずれも「旬（十日間）」の吉凶を占う。占断者は「王」でいずれも祟があり、敵国の来襲があると占い見る。そして、ことごとく的中しており、的中した内容が験辞に刻まれている。

(ク)の癸未（20）卜辞の験辞（反面）には「九日（九日目）」の「辛卯（28）」に、寇難があり、「蚁0922妻0439笅0452」が「土方」の襲撃による被害状況を報告する、という内容である。

(ケ)の癸巳（30）卜辞の験辞（正面）には、「五日（五日目）」の「丁酉（34）」に、寇難があり、「沚戛」が「土方」と「𢀛0738方」の襲撃による被害状況を報告し、反面にも「壬寅（39）」の日の被害を記す。

(サ)の〔癸亥（60）〕卜辞の験辞（正面）には、「七日（七日目）」の「己巳（6）」に、寇難があり、「長0035双角」が「𢀛方」の襲撃による被害状況を報告する。

「𢀛方」や「土方」の一カ月以上にわたる集中攻撃があり、これらの攻撃に対処しているのが、「蚁妻笅」であり「沚戛」であり「長双角」である。いずれも、王都である殷墟に寇難が及ばないように、いわば「藩塀」としての役割をすでに担ってしまっている。この骨版にはその非常事態が刻まれている。将軍たちが報告する被害状況が刻まれている理由は、この現状を公的占卜機関内で確認するとともに、「朝」に示し、今後の増兵などの対策や対応の必要性のあることを暗示する。

この骨版は、一版の肩甲骨の両面いっぱいに大字が並び、文字の中には朱が充塡されている。拓本では鑽鑿が確認できず、また兆序数は「一」が二例みえる。「貞旬」卜辞は三卜が原則らしく、すみやかに占断されることが多い。先のAの例では、一案件について、いずれも対貞と合わせて一〇回卜されていた。Bの例の「貞旬」の形式は、即断可能な方法である。戦時下において、「王」の占断能力に対する、「王」周辺の全幅の信頼と、合わせて軍事的情報の速報性もみてとれる。「巫祝王」としての成熟ということでもあろう。

四　甲骨版の材質について

卜辞史料の用い方について、これからの方向を示したことがある。従来の卜辞史料の用い方は、「卜辞内容のみが重視されすぎている」とし、卜辞については、「一卜辞の字体グループの所属」、甲骨版については「材質の相違」「出土坑（地点）」「奉納関係情報」という総合的な視点から甲骨卜辞研究はなされるのが理想とした。(18)

本項では、これらのうち、「材質の相違」について取りあげたい。「甲骨版の材質の相違」が、占卜と「神」との関係がより深く、求心力あるいは集権力に関連しているとの考えに立つからである。(19)

骨材を占卜材料として、公的占卜機関に奉納する者には、「王」や貞人、「子某」「帚某」「侯某」などの王朝の高位にある者や、「小臣某」「保某」などの高官や一定の政治的勢力を有する者がいた。これらの奉納者たちは、いずれも「王朝」の都周辺、殷墟もしくは殷墟に遠くない地域に在住し、王朝の祭祀や祭儀に参画する立場にあり、祭りに供された牛酒を賜ったはずである。祭りのあと、これらの神籬（ひもろぎ）のうち、牛の肩甲骨は持ち帰られ、占卜用に整治され奉納された、と筆者は推定している。(20)

ちなみに、牛は黄牛・水牛が主であり、牛の大小にもよるが、一頭潰せば、四百から五百人分以上の肉がとれたはずで、十頭潰せば四千から五千人分の肉が振る舞われたことになる。

岡村秀典「殷代における畜産の変革」によれば、「殷人はウシに威信財としての価値を付加し、牛・羊・豕の格づけをおこなうとともに、国家的な家畜の生産と供給の体制を編成して外部依存の都市的な消費経済をつくりあげたのである。これは国家形成史におけるひとつの大きな変革であった」と結論する。[21] また、殷代の変革に「ウシ優位型都市文化」の形成があり、「殷墟の王宮・宗廟区にある花園荘南地遺址二七号灰坑では三〇万点近い厖大な動物骨の九八％以上がウシと報告されている」とする。[22]

さて、牛が祖先祭に供せられ、この牛の肩甲骨が占卜に用いられるとすると、そこには、祭られた祖先の何らかの「御加護」あるいは「影響」があると、殷の人々が考えても不思議ではない。この骨材を占いに用いることで、「われわれの子孫」のために有利な判断を期待する、というのはありえよう。王都である殷墟の当時の人口は、考古学的に発掘された居住面積などから、一四・六万人と推定されているが、[23] 三百頭の牛を祭祀の犠牲にし、[24] 神籬とすれば、当時の王都の住民全員に行きわたる量になる。このように、殷墟の人々にとって、実益のある行事でもあった。

こうした骨材に対して、亀材には「祖先神」の蔭のごときものはない。

亀材を占卜材料として、公的占卜機関に対する奉納は、殷墟の近隣からも遠方からも、かなり広範囲からあった。近隣からは「帚某」などが多く、遠方からは「方」国や「侯」国、あるいは「受年」が占われる土地名や「狩猟」が占われる土地名からも奉納された。[25]

亀が、牛のように食用に供されたか否か、卜辞には見えない。このことからすると、亀甲には純粋に宗教的意味があったらしい。

岡村秀典によれば「卜甲は、二里頭時代にさかのぼる鄭州市南関外遺址下層の例（河南省博物館「鄭州南関外商代遺址的発掘」『考古学報』一九七三年第一期）がもっとも古く、殷前期には鄭州を中心に微増し、殷後期にはウシの卜骨と並んで多用されていることから、これも殷人の創始による習俗とみなしうる」とする。[26] ここで取り上げられている

「二里頭時代にさかのぼる鄭州市南関外遺址下層の例」については、『中国考古学・夏商巻』は「早商文化一期」とする。(27)

なお、岡村秀典は「亀甲の副葬」例を検討し、亀甲が神意を伝えるという観念の淵源についての諸説（張光直説・高広仁らの説・欒豊実説）をあげ、大汶江文化を起源とする説をはじめ、亀甲の副葬例として舞陽賈湖の符号を刻したものなどとともに、博捜して諸例を紹介する。(28)

また、亀材のうち「背甲」について、当時もし仮に蓋天説（天円地方）という宇宙観があったとすれば、腹甲は「地上」で背甲は「天上」となり、背甲に刻まれた卜辞内容は、腹甲とは一線を画して検討すべき性格の可能性もある。(29)

以上を要するに、占卜に供される亀材と骨材では、宗教的な純粋性において亀材が優位に立つらしい。つまり、峻別すれば、あるいは図式化すればであるが、骨材が祖先神崇拝を介して「帝（上帝）」の加護を求めようとする「民族」宗教的側面が強いのに対して、亀材には直接に「帝（上帝）」の加護を求める「世界」宗教的側面がみられる、ということになる。しかし、それぞれの地位・立場による見解の違いもあったにちがいないが、当時の多くの人々にとっては、そのような明確な区別ではなく、むしろ曖昧で、実際には『帝』を至上神とする神界」に対して占われるものと考えられていたらしい。

五　おわりに

『史記』本紀によれば、世襲王朝は夏王朝（前二〇七〇～前一六〇〇年ころ〔目安〕）に始まる。夏王朝が始まる前後、すなわち四〇〇〇年ほど前から、気候が寒冷化にむかい、この影響で北方民族が南下したとの、最近の「北方草原民族形成」に関する研究が、紹介されている。[30] また、張渭蓮によれば、おおよそ、現在から四〇〇〇～三五〇〇年ほど前に気候の突然の下降が全世界規模であり、「商人的起源和初期発展」の時期には、「干涼環境之中」にあったとする。[31] こうした古気候学の進展からすると、殷墟時代（前一三〇〇～前一〇四六年〔目安〕）の気候が、現在の長江下流域に相当するとの温暖説は説得力がないであろう。[32]

この時代の世襲王朝の成立と交替が、自然環境の悪化による外敵の来襲と無縁とはいえない。「商代開国初期」には、「商・夷・夏各族」が共に鄭州の地に住んでいた。このことは、考古学的にも知られ、徐々に各種の文化が融合し、「下七垣文化」を主体とする成熟した形態の早商文化に進んだとされる。[33]「商・夷・夏各族」の「文化の融合」は、統一的であり和諧的である。一種「族」による席巻を意味しない。

＊

ここで、卜辞が出現していない時代、すなわち夏王朝から殷王朝前期（前二〇七〇～前一三〇〇年ころ〔目安〕）の占卜の機能と「文字」とについて、推測してみたい。

いったい、「国」レベルでの重要案件の決定が占卜によって行われた場合、占った内容は帛書に書き記し、亀版につないでおく、と後世の『周礼』春官占人にはみえる。[34] また、『史記』周本紀に夏王朝のこととしてであるが、占った結果を相手に知らせる場合、「策告」すなわち「簡策之書」を用いるとする。[35] 公的な占卜（亀卜）は、唐王朝（六一八～九〇七年）まで存続するが、[36] 占った内容は、帛に書き記すか、簡策に記すのが標準であったらしい。つまり、卜辞が甲骨版に刻まれなくなって二千年間ほどは別の書写材料に、占った内容が書かれたというわけである。

さて、ひるがえって、殷代の場合、「卜辞」出現以前の占卜には同様の処置がされていた可能性もある。突然出現する「卜辞」には、刻まれる以前の、それなりの歴史があってしかるべきであろう。

このことは、文字の発明と深くつながるが、殷墟時代になって初めて文字が発明されたわけではない。唐蘭は、伝説や甲骨文字には形声文字がかなり含まれ、暦法もみえることなどを根拠として、文字の発生は夏王朝以前、少なくも四千から五千年前とする。[37]

ちなみに、文字（陶器上朱書）はすでに陶寺遺跡（山西省襄汾県）から出土している。陶寺遺跡は前二五〇〇〜前一九〇〇年、すなわち堯舜禹の伝説時代にあたるとされる。[38] 城郭（一八〇〇メートル×一五〇〇メートル）があり、戦争関係の犠牲者と推定される遺骸（人頭骨など）があり、「天文台」と推定される遺跡も発見され、当然、卜骨（豚の肩甲骨、灼のみ）も発見されている。[39] 文字・占卜・戦争・城郭などがみられ、ここで「国」レベルでの重要案件の決定が占卜により行なわれた場合、何時からかは不明であるが、記録が始まっていたにちがいない。

これらを要するに、卜辞出現以前のある時期から、卜辞消滅後もずっと、占卜後、占われた内容は、簡策や帛に記され、これが標準であり、むしろ「卜辞」として甲骨版に占った内容を刻む行為が、いかに特殊であったかが知られる。

＊

本項のはじめのところで述べたように、早商文化は「商・夷・夏各族」の文化的融合体であった。この殷前期の和諧的土壌のうえに、「盟約的機能」を有する卜辞の出現により、貝塚氏の指摘のように「殷王朝の活動範囲の急な拡大と文化一般の向上」があった。「活動範囲の急な拡大」には、強靭な「同盟者」の増加により、王朝は戦士国家の風貌を呈するようになる。占卜によって決定された戦争、いわば聖戦での死者は「聖地」に埋葬され、信仰を共有する同盟者同士の絆を強めていったにちがいない。[40]

＊

また、王朝などの集権力を論じる場合、凶作、これによる飢餓にどのように対処し、克服するか、あるいは安定した穀物の確保という問題がある。ともすると、こうした非常時の対処ができず、同盟国の離反や戦争にもなりかねない。この問題について、筆者は殷の穀物生産は比較的安定していたと考えている。この安定した穀物生産の理由は、「直轄地」における「麦栽培」にあるらしい。当時の麦が、神饌あるいは貴族の主穀とされ、また、端境期の作物でもあり、救荒作物としての役割をもっていたからである。(41)

＊

以上、卜辞の「盟約的機能」を軸として、殷王朝の求心性と集権力を検討した。当時の宗教的とされる占卜と卜辞、あるいはこれらの中枢にある「帝」信仰は、すぐれて政治的である、と結論したい。

註

(1) 年代については『夏商周断代工程一九九六―二〇〇〇年階段成果報告』(世界図書出版公司、二〇〇〇年)による。一応の目安で絶対的なものではない。
(2) 貝塚茂樹「漢字の起源」『(日本語の世界3) 中国の漢字』三六～三九頁(中央公論社、一九八一年)。
(3) 貝塚茂樹・伊藤道治『中国の歴史(一)』七七～七八頁(講談社、一九七四年)。
(4) 末次信行『殷代気象卜辞の研究』三～五頁(京都・玄文社、一九九一年)参照。
(5) 胡洪瓊「洹北商城与中商文化」(『殷都学刊』二〇〇九年第三期)、王震中『商代史』二六五～二九三頁(中国社会科学出版社、二〇一〇年)参照。また、先秦都市の形成については、江村治樹「先秦都市社会の形成―二里頭・殷周から戦国へ」(『東洋史苑』八一号、二〇一三年)ならびに同「先秦都市社会の形成(続)―新石器時代」(『東洋史苑』八六・八七合併号、二〇一六年)に詳しい。
(6) 岳洪彬・何毓霊(中国社会科学院考古研究所)「新世紀殷墟考古的新進展」(『中国文物報』二〇〇四年十月十五日号、七面)。
(7) 『周礼』秋官にみえる「盟書」(大司寇)あるいは「盟載」(司盟)の思想的淵源が、「卜辞」にあったとも考えられる。おそらくは口碑によって、あるいは占いを代々世襲していた氏族の言い伝えによると推測される。
(8) この一段落の詳細な内容については、以下の論文を参照されたい。「殷王朝の卜占制度概説(上・中・中2)」(『金蘭短

期大学研究誌』第三二・三三・三四号、二〇〇一～二〇〇三年)、「卜占用亀骨の貢納制概略(上・下)(『千里金蘭大学紀要・短期大学部』第三五・三六号、二〇〇四～二〇〇五年)、「殷墟花園荘出土亀甲の貢納記事について」(『郵政考古紀要』通巻第四五冊、二〇〇五年)、「殷代の『神権』と『君権』—武丁時代を中心として」(『千里金蘭大学紀要・短期大学部』第三七号、二〇〇六年)、「『占卜』処考—『歴組』卜辞を中心として」(『千里金蘭大学紀要・短期大学部』第三八号、二〇〇七年)、「甲骨版埋蔵処考(上)—殷墟を中心として」(『千里金蘭大学紀要・短期大学部』第三九号、二〇〇八年)、「殷代武丁期卜辞に見える『帝』と『下上』」(『(立命館大学白川静記念東洋文字文化研究所)漢字学研究』第一号、二〇一三年)。

(9) 李学勤・彭裕商『殷墟甲骨分期研究』八一頁(上海古籍出版社、一九九六年)。

(10) 同右。

(11) 崎川分類は崎川隆『賓組甲骨文分類研究』(上海人民出版社、二〇一一年)による。

(12) 張秉権の「丙一二～一二一」の考証(『小屯・殷墟文字丙編』上輯(一)〈中央研究院歴史語言研究所、一九五七年〉)参照。

(13) 註(4)『殷代気象卜辞の研究』九四頁。

(14) 張秉権の「丙三五四～三五五」の考証(『小屯・殷墟文字丙編』中輯(二)〈中央研究院歴史語言研究所、一九五七年〉)参照。

(15) この奉納者名の刻辞には朱墨が充塡された形跡はない。

(16) 張秉権「卜辞㽙正化説」(『中央研究院歴史語言研究所集刊』第二九本下冊、一九五七年)、ならびに前掲『殷墟甲骨分期研究』三八七～三九六頁参照。

(17) この骨版は、羅振玉『殷墟書契菁華』にみえる牛の肩甲骨で、卜辞が大字で刻まれている。刻まれた文字には朱が充塡されており、董作賓「甲骨文断代研究例」(『慶祝蔡元培先生六十五歳論文集』上冊、一九三三年)の「十、書体」の「塗飾的朱墨」の項にある「工人的談話」から推測すると、「第一区」の朱家十四畝出土になる。

(18) 末次信行「甲骨学の工具書使用案内」(『立命館大学白川静記念東洋文字文化研究所)『漢字学研究』第二号、二〇一四年)。なお、これらの視点のほかに「卜辞や刻字に塗朱・塗墨の有無」の項目も加えたい。

(19) 註(8)「卜占用亀骨の貢納制概略(上・下)」参照。

（20）註（8）「卜占用亀骨の貢納制概略（下）」二二頁。
（21）岡村秀典「殷代における畜産の変革」（『東方学報』京都・第七二冊、二〇〇〇年）四四頁。
（22）同右「殷代における畜産の変革」四二頁。
（23）宋鎮豪主筆『商代史論綱』（中国社会科学出版社、二〇一一年）一三六頁。
（24）合集一五一四五には「禦」祭に「三百牛」を用いることを占う例がみえる。「禦」祭は、祖先神に災厄の祓禳を祈る例が多い。
（25）註（8）「卜占用亀骨の貢納制概略（下）」二四頁。
（26）註（21）「殷代における畜産の変革」三四頁。
（27）楊錫璋・高煒主編・中国社会科学院考古研究所編著『中国考古学・夏商巻』（中国社会科学出版社、二〇〇三年）一六四～一六七頁。
（28）岡村秀典「中国古代における墓の動物供儀」（『東方学報』京都・第七四冊、二〇〇二年）三七～四二頁。
（29）蓋天説については、能田忠亮『東洋天文学史論叢』（恒星社、一九四三年）七九～九二頁参照。また、宇宙観と亀の形状については、艾蘭（Saran Allan）『亀の謎』（四川人民出版社、一九九二年）一一七～一二三頁参照。
（30）羅琨『商代戦争与軍制』（中国社会科学出版社、二〇一〇年）二〇八～二〇九頁。
（31）張渭蓮『商文明的形成』（文物出版社、二〇〇八年）一九九頁。
（32）鈴木秀夫『気候変化と人間』（大明堂、二〇〇〇年）ならびに註（4）『殷代気象卜辞の研究』参照。
（33）註（27）『中国考古学・夏商巻』一六八～一六九頁。なお、「鄭州早商文化第一期」の文化内容は複雑で、「二里岡」では商文化が絶対優勢であり、「南関外・化工三廠」遺跡は主導的な商文化の外、岳石文化の要素（つまり夷）が濃厚であり、「洛達廟」は二里頭文化（つまり夏）がなお継続発展し、その他の文化要素を吸収しているとされる。
（34）『周礼』春官占人に「凡卜筮、既事則繋幣以比其命」とあり、鄭玄注引く「杜子春云」に「繋幣者、以帛書其占、繋之於亀也」とある。
（35）『史記』巻四周本紀、幽王三年の条。
（36）劉玉建『中国古代亀卜文化』（江西師範大学出版社、一九九二年）第七章。
（37）唐蘭『中国文字学』（開明書局、一九四九年）「文字的発生」の項。

(38) 何賢武・王秋華主編『中国文物考古辞典』(遼寧科学技術出版社、一九九三年)六八～六九頁。
(39) 解希恭主編『襄汾陶寺遺址研究』(科学出版社、二〇〇七年)、また、註(5)「先秦都市社会の形成(続)—新石器時代」五一頁参照。
(40) 戦死者の扱いや埋葬地に関する、筆者の説は「(資料紹介)新石器時代の異常遺体—斉家文化期を中心に」(『中国史研究(大阪市立大学東洋史研究室)』第八号、一九八四年)、「先秦の戦争犠牲者—文献を中心として」(『金蘭短期大学研究誌』第二五号、一九九四年)、「殷墟における『有功者』の墓(上・中・下)」(『金蘭短期大学研究誌』第二六・二七・二八号、一九九五～一九九七年)、「殷墟西北岡王陵区の一一七四号小墓をめぐって」(『郵政考古紀要』通巻第三六冊、一九九九年)、「『帝(上帝)』崇拝と聖地—殷代武丁期を中心として」(『人文学論集(大阪府立大学人文学会)』第二五集、二〇〇七年)など参照。
(41) これに関連して、筆者は「麦字考」(『東方学』第五八輯、一九七九年)、註(4)『殷代気象卜辞の研究』、「『春秋』にみえる農業・気象関連記事—いわゆる『災異』を中心として(上・下)」(『金蘭短期大学研究誌』第二九・三〇号、一九九八～一九九九年)、「殷代支配階級的主食」(『紀念殷墟甲骨文発現一百周年国際学術研討会論文集』社会科学文献出版社、二〇〇三年)などで詳論している。

《略称》
菁　殷墟書契菁華(羅振玉)　一九一四年
丙　小屯・殷墟文字丙編(張秉権)　一九五七～一九六七年
合集　甲骨文合集(郭沫若ほか)一九七八～一九八三年

《その他》
○甲骨文字(初出であって、さらに卜辞検証の際に必要と判断した文字)に付した四桁のアラビア数字は、姚孝遂主編『殷墟甲骨刻字類纂』(中華書局、一九八九年)の字形總表にみえる番号である。この文字番号は、于省吾主編『甲骨文字詁林』(中華書局、一九九六年)の文字番号に同じである。

中国古代の家族墓地—その構成と配列について—

高浜侑子

一　はじめに

以前、中国古代の夫婦合葬について考察したことがあり、次に家族葬の問題を取り上げたいと考えていた。家族葬に関しては幾つかの論考があり、徐苹芳氏は家族葬出現の背景と家族墓地内の墓の配列方式について解説している。その配列方式には三種あり、第一種は父子兄弟の墓を縦又は横一列に配列したもの、第二種は前後左右に長幼の序に従って配列したもの、第三種は甘粛・新疆の墳院式、すなわち囲いのある墓域を持つものに分類している。(1)韓国河氏は漢時代の家族墓地を中心に考察し、併せて魏晋時代の家族墓地についても論述している。(2)蔣暁春・李大地氏は三峡地区の漢時代の家族墓について考察している。(3)しかし徐苹芳氏の論文は一九八一年、韓国河氏の論文は一九九九年に発表されたものであり、その後新資料が発見され、新たな配列方式も出現している。また蔣暁春・李大地氏の論文は漢時代の三峡地区に限られている。そこで本稿では、新たに発見された資料を加え、漢・三国・両晋・南北朝時代の家族墓地の構成と配列について検討したい。

二　前漢時代の家族墓地

（1）前漢皇帝陵

中国古代では殷墟の王陵区や西周、春秋、戦国時代の国君の墓地から明らかなように、王や国君たちは早くから独立した家族墓地を形成していた。前漢時代においては、皇帝一家の陵墓群が最も身分の高い家族の墓地である。前漢時代に造営された一一代の皇帝の陵墓のうち、五代文帝の霸陵と九代宣帝の杜陵が西安市の東南にある外、その他の皇帝陵は西安市の北方、渭水北岸の咸陽原に点在している（図1）。この九陵の比定については、近年の考古調査、及び『三輔黄図』、『水経注』などの文献の記述に基づいてほぼ確定しており、東北から西南に向かって六代景帝の陽陵・初代高祖の長陵・二代恵帝の安陵・一二代哀帝の義陵・一〇代元帝の渭陵・一三代平帝の康陵・一一代成帝の延陵・八代昭帝の平陵・七代武帝の茂陵の順に並んでいる[4]。従って、家族墓地としての前漢九陵の配置は、前期の三陵が咸陽原の東部、中期の二陵が西部、後期の四陵がその中間に

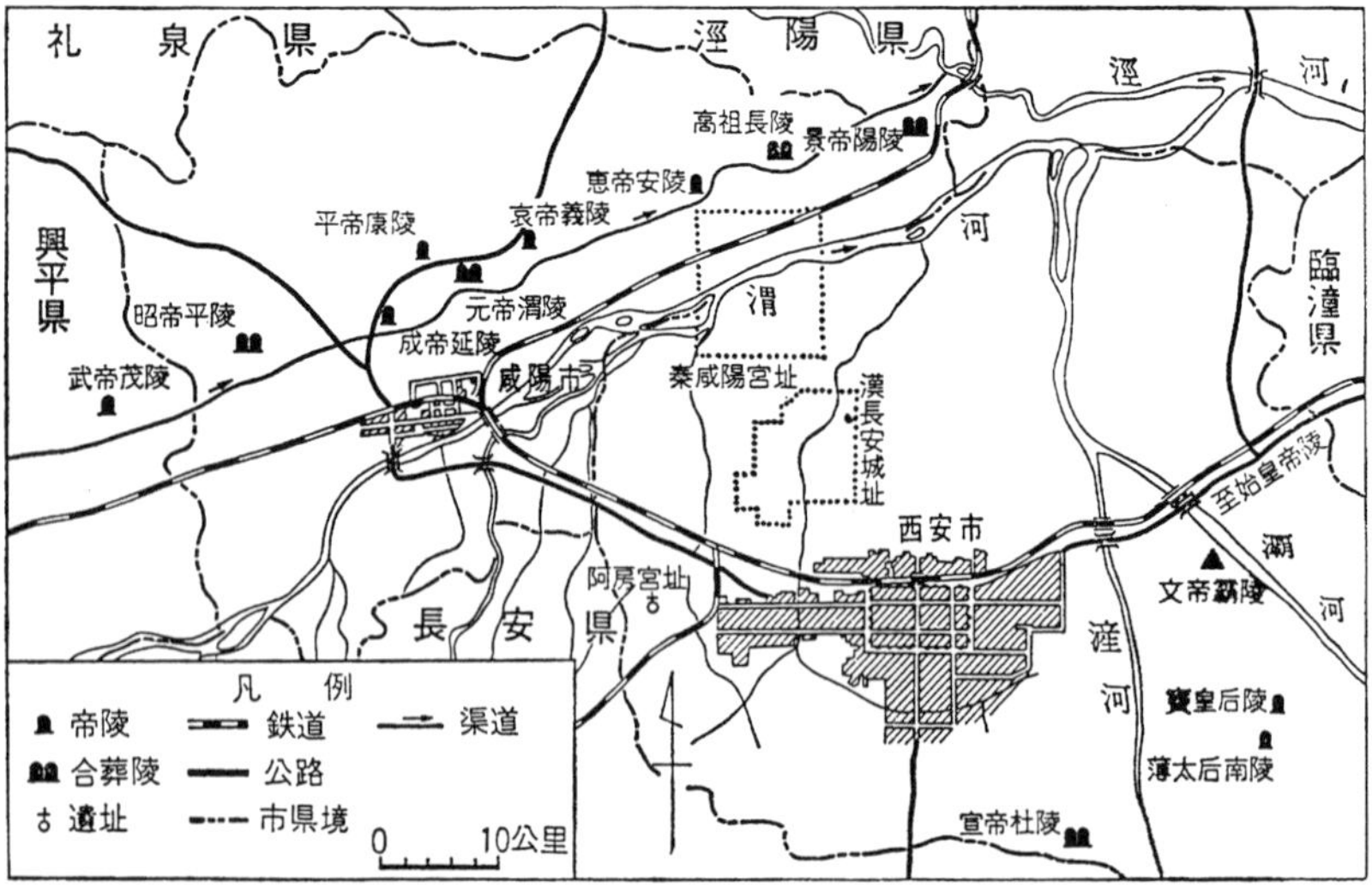

図1　前漢皇帝陵分布図（『中国皇帝陵の起源と変遷』図6）

位置しており、秦の陵墓制度を踏襲して墓の正面は東を向き、東西方向にほぼ一列に配列している。

この配列の順序について、古来の昭穆制度に則っているとする説が提唱され、その可否をめぐって論争になっている。(5) 昭穆制度は本来宗廟の順位や宗廟での神位の序列を示すものであるが、『周礼』春官・冢人に「先王の葬は中におり、昭穆を以て左右をなす」とあり、李毓芳氏は前期の三陵は祖位に当たる高祖の長陵を中心に子の恵帝の安陵が長陵の右（穆位）、孫の景帝の陽陵が長陵の左（昭位）に配され、西端の武帝の茂陵の造営以降は、昭位に当たる皇帝の陵墓は茂陵を祖位としてその左に、穆位に当たる皇帝の陵墓はなお長陵を祖位としてその右に配され、昭穆制度が継続したとしている。(6) しかし昭穆制度に否定的な意見が出され、また前期の三陵のみ昭穆制度に則っているとする昭穆制度を一部認めた見解もあり、一致を見ないのが現状である。前漢皇帝陵の配列についてはこのように様々な見解があるが、咸陽原は渭水に面した東西に広がる台地であり、昭穆制度に基づく南北方向の陵墓の並列には適地といえず、昭穆制度に則った配列は難しいと思われる。

（2）皇帝陵に付属する陪葬墓園

皇帝陵には、皇帝が皇族や功臣に葬地を賜与して埋葬させた陪葬墓園が設けられていた。文献の記述によれば、陪葬墓園には陪葬者ばかりでなくその一族も埋葬され、家族墓地が形成されていたという。(7)

景帝の陽陵では、陽陵の東方一一〇〇メートルの所に東西二三五〇メートル、南北一五〇〇メートル、総面積約三・五平方キロメートルの広大な陪葬墓園区（図2）が設置されていた。(8) 墓園区は陵園の東闕門から東に伸びる司馬道によって南北に分けられ、北側では六列一五、南側では一〇列九二の墓園が発見され、各々壕溝によって碁盤の目状に区画されていた。未調査の区域を加えると約二〇〇の墓園があり、五〇〇〇基以上の墓があったと推定される。

陪葬墓園はその配置や墓の形式、出土品などから三期に分けられる。前期の陪葬墓園は司馬道に面した北側と南側の各二列で、合計三〇の墓園から成る。墓園の規模は広大で、大型甲字形墓を主墓として一～五基の墓が配置されており、陪葬者とその家族の墓と思われる。陪葬者の身分は高く、諸侯、公主などが含まれる。また『漢書』李広伝、蘇建伝によれば、丞相李蔡、将軍蘇建とその家族も陽陵に陪葬されたと考えられる。文帝・景帝に仕え、武帝時代に丞相となった李蔡は、その地位により陽陵に葬地二〇畝を賜与されたが、さらにそれ以上の土地も盗み取り、売却して四〇余万銭を得、後にまた陽陵神道の土地一畝を盗み取って墓地とした不敬の罪により、下獄の判決を受けて自殺し、陽陵の家族墓地に埋葬されたと思われる。中期の陪葬墓園は前期墓園の南北両側に、後期の陪葬墓園は中期墓園の南北両側に位置しており、三期の墓園の間には各々一〇メートルの間隔がある。中期の陪葬墓園は合計五五、後期は合計二二あり、墓園の平面は多くが方形で、一辺の長さが五〇～七〇メートルであり、前期に比べ規模がかなり縮小している。墓園内には一〇数基～一〇〇余基の小型・中型墓が規則的、或いは不規則に配置されており、数世代にわたる家族墓地と推定される。司馬道から遠くなり、墓主の身

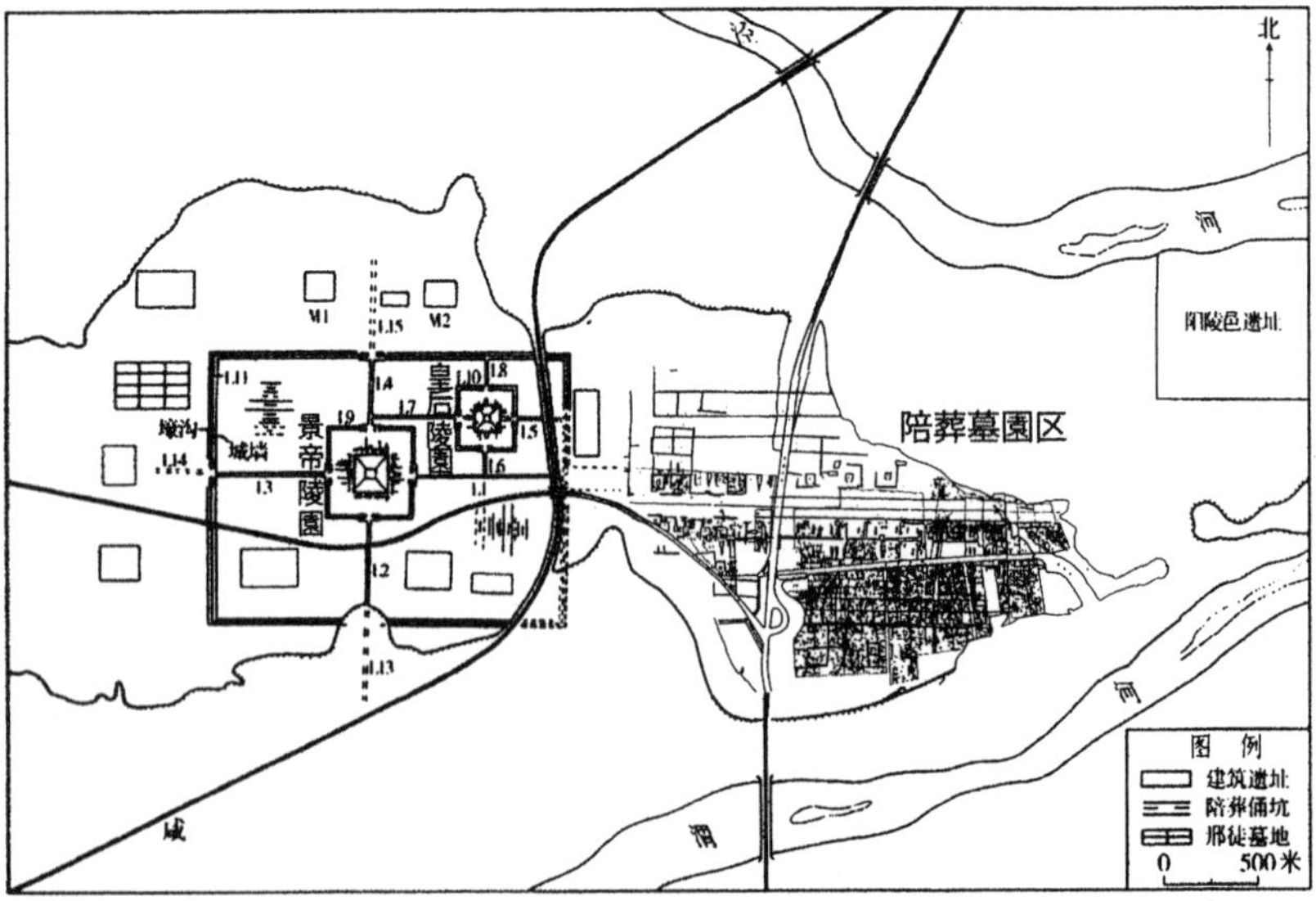

図２　前漢景帝陽陵陵園配置図

分は前期に比べ低くなっている。

墓園の年代は前期が前漢前期、すなわち景帝の陽陵造営開始時期から武帝時期、中期が前漢中期～後期、後期が前漢晩期～後漢中期に当たる。従って、司馬道に面した前期の墓園は陽陵の陪葬者やその一族による家族墓地に相違ないが、中期以降は一部の墓園が陪葬者の可能性があるものの、その他の大多数の墓園は陪葬者の子孫か、或いは格式の高い皇帝の陪葬墓園を購入した陪葬者と関係のない一族の家族墓地であるかはなお不明である。

陽陵の陪葬墓園内の具体的な配置については未報告で明らかでないが、二〇〇八年、杜陵の西方六キロの西安市南郊の鳳棲原で、宣帝の杜陵に陪葬された張安世の墓園とその家族墓地（図3）が発見され、配置などが判明している。(9) 張安世は酷吏として名高い張湯の子で、昭帝の死後、大将軍霍光と共に宣帝の擁立に動き、宣帝に重用された。『漢書』張安世伝には、張安世の死後、宣帝は塋地を杜東（西？）に賜い、墓と祠堂を造営させたとある。

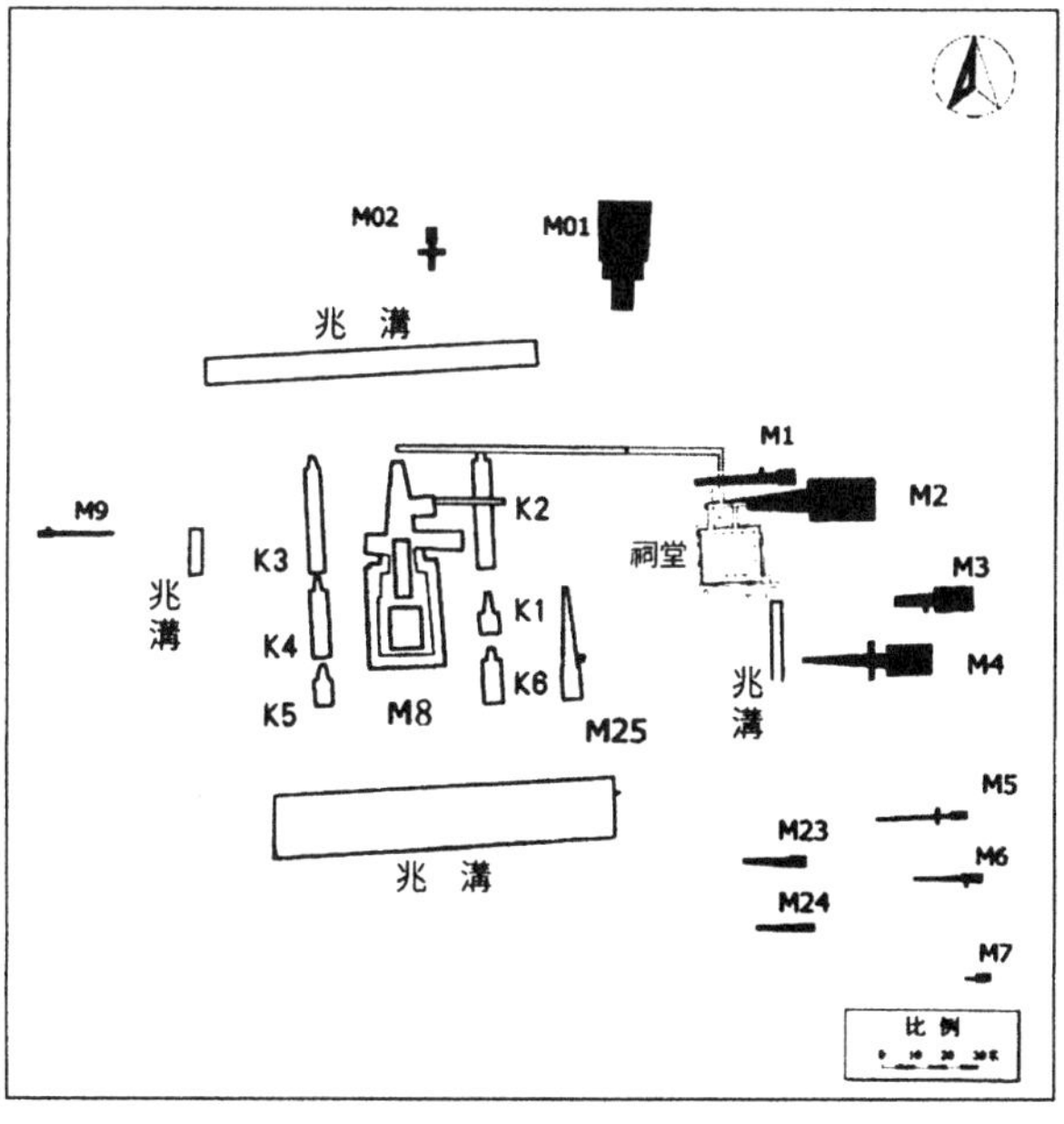

図3　陝西省西安市張安世家族墓地（『中国文化遺産』2011-6）

墓地の中心は四本の兆溝で囲まれた平面が方形の墓園で、中央に張安世の墓である北向きの大型甲字形墓（M8）、その東に夫人の墓である北向きの中型甲字形墓（M25）があり、陪葬坑、祠堂が付属する。墓内や陪葬坑から「張」

字の銅印、「衛將長史」、「當百將印」の封泥、銅印が発見され、墓主は張安世であることが確認された。その配置としては、張安世と夫人の墓を中心に、東側に南北に並んだ九基、西側に一基、北側に東西に並んだ二基の小型・中型墓が配され、いずれも墓道が主墓の方向を向いており、張安世の墓園を中心に営まれた家族墓地と考えられる。北側と東側の二基ずつ並列した五組の墓は夫婦の異穴合葬墓であり、西側の一基は夫婦の同穴合葬墓である。この墓園と家族墓地は、前漢中期から王莽時期まで継続しているが、中型墓は造営時期が早く、時代が下るにつれて墓が小型化している。

(3) 小型墓・中型墓

小型墓・中型墓から成る家族墓地の出現は、埋葬制度が血縁で結ばれた宗族関係を基本とする族葬から夫婦合葬へ、さらに家族を単位とする家族葬へと変化したことにあり、この変化の背景には家族制度の変質が考えられる。すなわち春秋～戦国時代にかけて従来の族的結合が崩壊して夫婦を単位とする単家族が分出し、前漢の武帝期を境として主に経済的理由によって単家族が再統合され、同居して共同で家計を営むこと（同居共財）を目的とする父母・妻子・同産から成る複合的大家族が出現したことによると推察される。[10]

また兪偉超氏は春秋晩期以降、土地の公有制が崩れて私有化が開始し、やがて前漢時代中期頃、墓地の自由売買も行われるようになり、家族墓地が出現したと推測している。[11] 墓地の売買については、先に挙げた丞相の李蔡が武帝から賜与された陽陵の陪葬地などを売却した事件がその確証となろう。また清の道光年間に四川の巴県で発見された「楊量買山刻石」には、「地節二年正月、巴州民楊量買山、値銭千百、作業宗子孫、永保其毋替」と刻されていた。「山」とは墓地のことを指し、宣帝の地節二年（前六八年）に巴州の民の楊量が千百銭で墓地を購入したという。[12] これらの史料から、遅くとも前漢中期頃には墓地の自由売買が行われていたのは明らかである。

このことは考古資料からも推測できる。前漢中期以降、一つの大型墓地の中に姓氏を異にし、家族を単位とする幾つかの墓域が出現する。例えば河南省洛陽焼溝墓地では、宣帝〜王莽時期頃にかけて墓地の東南に一〇数基の墓から成る郭氏の家族の墓域があり、その西北に呉氏、南に商氏・趙氏、東に章氏・賓氏・尹氏の家族の墓域が分布していた(13)。洛陽金谷園墓地でも墓中から出土した印章から、前漢中期〜王莽時期にかけて左氏、唐氏、樊氏、鄭氏、郭氏、閻氏、王氏などの異なる姓氏の墓があったことが判明している(14)。また前漢中期〜後漢前期の安徽省廬江県董院墓地では、墓が集中する四つの区域があり、異なる四組の家族の墓域と推測される(15)（図4）。第二区域の墓から「蔡衆」の印章が出土し、この区域は蔡氏の家族の墓域と考えられる。第一区域の墓は半円状に、第二・第三区域の墓は円形状に分布し、いずれの墓も墓域の中心を向いている。第四区域は墓の数が多くやや散漫に分布しているが、各墓はほぼ内側を向いている。各組の中央には空地があり、ここに家族の墓地であることを示す標識のようなものがあったか、或いは家族の祭祀場ではないかと推測されている。四区域全体で二基ずつ並列する夫婦の異穴合葬墓が一五組あり、家族の基本が夫婦であるこ

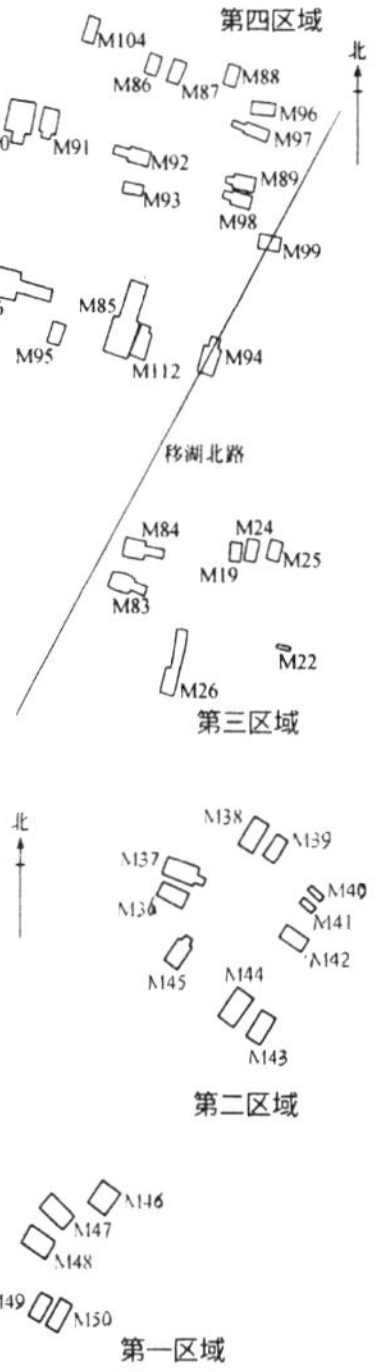

図4　安徽省廬江董院墓地家族墓（『廬江漢墓』図三七八・三七九）

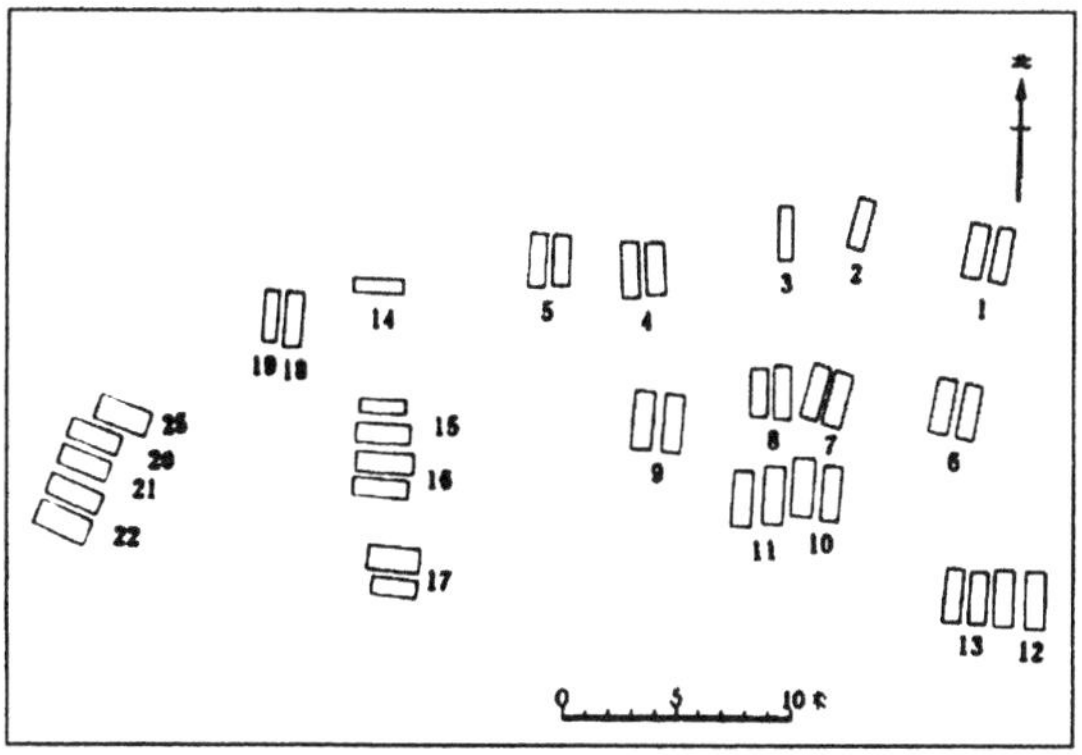

図5　山東省済寧鄭氏家族墓地（『文物』1992-9）

とを表している。これらの墓地の墓はほぼ同規模で副葬品もあまり差異がなく、墓主はその地の中小地主や官吏と考えられる。従って、同じような階層、地位や財力を持つ何組かの家族がそれぞれ墓地の一角を購入し、異なる姓氏から成る大型墓地を形成していたと推定される。

また山東省済寧の師範専科学校発見の鄭氏家族墓地（図5）は、一家族による小規模な墓地であり、前漢中期から王莽時期までの約一〇〇年にわたって営まれた[16]。墓の配列については、墓地西部の前漢中期の墓は墓の向きが東西方向で南北に二列並んでおり、東部の後期〜王莽時期の墓は墓の向きが南北方向で東西に四列並んでいる。後漢時代になると縦や横に一列に配列された家族墓が登場するが、その先駆となるものかもしれない。

三　後漢時代の家族墓地

(1)　後漢皇帝陵

後漢時代の皇帝陵は、山陽（現在の河南省焦作市）にある一四代献帝の禅陵を除き、他の一一陵は洛陽の漢魏故城の西北と東南の二区に分かれて造営された（図6）。『帝王世紀』によれば、西北地区には初代光武帝の原陵、六代安帝の恭陵、八代順帝の憲陵、九代沖帝の懐陵、一二代霊帝の文陵の五陵、東南地区には二代明帝の顕節陵、三代章帝の敬陵、四代和帝の慎陵、五代殤帝の康陵、一〇代質帝の静陵、一一代桓帝の宣陵の六陵が所在する。後漢皇帝陵は、前漢皇帝陵の墓の正面が東向きで東西方向の配列とは異なり、南向きで南北方向の配列に変化している。

西北地区の五陵は邙山台地の東側に位置し、一般に邙山北側の鉄謝村の大冢（「劉秀墳」と俗称）が光武帝の原陵、その南の劉家井大冢が霊帝の文陵、さらに南の南北に並んだ三大冢（北から「大漢冢」「二漢冢」「三漢冢」と俗称）のうち、「大漢冢」が安帝の恭陵、「二漢冢」が子の順帝の憲陵、「三漢冢」が孫の沖帝の懐陵に比定されていた。五陵は光武帝の原陵を最北にして南北に配列していることになる。しかし近年、実地調査とボーリング調査が進められ、削平された帝陵級の大冢があることが判明した。新たに皇帝陵と推定されたのは「大漢冢」の東の朱倉七二二号墓と七〇七号墓で、前者が順帝の憲陵、後者が沖帝の懐陵の可能性があるとされる[17]。なお皇帝陵と推定される劉家井大冢・「大漢冢」・「二漢冢」の三冢は南北方向の配列であるが、朱倉の二基は東へやや外れることになる。

東南地区の六陵は、伊河以南の偃師市高龍鎮、大口郷、寇店鎮一帯に点在している。二〇〇五年に韓国河氏[18]、王竹林氏と趙振華氏[19]による調査報告が相次いで発表され、この地区に皇帝陵と推定される幾つもの大冢があることが明らかとなった。特に東南地区の中部に位置する三大冢（白草坡南冢・郭家嶺西北大冢・郭家嶺西南大冢）は南北に整然と配列しており、韓国河氏はこの三陵を二代明帝の顕節陵、三代章帝の敬陵、四代和帝の慎陵の可能性があるとしている[18]。また東南地区北部の高崖村の南の皇帝陵と推定される大冢とその付近でボーリング調査と試掘が行われ、墓道が墳丘の南側に付設されており、墓の向きは南向きと判明した[20]。

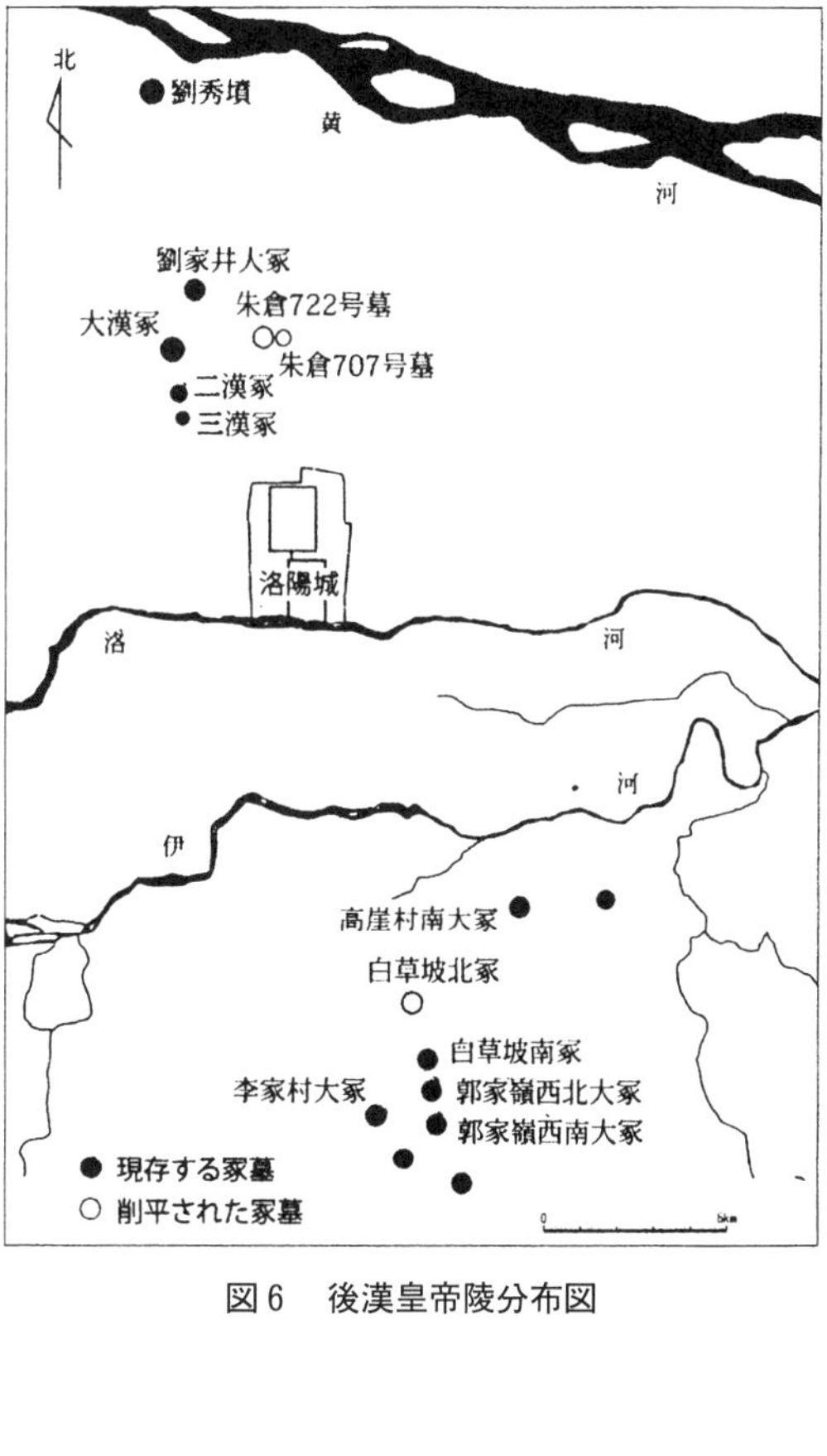

図6　後漢皇帝陵分布図

（2）皇帝陵に付属する陪葬墓園

後漢の皇帝陵においても、皇族や功臣に葬地を賜与した陪葬墓園があった。偃師市高龍鎮閻楼村の西で発見された墓園（図7）は、前漢時代と同様の家族墓地としての陪葬墓園の例である。[21] 南向きの七基の墓と建築址があり、周囲は溝で囲まれていた。墓園内の北部には三基、南部には南北に二基ずつ並列した四基の墓があり、北部西側の墓が最大で、主墓とされる。墓や墓園の規模は小さく、陪葬者と家族を埋葬した墓園と考えられる。

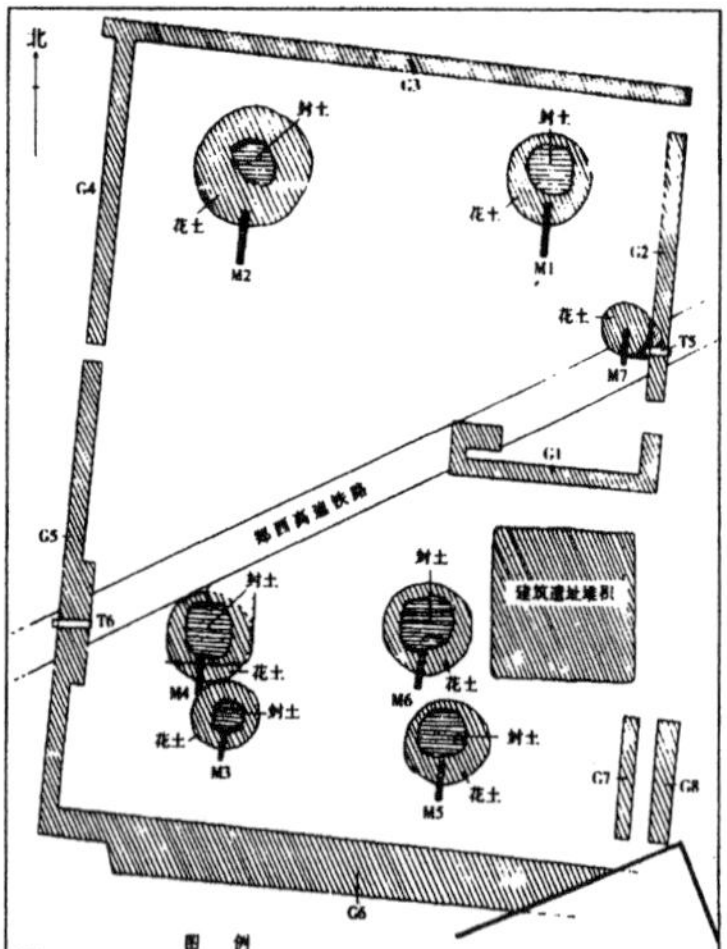

図7　河南省偃師市高龍鎮閻楼後漢陪葬墓園（『文物』2007-10）

（3）小型墓・中型墓

後漢時代になると、大土地所有制の発展に伴って、社会的地位や財産を得た豪族や名族が墓地としてふさわしい土地を入手し、数世代にわたる大規模な家族墓地を営んだ。なお前漢時代と同様、姓氏の異なる数家族による大型墓地も継続しているが、独立した一家族による家族墓地が増加する。また二種類の家族墓の配列方式が現れる。

二種類の配列方式は、第一が家族の墓を縦一列又は横一列に配列する方式である。第二が墓を斜め一列に配列する方式で、徐苹芳氏が分類に挙げていない方式である。陝西省西安市東郊の白鹿原漢代墓地では二組の家族の墓域があり、二種類の配列方式が見られる[22]（図8）。一組は西向きの後漢後期の四基の家族墓で、北から南に向かって縦一列に配列されている。もう一組は東向きの後漢中期後半の四基の家族墓で、東北から西南に向かって斜め一列に配列されている。墓主はこの地に住む中小地主か地方官僚である。また河南省鄭州市高新区電廠路で発見された西向きの後漢中期～後期の六基の家族墓は、四基と二基に分かれ、二列になって西北から東南に向かって斜めに配列されている。(23)墓主は平民とされる。特に第一の配列方式は比較的多く見られ、陝西省西安浄水廠の後漢中期の六基の家族墓、(24)陝西省長安県南李王村の後漢中期後半～後期の四基の張氏家族墓、(25)陝西省華陰県岳廟公社の後漢後期の四基の司徒劉崎とその家族墓(26)などでも、東向きの墓が南北方向に縦一列に配列されている。

また東西方向に横一列に配列する方式も見られる。陝西省潼関吊橋の後漢の名族、弘農の楊氏一族の墓地（図９）では、南向きの七基の墓が一五～二七メートルの間隔で東西に横一列に並んでいた。(27)中央の墓から出土した建寧元年（一六八年）の朱書のある陶製瓶の研究によって、東端が後漢の太尉楊震の墓、他の六基はその子孫の墓で、死去した順に東から西に向かって配列されており、楊震がこの地に改葬された延光四年（一二六年）から曾孫の楊彪が埋葬された魏の黄初六年（二二五年）まで、前後一〇〇年に及ぶ四世代の家族墓地とされる。(28)また四川省広漢市羅家包の家族墓地でも、後漢前期後半～中期の七基の墓が東西に配列されていた。(29)墓の向きは東端の二基が北向きの他は皆南向きである。

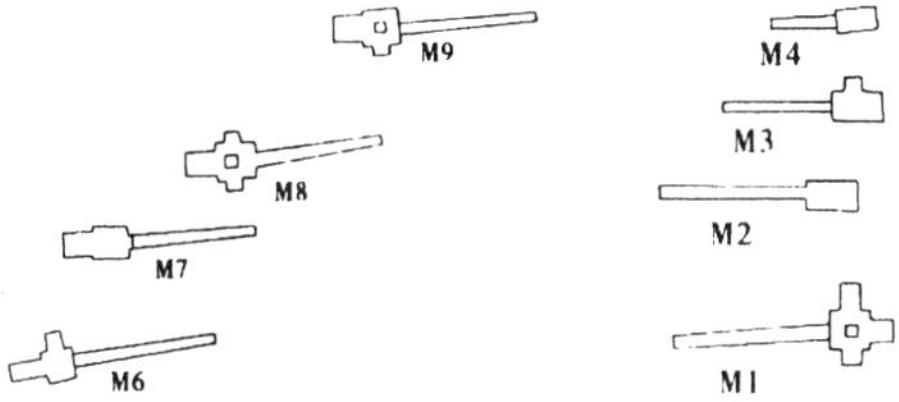

図８　陝西省西安市白鹿原漢代墓地の家族墓
（『白鹿原漢墓』　図二）

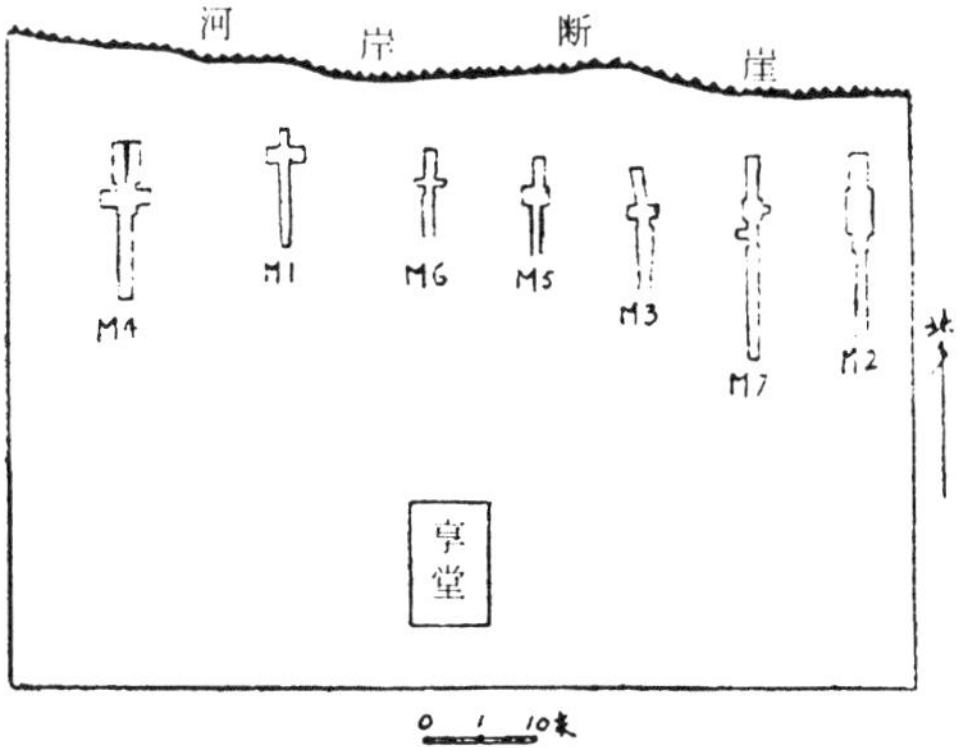

図９　陝西省潼関吊橋後漢楊氏家族墓地
（『文物』1961-1）

四　三国～西晋時代

三国～西晋時代の家族墓地では、一般に後漢時代と同様、家族墓を東西方向に横一列に配列するものと、南北方向に縦一列に配列するものとが見られる。前者の例としては、江蘇省南京仙鶴山東南麓の三国呉～西晋時代の家族墓地（図10）が挙げられる。(30) 墓地の中心は西から東に向かって配列された南向きの三国呉時代の六基の塼室墓で、東端の四号墓は造営時期が遅い。各墓では南に伸びる排水溝が付設されており、東西を結ぶ一本の排水溝に繋がっている。また河南省洛陽関林鎮皀角樹の西晋時代の家族墓地では、北向きの一三基の墓が三〇～四〇メートルの間隔で東西に一列に配列されていた。(31)

後者の例としては、江蘇省宜興の三国～西晋時代の周氏家族墓地（図11）が挙げられる。(32) 宜興東南部の南北に連なる丘の上で東向きの六基の墓が発掘され、一号墓内で発見された「元康七年九月廿日前周將軍」の墓塼の文字から、墓主が西晋の元康七年（二九七年）に死去した周処であり、江南の大豪族周氏一族の家族墓地であることが判明した。北から南に向かって周処の祖父周賓、周処の息子周玘と二人

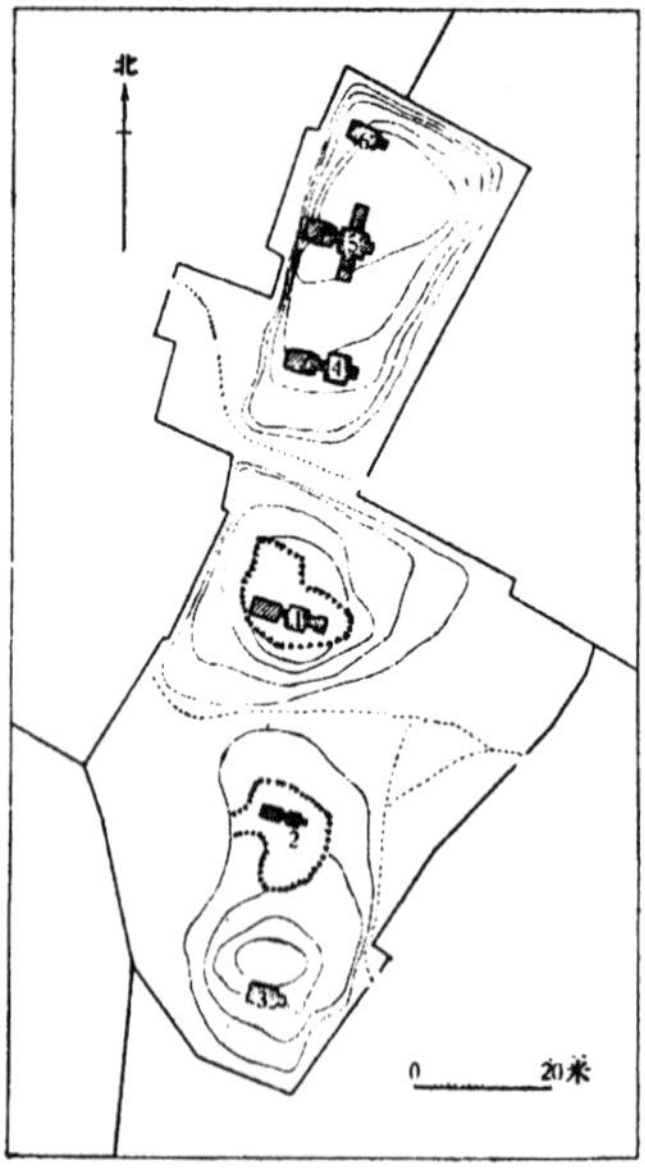

図11　江蘇省宜興周氏家族墓地
（『考古』1977-2）

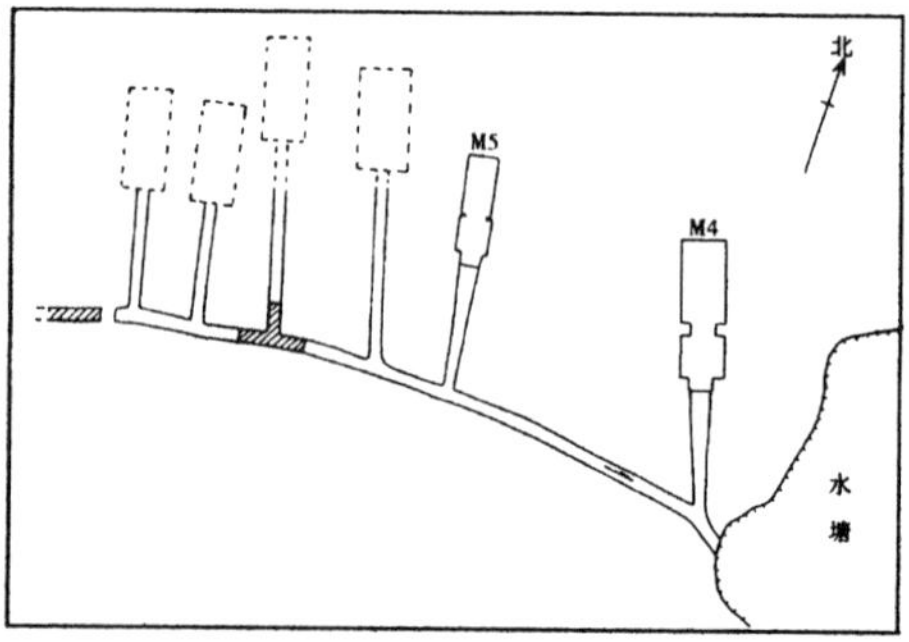

図10　江蘇省南京仙鶴山家族墓地
（『文物』2007-1）

の息子、周処の父周魴、周処とその夫人、周処の息子周札、同じく息子周靖の五代九人の墓が並んでいる。周処の祖父と父の墓の間に一族中で最も声望、地位が高かった周処の息子の周玘の墓がある外は、長幼の序に従って配列されている。また江西省の南昌駅付近では、南北に縦一列に配列された東向きの西晋晩期～東晋初期の六基の墓が発見された。[33] 三号墓から墨書した木方が出土し、そこに書かれた内容から墓主は東晋の永和八年（三五二年）に死去した雷陵であり、当時の南昌の大族、雷氏一族の家族墓地であることが明らかとなった。

五　東晋～南朝時代

西晋王朝滅亡前後の混乱期に多くの華北の人々が江南に逃れ、その中には華北の名門士族も多数含まれていた。江南の豪族に加え、南遷した名門士族も都の建業（現在の江蘇省南京市）近郊に新たに一族の家族墓地を造営した。東晋～南朝時代の家族墓地は一般に小高い山の斜面に造営され、中には数世代にわたる広大な家族墓地も見られる。

配列の方式としては、後漢～三国～西晋時代と同様、家族墓を東西方向に横一列に配列するものと、南北方向に縦一列に配列するものとがある。前者は比較的多く見られ、南京市老虎山の琅邪の大族顔氏の一族である左光禄大夫顔含の子孫の家族墓地はその例である。[34] 南向きの四基の墓が東西に並び、出土した墓誌、印章から墓主は顔含の三子、顔髦、顔謙、顔約の家族であり、西端の一号墓が東晋の永和元年（三四五年）に死去した顔謙の夫人劉氏、その東の三号墓が顔約夫妻、二号墓が顔髦の息子の顔綝夫妻、東端の四号墓が顔鎮之の墓とされ、兄弟、子孫の墓が長幼の序に従って西から東に向かって配列されていた。同様の配列は南京市司家山の東晋～南朝初期の謝氏家族墓地、[35] 南京市呂家山の東晋中期の李氏家族墓地、[36] 湖北省襄樊市韓崗の南朝宋時代の遼西の韓氏家族墓地、[37] 安徽省繁昌順風山林場の南朝初期の家族墓地[38]などでも見られる。

後者の例としては、南京市雨花台区姚家山の東晋晩期の家族墓地が挙げられる(39)。東北向きの三基の墓はほぼ南北に縦一列に配列されていた。いずれも大型の墓で全長が八メートル以上あり、墓主は比較的地位の高い貴族と推定される。

また東晋時代には家族墓を南北方向に縦二列に並列する新たな配列方式が出現する。南京市象山（人台山と俗称）の琅邪の王氏一族である王彬の家族墓地（図12）は、象山南麓に広がる五万平方メートルの大墓地で、現在までに一一基の墓が発見されている(40)。墓地西側の一号墓は王彬の息子王興之夫妻、三号墓は王彬の長女王丹虎の墓であり、二人の墓から出土した墓誌によれば、父王彬の墓は二基の墓の間に造営されていたとあるが、早くに破壊されたらしく未だ発見されていない。後方の四号墓は盗掘を受け墓主が不明であるが、五号墓は王興之の息子王闓之夫妻の墓であり、三世代の墓が造営されていたと思われる。従って、これらの墓の配列は伝統的な昭穆制度の配列と同様であり、初代の墓が前方中央に位置し、子、孫の墓が後方にあって左右に並列し、兄弟などの同輩者は横一列となり、

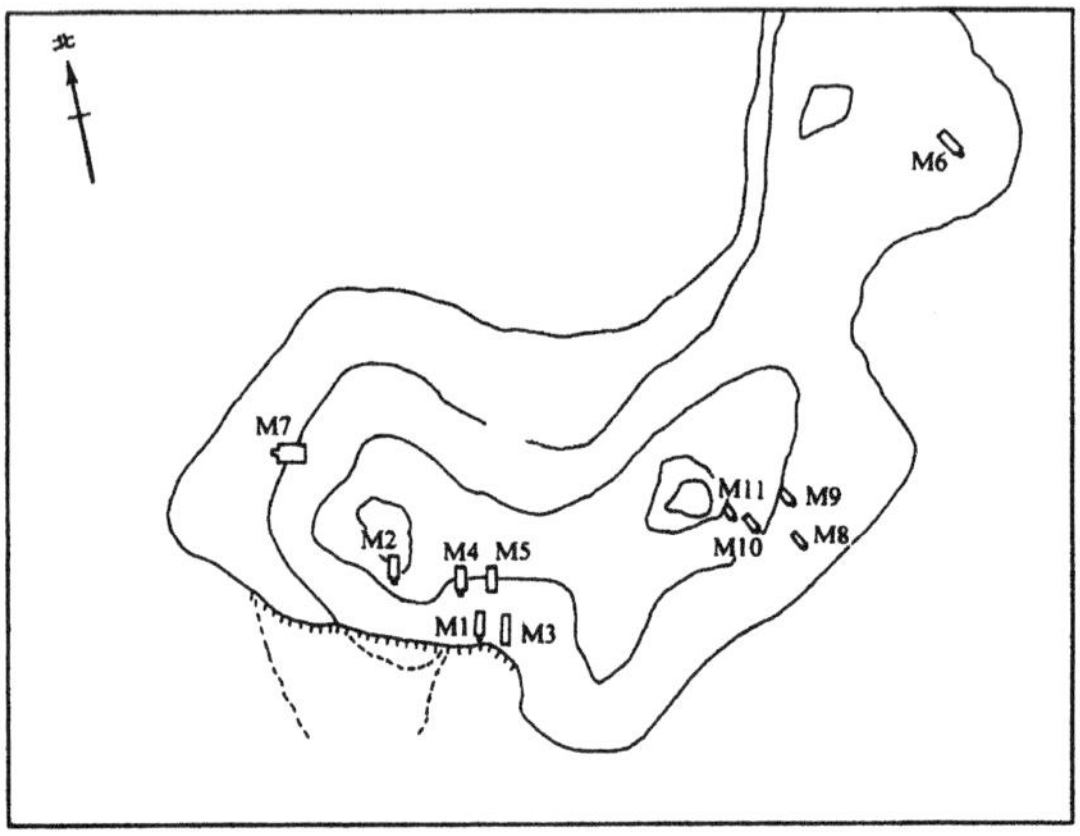

図12　江蘇省南京象山王氏家族墓地（『文物』2002-7）

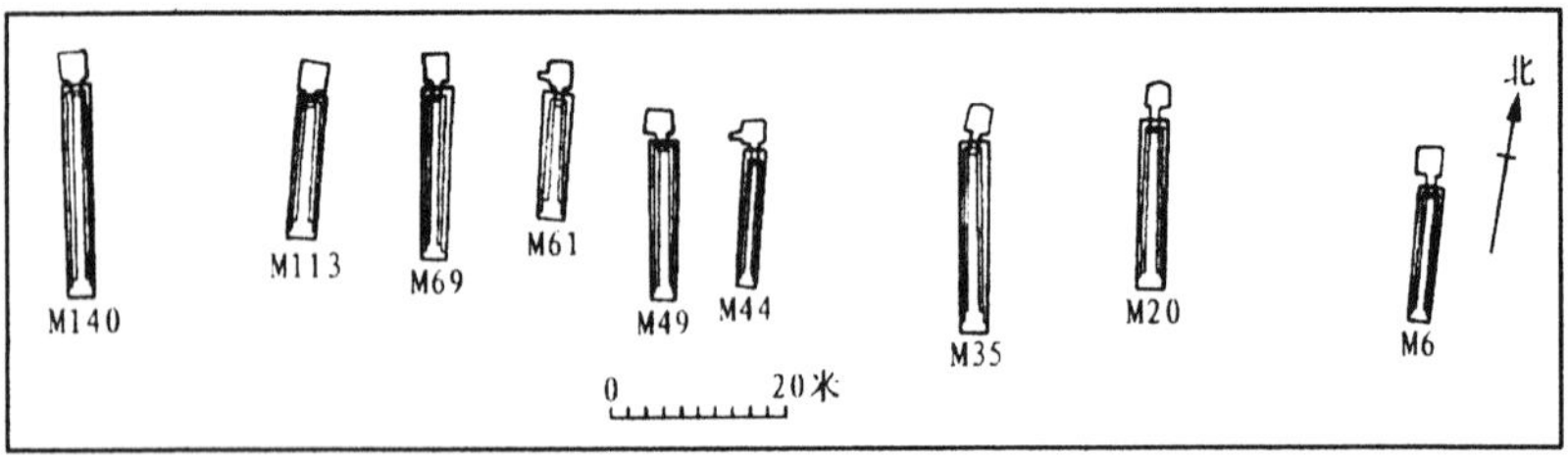

図13　陝西省咸陽市文林小区朱氏家族墓地（『考古』2005-4）

長幼の序に従って前後左右に並列する方式をとっていたと考えられる。

六　五胡十六国時代

陝西省咸陽市では三か所で五胡十六国時代の家族墓地が発見されている。咸陽市文林小区墓地では、南向きの九基の墓が東西方向に横一列に配列されていた(41)（図13）。中央の四九号墓から前秦の「建元十四年」（三七八年）と刻された紀年銘塼が出土し、また他の墓から「朱卿」などの銘が発見され、前秦時代の朱氏の家族墓地であることが明らかとなった。墓は西から東に向かって死亡順に配列されたものと推定される。咸陽市頭道塬中鉄七局三処墓地では、西向きの三基の墓が北東から西南に向かって斜め一列に配列されていた(42)。墓の時期は北寄りの一、二号墓が前趙或いは後趙時代、三号墓はやや遅れる。咸陽師範学院墓地では、墓が二列に並ぶ新しい配列方式が現れた(43)。東向きの一〇基の墓は東側六基、西側四基に分かれ、南北方向に縦二列に並列していた（図14）。墓の時期は、東側北端の一、二号墓が最も早く西晋晩期、三～六号墓が前趙～後趙時代、西側の八～一一号墓が前秦時代であり、東側北端から南へ、さらに西側の列の順に造営されたと考えられる。

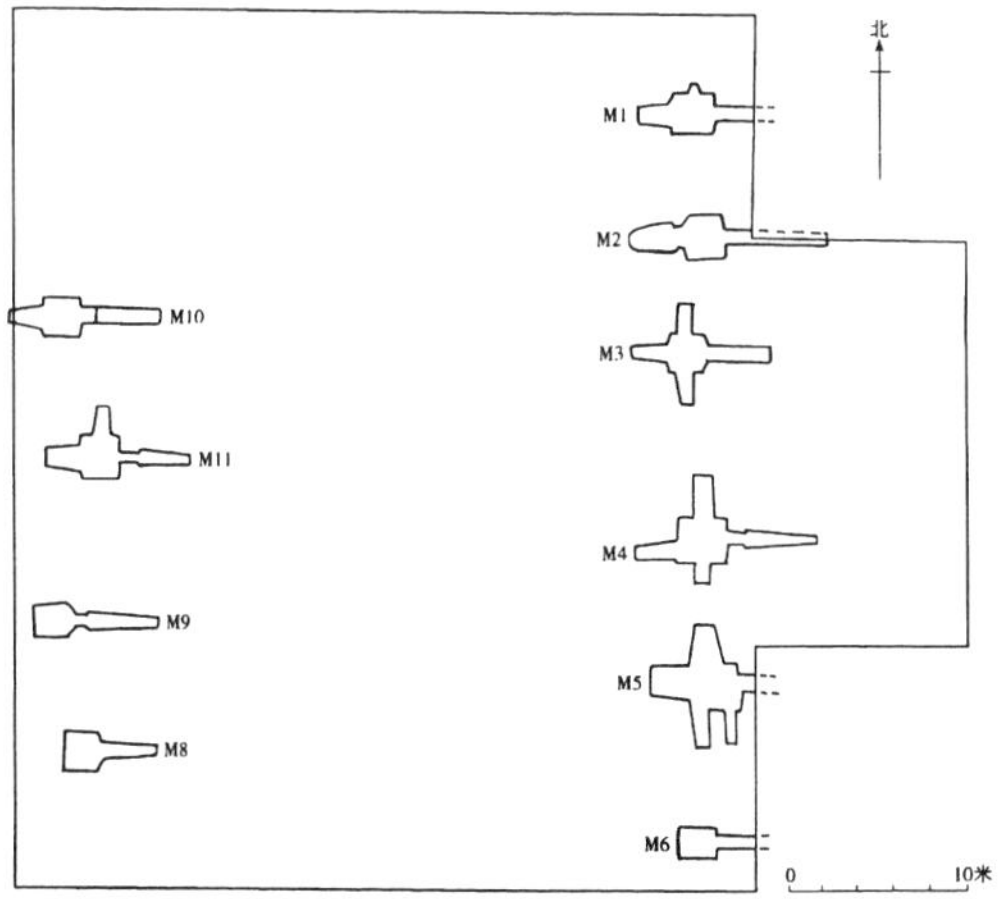

図14　陝西省咸陽市咸陽師範学院家族墓地
（『咸陽十六国墓』図二）

七　北魏〜北朝時代

（1）皇帝陵

洛陽遷都後、北魏の皇帝陵は六代孝文帝の長陵、七代宣武帝の景陵、八代孝明帝の定陵、九代孝荘帝の静陵の四陵が邙山に造営された。三陵は瀍河西岸、一陵は瀍河東岸に所在する。瀍河西岸の三陵（図15）は孝文帝の長陵が最北に位置し、その西南に宣武帝の景陵、さらに西南に孝荘帝の静陵があり、東北から西南に向かって配列している。瀍河東岸の一陵は孝明帝の定陵（「玉冢」と俗称）で、長陵の東方一二キロの地点にあり、他の三陵からはかなり離れている。この北魏の皇帝陵の配列について、宿白氏は孝文帝の長陵を祖墳とし、子の宣武帝の景陵をその右前方、孫の孝明帝の定陵を長陵の左前方、宣武帝と同輩の孝荘帝の静陵を宣武帝の景陵の右前方に配しており、この配列は中国の旧制（すなわち昭穆制度）とは異なる北魏の族葬制度に基づく旧習であると説明している。[44]

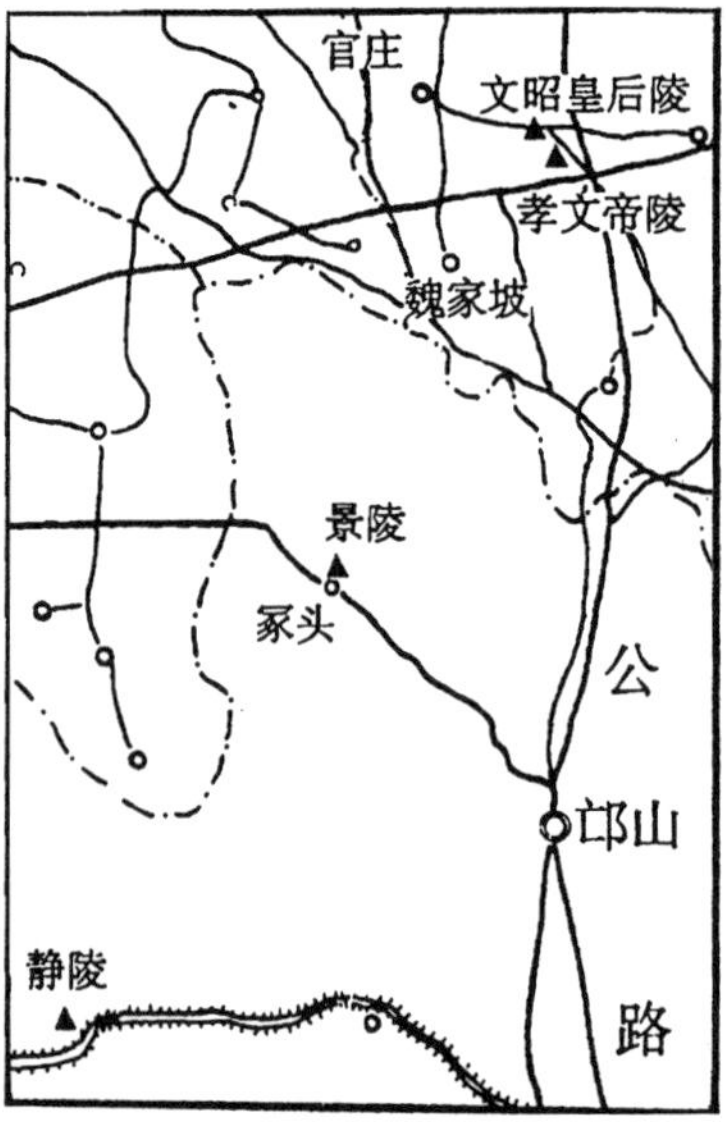

図15　河南省孟津県北魏皇帝陵
（『文物』2005-7）

（2）小型墓・中型墓

北魏時代には父子の墓を配列する場合、父の墓を前方、子の墓を斜め後方に配置する原則が見られる。河南省洛陽市吉利区の二基の墓は、北魏皇帝陵とは逆方向で、西南に北魏の正光五年（五二四年）に死去した父の呂達、東北に武泰二年（五三二年）に死去した息子の呂仁の墓が配置されている。[45]報告者はこの原則が北魏の規範に則っており、文献の記載によれば、孝文帝も孝養を表わす為に祖母文明太后の永固陵の後方に自らの寿宮を造営したと指摘している。また河北省賛皇県南邢郭村の東南に位置する東魏時代の北朝趙郡の李氏家族墓地では、西北に一基、東南に四基の墓があり、東南の四基は東西方向に横一列に並んでいた(46)。西北の墓は父の李憲、東南の墓は西から次男〜五男の墓とされる。従って、父の墓が前方、子の墓が斜め後方に配置され、子世代の墓は兄弟の長幼の順に一列に配列されている。

河北省賛皇県西高村の南で発見された他の北魏〜東魏時代の北朝趙郡の李氏家族墓地（図16）では、東向きの九基の墓が東側四基、西側五基に分かれ、南北方向に縦二列に配列されていた(47)。墓中から墓誌が出土しており、東側の列の最南端の五二号墓は尚書左丞であった李仲胤（四六三〜五〇六年）と妻邢僧蘭（四六五〜五三二）、西側の列の四号墓は建威将軍、尚書右主客郎などを歴任した李翼（四八二〜五二八）と妻崔徽華（四九一〜五二七）の墓である。東側の列は父の列、西側の列は子の列に当たり、世代によって墓列を異にし、東側の父の世代の墓は兄弟の長幼の順に、また西側の子の世代の墓は父が誰かにかかわらず、長幼の序に従って、北から

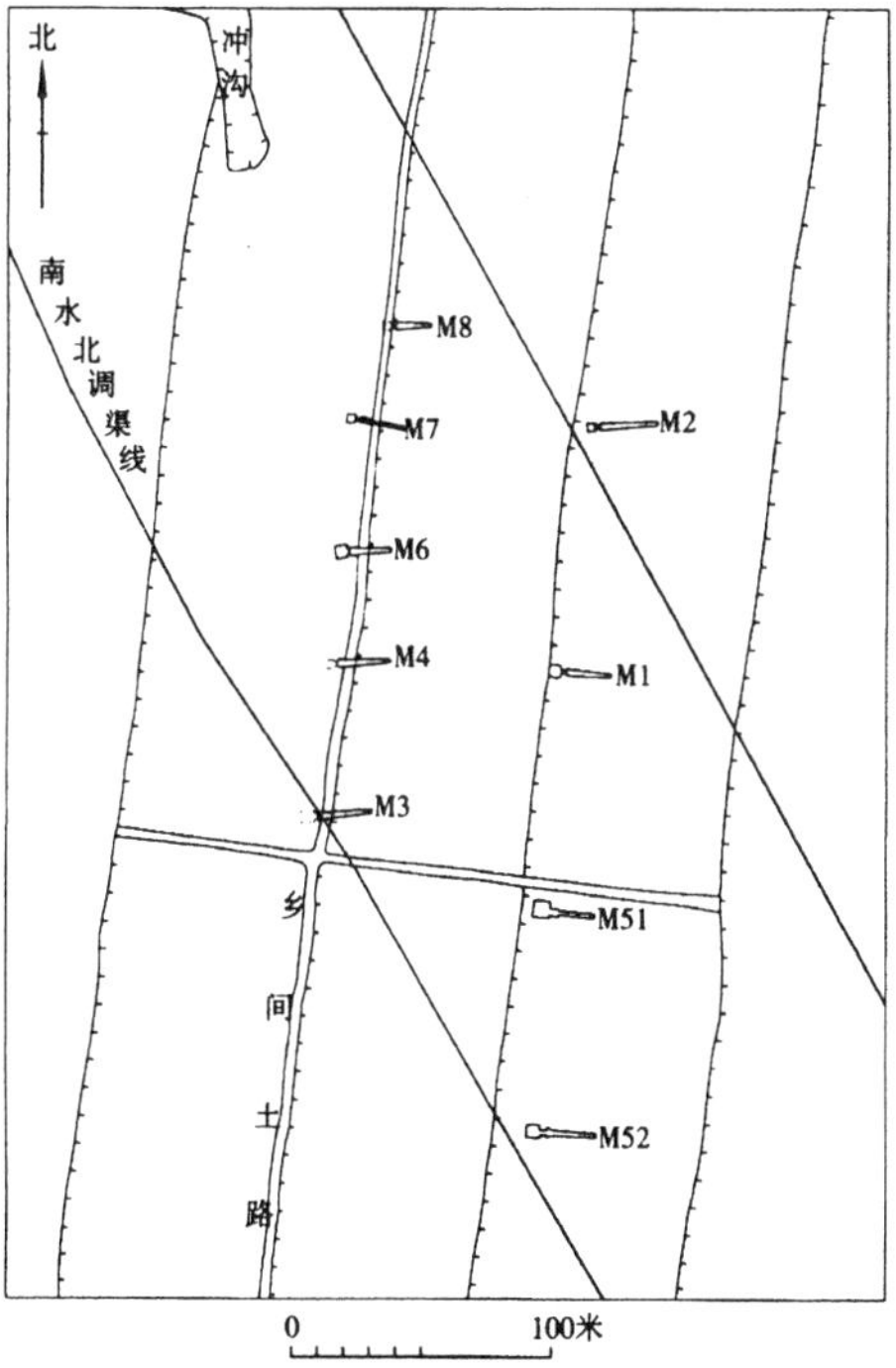

図16　河北省賛皇県李氏家族墓（『考古』2015-8）

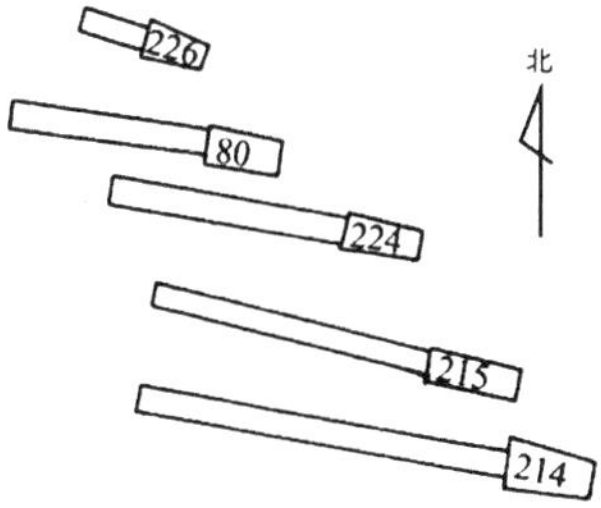

図17　山西省大同市南郊北魏墓地家族墓（『大同南郊北魏墓群』図二）

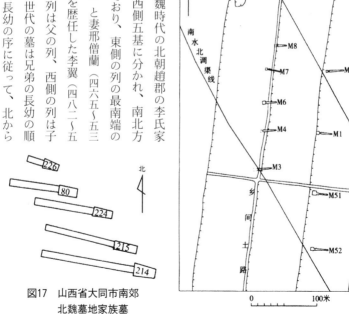

南に向かって各々配列されている。このような配列は河北省景県の北魏の高氏墓地でも見られ、墓が三基ずつ南北方向に二列並んでいる。[48]

また山西省大同市南郊三キロの北魏時代の墓地では、後漢、五胡十六国時代に見られるような、斜め一列に配列された五か所の家族の墓域が発見されている[49]（図17）。

八　終わりに

漢・三国・両晋・南北朝時代の家族墓地について考察してきたが、家族墓地出現の背景としては、宗族から単家族、さらに複合的大家族への家族制度の変質に伴って、埋葬制度が族葬から夫婦合葬、さらに家族葬へと変化したことにあったと考えられる。また土地私有化に伴う墓地の自由売買も家族墓地出現の大きな要因であったと思われる。

家族墓の配列方式については、皇帝の陵墓では、前漢時代は東向きの陵墓が東西方向に配列するが、後漢時代は南向きの陵墓が主に南北方向に配列するようになり、東西から南北への方位の変化が認められ、北魏の皇帝陵もこれを踏襲している。また小型墓・中型墓では、前漢中期頃から墓地内に家族墓の集中する墓域が現れるが、後漢時代になると家族墓を縦又は横一列、或いは斜め一列に配列する方式が開始され、これらの方式は後代にも継承される。一般に縦一列の場合は北から南へ、横一列の場合は西から東へ、斜め一列の場合は東北から西南へ順に配列することが多い。さらに北朝の五胡十六国から北魏時代、南朝の東晋時代になると、家族墓を南北方向に縦二列に並列する方式が新たに出現する。墓の向きについては、一般に横一列の配列の場合は南向き、縦一列又は二列の配列の場合は東向きであることが多い。

以上を総じて言えば、家族墓地に見られるような一列ないし二列に連なる配列方式は家族の繋がりを表わすものであり、生前の家族は死後にも家族であり続けるという強い家族意識を象徴しているように思われるのである。

註

（1）徐苹芳「中国秦漢魏晋南北朝時代的陵園和塋域」（『考古』一九八一―六）
（2）韓国河「論秦漢魏晋時期的家族墓地制度」（『考古与文物』一九九九―二）
（3）蔣暁春・李大地「三峡地区秦漢時期家族墓初探」（『考古』二〇〇八―四）
（4）杜葆仁「西漢諸陵位置考」（『考古与文物』一九八〇年創刊号）
（5）劉尊志「西漢帝陵分布及相関問題浅析」（『中原文物』二〇一〇―五）
（6）李毓芳「西漢帝陵分布的考察―兼談西漢帝陵的昭穆制度―」（『考古与文物』一九八九―三）
（7）劉慶柱・李毓芳『西漢十一陵』の各陵墓の陪葬墓部分、村元健一『漢魏晋南北朝時代の都城と陵墓の研究』第二章第二節、陪葬制度の変遷　汲古書院　二〇一六年
（8）陝西省考古研究所陽陵考古隊「漢景帝陽陵考古新発現（一九九六年―一九九八年）」（『文博』一九九九―六）
（9）張仲立・丁岩・朱艶玲「鳳棲原漢墓　西漢大将軍的家族墓園」（『中国文化遺産』二〇一一―六）
（10）太田侑子「古代中国における夫婦合葬―その発生と展開および家族制度との関わり―」『中国の歴史と民俗』所収　第一書房　一九九一年
（11）兪偉超『先秦両漢考古学論集』一、古史分期問題的考古学観察（四）墓地変化所見土地公社所有制到大土地所有制的変化　文物出版社　一九八五年
（12）徐森玉「西漢石刻文字初探」（『文物』一九六四―五）
（13）李如森『漢代喪葬制度』第五章第三節　吉林大学出版社　一九九五年
（14）中国科学院考古研究所洛陽発掘隊「洛陽西郊漢墓発掘報告」（『考古学報』一九六三―二）
（15）安徽省文物考古研究所『廬江漢墓』科学出版社　二〇一三年
（16）済寧市博物館「山東済寧師専西漢墓群清理簡報」（『文物』一九九二―九）
（17）洛陽市文物考古研究院編著『洛陽朱倉東漢陵園遺址』中州古籍出版社　二〇一四年

(18) 韓国河「東漢陵墓踏査記」(『考古与文物』二〇〇五―三)。なお韓国河氏の調査をもとに、日本の研究者も東南地区の踏査を行っている(鐘方正樹等「後漢皇帝陵踏査記」(『古文化談叢』第六一集 二〇〇九年))。
(19) 王竹林・趙振華「東漢南兆域皇陵初歩研究」(『古代文明』第四巻)文物出版社 二〇〇五年
(20) 鄭州大学歴史学院考古系等「偃師市高崖村東漢墓(陵)冢鑽探、試掘簡報」(『中原文物』二〇〇六―三)
(21) 洛陽市第二文物工作隊・偃師市文物管理委員会「偃師閻楼東漢陪葬墓園」(『文物』二〇〇七―一〇)
(22) 陝西省考古研究所編著『白鹿原漢墓』三秦出版社 二〇〇三年
(23) 鄭州市文物考古研究院「鄭州高新区電廠路戦国、東漢墓発掘簡報」(『洛陽考古』二〇一四―三)
(24) 陝西省考古研究所配合基建考古隊「西安浄水廠漢墓清理簡報」(『考古与文物』一九九〇―六)
(25) 員安志・馬志軍「長安県南李王村漢墓発掘簡報」(『考古与文物』一九九〇―四)
(26) 杜葆仁・夏振英・呼林貴「東漢司徒劉崎及其家族墓的清理」(『考古与文物』一九八六―五)
(27) 陝西省文物管理委員会「潼関吊橋漢代楊氏墓群発掘簡記」(『文物』一九六一―一)
(28) 王仲殊「漢潼亭弘農楊氏冢塋考略」(『考古』一九六三―一)
(29) 四川省文物考古研究院・広漢市文物保護管理所「四川広漢市羅家包東漢墓発掘簡報」(『四川文物』二〇一六―一)
(30) 南京市博物館・南京師範大学文物与博物館学系「南京仙鶴山孫呉、西晋墓」(『文物』二〇〇七―一)
(31) 洛陽市文物工作隊「洛陽関林皂角樹西晋墓」(『文物』二〇〇七―九)、劉斌「洛陽地区西晋墓葬研究―兼談晋制及其影響」(『考古』二〇一二―四)七八ページ
(32) 羅宗真「江蘇宜興晋墓発掘報告」(『考古学報』一九五七―四)、南京博物院「江蘇宜興晋墓的第二次発掘」(『考古』一九七七―二)
(33) 江西省文物考古研究所・南昌市博物館「南昌火車站東晋墓葬群発掘簡報」(『文物』二〇〇一―二)
(34) 南京市文物保管委員会「南京老虎山晋墓」(『考古』一九五九―六)
(35) 南京市博物館・雨花区文化局「南京南郊六朝謝琉墓」(『文物』一九九八―五)、南京市博物館・雨花区文化局「南京南郊六朝謝温墓」(『文物』一九九八―五)、南京市博物館・雨花区文化局「南京司家山東晋、南朝謝氏家族墓」(『文物』二〇〇〇―七)
(36) 南京市博物館「南京呂家山東晋李氏家族墓」(『文物』二〇〇〇―七)

(37) 襄樊市文物考古研究所「湖北襄樊市韓崗南朝〝遼西韓〟家族墓的発掘」(『考古』二〇一〇―一二)
(38) 繁昌県文物管理局「安徽繁昌順風山林場南朝墓発掘簡報」(『文物』二〇一三―一〇)
(39) 南京博物館・雨花台区文化広播電視局「南京市雨花台区姚家山東晋墓」(『考古』二〇〇八―六)
(40) 南京市文物保管委員会「南京人台山東晋興之夫婦墓発掘報告」(『文物』一九六五―六)、南京市文物保管委員会「南京象山東晋王丹虎墓和二、四号墓発掘簡報」(『文物』一九六五―一〇)
(41) 咸陽市文物考古研究所「陝西咸陽市文林小区前秦朱氏家族墓的発掘」(『考古』二〇〇五―四)
(42) 咸陽市文物考古研究所「陝西省咸陽市頭道塬十六国墓葬」(『考古』二〇〇五―六)。斜め一列の配列方式は、他に中国西北の甘粛・新疆の魏晋～五胡十六国～唐時代の墳院式家族墓地でも見られるが、これについては改めて検討したい。
(43) 咸陽市文物考古研究所編著『咸陽十六国墓』文物出版社　二〇〇六年
(44) 宿白「北魏洛陽城和北邙陵墓―鮮卑遺迹輯録之三―」(『文物』一九七八―七)
(45) 洛陽市文物工作隊「河南洛陽市吉利区両座北魏墓的発掘」(『考古』二〇一一―九)
(46) 石家荘地区革委会文化局文物発掘組「河北賛皇東魏李希宗墓」(『考古』一九七七―六)
(47) 中国社会科学院考古研究所河北工作隊「河北賛皇北魏李仲胤夫婦墓発掘簡報」(『考古』二〇一五―八)、同「河北賛皇県北魏李翼夫婦墓」(『考古』二〇一五―一二)
(48) 河北省文管処「河北景県北魏高氏墓発掘簡報」(『文物』一九七九―三)
(49) 山西省考古研究所等編著『大同南郊北魏墓群』下編第三章三、家族墓地　科学出版社　二〇〇六年

『群書治要』所引の二篇の『中論』佚文について

多田猏介

I　前言

『中論』二巻二十篇は後漢末から三国魏代の人徐幹の著述である。拙稿「『中論』訳稿」（上）・（下）（『日本女子大学文学部紀要』三一号　一九八二年三月・三二号　一九八三年三月）は『中論』二巻二十篇をその冒頭に冠せられた無名氏原序ともども註解・訳出したものである。さらに、これを若干推敲したものを、拙著《中国逍遥――『中論』・『人物志』訳註他――》（汲古書院　二〇一四年五月刊）の第一部第一章に「『中論』訳註」として収載した。

『中論』には、二巻二十篇の本文の他に『群書治要』巻四十六に引用された二篇の佚文がある。この小論において二篇の佚文を註解・訳出する。その作業にとりかかった段階で、池田秀三「徐幹中論校注」（上）・（中）・（下）（『京都大学文学部研究紀要』通号二三・二四・二五　一九八四年三月・一九八五年三月・一九八六年一二月）を知り、拝読するを得た。池田氏は（中）の「まえがき」で「前稿（上）が印刷に附されてのち、多田猏介氏に「『中論訳稿』（上）（下）」（『日本女子大学紀要―文学部―』三一・三二）があるを知った。見落していた迂闊さと非礼をお詫び申し上げるとともに、前回それを利用できなかったことを残念に思う。今回の作業では十分に利用させていただいた。しかし、私と多田氏との間で見解を異にする点も少なからずある。読者においては彼此参照せられ、御教示賜らば幸いである」という。今に至ってようやく池田氏の業績に接しえたのは申し訳なく、遺憾なことである。池田氏の「徐幹中論校注」（上）・（中）・（下）も二篇の佚文は対象としていない。なお下掲㋾は池田秀三「徐幹中論校注」を高く評価し、活用している如くである。

まず始めに、拙著《中国逍遥――『中論』・『人物志』訳註他――》の第一部第一章「『中論』訳註」の冒頭「例言」に掲げた㋑から㋷までの文献中、本稿のために㋑㋩㋥㋣㋠㋷を再録する。その上で今回新たに㋦㋸㋾の三文献を追補する。なお、以下の文中〔　〕内は原則として多田による補足である。

㋑　大本原式精印四部叢刊正編本（台湾商務印書館印行）『中論』。佚文二篇は収められていない。この扉裏には「上海涵芬楼借江安傅氏雙鑑楼蔵明嘉靖乙丑〔四十四年〕青州刊本景印」とある。前掲拙著第一部第一章の底本として用いた。

㋩　小万巻楼叢書本『中論』（新文豊出版公司編　叢書集成新編第十九冊所収）

㋥　銭培名撰『中論札記二巻』。これは㋩小万巻楼叢書本『中論』の末尾に附載されている。この『中論札記二巻』の末尾に佚文二篇も収録されていて、各篇末にそれぞれ「案此、即復三年喪篇」、「案此、即制役篇、以上二篇、並見群書治要」の按語がある。

㋣　梁栄茂著『徐幹中論校釈――附徐幹思想研究――』（台北　牧童出版社　一九七九年四月刊）。本書には「附録（一）」として㋥所収の佚文二篇が附せられている。ただし、㋥では脱落している十七字を補う等の小異はある。佚文に即しての注釈はない。

㋠　徐湘霖校注『中論校注』（成都　巴蜀書社　二〇〇〇年七月刊）。本書は㊁に拠ったと見られる佚文二篇を収める。佚文に即して注釈をほどこしている。㊁で脱落している十七字はやはり脱落している。「関於旧序作者」、「関於《中論》巻帙歴代著録情況」、「歴代対徐幹之評価」、「輯徐幹詩五首」を附録とする。

㋷　駱建人著『徐幹中論研究』（王雲五主編人人文庫所収　台湾商務印書館　一九七三年七月刊）。本書の「第四章　徐子中論考辨」中に「第三節　佚文考」があり、二篇の佚文に即して考証している。

㋦　大本原式精印四部叢刊正編本（台湾商務印書館印行）『群書治要』。この扉裏には「上海涵汾楼景印日本天明七年刊本」とある。本稿中での引用に際しては、ほぼ、現代日本通行の書体をもってする。

㋸　林家驪校注『徐幹集校注』（河北出版伝媒集団河北教育出版社　二〇一三年六月刊）。本書は㊁を底本とし、㊁所収の佚文二篇も収める。その十七字の脱文は補われ、かつ佚文についても注釈をほどこす。

㋾　孫啓治解詁『中論解詁』（中華書局　二〇一四年五月刊）。本書の底本は四部叢刊所収の明嘉靖四十四年青州刻本、つまり㋑と同じであるが、本文「民数第二十」の次に「佚篇一」と「佚篇二」を収め、かつそれらに注釈をほどこす。また本書の「附録一　序跋」、「附録二　目録提要」、「附録三　雑録」、「附録四　中論各篇内容提要」中には、それぞれに二篇の佚文に触れるところがある。

『群書治要』巻四十六は『申鑑』・『典論』からの節録とともに『中論』からの節録を収める。『中論』からの節録は全部で十二段落に区分・排列されている。段落ごとに別に表題はないが、現行の『中論』全二十篇と対照すると、順に「法象第二」「脩本第三」「虚道第四」「貴験第五」「覈辨第八」「爵禄第十」「務本第十五」「審大臣第十六」「亡国第十八」「賞罰第十九」から十段落に節録されている。続けて本稿に後掲する二段落（㋾のいう佚篇一と佚篇二）が続き、総計十二段落が節録されている。

現行『中論』の表題と対応する前の十段落が各篇からの節録であるから、その後に配された二佚文も元来の全文ではなく、節録のはずである。

唐呉競編『貞観政要』巻六の「悔過第二十四凡四章」中の一章に、貞観十七年のこととして、唐太宗が侍臣に「朕昨見徐幹中論復三年喪篇、義理甚深、恨不早見此書」と語ったとある。これに対して、㊁は「逸文」として、「天地之間、含気而生者……不刊之道也」の計四百五十六字〔㊀のいう数値。多田が㊁に拠って数えるに、計四百十九字、㊂に拠って数えるに、計四百三十五字〕を引用して、その末尾に「案此、即復三年喪篇」といい、また「昔之聖王、制為礼法……不亦遠乎」の計五百三十二字〔㊀のいう数値。多田が㊁に拠って数えるに、計五百五十字、㊂に拠って数えるに、計五百四十五字〕を引用し、その末尾に「案此、即制役篇、以上二篇、並見群書治要」という。㊂所収の佚文一はその内容からしても『貞観政要』において太宗が「朕は昨《きのう》徐幹の中論の復三年喪篇を見た」といっている「復三年喪篇」に対応するものであろう。

制役篇に関しては、唐の太宗が復三年喪篇を読んだというようなレベルでの直接の存在事例を見出すことはできない。しかし、㋾は「佚篇二」と表題して以下のようにいう。「『晋書〔巻四十六〕李重伝』に〝時太中大夫恬和表陳便宜、称漢孔光・魏徐幹等議、使王公已下制奴婢限数及禁百姓売田宅〟云々とあるが、この『制役篇』はおそらく徐幹の当時の奏議の節文ではなかろうか？　とはいえ、篇中に〝豈況布衣之士、而欲唱議立制、不亦遠乎〟の語があるのは奏議の体裁のようではない。あるいは徐幹には別にこれを論じた奏議の文があって、それはこの篇とは異なるのかも知れない。参考のために記しておく」（二八三頁）と。

宋・元代の書目の類では亡佚したものとしてだが、復三年喪篇ともども制役篇の痕跡も認められる。㋠は「附録」として「関於《中論》巻帙歴代著録情況」を集成する。㋾の「附録二　目録提要」も類似の趣向である。それらに導かれて、以下に書目の類の幾つかをなぞる。

a 「中論六巻」（『崇文総目』巻五儒家類）

b 「中論二巻。右後漢徐幹所撰。幹、鄴下七子之一人也。仕魏王国文学。建安之間、嫉詞人美麗之文不能敷散道教、故著中論二十余篇。辞義典雅、当世嘉之。此本無復三年・制役二篇。」（南宋晁公武『郡齋読書志』巻第三上子部儒家類。これは袁州本に拠って引用した。中論の解説としては次引cの衢本の方が詳しい）

c 「中論二巻。右後漢徐幹偉長撰。幹鄴下七子之一也。曾子固（曾子固、諱は鞏。北宋の人。以下に節略引用されるのは彼の『中論』への序文。節略のない原文は㋑㋠㋸所載。㋸は「治按原無題」と注する。原文はまた「徐幹中論目録序」と題して『元豊類稿』巻十一にも収められている。なお、館閣は宋代の翰林の別称）嘗序其書、略曰、〝始見館閣有中論二十篇、以謂尽於此。及観貞観政要、太宗称嘗見幹中論復三年喪篇、而今書闕此篇。因考之魏志、見文帝称幹著中論二十余篇（『三国志・魏書』巻二一「王粲伝」）、於是知館閣本非全書也。幹篤行体道、不耽世栄、魏太祖特旌命之、辞疾不就、後以為上艾長、又以疾不行。蓋漢承秦滅学之後、百氏雑家、与聖人之道並伝、学者罕能自得於治心養性之方、去就語默之際、況於魏之濁世哉。幹独能考論六芸、其所得於内、又能信而充之、逡巡濁世、有去就顕晦之大節、可不謂賢乎〟。今此本亦止二十篇、中分為上下両巻。按『崇文総目』六巻、不知何人合之。李献民（李献民に関しては『宋史』巻二九一列伝第五〇「李若谷伝」に「附子淑伝」がある。ただし、そこでは淑の字は献臣である。また、『宋史』巻二〇四志第一五七「芸文三」に「李淑『邯鄲書目』十巻」とある）云、〝別本有復三年・制後（後は役の誤字）二篇〟。乃知子固時尚未亡、特不見之爾」（『衢本郡齋読書志』巻之十儒家類。ここに拠るテキストは『宛委別蔵・史部』所収を影印した江蘇古籍出版社一九八八年刊の『衢本郡齋読書志』）

d 「中論二巻。漢五官将文学北海徐幹偉長撰。唐志六巻、今本二十篇。有序而無名氏、蓋同時人所作。案貞観政要、太宗嘗称見幹中論復三年喪篇、宋時館閣本已闕。又魏志、文帝称幹著中論二十余篇、則知二十篇非全書也」（南宋陳振孫『直斎書録解題』巻九儒家類）

e「中論二篇（ヲは「治按篇、疑作巻」と注する）。晁氏曰、後漢徐幹偉長撰。幹、鄴下七子之一也。曾子固嘗序其書、略曰〝始見館閣中論二十篇、以為尽於此。及観貞観政要、太宗称嘗見幹中論復三年喪篇、而今書闕此篇。因考之魏志、見文帝称幹著中論二十余篇、於是知館閣本非全書也。幹篤行体道、不耽世栄。魏太祖特旌命之、辞疾不就。後以為上艾長、又以疾不行。蓋漢承秦滅学之後、百氏雑家与聖人之道並伝、学者罕能自得於治心養性之方、去就語黙之際、況於魏之濁世哉。幹独能考論六芸、其所得於内、又能信而充之、逡巡濁世、有去就顕晦之大節、可不謂賢乎？〟今此本亦止二十篇、中分為上下両巻。按崇文総目七巻（ヲは「治按七、疑作六」と注する）、不知何人合之。李献民云別本有復三年・制役二篇、乃知子固時尚未亡、特不見之爾」（宋末元初馬端臨『文献通考』巻二百九経籍考三十六子儒家）〔以上eはほとんどcによる。阮元『揅経室集』外集巻二「四庫未収書提要」の「衢本郡斎読書志二十巻提要」の項では「是編淳祐己酉（一二四九）南充游鈞知衢州時所刻。其所収書較之袁本幾倍之。馬端臨作経籍考、全拠是册」という〕

f「中論二巻通行本。漢徐幹撰。幹字偉長、北海劇人。建安中為司空軍謀祭酒掾属・五官将文学、事蹟附見魏志王粲伝、故相沿称為魏人。然幹歿後三四年魏乃受禅、不得遽以帝統予魏。陳寿作史、托始曹操称為太祖、遂併其僚属均入魏志、非其実也。是書隋唐志皆作六巻。隋志又注云梁目一巻。崇文総目亦作六巻、而晁公武読書志・陳振孫書録解題並作二巻、与今本合、則宋人所併矣。書凡二十篇、大都闡発義理、原本経訓、而帰之於聖賢之道、故前史皆列之儒家。曾鞏校書序云、〝始見館閣中論二十篇、及観貞観政要、太宗称嘗見幹中論復三年喪篇、今書独闕。又考之魏志、文帝称幹著中論二十余篇、乃知館閣本非全書。〟而晁公武又称李献民所見別本実有復三年・制役二篇。李献民者、李淑之字、嘗撰邯鄲書目者也。是其書在宋仁宗時尚未尽残闕。鞏特拠館閣不全本著之於録、相沿既久、所謂別本者不可復見、於是二篇遂佚不存。又書前有原序一篇、不題名字、陳振孫以為幹同時人所作。今験其文、頗類漢人体格、知振孫所言為不誣。惟魏志称幹卒於建安二十二年、而序乃作於二十三年二月、与史頗異、伝写必有一訛、今亦莫考其孰是矣」（『四庫全書総目提要』巻九十一子部儒家類一）〔fも多くcによる〕

以上の目録の類によると、『中論』は二十篇の他に「復三年喪」・「制役」の二篇があり、従って全二十二篇ないしは全二十余篇ということになる〔aからfの範囲でも巻数に異同があるが、これについては論じない〕。この場合やや気になるのは、撰者徐幹と同時代人と見られる無名氏の原序が「中論之書二十篇を著す」〔無名氏原序については拙著《中国逍遥――『中論』・『人物志』訳註他――》七～一二頁参照〕となっていることである。㋩の巻末に附された「銭培名識」は「幹の書の無名氏原序が二十篇と称するは蓋し其の盈数〔十・百・万等の端数のないまとまった数〕を挙げしならん。魏の文帝が二十余篇と称せし其の辞は又略《おおよそ》にして、李献民所見の別本に拠れば則ち実は二十二篇なり。今治要を以て之を今本と合すれば、文は闕《か》けるところ或《あ》ると雖も篇は則ち已に全《まった》し」という。

Ⅱ　二つの佚文の註解

㋸の注釈がほとんど「這句話的意思是説」等として、その後に現代中国語で要旨を述べている。㋾の注釈もまた多く「文謂」として、その後に現代中国語で要旨を述べる。以下の日本語訳文作成に関しては先ずはこれらを参考にした。

佚文一　復三年喪

【原文】

天地之間、含気而生者、莫知乎人。（一）人情之至痛、莫過乎喪親。夫創巨者其日久、痛甚者其愈遅。故聖王制三年之服、所以称情而立文、為至痛極也。（二）自天子至于庶人、莫不由之、帝王相伝、未有知其所従来者。（三）

【注釈】

（一）㋸は「気元気、生命力。這句話的意思是説：天地之間的生霊中、人類是最具智慧的」という。㋾は「〝天地之間含気而生者〞、謂天地間稟受陰陽二気而生者、即万物也」といい、さらに次次句「莫過乎喪親」までを含めて「文謂天地間万物、無有智勝於人者。人情之最哀痛者、無過於喪父母也」という。
（二）㋸はここの数句は「因此聖王規定了三年守喪的制度、就是為了表現人們的情感、表達最悲痛的心情」という意味であるとする。㋾は『荀子・礼論』とその楊倞注等を指摘した後に、「文謂創巨者痊之日久、痛深者愈之時遅。故聖人制立三年守喪者、所以称副人情而立定礼法、為哀痛至極故也」という。㋠もすでに『荀子・礼論』とその楊倞注を引く。
（三）㋾は「〝由之〞、〝之〞承上指〝三年之服〞。謂自天子至庶民、無不遵従爲父母守喪三年之礼、世代帝王因襲相伝、而未知此礼法所由来也」という。㋸は「這幾句話的意思是説：従天子到平民百姓、没有不遵守這個規定的。代代相伝、弁不知道最早出于何時」という。

【訳文】

天地の間、陰陽の二気を受けて生きる万物中で人類ほど聡明なものはない。人の情として親を喪うほど悲痛なことはない。受けた傷が大きければそれだけ愈《いえ》るのに時間がかかり、悲痛が激しいほどそれだけ愈るのも遅くなる。そういうわけで聖王が三年の服喪の制を定めたのは、人情に即して規定したわけで、至痛の極みである。天子から庶人に至るまで、みなこれを遵守しない者はなく、帝王も代々相傳えるがそれが何時から始まったのかは不明である。


【原文】

及孝文皇帝(四)、天姿謙譲、務崇簡易、其将棄万国、乃顧臣子、令勿行久喪、已葬則除之、将以省煩労而寛羣下也(五)。

観其詔文、(六) 唯欲施乎己而已、非為漢室創制喪礼、而伝之於来世也。(七) 後人遂奉而行焉、莫之分理。(八) 至乎顕宗、聖徳欽明、深照孝文一時之制、又惟先王之礼不可以久違、是以世祖徂崩、則斬衰三年。(九) 孝明既没、朝之大臣徒以己之私意、忖度嗣君之必貪速除也。(一〇) 検之以大宗遺詔、不惟孝子之心哀慕未歇、故令聖王之迹陵遅而莫遵、短喪之制、遂行而不除、斯誠可悼之甚者也。(一一)

【注釈】

(四) ㋠は「孝文皇帝、指漢文帝劉恒。漢高祖之子、在位二十三年、提倡農耕、免農田租税十二年。主張清浄無為、与民休息。在歴代帝王中以生活倹素著称、与其子景帝両代并称為文景之治。『史記』・『漢書』有紀」という。

(五) ㋸は「這幾句話的意思是話〔この話の字は説の字の誤りであろう〕：西漢文帝一貫追求簡易、為了省除煩瑣寛待群下、臨崩之時、嘱托不要為他服喪三年」という。

(六) ㋠は「文帝遺詔、詔曰〝当今之世、咸嘉生而悪死、厚葬以破業、重服以傷生、吾甚不取……其令天下吏民、令到出臨三日、皆釈服。無禁取婦嫁女祠祀飲酒食肉。自当給喪事服臨者、皆無践。経帯無過三寸。無布車及兵器。無発民哭臨宮殿中。〟見『漢書・文帝紀』」という。

(七) ㋸は「這幾句話的意思是説：漢文帝的詔文、只是要把這一規定用在自己身上、而不是伝之後代、譲世世依照」という。

(八) ㋾は以下のようにいう。「『詩・小雅・信南山』〝我疆我理〟、毛伝：〝理、分地理也。〟謂区分地勢脈絡、是理亦分別之謂。朱熹『集注』：〝理、謂条理分別之。〟文謂観文帝詔書之文、其意唯欲以此短喪之法用於己之喪葬而已、非為漢王室制定喪事之礼儀而伝之於後世也。後人遂奉行之、不区分臨時之制与常制矣」と。

(九) ㋾は以下のようにいう。「『礼記・聘義』〝故為父斬衰三年〟、鄭玄注：〝服莫重斬衰也。〟按斬衰為喪服之

〝五服〟中最重者、……〔多田、中略〕……按『後漢書顕宗孝明帝紀』載、光武帝中元二年二月崩、明帝即位、明年改元永平、至永平二年正月、明帝及公卿列侯祀光武帝、始服冠冕衣裳云々、是此前未除喪也、故幹云〝斬衰三年〟。云〝三年〟者、自中元二年二月至永平二年正月、経年凡三、按月実不足三年。『礼記三年問』〝三年之喪、二十五月而畢〔按一説二十七月〕〟、是名雖三年、実不満三年。蓋二十四月周年二、至二十五月則為第三年、故曰〝三年〟耳」と。㋸は「這幾句話的意思是説：東漢孝明皇帝劉荘認爲聖王的礼制不可以久廃、因此在光武帝去世後、服三年喪」という。

（一〇）㋸は「這幾句話的意思是説：孝明皇帝以後、大臣們就僅僅以自己的私心、認為服喪的時間不能太長」という。

（一一）㋸は「這幾句話的意思是説：現在不但不能使孝子尽情表達自己的哀思、聖王的礼制也敗壊無用了。短喪的習俗因此流行起来而不能罷除、這真是可悲呀！」という。㋾は「文謂明帝既歿、朝廷大臣但用己之私意、揣測継位之君必貪求従速除喪也、遂以文帝短喪之遺詔限定守喪之期、而不思孝子之心哀痛思慕猶未尽、故使聖王礼法之遺跡不能遵行、短喪之制度遂推行而不廃、此誠深可悲悼者也」という。

【訳文】

漢の文帝〔劉恒〕は生まれつき遠慮深いお人柄で、万事簡易を旨とされたが、いまわの際には臣下に遺言して長期に服喪せず、葬ったらすぐに喪を除き、手間を省いて下々の者どもを楽にさせるように命じた。その詔文を見ると、ただ自分一身にのみこれを適用してくれるように望んだもので、漢室のために新たに喪礼を制定してこれを後代にまで守らせようとしたわけではない。それなのに後代の子孫がこれを奉じ行ったのは、文帝に限っての臨時の制と常制とを区別しなかったことになる。後漢の顕宗〔明帝劉荘〕に至っては明察の聖徳を有され、文帝の詔文が一時臨時の制であり、いつまでも先王の制に違うべきではないことに深く思いを致し、ここにおいて、世祖〔光武帝劉秀〕死去すると三年の喪に服した。明帝が死去すると、朝廷の大臣たちはただ単に自分たちの私心でもって、後継の君〔粛宗孝章帝。明帝の第五子劉炟、年十九で即位〕も必ずや速やかに喪を去ることを望んでおるであろうと忖度した。前漢の太宗文帝の遺詔にもとづいて服喪を短く制限するが、これでは孝子が心ゆくまで哀慕の情を尽くせないのみならず、聖王の礼制も衰退して守られなくなってしまう。短喪の制がこうして行われ、そのまま継続した。これは誠に深く悲しむべきことではある。

【原文】

滕文公小国之君耳、加之生周之末世、礼教不行、猶能改前之失、咨問於孟軻、而服喪三年、(一二)豈況大漢配天之主、而廃三年之喪、豈不惜哉。(一三)且作法於仁、其弊猶薄、道隆於己、歴世則廃、況以不仁之作、宣之於海内、而望家有慈孝、民徳帰厚、不亦難乎。(一四)詩曰、爾之教矣、民胥放矣。(一五)聖主若以遊宴之間、超然遠思、覧周公之旧章、咨顕宗之故事、(一六)感蓼莪之篤行、(一七)悪素冠之所刺、(一八)発復古之徳音、改大宗之権令、事行之後、永為典式、伝示万代不刊之道也。(一九)

【注釈】

（一二）㋠はここに『孟子・滕文公章句上』に「雖然、吾嘗聞之矣：三年之喪、齊疏之服、飦粥之食、自天子達於庶人、三代共之」とあるのを引く。㋸も前後を含めて、『孟子・滕文公章句上』のこのあたりを引く。

（一三）㋾は「滕文公小国之君耳」からここまでに関して「文謂滕文公乃小国之君、且生於周之末世、礼儀教化不得施行、猶能改前人過失、詢問於孟子、而守喪三年。何況大漢応天命之主、而廃三年之喪、豈不痛惜哉」という。㋾はまた文公の「遂行三年喪」は「見『孟子滕文公上』」という。

（一四）㋠は「豈不惜哉」と「況以不仁之作」の間の「且作法於仁、其弊猶薄、道隆於己、歴世則廃」の十七字を脱す。㋾は「〝而望家有慈孝〟、〝慈孝〟為複語、孝也。按上愛下謂之慈、下愛上亦可謂之慈。『国語・斉語』〝慈孝於父母〟、『荘子・漁父』〝事親則慈孝〟、慈亦孝也」といい、さらに「且作法於仁」以下について、「文謂以仁厚立法、其終猶流於刻薄、道興盛於己之世、経数世則衰廃。何況立不仁之法而宣揚於海内、乃望家有孝子、民徳帰於樸厚、不難乎？」という。

（一五）出典は『詩・小雅・角弓』。㋾は鄭玄箋に「爾、女（按同汝）。胥、皆也」とあるのを引く。㋸は「意思為君王能修道徳、以上化下、人民也就能夠效法、帰于有道」という。

（一六）㋾は「〝顕宗之故事〟、指明帝為光武帝守喪三年之往事」という。

（一七）典拠は『詩・小雅・蓼莪』。これの毛序に「刺幽王也。民人労苦、孝子不得終養爾」という。㋾は「按『蓼莪』述子在外服役、追念双親。〝篤行〟、謂孝子敦厚之徳也」という。なお、佚文本文中の「篤行」、㋥は「高行」と作る。㋠は「高行」と作って「高行、謂孝行」という。

（一八）典拠は『詩・檜風・素冠』。㋸は、「毛序曰：〝素冠、刺不能三年也。〟即是諷刺喪孝不能克尽」という。㋾は「『素冠』譏刺当時人不行三年之喪」という。

（一九）㋸は「聖主若以遊宴之間」以下のここまでについて、「皇帝如果能在閑暇之時思考聖人之法・観覧周公的礼制和顕宗的故事、感受『蓼莪』・『素冠』的大意、恢復古代的礼法、実行三年之喪、就能永遠伝為典範、成為不可修改的大道了」という。同じく「聖主若以遊宴之間」以下のここまでについて、㋾は「当世之主如以遊楽宴飲之間隙、邈然思古、覧周公之旧典章、詢明帝之往事、歎『蓼莪』至孝之厚徳、憎『素冠』薄情之譏刺、則頒服喪三年之王令、改文帝権宜之遺命。事行之後、永奉為常法、以伝告万世不廃之道也」という。㋠は「天地之間、含気而生者」からここまでを「為《復三年喪》篇」という。

【訳文】

滕の文公は小国の君主にすぎず、加えて周末の世に生まれ、礼教も行われていなかったが、それでもなおよく以前の過ちを改め、孟子に諮問して三年の喪に服した。それなのに天にも並ぶ広大な徳を有する大漢の主が三年の喪を廃するとは、何と悲しむべきことではないか！

仁道をもって礼法を制定しても、その末は刻薄になりがちである。己の代では道大いに興っても、数世を経れば衰え廃されてしまう。まして況んや不仁の礼法を制定してこれを天下に広めておきながら、家ごとに孝子があり、民の徳が朴実厚道に帰するように望んだとて至難のことではないか？『詩・小雅・角弓』には「爾《なんじ》が之教えれば、民は胥放《みななら》うなり」とある。もしも陛下が遊宴の合間にも遙かに古《いにしえ》を思い、周公の昔の典章制度を御覧になり、後漢の明帝の故事を諮問され、『詩・小雅・蓼莪』の孝子の篤実の徳行に感動し、『詩・檜風・素冠』が譏った、三年の喪に服さない悪習を厭われるならば、古代の礼法を復活させて、前漢文帝の一時の遺命を改めて三年の喪を実行した後にはこれを永遠の典範とし、万代に伝え示して廃することのない大道とすべきである。

佚文二　制役

【原文】

昔之聖王制為礼法、貴有常尊、賤有等差、君子小人、各司分職。故下無潛上之愆、而人役財力、能相供足也。(一)往昔海内富民及工商之家、資財巨万、役使奴婢、多者以百数、少者以十数、斯豈先王制礼之意哉。(二)

【注釈】

（一）㋹は「以往的聖人君王制定礼法、貴賤尊卑都有定制・有差別、君子小人、各自有自己的職位。」「因此下等的人没有僭越上級之過失、并且財力・人役也充足。」という。㋾は「在昔聖王制為礼法、貴者有常尊之

五者人之常行」とあるのを引く〔（　）内は孫啓治の補〕。㋾はさらにまた「編戸小人」について「編入戸籍之小民、即平民也」といい、〝小人〟とは〝君子〟に対していうのであって、「即上文所謂〝労力之謂小人〟・〝無徳而居富之民〟者」という。

（一〇）㋸は「這幾句話的意思是説：当今従俸禄微薄的小官吏一直到諸侯王公、都是管理人民的、是応当蓄養奴婢的。農民・工匠・商人是被人駆使・為人工作的、都応当親自労作、接受別人的管理、而不応当蓄養奴婢」という。㋾は「斗食、佐史」について、〝佐史〟は〝佐史〟と作るべきだとして、『漢書・百官公卿表上』の「県令・長」の条の属官の説明に「百石以下有斗食・佐史之秩、是爲少吏」とあるのを引いた上で「斗食・佐史即少吏、県之下級小吏也」という。

【訳文】

当今の郡や県の長官等の高級官吏が君子と称していられるのは、自分で賞罰を決定することができるからである。民でありながら数百にものぼる奴婢を蓄え、自ら賞罰を決定するのでは郡県の高級官吏とどこが異なろうか？　奴婢は卑賤の者であるとはいえ、胸中に人倫の情理を懐く存在であり、元来は帝王の良民であった。戸籍に編入されていた良民をして他人のために働く奴婢に堕さしめる。悲哀困窮して身の置き所もなく、且つ訴える所もない。何とけしからぬことではないか？　当今僅かな俸禄の県の少吏から諸侯王に至るまでいずれも人民を管理する者であり、当然奴婢を蓄え養うべきである。農民・工匠・商人及び走り使い・召使いの類はいずれも皆力を労して自ら働いて人に治められる者であり、当然奴婢を蓄え養ってはならない。

【原文】

昔孝哀皇帝即位、師丹輔政、建議令畜田宅奴婢者有限（一一）。時丁・傅用事、董賢貴寵、皆不楽之、事遂廢覆（一二）。夫師丹之徒、皆前朝知名大臣、患疾幷兼之家、建納忠信、為国設禁、然為邪臣所抑、卒不施行、豈況布衣之士、而欲唱議立制、不亦遠乎。(一三)

【注釈】

(一一) ㋸は「西漢哀帝即位時、大臣師丹主持政権、建議要限制占拠田産・蓄養奴婢的数量」という。

(一二) ㋸は「当時外戚丁・傅両家掌握権力、奸臣董賢被寵、因此這項建議没有得到実施」という。㋾は「以上見『漢書哀帝紀・師丹伝・佞幸伝』」という。㋾はまた「事遂廃覆」について「見『漢書・食貨志上』。又哀帝詔及有司奏議亦見『哀帝紀』」という。

(一三) ㋸は「這幾句話的意思是説：像師丹這様的人、是前朝著名的大臣、担心兼幷土地和奴僕的豪強、忠言直諫、為国家設立禁忌、但却被奸臣所圧制、最終得不到実施、那些平民布衣之人要想提倡建立体制、不更加没有可能了嗎？」という。㋾は「夫師丹之徒」以下に関して「師丹之輩皆前漢聞名之大臣、憂恨幷兼之家、立議献納忠信之言、為国設土田奴婢之禁限、然為邪臣所抑制、終不能施行。何況以匹夫平民、而欲倡議建立制度、其事豈不攸遠無期乎？」という。㋠は「以上一段言師丹建議制役、而偉長自己則以布衣倡之」といい、かつ「昔之聖王制爲礼法」からここまでを「為《制役》篇」という。

【訳文】

昔、前漢の哀帝が即位したとき、政事をたすけた大臣の師丹は占拠する田宅の量や蓄養する奴婢の数に制限を設けようとした。当時、外戚の丁氏・傅氏が権力を振るい、奸臣董賢が寵愛を蒙っていた。彼らがこれらの制限を不都合に思ったので、とうとう実施にはいたらなかった。そもそも師丹のような人々はいずれも前朝以来の著名な大臣であり、幷兼の家を憂い憎んで忠信の献策をなし、国のために制限を考えたのだが、邪悪の臣に抑えられてしまい、ついに施行できなかった。まして況んや匹夫の平民が制度の建立を提議したところで、さらにいっそうかなわぬ事であったろう。

『尚書引義』にみえる王夫之の『詩経』論

富田　美智江

明末清初の大儒王夫之（一六一九―一六九二）は、在野にあって膨大な著作を残した。その内容は経部、史部、子部、集部の多岐にわたる。王夫之の著作は彼の在世中には世に出ず、彼の末子王敔により刊行されたものも十数種にとどまった。嘉慶以降、王夫之の著作は徐々に世に現れ、同治年間には曾国藩・曾国荃兄弟によって『船山遺書』五十六種二百八十八巻が(1)、今日では『船山全書』七十三種三百七十余巻が刊行されている(2)。

そのうち王夫之の詩論に関する主な著作として、『夕堂永日緒論』『詩訳』『詩広伝』『詩経稗疏』『楚辞通釈』『古詩評選』『唐詩評選』『明詩評選』などが挙げられる。そのうちはじめの四種は王夫之『詩経』論の基礎となる著作といえよう。しかしそうした専著以外にも王夫之の『詩経』論が展開されているものがある。その一つが『尚書引義』舜典三である。本論では詩論の専著でないがためにあまり注目されてこなかった『尚書引義』舜典三を取りあげ、そこに現れた王夫之『詩経』論の独自性について指摘したい。

一　王夫之詩論の先行研究

清末になって『船山遺書』が編纂されたことからもわかるように、十九世紀中頃から王夫之は注目を集めるようになったが、それは哲学、倫理、政治思想分野に集中しており、文学関連については関心が薄かった。文学、特に詩について言及したのは清末では譚嗣同だけであり、[3]民国時代に入っても王夫之の詩論について論じたものは極めて少なかった。[4]とはいえ、一部の文学史の専著では王夫之が取りあげられるようになり、[5]日本でも青木正児が『清代文学評論史』で王夫之の項目をたてている。青木は次のように述べ、王夫之の『詩経』論の独自性を強調している。

彼の詩論で最も注目すべきは「詩経」を文学として見ることを提倡した点である。是は儒者が之を尊崇して道義に附会し、文学者も其の影響を被って之に文学的評論を加へることを遠慮する傾向が有る情勢の間に在って珍とするに足る。[6]

解放後も王夫之の詩学研究は多いとは言い難く、やや活発化するのは八〇年代を過ぎてからである。[7]『詩経』学については、一九八二年から二〇〇〇年にかけて十七篇の論文が発表され、[8]二〇一六年に至って納秀艶により専著である『王夫之《詩経》学研究』が出された。[9]

先行研究では、「興・観・群・怨」[10]や「詩情」観などを初めとして、様々な観点から王夫之の詩論や『詩経』論が分析されている。『尚書引義』舜典三における王夫之の『詩経』論については、陶水平が舜典三と『礼記章句』楽記篇を挙げ、王夫之の「詩楽一理」論がもっとも詳細に述べられているのはその二つであるとし、[11]また陳章錫が論文の一節に「《尚書引義》之《詩経》学理論」を設け、王夫之が詩楽合一の観点から朱熹を批判していることを指摘しているが、[12]専論として取りあげているものは総じて少なく、納秀艶も上述書では、「詩楽合一」について論じる際に、舜典三の冒頭の数行を引用するにとどまっている。

そこで次節では舜典三の王夫之の朱熹への反論に焦点を当て、その内容を見ていきたい。

二　舜典三における朱熹への反論

『尚書』舜典は次のようにいう。

帝曰く、夔よ、汝に典楽を命ず、冑子に教うるに、直にして温、寛にして栗、剛なるも虐無く、簡なるも傲無かれ。詩は志を言い、歌は言を永くし、声は永きに依り、律は声に和す。八音克く諧し、相い倫を奪うこと無くば、神人以て和さん、と。(13)

舜典三はここから論を展開させたものである。その中の朱熹への反論部分を要約すると、おおよそ次のような内容となる。

「詩は志を言い、歌は言を永くし、声は永きに依り、律は声に和す」と舜典はいうが、天下の貞なる人も淫なる人も、みな志を言うことがある。聖人が楽を治めるにあたっては内には志の別をあきらかにし、それを外にあらわす際には律をしっかり整える。志のゆくところ、言の発するところであればすべて楽となる、というわけではないのは明らかである。ところが朱子は、「古人は詩を作ってから律を和した。今人が先に律を合わせてから言葉を探すので、人に興をかんじさせられないのとは違う」という。しかし、音階の基本音である元声の自然の律の損益をまげて、偶発の言葉にこだわると、発すれば楽になるとはいっても、その楽は楽しいものではない。『礼記』楽記に「楽は、音の由る所に生ずるなり。其の本は人心の物に感ずるところに在るなり」というように、律は人心に即して生まれるのであり、声もそれに従って生まれるものである。心のおもむくままに発したものも一定のリズムになるというのでは、蛙の鳴き声や赤子の声なども聖人の音楽に取って代わることができるということになってしまう。しかしそのようなものでは、「直にして温、寛にして栗、剛なるも虐無く、簡なるも傲無し」という精神を得ることはいつまでたっても出来ないだろう。このことから、言語に即して律呂を合わせるという朱子の説がなりたたないことは明らかである(14)。

ここで王夫之が批判の対象としている朱熹の説とは、『朱子語類』巻七八尚書一舜典に見える次の文のことと思われる。

或るひと「詩は志を言い、歌は言を永くし、声は永きに依り、律は声に和す」を問う。曰く、古人詩を作るは、只だ是れ他の心下に存する所の事を説くなり。説の出ずるや、人便ち将に他の詩を歌わん。其の声の清濁長短は、各の他の詩の語言に依り、却って将に律は其の声に調和せん。今人却って先ず腔調に安排し、然る後に語言を做して腔子に去合せしむ、豈に是れ倒ならずや。却って是れ永は声に依るなり。古人是を以て楽をして他の詩に就けんとし、後世是を以て詩をして他の楽に就けんとす、如何ぞ興を解き人を起こし得んや、と(15)。

つまり朱熹は古人の詩歌について次のように認識していた。古人は心の内にある事柄を詩にする。その詩を歌うときは、詩の言葉によって声の清濁長短が決まり、声に調和する形で音律が決まる。今人は逆に、先に曲があり、その節に合うように言葉を配する。これは舜典に「声は永きに依る」とあるのとは逆で、「永は声に依」っている状態といえる。古人は詩に合うように音楽をつけたが、後世では音楽に合うように詩を作っているので、『詩経』の興のようなものを人に感じさせることはできない。

しかし王夫之は、詩を歌うときの声の清濁長短はすべて詩の言葉によって決まるとする朱熹に対し、詩句に即して音律が定まるという考えは誤りだと否定する。王夫之は、朱熹のそのような考えは楽曲としての詩歌に対する認識不足から生まれたとして、次のように述べる。

朱子は『詩経』三百篇の多くが四言・平調であり、音調も付随していないので、それらは房中之歌だと考え、笙を演奏して合する場合でも、現在の吟誦のようなものだと考えて、長い音・短い音の区別や、ゆっくり声を出すか急いで出すかといった違いがあると考えなかったのだろう。つまり音の長短疾徐は、メロディが広がってゆくか収束してゆくかの基準であり、音調の高低の基準であることを知らなかったのである。『礼記』楽記にいうところの「一動一静は、天地の間なる者なり」は、大雅・小雅のような雅楽であろうと鄭声のような淫俗な音楽であろうと、今も昔もそこから外れることはない。郷楽の歌は瑟で調子を高め、下管の歌は笙で合わせると、自然と異なる余韻が生まれる。歌の言葉は詩に著され、音の長短は音楽で表現されたので、『楽経』が失われてしまうと、言葉は残っても音の長短は失われて、後世の人びとの知らぬところとなってしまったのである。どうして歌・音の長短・声・メロディの全てを四言数句で表わすことができようか。(16)

王夫之はここで、朱熹は『詩経』の楽を吟唱のような声のトーンの変化のない平坦なものと考えたために、詩句によって音律を定めることができるとしたが、実際はそのような単調なものではなく、単調でない『詩経』の楽をたった四言数句で表すことなどできないと、朱熹への反論の根拠を語る。つまり王夫之は、本来の『詩経』は文字で書き残された詩句がその全てだとは考えていないのである。『詩経』は音楽と一体であり、その音楽部分である音の長短や速度は『楽経』の喪失とともに失われてしまった、というのが王夫之の主張であり、さらに彼は音の長短などの「永」は「言」、つまり文字として書き表された意味ある詩句以外の部分にも存在したとして、『詩経』の楽はすべて詩句の内にあるとした朱熹に反論したのである。

三 「永」と無義字

『詩経』の「永」は「言」、つまり〈意味ある言葉〉の外にあるとした王夫之は、続けて漢代の鐃歌（軍歌）に言及する。

漢の鐃歌には、字はあっても意味のないものがあるが、それは鐃歌の「永」である。今はその解説が失われてしまったので、無駄なもののように思われているだけである。それらの歌が作られた当初は、もちろんそれらの文字が表す音に付随するメロディがあった。このことから升歌・下管・合楽には必ず文言の外に余声があり、それによって声律、いわゆる「永」を合わせていたことがわかるのである。『詩経』を删定したときに意味のある言葉は残したが「永」の部分を捨ててしまった。楽官は「永」を習うもののその解説は劣化して不十分なものでしかなく、鐃歌にわずかに残った「永」にも及ばなくなってしまったのである。(17)

鐃歌は楽人の口承によって伝えられたため文義の不明確な箇所があることは、漢鼓吹鐃歌十八曲を収める『宋書』の志序にて言及されていることだが、(18)ここで注目したいのは、鐃歌の中の意味を持たない文字、すなわち無義字を王夫之は「永」だと見なしている点である。

さらに「永」について王夫之は、晋魏までは「永」は言外、つまり文字で表された詩句の中には表現されていなかったが、斉梁以降は「永」は詩句の中に含まれるようになった、隋唐では古法がやや復活して「無言の永」が見られたが、宋代以降は再び「無言の永」はなくなり、古法はほろびた、とする。(19)王夫之の朱熹への批判は、朱熹が古法がほろびたのちの理論で『詩経』を論じていると考えてのことと思われる。

王夫之の見解に従えば、『詩経』などの古い時代の詩歌は、音の長短や抑揚などまで文字に表そうという意識がなく、四声や平仄を反映させた文字を選ぶことで「永」が「言」に含まれるようになったのは後代になってからということになる。のちに『詩経』となる詩歌群の伝承の主たる担い手たちは楽官であり、その中には視覚不自由者も多く含まれていたと考えられている。つまり、原初段階では『詩経』は文字よりも声に頼って伝承されていた。時代が下ると詩歌もその抑揚などの音楽的な要素まで文字で見てわかることが重視されるようになるが、『詩経』の担い手が楽官から知識人たちへと移る移行期、すなわち伝承媒体が声から文字へとその比重を移す過渡期には、詩歌の音を忠実に文字に表そうという意識はまだ希薄だったということがいえるのである。

『詩経』のテキスト化を考える際に忘れてはならないのが『阜陽漢簡詩経』(以下『阜詩』と略す)である。『阜詩』とは、一九七七年、安徽省の阜陽双古堆一号漢墓から発見された百七十余片約八百字余りの『詩経』の断片のことで、前漢初期のものとされるそれは、ある程度分量のある『詩経』として最も早い出土資料の一つである。私はかつて『阜詩』と現行『詩経(毛詩)』(以下『毛詩』と称す)の文字の異同から、漢代における詩歌の文字化の問題について論じたことがある。[20]『阜詩』と『毛詩』を比較すると、『毛詩』では四言体になっていない詩の詩句の中から、削っても影響の少ない字が減らされ四言体に整えられた詩が『阜詩』からいくつか確認できる。例えば、召南騶虞は『毛詩』では章三句十三字、つまり一句目と二句目は四字句だが、三句目は「于嗟乎騶虞」と五字句の構成となっている。しかし『阜詩』では、「于嗟騶虞」と「乎」字がなくなることにより三句目も四字句となっている。[21]両者を比較してみると、『阜詩』の方が『毛詩』よりも四言体の体裁を優先させようという意識が働いているといえる。逆に言えば、なくてもさほど意味には影響しないと思われる文字が、四言体の体裁を損ないながらもわざわざ残されている詩が『毛詩』にはあるということである。それは、わずかとはいえ『毛詩』が『阜詩』よりも、実際に声に出して歌われるときの音を忠実に文字に書き表そうとした、その意識の表れといえるのではないだろうか。

王夫之は『詩経』を、意味を持たない文字がすでに削除された删定後のものとして論じている。『阜詩』は現代になって発見された出土資料である。『阜詩』を知らない王夫之は、『詩経』以外の歌に「永」の痕跡を見出した。王夫之がいうところの鐃歌の「永」とは、例えば臨高台曲の「収中吾」のようなものであり、[22]『阜詩』との違いから浮かび上がってきた「乎」字や「兮」字などの『毛詩』の無義字とは、その意味するところは異なるだろう。しかし両者とも、詩歌の意味だけではなく、その歌としての、音楽としての音をも文字で表そうとした、その名残であるという点では共通している。王夫之は、彼が依拠した『詩経』テキスト、すなわち『毛詩』を無義字を取り去った删定後のものと考えたが、『阜詩』という出土資料の出現により、『毛詩』はむしろ若干とはいえ詩の音の部分を正確に文字化することが意識されたテキストだった可能性が浮上した。ただしそれは『毛詩』が『阜詩』よりも早い段階に成書化されたことを意味するものではない。口承から文字による伝承へと移行する過程において、詩歌の音を忠実に文字表記しようとする意識が、必ずしも文字化の第一段階に現れるとは限らない。なぜならば、口承による補完が期待できる度合いが大きければ大きいほど、文字によってその音を忠実に表記せずとも伝承は可能だからである。もちろん『阜詩』や『毛詩』は文字化の第一段階ではなく、すでに最終段階に近いテキストだろう。しかしその表記法のわずかな差から、口承から文字へと移行する伝承形態の変化が垣間見えるのである。

王夫之はこうした『詩経』テキストの差を知り得たはずもなかったが、それでも漢代鐃歌を手がかりに、古代における詩歌の文字に表された以外の音の存在に着目した点は慧眼というべきである。王夫之は詩歌と音楽の関係性を重視しており、特に古楽府と四言詩は音楽と密接な関係にあるとする言説は『古詩評選』などに散見するが[23]、『尚書引義』にみえる王夫之の音についての理解と、それに基づく朱熹批判は極めて重要な発言であり、王夫之独特の『詩経』論がここに現れているといえよう。

四　王夫之の『詩経』論と少数民族歌謡

では、王夫之は朱熹も気づかなかった詩歌の古法、すなわち「無言の永」の存在になぜ着目することができたのだろうか。ここで、王夫之の生活環境が彼の独特な発想に影響を及ぼした可能性について指摘したい。

明末清初の混乱期を生きた王夫之は、その七十四年の人生の中でその居所をたびたび変えた。一六一九年に衡陽城（現湖南省衡陽市）で生まれた王夫之は、終の棲家となった湘西草堂（現湖南省衡陽県）の他に、西荘源（現湖南省常寧市）、続夢庵（現湖南省衡陽市）、敗葉廬（現湖南省衡陽県）などの居を構えた。これらの中で特に注目したいのが、順治十一年（一六五四年）から順治十四年（一六五七年）に続夢庵に移るまでの西荘源時代である。西荘源に移り住んだとき王夫之は三十六歳。西荘源時代の王夫之は「猺人」と名乗っていたとされる。衡陽市の南部に位置する常寧市には今日でもヤオ族郷があり、当時の西荘源の近くにもヤオ族の居住する地域があったのではないかと思われる。

ヤオ族は、近接するミャオ族とともに、歌をよくする少数民族として知られている。その歌は七言体を主としており、韻はあまり重視しない。そしてこれはヤオ族だけでなく多くの少数民族に共通することだが、地域ごとに曲調が異なる代わりに、一地域における曲調の種類はさほど多くない。少ない場合はたった一種類しかない地域もある。決まった節回しに様々な歌詞をのせて歌うのである。そうした彼らの歌声を王夫之が耳にしなかったと断言できるだろうか。

ヤオ族の歌は七言体、つまり一句七音で構成されている。彼らは独自の民族文字を持たないが、もしその詩歌を漢字を借りて表記すれば、一句七語で書き表すことだろう。しかし実際にその歌を聞いてみると、おそらく七音よりも多いと感じることだろう。なぜなら、曲に付随するハミングやスキャットのような類は、表記すべき音とは考えられていないからである。また、これはヤオ族ではなくミャオ族の例だが、七音以外の臨時の語を歌い手が無意識のうちに歌詞の間に加えて歌ってしまう事例も報告されている(24)。

もちろん王夫之は周知のごとく華夷思想を強くもつ儒者であり、『詩経』と少数民族の歌を同列に並べて考えることは決してない。しかし、少数民族の歌謡に「古法」を感じたのではないだろうか。少数民族の歌謡がそのまま『詩経』に通ずるという意味ではもちろんない。実際に少数民族の歌謡に古代中原の詩歌と共通する点があるのかどうか、その当否のほどはさておくとしても、文字を持たず口承の世界に生きる少数民族の歌謡を、王夫之が前時代的なものと考えたとしても不思議はないだろう。そしてその意識こそが、中原における詩歌の古い形態を考えたときに、知らず知らずのうちに少数民族歌謡の在り方を連想させた、ということもありうるのではないだろうか。

もう一つ、王夫之の詩論の中で少数民族歌謡の影響が感じられるのが、詩歌の多義性と、詩歌理解に対する読者の自由を肯定する王夫之の姿勢である。(25)現代の中国南方少数民族の歌掛けでは、歌い手の意図をあえて自分に有利なように曲解して歌い返す「読み換え」の技がしばしば見られるが、(26)王夫之の詩歌への柔軟な理解はこうした現実の歌掛けと一脈通じているといえるのではないだろうか。

王夫之の著述は、いつごろ書かれたものなのか明確になっていないものが多い。上原淳道はこのことについて、「専門家の努力にもかかわらず王船山のあらゆる著述の年代が必ずしもわからないらしい状態にあるとき、……年をとるにつれて王船山の思想に変化があるのかないのかを考えて行ったら、なにか問題が出てくるのではないかと思う」と懸念を示している。(27)末尾の王夫之年表は、主な著述についての成書時期を推定可能な範囲で示したものである。『尚書引義』の成書は王夫之が西荘源を離れてから六年後のことになる。執筆時期は西荘源時代からあとと考えてよいだろう。なお、王夫之の著述の中で、詩と楽の関係についてもっとも述べられているのは、『尚書引義』舜典三と『礼記章句』楽記篇だが、『礼記章句』の方は詩楽の本質について述べるのを主としており、舜典三で論じられた「無言の永」については言及されていない。その『礼記章句』は『尚書引義』よりも遅く、初稿は一六七三年、成書は一六七七年のことになる。

陶水平は王夫之の詩論を、現代の新体自由詩が格律詩にとって代わる未来を予見したものとするが、(28)そうではなく、少数民族の歌謡に古代を感じたからではないか、と想像をたくましくした次第である。

表　王夫之年表

元号	西暦	年齢	
万暦四七	一六一九	1歳	9月1日、衡陽城南回雁峰王衙坪に生まれる。

崇禎一〇	一六三七	19歳	春、同じ衡陽県の陶万梧の女を娶る。
崇禎一七	一六四四	26歳	2月、李自成が北京を占領し、崇禎帝が自縊する。5月、呉三桂が清兵を引き入れ北京を落とす。船山、変事を聞き、「悲憤詩」を作る。8月、息子の攽が生まれる。南岳双髻峰ふもとの黒沙潭に茅舎を築き、「続夢庵」と名づける。
順治三	一六四六	28歳	『周易』に注をつけ始める。父の朝聘から『春秋家説』の編纂を命じられる。
順治四	一六四七	29歳	11月18日、父の朝聘が病死する。
順治五	一六四八	30歳	春、南岳蓮花峰に住む。冬十月、管嗣裘らと衡山で挙兵するが敗走し、肇慶へ逃げる。
順治六	一六四九	31歳	春、南明桂王の首府肇慶を離れ、梧州・平楽を経て桂林に至る。夏、桂林から南岳の旧居に帰る。のちに肇慶に戻る。
順治七	一六五〇	32歳	2月18日、襄陽の鄭儀珂の女を桂林で娶る。
順治八	一六五一	33歳	正月、清軍が梧州・下柳州で勝利したため、南岳旧居に帰る。
順治九	一六五二	34歳	邵陽・祁陽・衡陽の三県の間に跨る耶姜山（別名大雲山、七里山、白雲峰という。南岳七十二峰の一つ）に居を移す。
順治一〇	一六五三	35歳	三子勿幕が生まれる。
順治一一	一六五四	36歳	秋8月、兵乱を避けて零陵北洞・釣竹源・雲台山などへ行く。冬、常寧西南郷小祇園の西荘源に居を移し、姓名を「猺人」と変える。
順治一二	一六五五	37歳	春、興寧晋寧山の寺に仮住まいし、『周易外伝』を作る。8月、『老子衍』を成書する。
順治一三	一六五六	38歳	常寧西荘源に住む。春、『黄書』を成書する。5月28日、西荘源で四子敔が生まれる。
順治一四	一六五七	39歳	夏4月、衡陽の蓮花峰ふもとの続夢庵に帰る。冬12月、小雲山ふもとの劉近魯を訪ね、その蔵書六千巻を観る。
順治一七	一六六〇	42歳	湘西金蘭郷高節里茱萸塘に移り、茅舎を築いて「敗葉廬」と名づける。
順治一八	一六六一	43歳	6月21日、継室鄭氏が亡くなり、大羅山に葬る。明桂王が清兵に捕らえられ、南明が滅亡する。
康熙二	一六六三	45歳	『尚書引義』を成書する。
康熙三	一六六四	46歳	長子攽が劉近魯の女を娶る。小雲山へ行き、劉氏の蔵書六千巻を再び観る。

康熙七	一六六八	50歳	秋7月、『春秋家説』を成書し、『春秋世論』を作る。
康熙八	一六六九	51歳	張氏を娶る。林塘小曲に草庵を築き、「観生居」と名づける。冬、『春秋左氏博議』を成書する。
康熙九～ 康熙一一	一六七〇～ 一六七二	52歳～ 54歳	春・冬は観生居に住み、夏・秋は敗葉廬に住む。
康熙一二	一六七三	55歳	観生居に住む。『礼記章句』45巻の初稿が完成する。
康熙一三	一六七四	56歳	正月、呉三桂が兵を挙げ湖南各地を攻撃したため、船山は家を離れ湘郷へ行く。冬、衡岳の故居に帰る。
康熙一四	一六七五	57歳	秋、観生居に戻る。観生居から二里離れた石船山のふもとに茅屋を築き、「湘西草堂」と名づけ移り住む。
康熙一六	一六七七	59歳	秋7月、『礼記章句』49巻を成書する。
康熙一七	一六七八	60歳	閏3月、呉三桂が衡州で帝位を称す。秋8月、呉三桂が病死し、清兵が衡州に進攻する。
康熙一八	一六七九	61歳	2月、呉三桂の兵が敗れ、清兵が衡州を取る。船山は兵を避け楂林山中に潜み、『荘子通』を書く。後に湘西草堂に戻る。
康熙二一	一六八二	64歳	『説文広義』『噩夢』の二書を書き上げる。
康熙二二	一六八三	65歳	『経義』を編纂し、『詩広伝』を重定する。
康熙二三	一六八四	66歳	『俟解』を書く。
康熙二四	一六八五	67歳	秋8月、『楚辞通釈』14巻を成書する。9月、『周易内伝』を書く。
康熙二六	一六八七	69歳	『読通鑑論』を書く。
康熙二七	一六八八	70歳	5月、『南窓漫記』を成書する。
康熙二八	一六八九	71歳	『尚書引義』を重訂する。
康熙二九	一六九〇	72歳	正月、『夕堂永日緒論』を成書する。
康熙三〇	一六九一	73歳	『読通鑑論』『宋論』の二書を成書する。
康熙三一	一六九二	74歳	正月2日、湘西草堂で逝去し、衡陽県金蘭郷高節里大羅山に葬られる。

＊王之春『王夫之年譜』（中華書局、一九八九年）および劉志盛・劉萍『王船山著作叢考』（湖南人民出版社、一九九九年）に依拠した。

註

（1）『船山遺書』と称するものは、曾国藩の金陵刻本に先がけて、王夫之の子孫王世全が道光二十二年（一八四二年）に刊行した湘潭王氏本十八種百五十巻、道光二十八年（一八四八年）に鄒焜によって出された衡陽学署本があり、また光緒十三年（一八八七年）には金陵刻本に六種十巻を補刻した衡陽補刻本が出された。その後民国期の一九三三年に上海太平洋書店が『船山遺書』として七十種三百五十八巻を刊行した。王夫之著作の刊行については、周調陽「王船山著述考略」（湖南省哲学社会科学学会聯合会・湖北省哲学社会科学聯合会合編『王船山学術討論集』（中華書局、一九六五年）所収）及び高田淳編訳『王船山詩文集』（平凡社、一九八一年）を参照。

（2）一九八八年から一九九六年にかけて岳麓書社より『船山全書』全十六冊が刊行された。

（3）高田前掲註（1）書。

（4）崔海峰『王夫之詩学範疇論』（中国社会科学出版社、二〇〇六年）によると、蔣紅等編『中国現代美学論著訳著提要』（復旦大学出版社、一九八七年）の「美学論著出版目録（一九一九―一九八三）」に挙げられた二〇〇種近い論著の中に王夫之の専著はなく、「美学論文目録（一九一九―一九四九）」に挙げられた論文約五〇〇篇にも、題目に王夫之を含むものは一篇もない。

（5）当時もっとも全面的に王夫之の詩学を紹介したものとして、郭紹虞『中国文学批評史』（商務印書館、上冊一九三四年、下冊一九四七年）があげられる。

（6）『青木正児全集第一巻』（春秋社、一九六九年）四一八頁。初出は青木正児『清代文学評論史』（岩波書店、一九五〇年）。

（7）崔前掲註（4）書によると、蔣前掲註（4）書所収の「美学論文要目（一九四九―一九八二）」に挙げられた論文八〇〇篇のうち、題目に王夫之を含むものは一篇のみ、中国社会科学院文学研究所編『中国古典文学研究論文索引』中の一九四九年から一九七九年にかけて発表された王夫之学術思想関連論文二十一篇のうち、詩学についてはわずかに四篇のみである。八〇年代以降は論文百篇余りを数え、それ以前に比べ論文数は十倍になったが、それでも王国維詩学研究の論文数と比べると五分の一にすぎないという。なお、日本においては船津富彦「王船山の文学思想について」（『日本中国学会報』第二一号、一九六九年、同著『明清文学論』（汲古書院、一九九三年）所収）、小川晴久「王船山の詩論―その「性の情」概念を中心に―」（『日本文学』第四四・四五号、一九七六年）、本間次彦「王船山の詩論をめぐって」（『日本中国学会報』第三九号、一九八七年）などがある。

（8）寇淑慧『二十世紀詩経研究文献目録』（学苑出版社、二〇〇一年）。

（9）納秀艶『王夫之《詩経》学研究』（中国社会科学出版社、二〇一六年）。

（10）「興・観・群・怨」は『論語』陽貨「詩、可以興、可以観、可以羣、可以怨」に拠る『詩経』の四つの理念（四情）を表す語。王夫之はこれを重視し、「興・觀・羣・怨、詩盡於是矣」（『夕堂永日緒論』内編一）という。

（11）陶水平『船山詩学研究』（中国社会科学出版社、二〇〇一年）。

（12）陳章錫「王船山《詩経》学中之文学理論」（陳器文編『通俗文学与雅正文学―文学与経学第六届全国学術研討会論文集』五南文化出版社、二〇〇六年）。

（13）帝曰、夔、命汝典樂、教胄子、直而溫、寬而栗、剛而無虐、簡而無傲。詩言志、歌永言、聲依永、律和聲。八音克諧、無相奪倫、神人以和。

（14）夫人之有志、志之必言、盡天下之貞淫而皆有之。聖人從內而治之、則詳於辨志、從外而治之、則審於授律。……非志之所之、言之所發、而卽得謂之樂、審矣。……朱子顧曰、依作詩之語言、將律和之。不似今人之預排腔調、將言求合之、不足以興起人。則屈元聲自然之損益、以拘桎於偶發之話言、發卽樂而非以樂樂、其發也奚可哉。……記曰、樂者、音之所由生也。其本在人心之感於物也。此言律之卽於人心、而聲從之以生也。……今使任心之所志、言之所終、率爾以成一定之節奏、于喁嘔啞、而謂樂在是焉、則蛙之鳴、狐之嘯、童穉之伊吾、可以代聖人之制作。然而責之以直溫寬栗、剛無虐、簡無傲者、終不可得。是欲卽語言以求合於律呂、其說之不足以立也、明甚。

（15）或問、詩言志、聲依永、律和聲。曰、古人作詩、只是說他心下所存事。說出來、人便將他詩來歌。其聲之清濁長短、各依他詩之語言、卻將律來調和其聲。今人卻先安排下腔調了、然後做語言去合腔子、豈不是倒了。卻是永依聲也。古人是以樂去就他詩、後世是以詩去就他樂、如何解興起得人。

（16）朱子之爲此言也、蓋徒見三百篇之存者、類多四言平調、未嘗有腔調也、則以謂房中之歌、笙奏之合、直如今之吟誦、不復有長短疾徐之節。乃不知長短疾徐者、闔闢之樞機、損益之定數。記所謂一動一靜、天地之閒者也、古今雅鄭、莫之能違。而鄉樂之歌、以瑟浮之、下管之歌、以笙和之、自有參差之餘韻。特以言著於詩、永存於樂、樂經殘失、言在永亡、後世不及知焉。豈得謂歌・永・聲・律之盡於四言數句哉。

（17）漢之鐃歌、有有字而無義者、鐃歌之永也。今失其傳、直以爲贅耳。當其始製、則固全憑之以爲音節。以此知升歌・下管・合樂之必有餘聲在文言之外、以合聲律、所謂永也。刪詩存言而去其永、樂官習永而墜其傳、固不如鐃歌之僅存耳。

(18)『宋書』志序「案今鼓吹鐃歌、雖有章曲、樂人傳習、口相師祖、所務者聲、不先訓以義。今樂府鐃歌、校漢魏舊曲、曲名時同、文字永異、尋文求義、無一可了。」
(19)晉魏以上、永在言外。齊梁以降、永在言中。隋唐參用古今、……言止二十八字、而長短疾徐、在乎無言之永。……至宋而後、永無不言也。永無不言而古法亡。豈得謂之古之無永哉。
(20)拙稿「漢代における詩歌の文字化と異文についての一試論」(『日本秦漢史研究』第一三号、二〇一三年)。同著『中国古代の声と文字の伝承』(慶應義塾大学(史学)博士学位論文、二〇一六年)に、「『阜詩』の置き字表記」の一節を加え収録。
(21)同様に、『毛詩』では四字句でない詩句が『阜詩』では四字句に整えられていると思われる詩として、他に召南野有死麕と邶風日月が挙げられる。
(22)『宋書』楽志漢鼓吹鐃歌臨高台曲「臨高臺以軒、下有清水清且寒。江有香草目以蘭、黄鵠高飛離哉翻。關弓射鵠、令我主壽萬年。收中吾。」
(23)陳章錫「王船山《古詩評選》「神韻」説之美学観点」(『文学新鑰』第一六期、二〇一二年)
(24)真下厚・張正軍・富田美智江・唐建福「中国湖南省鳳凰県苗族の恋人争いの歌掛け」(『アジア民族文化研究』第十五号、二〇一六年)。
(25)『詩訳』二「作者用一致之思、讀者各以其情而自得。」これについて論じたものとして、叶朗『中国美学史大綱』(上海人民出版社、一九八五年)、鄔国平・王鎮遠『中国文学批評通史　清代巻』(上海古籍出版社、一九九六年)、鄧新華「王夫之〝讀者以情自得〟的詩歌接受理論」(『華中師範大学学報(人文社会科学版)第三十八巻第四期、一九九九年)などがある。
(26)拙稿「歌掛けとして見る『左伝』賦詩」(『アジア民族文化研究』第九号、二〇一〇年)。
(27)上原淳道「読書雑感」(その一)(『中国近代思想史研究会会報』四六、一九六七年)、『上原淳道著作選Ⅰ　政治の変動期における学者の生き方』(研文出版、一九八〇年)所収。
(28)陶前掲註(11)書。

出土資料「堪輿」考

名和　敏光

一　はじめに

明代以降、「堪輿」という占いは「風水」と同義で、都城、住居、墳墓を作るための地相学、宅相学、墓相学の類と認識されてきた。確かに、伝世文献では諸目録において子部術数類相宅相墓之属に配され収録されている。[1]
また、『四庫全書総目提要』巻一〇九、子部十九、術数類二、相宅相墓之属、「術數類相宅相墓之屬八部十七巻」の案語に、

案に、相宅・相墓、自ら堪輿家を称す。『漢志』に『堪輿金匱』十四巻有り、五行に列す。顔師古注引許慎曰く、「堪は、天道なり。輿は、地道なり。」と。其の文 甚だ明かならず。而して『史記』日者列伝に「武帝 占家を聚会して、某日 婦を娶るべきか否かを問ひ、堪輿家 不可なりと言ふ。」の文有り。『隋志』、則ち「堪余」に作り、亦 皆 日辰の書なり。則ち堪輿占家なり。又 自ら称して形家と曰ふ。『漢志』を考ふるに『宮宅地形』二十巻有り、形法に列し、其の名 稍 近し。然るに形法 列する所、相人・相物を兼ね、則ち相宅・相地の専名に非ざれば、亦 仮借に属す。今 題して『相宅相墓』と曰ひ、『隋志』の文を用ひ、其の質に従ふなり。[2]

とあり、相宅相墓之属に分類している。

『隋書』経籍志(3)には、

『二儀曆頭堪餘』一巻。『堪餘曆』二巻。『注曆堪餘』一巻。『地節堪餘』二巻。『堪餘曆注』一巻。『堪餘』四巻。『大小堪餘曆術』一巻。梁『大小堪餘』三巻。『四序堪餘』二巻、殷紹撰。梁有『堪餘天赦書』七巻、『雜堪餘』四巻、亡。『八會堪餘』一巻。『雜要堪餘』一巻。

と十三種の書名を挙げ、興膳宏は『隋書』経籍志に記載のある「『二儀曆頭堪餘』一巻」に注して、

撰者未詳。余は輿に同じ。漢志に「堪輿金匱十四巻」が録され、師古注に「許慎云、堪、天道。輿、地道也」とある。また漢書八七揚雄伝注には、張晏を引いて、「堪輿、天地總名」。堪輿は、いわゆる風水の書をいう。


としている(4)。

しかし、『漢書』(5)『隋書』ともに「堪輿」「堪余」を冠した書籍が「五行」に配されていることや、『史記』の「堪輿」家が「五行」「建除」「叢辰」「歴家」「天人」「太一」の諸家と並列されていること、『隋書』に挙られた書名に「暦」「天赦」「八会」などの語が冠せられていることなどから、「暦注」との関わりや天文占との関わりが考えられるのである。具体的には、天における日月星辰の運行と、地における方位地相を勘案し、日の干支に因んで吉凶を判断する占い(選択)である。

本論では、出土資料に「堪輿」の名を冠した文献が新たに発見されたことから、「堪輿」の歴史を再考することと、古代における「堪輿」という占いの具体的な占術理論について考察する。

二　「堪輿」の歴史

正史等における著録としては、『漢書』芸文志に『堪輿金匱』十四巻を挙げるのが最初で、その後は『隋書』経籍志に十三種の書名を挙げ、『旧唐書』経籍志に『太乙飛鳥暦』一巻・『堪輿暦注』二巻・『黄帝四序堪輿』二巻（殷紹撰）の三種の書名を挙げ、『新唐書』芸文志に『堪輿暦注』二巻・殷紹『黄帝四序堪輿』一巻・『地節堪輿』二巻の三種の書名を挙げ、『宋史』芸文志に『堪輿経』一巻・『太史堪輿』一巻・商紹『太史堪輿暦』一巻・『黄帝四序堪輿経』一巻の四種の書名を挙げ、『明史』芸文志に趙廷桂『堪輿管見』二巻・董章『堪輿秘旨』六巻・陳時暘『堪輿真諦』三巻・徐焬『堪輿弁惑』一巻の四種の書名を挙げ、鄭樵『通志』芸文略に『二儀歴頭堪余』一巻・『堪余歴』二巻・『注歴堪余』一巻・『地節堪余』二巻・『堪余歴注』一巻・『堪余』四巻・『大小堪余歴術』一巻・『堪余天赦有書』七巻・『八会堪余』一巻・『黄帝四序堪余』二巻（殷紹撰）・『太史堪余歴』一巻（後魏殷紹撰）の十一種の書名を挙げる。これらを見ると、宋代までは歴（暦）と関わりのある、即ち選択の占いに関わる内容を含んでいたことが伺える。

このことは、『淮南子』天文訓に、

北斗の神に雌・雄有り。十一月 始めて子《し》に建し、月ごとに一辰を徙《うつ》る。雄は左行し、雌は右行し、五月に午に合ひて刑を謀り、十一月に子に合ひて徳を謀る。雌の居る所の辰を厭と爲す。厭日には以て百事を挙ぐべからず。堪輿は徐行し、雄は音を以て雌を知る。故に奇辰と為す。数は甲子より始まる。子（支・辰）母（干）相求め、合ふ所の処を合と為す。十日十二辰、周ること六十日にして、凡そ八合す。歳の前に合へば、則ち死亡し、歳の後に合へば、則ち殃《わざはひ》無し。…太陰・小歳（斗杓）・星・日・辰の五神 皆 合ひ、其の日に雲気風雨有れば、国君 之に当る。天神の貴《たつと》き者、青龍より貴きは莫し。或は天一と曰ひ、或は太陰と曰ふ。太陰の居る所は、背

くべからずして郷《むか》ふべく、北斗の撃《う》つ所は、与に敵すべからず。(6)

とあり、「堪輿」が「歳」「星」「日」「辰」などと一緒に論じられていることからも明らかである。しかし、その占術理論も王充の時代になると、『論衡』譏日篇に、

又 書を学ぶに丙日を諱み、云ふ「倉頡 丙日を以て死すればなり。」と。礼に子・卯を以て楽を挙げざるは、殷・夏は子・卯の日を以て亡ぶればなり。如し丙日を以て書し、子・卯の日に楽を挙ぐるも、未だ必ずしも禍有らず。先王の亡日を重んじ、凄愴感動し、以て事を挙ぐるに忍びざるなり。忌日の発《おこ》るは、蓋し丙と子・卯の類なり。殆ど諱む所有るも、未だ必ずしも凶禍有らざるなり。堪輿暦に、暦上の諸神 一に非ず、聖人 言はず、諸子 伝へず、殆ど其の実無し。天道は知り難く、仮令 之有るも、諸神 事を用ふるの日なれば、之を忌むも何の福あらん、諱まざるも何の禍あらん。王者 甲子の日を以て事を挙げ、民も亦 之を用ふるも、王者 之を聞き、刑法を用ひざるなり。夫れ王者は民の己と相 避けざるを怒らざるに、天神 何為れぞ独り当に之を責むべき。王法は事を挙ぐるに人事の可否を以てし、日の吉凶を問はず。孔子曰く、「其の宅兆を卜して之に安厝《あんそ》す。」と。『春秋』は、祭祀するに日を卜するを言はず。『礼』に曰く、「内事は柔日を以てし、外事は剛日を以てす。」と。剛柔 以て内外を慎み、吉凶を論じて以て禍福と為さず。(7)

とある様に、暦注の神煞の意味も忘れられかけていたのである。王充は論ずるに占術の否定が目的にあったため、この様な議論になったのであろう。北魏の時代には殷紹が「堪輿」を冠した書物を上奏し、それが宋代まで伝えられていた。明代以降、「堪輿」は風水として認識された様である。(8) 但し、元代以降『暦事明原』『御定星暦考原』『協紀弁方書』において神煞や用語の説明に『堪輿経』が引用されていることから、暦注に取り込まれる方向で残ってきたが、実際の占術として用いられたのではなく、その原理等も忘れられてしまったのである。(9)

三　馬王堆漢墓帛書「陰陽五行」甲篇「堪輿」と北京大学蔵西漢竹書「揕輿」

出土資料研究の嚆矢となったのが、長沙馬王堆漢墓から出土した大量の帛書であると言っても過言ではなかろう。発掘後、『老子』『春秋事語』『五十二病方』等の釈文が写真図版とともに出版された。しかしながら、術数文献はその一部の図版が散発的に公開されるだけであり、二〇〇〇年になってようやく「式法」と名付けられた部分、五つの部分の帛書の図版と釈文が公開されるだけであった。[10] その後、二〇一四年になり、『長沙馬王堆漢墓簡帛集成』が出版されるに至り、初めてその全体像を知ることができたのである。[11]「堪輿」を含むこの「陰陽五行」甲篇は、図版が第一冊に、釈文が第五冊に収められている。[12]「陰陽五行」甲篇がこれまで公開が遅れたのには理由がある。『集成』の図版を見れば明らかな様に、その損傷が甚だしいのである。更に、残片が三七九片もあることからも理解できるであろう。そのために、これまで、李学勤、陳松長、劉楽賢等の碩学が全体像の復原を完全にはなし得なかった。『集成』出版に当り、程少軒（現復旦大学出土文献与古文字研究中心助理研究員）が「刑徳甲篇」「刑徳乙篇」「刑徳丙篇」「陰陽五行甲篇」「陰陽五行乙篇」「出行占」の術数文献を整理し、釈文の作成を行った。短期間にこれだけの大量の文献の整理を行い、その釈文を作成を行うのであるから、氏の優秀さは推して知るべきである。しかし、やはり大量の文献の整理による時間的な制約は免れず、「陰陽五行」甲篇の全体像の完全な復原はなし得なかったのである。出版後、筆者は「陰陽五行」甲篇の一三〇片余りの残片の綴合を行い、[13] 全体構造の復原をなし得た。[14]

北京大学蔵西漢竹書は、[15] 盗掘後、購入者が二〇〇九年一月に北京大学に寄贈した三千三百枚余りの竹簡で、書写年代は前漢中期・武帝期と考えられている。内容は「蒼頡篇」（第一巻）、「老子」（第二巻）、「周馴（訓）」、「趙正（政）書」、「儒家説叢」、「陰陽家言」（以上第三巻）、「妄稽」、「反淫」（以上第四巻）、「節」、「雨書」、「揕輿」、「荊決」、「六博」

（以上第五巻）、「日書」、「日忌」、「日約」[16]（以上第六巻）、医方（第七巻）などの文献が含まれている。「揕輿」は『北京大学蔵西漢竹書（伍）』に収められている。「陰陽五行」甲篇に含まれる占術にこの北大簡「揕輿」とほぼ同じ内容を持つものがある。「陰陽五行」甲篇に含まれる占術には篇題が無く、これまでその名称が不明であったが、北大簡「揕輿」第三号簡裏面に「揕輿第一」と墨書されていて、「陰陽五行」甲篇に含まれる占術とほぼ同じ内容であることから、「陰陽五行」甲篇に含まれる占術の一つの名称が初めて明らかになったのである。

北京大学蔵西漢竹書「揕輿」はほぼ整簡であり、馬王堆漢墓帛書「陰陽五行」甲篇「堪輿」の欠落部分を補えるの[17]であるが、後半部分が大きく異なっているため、馬王堆漢墓帛書「陰陽五行」甲篇「堪輿」後半部分は残念ながら復原することができない。

次章では、「堪輿」の全体構造と占術理論（神煞及び用語）を解説する。

四　「堪輿」の全体構造と占術理論

馬王堆漢墓帛書「陰陽五行」甲篇「堪輿」の全体構造は、図の様に分類できる。

①の部分は、程少軒は江蘇儀徴劉集鎮聯営十号漢墓出土の漆式盤と形式が基本的に一致することから「式図」と名付けたが[18]、陳侃理は北大簡第二十五号簡に「大羅」とあることから「大羅図」と名付けている[19]。

②の部分は「小歳」の運行表、③の部分は天干・地支を職官名に配しており諸干支が主る所の職官を述べているようである。④の部分は神煞「庳」、「橦」、「無堯」、「鄗」の各月における運行表であり[20]、「掩衛・後衛・折衛（掩衡・後衡・折衡）」は星宿と斗柄との相対位置関係を示している。程少軒は②③④の部分を併せて「堪輿神煞表」と名付けている。

⑤の部分は、「日」、「辰」、「星」と「歳」の相対位置に基づき占を行うことを述べている。程少軒はこの部分を

「堪輿占法」と名付けている。

⑥の部分は欠損が激しくその内容が良く解らないが、北大簡から「取（娶）婦」や「歳立（位）」、「繚力（了戾）・犺根（行很）」について述べられている様である。但し、北大簡後半部の許尚の占の部分は無い様である。

以上が概要であるが、占術理論に関しもう少し詳述する。

「庫」は、北大簡では「厭」に作り、『淮南子』に「北斗の神に雌・雄有り。…雌は右行し、…雌の居る所の辰を厭と為す。厭日には以て百事を挙ぐべからず。…」とあり、『暦事明原』巻四に「陰氣所至之辰。名爲月厭。亦名陰建。」とあり、「月厭」「陰建」とも称される。しかし、その運行理論は不明であった。馬王堆「堪輿」の「式図」の発見により、ようやくその運行理論が解明された。

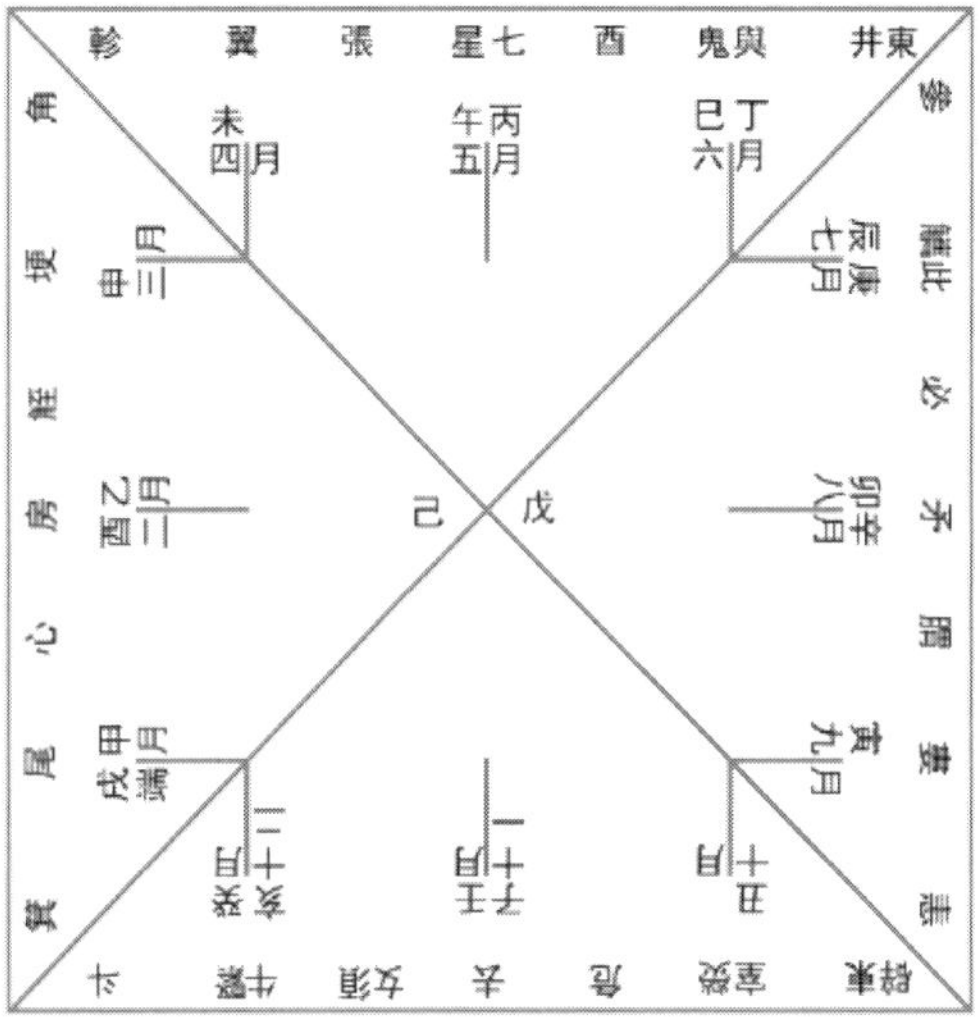

（式図：程少軒絵製）

この「式図」では、十干と十二月は時計廻り、十二支と二十八宿は時計と逆廻りとなっており、これに基づくと、「堪輿神煞表」の十二月と十二支の組み合わせが「庫（厭）」を示していることが解る。そして、北大簡に「時之後一也、爲無堯。」とある様に[21]、「十一月」に「庫（厭）」が「子」にある時、「無堯（翹）」は一つ後の「丑」にある。そして、「鄗（章光）」は「亥」にあるので一つ前ということになる。[22]「檀（衝）」は『淮南子』に「歳星の居る所、五穀 豊昌なり。其の対を衝と為し、歳 乃ち殃有り。[23]」とある様に、「庫（厭）」の対面にあるので、「午」にある。対面と言うと百八十度反対側を想定するが、「式図」により正対面ということが理解できるのである。「檀（衝）」は、『黄帝龍首経』[24]に「春三月、東方七宿を歳位と為し、南方七宿を歳前と為し、西方七宿を歳対と無し、北方七宿を歳後と為す。孟夏の二星を負衝と為し、季夏の二星を掩衝と為す。正月初 春夏秋冬は此に效へ。歳位・負衝・折衝・掩衝・歳前・挾畢 皆 凶、歳後・歳対・天倉・天府 皆 大吉，日・辰凶と雖ども害を為す能はざるなり。」とあり、例えば孟夏（六月）の二星（翼・軫）を負衝とし、季夏（四月）の二星（東井・與鬼）を掩衝とするのは、まさにここと一致する。

【馬王堆「堪輿神煞表」】

端 月戌庫	檀10上寅	亥無笑（堯）	酉鄗	角、亢掩収（衡）10下
三 月申庫	檀11上辰	酉無堯	未鄗	尾、箕後衛（衡）11下
四 月未庫	檀12上亥	申無堯	午鄗	東井、與（輿）鬼掩衛（衡）12下
六 月巳庫	檀13上丑	午無堯	辰鄗	翼、軫後衛（衡）13下
七 月辰庫	檀14上申	巳無堯	卯鄗	恚（奎）、婁掩衛（衡）14下
九 月寅庫	檀15上戌	卯無堯	丑鄗	此（觜）觿、參後衛（衡）15下
十 月丑庫	檀16上巳	寅無堯	子鄗	斗、緊（牽）牛掩衛（衡）16下
十二月亥庫	檀17上未	子無堯	戌鄗	熒（營）室、東壁後衛（衡）17下

二月觟（氐）・房・心折衡。五月酉（柳）・七星・張折衡。八月腎（胃）・矛（昴）・必（畢）折衡。十一月須女・去（虚）・危折衡。18

【北大簡「堪輿神煞表」(25)】

	厭	衝	無堯	陷1壹		
正月	11戌	03寅	12亥	10酉	01角02亢	闔（掩）衝2壹
二月	10酉	12亥	11戌	09申	03氐04房05心	折衝3壹
三月	09申	01子	10酉	08未	06尾07箕	負衝4壹
四月	08未	02丑	09申	07午	22東井23與鬼	闔（掩）衝5壹
五月	07午	09申	08未	06巳	24酉（柳）25七星26張	折衝6壹
六月	06巳	10酉	07午	05辰	27翼28軫	負衝7壹
七月	05辰	09申	06巳	04卯	15奎16婁女	闔（掩）衝8壹
八月	04卯	10酉	05辰	03寅	17胃18茅（昴）19畢	折衝9壹
九月	03寅	11戌	04卯	02丑	20此（觜）畦（觿）21參	負衝10壹
十月	02丑	06巳	03寅	01子	08斗09牽牛	闔（掩）衝11壹
十一月	01子	07午	02丑	12亥	10婺女11虚12危	折衝12壹
十二月	12亥	08未	01子	11戌	13室14東辟（壁）	負衝13壹

十二支と二十八宿の上の数字は筆者が便宜的に附したものである。

また、②の部分に、

春三月、東方之日・辰・星大凶。南方之日・辰・星小凶。西方之日・辰・星小吉。北方之日・辰・星大吉。1

夏三月、南方之日・辰・星大凶。西方之日・辰・星小凶。北方之日・辰・星小吉。東方之日・辰・星大吉。2

秋三月、西方之日・辰・星大凶。北方之日・辰・星小凶。東方之日・辰・星小吉。南方之日・辰・星大吉。3

冬三月、北方之日・辰・星大凶。東方之日・辰・星小凶。南方之日・辰・星小吉。西方之日・辰・星大吉。 4
日・辰・星 皆 吉なると唯（雖）ども、而るに歳立（位）に会し、以て作事・祭祀する毋れ、死に至る。復た其の月に至るも、或は咎有り。 5

とあり、北大簡には続けて、

歳前に会すれば、其の会する所の月に至りて咎有り。歳後に会すれば、其の会する所の月に至りて大喜有り。歳対に会すれば、其の会する所の月に至りて小喜有り。 25

とあることから、歳（小歳）の位置（歳に対して前（左）・対（対面）・後（右））により吉凶を定める占術であることが解る。即ち、東が歳位の場合は大凶で、歳前は左（南）で小凶、歳対は対面（西）で小吉、歳後は右（北）で大吉となる。

以上の他、「八会」(26)の占法や、今日では暦注下段にその名称だけが見え、既にその意味が解らなくなっている「行很」「了戻」「孤辰」などの神煞、『呉越春秋』所見の内容と一致する「大会所領日」の占術など、伝世文献の理解に資する内容を多く含んでいる。(27)

五　おわりに

これまで「風水」と関わりのある占いとして認識されてきた「堪輿」という文献が、漢代の記述からその内容に考察がなされてきたとは言え、その具体的な内容が明らかで無かった。また、初期出土資料の纏った文献として多くの研究者の注目を集めた馬王堆漢墓帛書中の「陰陽五行甲篇」が占術の文献であることは認識されてはいたが、その具体的な内容や全体構造は良く解らないものであった。北京大学蔵西漢竹書「揕輿」の公開により、古代の「堪輿」という文献が如何なるものであるかがようやく解明されることとなった。更に北京大学蔵西漢竹書には『日忌』の第一〇三章に「欽輿」という文献があり、また別に「日約」という文献があり、それらと「堪輿」占との関わりが指摘されているので、公表が待たれるところである。[28]

註

（1）「堪輿」に関する伝世文献は宮崎順子「風水文献所在目録」『東洋史訪』第十号（兵庫教育大学）に集められているので参照されたい。

（2）案、相宅・相墓、自稱堪輿家。考『漢志』有『堪輿金匱』十四卷、列於五行。顏師古注引許愼曰、「堪、天道。輿、地道。」其文不甚明。而『史記』日者列傳、有「武帝聚會占家、問某日可娶婦否、堪輿家言不可」之文。『隋志』則作「堪餘」、亦皆日辰之書。則堪輿占家也。又自稱曰形家。考『漢志』有『宮宅地形』二十卷、列於形法、其名稍近。然形法所列、兼相人・相物、則非相宅・相地之專名、亦屬假借。今題曰『相宅相墓』、用『隋志』之文、從其質也。

（3）『隋書』卷三十四、志第二十九、經籍三、五行。

（4）興膳宏『隋書經籍志詳攷』、汲古書院、一九九五年七月、六五九—六六〇頁。

（5）『漢書』卷三十、藝文志第十、「…堪輿金匱十四卷。（師古曰、「許愼云『堪、天道。輿、地道也』。」）…右五行三十一家、六百五十二卷。…」

（6）北斗之神有雌雄。十一月始建於子、月徙〈從〉一辰。雄左行、雌右行、五月合午謀刑、十一月合子謀德。雌〈太陰〉所居辰爲厭、厭日不可以擧百事。堪輿徐行、雄以音知雌。故爲奇辰。數從甲子始。子母相求、所合之處爲合。十日十二辰、周六十日、凡八合。合於歲前則死亡、合於歲後則無殃。…太陰・小歲・星・日・辰五神皆合、其日有云氣風雨、國君當之。天神之貴者、莫貴於靑龍。或曰天一、或曰太陰。太陰所居、不可背而可鄉、北斗所擊、不可與敵。

（7）又學書諱丙日、云倉頡以丙日死也。禮不以子卯擧樂、殷・夏以子卯日亡也。如以丙日書、子卯日擧樂、未必有禍。重先王之亡日、淒愴感動、不忍以擧事也。忌日之發（法）、蓋丙與子卯之類也。殆有所諱、未必有凶禍也。堪輿曆、曆上諸神非一、聖人不言、諸子不傳、殆無其實。天道難知、假令有之、諸神用事之日也、忌之何福、不諱何禍。王者以甲子之日擧事、民亦用之、王者聞之、不用刑法也。夫王者不怒民不與己相避、天神何爲獨當責之。王法擧事以人事之可否、不問日之吉凶。孔子曰、「卜其宅兆而安厝之。」『春秋』、祭祀不言卜日。『禮』曰、「內事以柔日、外事以剛日。」剛柔以愼內外、不論吉凶以爲禍福。

（8）銭大昕が「按、古堪輿家卽今選擇家、近世乃以相宅圖墓者當之。」と述べているのを参照。

（9）大川俊隆「『暦事明原』成書考（上・下）」『大阪産業大学論集人文学編』99・101（一九九九年一〇月・二〇〇〇年六月）、「北京大学図書館蔵『暦事明原』の発見と新たな校訂（上・中・下）」（『大阪産業大学論集人文・社会科学編15・17・21』二〇一二年六月、二〇一三年二月、二〇一四年六月）を参照。「奎章閣本『暦事明原』校訂稿1—5」『大阪産業大学論集人文学編』99—103（一九九九年一〇月—二〇〇一年六月）、

（10）馬王堆帛書整理小組「馬王堆帛書〈式法〉釈文摘要」（『文物』二〇〇〇年七期、八五—九四頁）を参照。また、馬王堆漢墓帛書の術数文献の公開の過程については、拙稿「馬王堆漢墓帛書《陰陽五行》乙篇の構造と思想」（『中国新出資料学の展開』（第四回日中学者中国古代史論壇論文集）、汲古書院、二〇一三年八月、二〇二—二一四頁）等を参照。

（11）裘錫圭主編、湖南省博物館・復旦大學出土文獻與古文字研究中心編纂『長沙馬王堆漢墓簡帛集成』全七冊（二〇一四年六月、北京、中華書局。以下、『集成』と略称。）。但し、その奥附は「六月」となっているが、実際に購入できたのは一〇月末になってからである。

（12）図版は『集成』第一冊二三八—二八一頁（但し、その二七三—二八一頁は残片である。）、釈文は第五冊六五—一一六頁。

（13）拙稿「馬王堆漢墓帛書《陰陽五行》甲篇《雜占之一》《天一》及《諸神吉凶》下半截綴合校釋」『出土文獻與先秦經史國際學術研討會論文集』（香港大學中文學院、二〇一五年一〇月、一三〇—一四二頁）、「馬王堆漢墓帛書《陰陽五行》甲篇《衍》《雜占之四》綴合校釋」『出土文獻』第八輯（中西書局、二〇一六年四月、一四六—一五八頁）、「馬王堆漢墓帛書《陰陽五行》甲篇《諸神吉凶》前半章綴合校釋」『漢字研究』第十五輯（二〇一六年八月、三三—五五頁）、「馬王堆漢墓帛書《陰陽五行》甲篇《諸神吉凶》綴合校釋」『紀念馬王堆漢墓發掘四十周年國際研討會論文集』（湖南省博物館、二〇一六年一〇月、二〇六—二一〇頁）を参照。

（14）名和敏光・廣瀬薫雄「馬王堆漢墓帛書《陰陽五行》甲篇整體結構的復原」『出土文獻研究』第十五輯（中西書局、二〇一六年七月、二二八—二五八頁）を参照。

（15）『北京大學藏西漢竹書』はこれまでに第一—五巻の五冊が中西書局から出版されている。（以下『北大簡』と略称。）

（16）この「日忌」「日約」にも「堪輿」と同様の占術が含まれているそうである。陳侃理「揕輿」注釈を参照。

（17）拙稿「北京大学漢簡〈揕輿〉と馬王堆帛書『陰陽五行』甲篇〈堪輿〉の対比研究」『国際シンポジウム「非発掘簡の資

料価値の確立」論文集』（日本女子大学、二〇一六年三月、一―一八頁）を参照。また校訂・注釈は既に「馬王堆漢墓帛書《陰陽五行》甲篇《堪輿》綴合校釋」及び「北京大學藏西漢竹書《揕輿》校釋」として纏めており、後日発表の予定である。

（18）程少軒「堪輿」注（二）に「該式圖十二辰爲逆行，形式與江蘇儀徵劉集鎮聯營十號漢墓出土之漆式盤（圖見《東南文化》二〇〇七年第六期、《儀徵出土文物集萃》第五二頁）基本一致，而與其他秦漢墓所出六壬式盤有顯著區別，恐是堪輿家專用。」とあるのを参照（『集成』〔五〕九二頁）。

（19）陳侃理「大羅」注〔一〕に「「羅」，列也，布也。布列歲、刊、辰、星，爲「大羅」。本篇後文之圖式，即大羅圖。」とあるのを参照（『北大簡』〔五〕一三七頁）。

（20）神煞は、『北大簡』では「厭」、「衝」、「無堯」、「陷」に作り、後世の暦注では「月厭・陰建」、「衝」、「無翹」、「章光」に作っている。

（21）『協紀弁方書』巻三十六「章光」引『堪輿経』にも「以月厭前一辰爲章光、後一辰爲無翹。」とあるのを参照。

（22）前注及び、『暦事明原』巻三「章光」引『堪輿経』に「章光者、陰建前辰也。其日忌嫁娵。」とあるのを参照。

（23）『淮南子』巻三、天文訓曰、「歲星之所居、五穀豐昌。其對爲衝、歲乃有殃。」

（24）『黄帝龍首經』巻上、第五占星宿吉凶法曰、「春三月、東方七宿爲歲位、南方七宿爲歲前、西方七宿爲歲對、北方七宿爲歲後。孟夏二星爲負衝、季夏二星爲掩衝。正月初春夏秋冬效此、歲位負衝・折衝・掩衝、歲前挾畢皆凶、歲後・歲對・天倉・天府皆大吉，日辰雖凶不能爲害也。」

（25）表中の数字は、筆者が便宜的に付したものである。本来は「寅」を01とすべきであるが、便宜的に「子」を01とした。

（26）前述の式図（大羅図）中に「正月、甲戌」「二月、乙酉」「五月、丙午」「六月、丁巳」「七月、庚辰」「八月、辛卯」「十一月、壬子」「十二月、癸亥」として記述されている。

（27）詳細は別論に譲る。

（28）『北京大學藏西漢竹書』第六巻所収予定。

【附記】本研究は、JSPS 科研費16K02157（基盤研究C）、26284010（基盤研究B）、16H03466（基盤研究B）、及び公益財団法人高橋産業経済研究財団の助成を受けた成果の一部である。

古代中国における経済地理的境域区分について

原　宗子

一　はじめに

「鉄器・牛耕」は、かつて高校世界史教科書にも登場するほど、春秋戦国期における古代中国の社会的変容を生み出した基本的アイテムとして、時に「生産力の発展」という説明をも伴いつつ、広く認識されていた。多くの概説書類にも、確かに、鋭い鉄器で耕すことは、広い面積を開墾し、土壌を柔らかく細かくしてその「栄養分」を植物根が吸収しやすくする上で、重要な意義があった、という類の説明が施されていた。私自身、そういう理解で、中国史の勉強を始め、その方向で、幾つかの文章も発表していた。

が、春秋戦国期の大変動をもたらした要素として、「鉄器」という言葉が持った意義は、必ずしも「鉄製農具の出現」には限らない、という視点を、学術論文として明確に表記したのは、おそらく平勢隆郎氏であろう(1)。氏は、鉄の犂や鎌よりは、むしろ鉄斧の普及の方が森林伐採面積の拡大を生んだという点で、「耕地拡大」に寄与した、と考えたのである。これは、ある意味では「常識」であり、皆が漠然とは考えていたことかもしれない。

が、「鉄製農具」と「鉄斧」の差異は、環境史的アプローチを採る場合、極めて重要なファクターとなる。既に

「農地」として利用されている土地の単位面積当たりの収量が増加する、という事柄がもたらすのは、直接的にはそこを耕作する者及び彼らを支配する者の収入の増加であるが、森林の伐採は、農耕、殊に大規模単一穀物生産（私はこれを「大田穀作主義」と呼んできたのだが[2]）を行っていなかった人々の生活形態に対しても、大きな影響を及ぼす。とある森林の存在自体を生存の条件として狩猟・採集生活や牧畜生活、或は移動式焼き畑農耕などを営んでいた人々にとって、その生業が継続できなくなるという変化が生まれるからである。

しかしながら、中国においてはもとより戦後日本においても、「農業大国・中国」「進んだ農業技術を教えてくれた歴史上の先進国中国」といった既成概念に捉われていたからか、或は、「民衆が食べられる状況を齎すことこそ、政治・社会発展の根本目的」といったテーゼを重んぜざるを得ない社会状況に在ったからか、古代中国の〈民衆〉の姿として、農民以外を思い描く研究例は、極めて乏しかったと言わざるをえまい。

そこで、〈西北からの侵略者〉としての牧畜民、といった発想が一般化されたといえよう。が、実は、黄河流域においても、牧畜や狩猟採集を主たる生業とする人々は、史料の隙間から顔をのぞかせること、既に、幾つかの拙稿において、述べてもきた[3]。殷代、周代においても、政権の周辺に牧畜民の存在は否定しえず、春秋期の覇者を輩出した諸国においても、諸侯が牧畜民と密接に関わった事例には、史料上、事欠かない。

近年では、古代中国において〈邑制国家〉の周辺における牧畜民の存在を認め、さらに歴代、牧畜民と農耕民とがいかに雑居してきたかを検証する傾向は、盛んになってきている。殊に、五胡十六国以降隋唐期にかけての研究、さらには、明清期における牧畜民の動向などについて、多くの見解が示されつつある。

そのうちでも、長城付近において牧畜民と農耕民とが共存するエリアが歴代存在し、それが時代に連れ、主に南北方向に移動する傾向にあったこと等を指摘する視点は、夙に史念海氏が提起してこられたところである[4]。日本では、妹尾達彦氏らが〈農牧複合地帯〉といった用語を提案して精力的に何回ものシンポジウムを企画してこの見解を広めてきておられるし、近年ではまたこれを〈農牧接壌地帯〉とよぶべきである、との主張を森安孝夫氏が打ち出され(6)、こちらも広まりを見せつつある。これらは有用な見解ではあるのだが、では、この〈農牧複合地帯〉ないし〈農牧接壌地帯〉の南側を〈農耕地帯〉と認識し、北側を〈牧畜地帯〉と認識することには、いかなる意味があるのだろうか。

他方、一般に〈農耕地帯〉と認識されているエリアについては、近代以降、主にキングやロッシング・バックら欧米の研究者によって、「稲作地帯」と「麦作ないし粟作地帯」という区分が提起され(7)、近現代中国の経済分析に言及するおびただしい論著において、現在もなお、いわば普遍的に援用される傾向がある。やがて植民地としての全面的支配実現を視野に入れていた可能性も想定しうる近代欧米人による調査においてはもとより、新たな原料・労働力調達地として、もしくは新たな市場として中国を俯瞰しようとする現代日本経済人の問題関心からも、このような簡便な地理区分は、重宝なものであるかもしれない。しかしながら、人々が日々暮らす場としての環境について、丁寧な観察を試みる場合、こういう地理的区分に、何ほどの意味があるのだろうか。

最近、古代中国の農業、環境等を扱った諸研究において、明言されていると否とを問わず、バック線、すなわち淮河線の根強い影響を痛感した筆者は、少なくとも古代史史料に見る限り、バック線にほとんど意味が認められない旨を前稿で述べた(8)。そのうち、『三国志』魏書・鄭渾傳に見える鄭渾の事績に関し、前稿では、単に淮河線以北（すなわち麦作ないしアワ作地域に区分されそうな地点）での稲作を示す材料としてのみ言及したのだが、実は、行論の過程で、この史料に含まれる、それ以上に着目すべき点を見つけたのである。

二　〈農耕地帯〉における「非農耕民」

狭い日本列島に生まれ育った者が黄河中下流域を旅行すると、見渡す限りの穀物ハタケに唖然とし、たとえ遠くにでも、地平線のどこかには山と森とが見通せる日本の風景との差異を痛感させられる。なるほど、「穀物作地帯」というものがあるのだ、とも思う。

しかしながら鄭渾傳は、そのような華北で、既に秦漢の大一統を経た漢魏の時代においてなお、「穀物作地帯」であるはずの淮河流域に、非農耕民が根強く暮らしていたことを示す材料でもあったのである。

開封生まれの鄭渾は、戦乱を淮南に逃れていたが、華歆に見いだされて豫章太守となり、その篤行を聞きつけた曹操が下蔡長兼邵陵令に任じた、といわれている。ところが任地に赴いた鄭渾が眼にしたのは、貧しさゆえに子育てできないから、と生まれた子を殺す習慣が蔓延している「民」の姿であり、『三国志』は、その背景を「天下がまだ定まっていなかったから、民は皆剽軽であって産殖を念わなかった」としているが、対策として鄭渾が始めたことは、民が保有している「漁猟之具」を奪って穀物作と桑栽培を命じ、稲田を開拓することだった、というのである(9)。この記録は、一義的には、呉との対戦を視野に入れた魏の役人が、軍事的・政治的理由に基づき、穀物を確保すべく、従来不活発であった稲作を指示した、というものとみなしうるであろう。

が、問題はそれのみではない。

邵陵は、現在の安徽省淮南市鳳台県とされていて、西周期には淮夷の地であり、封ぜられた州来子国の管轄下に入ったとされるが、周の景王十六（紀元前五二九）年に呉が州来を滅ぼして以後呉に属し、やがて楚が蔡を滅ぼしたことで楚の支配下にはいったとされる。以後、秦漢帝国期を通じて郡県支配を受けたことになってはいるが、今日でも「烏石林場」「李山林場」など林地の散在が認められ、傾斜地の多いことが判る。ただし、地下水源が豊富であるともいい、河川・湖沼沢に恵まれている。鉅野澤などのような低平な地形ではない。人口七三万人のうち、漢族が主流ではあるものの、回、苗、彝、壮、布依、侗、瑶、土家、羌等、二五の少数民族が住むともされる。前稿でも述べたように、自然地理的条件として稲作、それもかなり原始的な稲作が可能であったことは当然だろう。既に前稿でも述べたように、このような土地に「稲田を開」いたということは、何も方格地割といった強大な権力の下に造成する大規模耕地を開いたのではなく、新石器時代の洛陽・鄭州付近、あるいは山東の膠東山系山麓部等と同様、小河川の屈曲部等を小規模な水稲田にしてゆく方法をとったのだと思われる。[10] が、土着の人々にとって、穀物生産を強制されることは、縦令それが生活の安定に繋がったとしても、長年暮らしてきた、狩猟・採集経済の放棄を強いられたことになったのではあるまいか。殊に、内陸部にありながら、漁業を営む人々が存在していたことは、注目に値する。今日からの想像を超えて、「海」には接していなくても、前近代社会では漁業で生活できる条件を備えた地点も随所に点在していた、と考えうるのである。

長江流域ともなれば、南朝においても、〈貴族〉の「荘園」の内部もしくは周辺に、どれほど狩猟・採集・漁労が展開していたかは、謝霊運「山居賦」などを素材に、マーク・エルヴィン氏が夙に指摘しておられる。[11]

こういう地点を含んで、「秦漢統一帝國の郡県支配」は、展開されていたことになる。

三　海村の意味

「漁業」といえば中国史では極めて言及の乏しい分野と言わざるをえまいが、上記「鄭渾傳」を勘案する時、同じく『三国志』の時代にあった日本列島や韓半島の「海村」に関して、近年、極めて有意義な研究が発表されている。武末純一氏による「三韓と倭の交流―海村の視点から」である。「海村」という概念は、柳田国男に始まり、網野善彦氏らも多くの研究を発表しておいでの概念であるが、それらは従来、ともすれば漁業ないし水産業など海浜の土地に固有の「生産」に眼を向けた議論に集中してきた印象がある。

ところが武末氏の提言は、無論、その遺跡の認定に関して、「あわびおこし」といった「漁業」の用具と、「石包丁」

という「農業」の用具との出土事例を調べ、その村落遺跡の戸数と照らし合わせて、当該発掘遺跡を「海村」と認定すべきか「農村」とみなすべきかの指標とする、という「生産」に根差した分析をしておいでである。が、この論文の論点は、これに留まらない。多少長くなるが、引用させていただけば、

中期後半以降（弥生後半期）の西日本と朝鮮南部の海村には楽浪土器や中国銭貨が目立つようになり，近畿から楽浪郡までの交易網に組み込まれたと見られる。とくに中国銭貨は，中国鏡とは対照的に，海村の日常生活域から多数出土するが，国の中心となる巨大農村やそこから展開した都市的集落ではほとんど出ない。これは朝鮮半島南部も同じで，勒島遺跡では日常生活域から5点出たが，拠点集落の日常生活域からは出ない。しかも倭と三韓の沿岸部では，ともに大量の中国銭貨が発見されている。したがって西日本と朝鮮半島南部の海村では農村とは別の世界をつくり，生業活動の主体である交易活動の場で中国銭貨を対価に用いたと見られる。交易の対象物はおそらく原料鉄や鉄素材であった。また，海村の南北市糴とは，南の物資を北に北の物資を南に単に移動させるだけでなく，中間で加工して付加価値をさらに高めた可能性も出てきた[12]。

と、述べられているのである。

ここには、「海村」における、「農村」とは異なる流通の在り様が指摘されているのである。

流通ないし交易について一般に受け入れられてきたテーゼとして、『資本論』に見える

商品交換は、共同体の終わるところに、すなわち、共同体が他の共同体もしくは他の共同体の成員と接触する点に始まる[13]。

の一文を挙げることは、大方の理解を得るものかと思われる。

この理解は、さらに、古代中国の歴史過程を考察するにあたっては、戦国期に関して、およそ「従来、閉じられた共同体であった農耕村落が、穀物生産の生産力発展に伴って生じた余剰を以て、交易に用いることが可能になり、商

業活動が活発化する」といった見方を表明する概説書なども、かつてはしばしば見られたと記憶する。
しかしながら、マルクスのこの有名なテーゼは、我々古代中国の史料を見慣れているものにとっては、いささか訝しさを感ぜざるを得ない、以下の文章に続いているのである。

遊牧民族が最初に貨幣形態を発展させる。というのは、彼らの一切の財産は動かしうる、したがって直接に譲渡しうる形態にあるからであり、また彼らの生活様式は、彼らを常に他の共同体と接触させ、したがって、生産物交換を引起こしてゆくからである。人間はしばしば人間自身を、奴隷の形で最初の貨幣材料にした。しかしまだかって、土地を貨幣材料にしたことはない。このような思想は、ただ、すでに完成したブルジョア社会においてのみ、出現することができた。それは、一七世紀の最後の三分の一期にあらわれた。そしてその実行は、国民的規模において、やっと、一世紀後にフランスのブルジョア革命で試みられたのである。

武末論文が指摘する「海村」において見られる東アジアを覆った交易網は、「遊牧民」が形成したものではありえない。まさしく「海村」を根拠地とする人々が、その保持する「移動手段」、すなわち航海技術を基に、そして日本列島や韓半島での「支配権」を目指す大規模な農耕集落の首長層などとは異なり、「威信財」としての「鏡」などではなく、まさに「交易」のための価値形態をとった銭貨をこそ、原材料としての鉄関連物資の対価として、その意味を充分に認識したうえで、入手していたのであろう。
従って、上引したマルクスの見解は不充分（無論、彼は古代中国についての知識は皆無であっただろうから已むをえないのだが）なのではないか。「遊牧民族」が、早くから貨幣経済を発展させた、とし、それは、かれらの「財産」が動かしうるものだったからだとするが、海村の住人は、おそらく、その竪穴式住居に、固定したカマドも設けていたにちがいない。パオに住んでいたわけではない。海村に生きた人々は、いうまでもなくスキタイなどとは異なり、既に秦漢帝国による東アジア諸地域への軍事的侵略を含む支配の網が広がった後に成立している村々の人である。秦漢の貨幣も他の文物も、当然それに関する情報は得ていたであろう。

だから、「財産」の可動性などではなく、交易を有利に動かしうる情報の把握と、騎馬の技術であれ航海術であれ、「移動」の能力自体が、「商品交換」を発展させていった、と、見るべきではなかろうか。(14)

四　土地の売買

上引したマルクスの文章について、もう一点、驚きを禁じ得ないのは、「しかしまだかって、土地を貨幣材料にしたことはない。」という認識について、である。

といっても、「土から作った陶磁器が国際商品になった」のはどうなのか、とか、「戦国期の農民が耕していた土地は、農民の」あるいは「漢代豪族が〈郷曲に武断し〉実効支配していた土地は、豪族の」購入した所有地だったのか、それとも占有地に過ぎなかったのか、といった、概念規定如何を問われるような問題を取り上げようというわけではない。

史料そのものが土地に関する取引を示す、春秋時代のものとされる記録である。

『左伝』襄公四年の条に見える、時の晋公・悼公が、晋軍の佐・魏絳に、戎狄との講和如何を尋ねた問答に見えるものである。この史料については、既に別稿(15)で言及したことがあるが、そこでは、この問答を春秋期における晋の農業実態を一定程度反映する可能性のある記録として扱った。というのも、戦国秦発展の本となったと見なされることの多い「商鞅の変法」において実施されたという「轅田」という農法を巡る議論の中で、春秋期の晋で実施されたと記録される「爰田」という耕作がその淵源である、と見る意見が、殊に、睡虎地秦律の中に魏律が引用されている、という事実が明らかになって以来喧しくなってきたからである。すなわち、秦とは自然地理的条件の異なる晋で二百年を遡る昔に実施されたという農法を、直ちに戦国秦の農法のプロトタイプとするのは疑問であり、春秋期の晋で実施された「爰田」は、その具体的実施地及び実施者を検討すれば、傾斜地における共同労働による耕作とみなすべきである、と述べた。その過程で、晋期の農業観を示す材料として、この魏絳の言を示し、戦国秦に投影しづらい晋の政治経済政策として示し、安易に「ルーツ論」を展開する傾向のある、近年の「轅田」論議に疑問を呈した中で述べたのである。そこでは概ね以下のように訳した。

　戎と講和すれば、五つの利が生じます。戎狄は集まって（草地に）住み、財貨を重んじ土地を軽視する。だから土地を買い取りやすい。これが一つ。また辺境地帯に心配がなくなれば、民はのんびり農作業ができ、農業収入も挙がる。これが二つ目。戎狄が晋に仕えれば近隣諸侯は驚いて諸侯も信服してくる。これが第三。徳によって戎をなつかせれば軍隊は動かず、武器も破損しない。これが第四。……(16)

といった内容である。ここに明らかに、土地を買い取るという概念が示されている。しかもそこに、戎狄、すなわち非農耕民が一様に持っている氏族的特徴として、「財貨を重んじ土地を軽視する（原典：貴貨易土）。」との行動様式が分析されている。そして、晋においては、「だから土地を買い取りやすい（原典：土可賈焉）」との方向性が示されているのであり、たまたま起こった出来事ではなく、明らかに土地の価値を認識している者たちが、それを知らない人々から、云わばだまし討ち的に土地を購入しよう、という魏絳の（あるいは『左伝』筆者の）意図が見て取れるのである。「遊牧民」とは限らないが、非農耕民であることはほぼ明らかな〈戎狄〉が、「財貨」を重んじる傾向を有しているから彼らからは土地を購入しやすい、という認識が、既に存在しているのである。これは、「定住農耕民」の方が、世界の古代社会においては特殊な人々だった、という見方を、あるいは生むかもしれない。とまれ、戎狄は、ベースキャンプにするような水場などを含んでいたであろう特定の有用な土地を、晋の権力者に売り払う、という行動をとりそうな人々、あるいは『左伝』成立の時点で、そう認識された人々だったのである。

当然、彼らと晋人とは、土地以外の財貨を扱う取引を、既に日常的に営んでいたのであろう。

魏絳の発言（とされているもの）は、いうまでもなく戎狄への蔑視を含むものであるが、にも拘わらず、彼の「交易」観は、二千年の歳月を経たものとは信じられないほど近代的である。海村の人々がそうであったように、日常の中で、貨幣経済に関わっていたからこその感性だといえるのではないか。三晋地域について、その貨幣が、秦・齊・楚・燕のものとは異なり、都市の発行するものであった、とは、江村治樹氏が明らかにされた[17]貴重な指摘である。となれば、海村に対比される農村の首長が鏡を重んじたように、秦・齊・楚・燕の支配者たちが、域内の一元的経済支配を目指して国家の貨幣を鋳造したのに対し、三晋では、日常的な戎狄との交易の過程で、経済活動に携わった人々が必要に迫られて貨幣を鋳造したのではなかろうか。まさに、戎狄との不断の「生産物交換」が、三晋の貨幣を生み出したのではないか、と思われるのである。

では、「戎狄」が売り払った土地に、晋からだれか農民が出向いて、農業を始めた場合（というケースのあることを示す史料なのだから）、その土地は、「遊牧地域」とみるべきなのか、「農耕地域」とみるべきなのか。

あるいは、農民の側が営農を継続すれば、そこを「農耕地帯」とみなして構わないのであろうか。

五　終わりに

〈農牧接壌地帯〉を巡って開催された多くのシンポジウムにおいて、ユニークな発言を重ねておられる深尾葉子氏と安富歩氏とは、共同執筆された論文「中国陝西省北部農村の人間関係形成機構―〈相夥〉と〈雇〉[18]」において、〈相

夥〉という「関係互酬的」な行動の見られる陝北の農村について、賃金労働（雇）を選ばない習俗の存在を指摘し、

それゆえ、市場的要素がこの社会の中で卓越してきたとしても、相互の紐帯が単純に解体するという方向には進まない。人々は現金の流通水準や将来の自分の生活の安定性を考慮にいれつつ、社会的紐帯に依存した相互扶助システムと市場システムを柔軟に使い分けて対応する。

と指摘しておいでである。卓見であろうと思うが、結論部分において、これを「農村研究」と位置づけておいでなのが、陝北をフィールドとした調査の結果であるだけに、やや落ち着かない印象を受ける。

眼の前に広がるのが「耕地」であったとしても、そこで営まれる日々が、農耕に根差したものばかりなのであろうか。

近代欧米の研究者によってもたらされた様々な概念に、中国社会を分析するにあたっては、ある限界が存在することを、これまで種々検討してきたつもりであるが、「稲作―麦作」とか「農―牧」とかの区分は、どこまで有効、否必要なのであろうか。

現代の実像描写としてこれを用いることは、已むをえない場合もあろうが、少なくとも前近代を扱う場合、そのような経済地理的地域区分の援用には、慎重であるべきかと思う。

特に、産業に従事することで生み出される思考や習性の判定には、眼前の光景だけで判断しかねる部分が含まれよう。人と人との繋がりについても、どのような志向が生まれたのか、再度検証してゆく必要があるのではないか。政治権力と軍事力の保持のために穀物徴収を選んだ王朝政府の財政をどれほど分析しても、その穀物を得んと伸びてくる眼と手とをかいくぐり、したたかに暮らした人々が、どのような風景の中に過ごし、何を思ったかは、捉えきれまい。

牧畜民が形成した権力形態については、農耕民が作り上げた「国家」形態とは異なる原理に拠る側面があったことを、既に杉山正明氏らが多くの論著において論じておいでだが、近年、東南アジア史の分野について、「農耕」国家

に先行する「商業」国家の存在を指摘する見解も、多く見られる。[19] 中国大陸に生まれた「国家」について、その成立過程や構造の細部にわたって、再度検討してゆく必要があるのではないか。

地図の上に線を引くような作業は、取り上げる地点一箇所一箇所について、その地点の全体状況を総合的に把握したうえで、ドットとして頭の中の地図に写し、その集成がなって初めて、線を描きうるものではないか、と考えるのである。

註

（1）平勢隆郎「春秋戦国時代楚国領域の拡大について」（『日中文化研究』第七巻 勉誠出版、一九九五年）。
（2）原宗子『古代中国の開発と環境―『管子』地員篇研究―』（研文出版、一九九四年）。
（3）原宗子『「農本」主義と「黄土」の発生―古代中国の開発と環境　2』（研文出版、二〇〇四年）。
（4）史念海『中国歴史地理綱要』（上下册），山西人民出版社，一九九一～九二年）
（5）妹尾達彦『長安の都市計画』（講談社、二〇〇一年）等。
（6）森安孝夫『シルクロードと唐帝国（講談社「興亡の世界史5」、二〇〇七年）。
（7）ジオン・ロッシング・バック『支那農業論』（三輪孝・加藤健共訳、一九三八年、原著 *Land Utilization in China*, 1937）所載「農業分布図」。
（8）原宗子「古代黄河流域の水稲作地点」（『流通経済大学創立五十周年記念論文集』、二〇一六年）。
（9）原文は以下の通り。

『三國志』魏書　第十六　「鄭渾傳」

太祖聞其篤行、召爲掾、復遷下蔡長、邵陵令。天下未定、民皆剽輕、不念産殖。其生子無以相活、率皆不擧。渾所在奪其漁獵之具、課使耕桑。又兼開稲田、重去子之法。民初畏罪、後稍豊給、無不擧贍。所育男女、多以鄭爲字。

（10）葉万松・周昆叔・方孝廉・趙春青・謝虎軍「皀角樹遺址古環境与古文化初歩研究」（『環境考古学』第二輯、科学出版社、二〇〇〇年）、久慈大介「黄河下流域における初期王朝の形成―洛陽盆地の地理的、生態的環境」（『黄河下流域の歴史と

環境』東方書店、二〇〇七年）。及び『齊民要術』巻十一　水稲の条など。

（11）Mark Elvin, “The Retreat of the Elephants; An Environmental History of China,” Yale University Press. 2004.

（12）武末純一「三韓と倭の交流―海村の視点から」（『国立歴史民俗博物館研究報告』第一五一集、二〇〇九年）。

（13）マルクス『資本論』第一巻第二章「交換過程」（向坂逸郎訳、岩波文庫、一九六九年版）

（14）これに関して、例えば『穆天子伝』に登場する「河伯」の一族が、不可思議な習俗をもって描かれていて、黄河自体を祀る氏族であったと見なしうることと関連しよう。彼らは、やはり黄河を利用した流通業を営む商業民であった可能性が高い。そしてそれは、『三国史記』が、高句麗建国伝説の基盤となった「河伯」族に関する伝承を伝えていて、高句麗自身もその後の発展の中で、東アジアでも有数の、個々の家庭が流通業に関係する道具（鉄で車輪を保護した車など）を保持する、いわば非農耕型の社会を構築していたと見なしうることとも、相呼応しよう。

（15）原宗子「『左伝』所述『爰田』考―環境史の立場から―」（三田史学会『史学』第八四巻1・2・3・4号、二〇一五年）。

（16）原文は以下の通り。

『左傳』襄公四年

公曰、然則莫如和戎乎。對曰、和戎有五利焉。戎狄荐居、貴貨易土。土可賈焉。一也。邊鄙不聳、民狎其野、穡人成功。二也。戎狄事晉、四鄰振動、諸侯威懷。三也。以德綏戎、師徒不勤、甲兵不頓。四也。鑒于后羿、而用德度、遠至邇安。五也。君其圖之。公說、使魏絳盟諸戎。脩民事、田以時。

（17）江村治樹『春秋戦国秦漢時代出土文字資料の研究』（汲古書院、二〇〇〇年）。

（18）深尾葉子・安冨歩「中国陝西省北部農村の人間関係形成機構―〈相夥〉と〈雇〉」（『東洋文化研究所紀要』一四四号、二〇〇三年）。

（19）斎藤照子「経済システムと技術―アンコールとパガンの水利技術」（岩波講座世界歴史　第六巻『南アジア世界・東南アジア世界の形成と展開』、一九九九年）、など。

伏　氏　考

藤川　和俊

はじめに

後漢王朝では一部の有力者が外戚として代々政治の要職につき、時には政治を壟断した。彼らは「貴戚」と呼ばれている。(1) 彼らが「貴戚」としての地位を獲得していく過程を、最後の皇帝献帝の貴戚として王朝と運命を共にした伏氏一族を中心に探ってみたい。

一　前漢時代の伏氏

後漢時代には儒教の大家として知られる伏氏であるが、前漢時代の伏氏は中央の政界とはほとんど関係がない。前漢時代の伏氏の事跡について要約した表1から知られるように、伏勝より始まる伏氏一族の中で、中央政界に入り込めたのは伏勝の孫と成帝時代に採用された伏湛のみである。武帝時代には「尚書を言ふは濟南の伏生自り」始まる（『史記』巻百二十一・儒林列伝序）とまで言われた「尚書」学の大家であった伏勝であるが、『尚書』は文辞そのものからして難解なものが多い上、伏勝が隠していた壁から『尚書』を取り出しテキストとした時に、彼個人の見解も新たに付け加えられたとも言われている。[2] 従って、『漢書』巻八十八・儒林伝・伏生伝顔師古注引衛宏「古文尚書序」に見えるように、鼂錯に伏勝の言葉を伝えた伏勝の娘は『尚書』の読み方だけを鼂錯に伝授したにすぎず、[3] 彼の孫も『尚書』について正確な解釈力を持っていたわけではなかった。『尚書』を正確に読める者は伏勝と彼の意思を正確に受け継いだ一握りの弟子のみであったと言ってよかろう。班固が、前漢の儒家について述べた『漢書』巻八十八・儒林伝賛において今文『尚書』学の主流として、「大小夏侯尚書」のみしか挙げていないことは、すでに『尚書』学の主流が伏氏ではなく弟子の夏侯氏に移っていることを明確に示している。伏氏の政界進出に『尚書』はほとんど

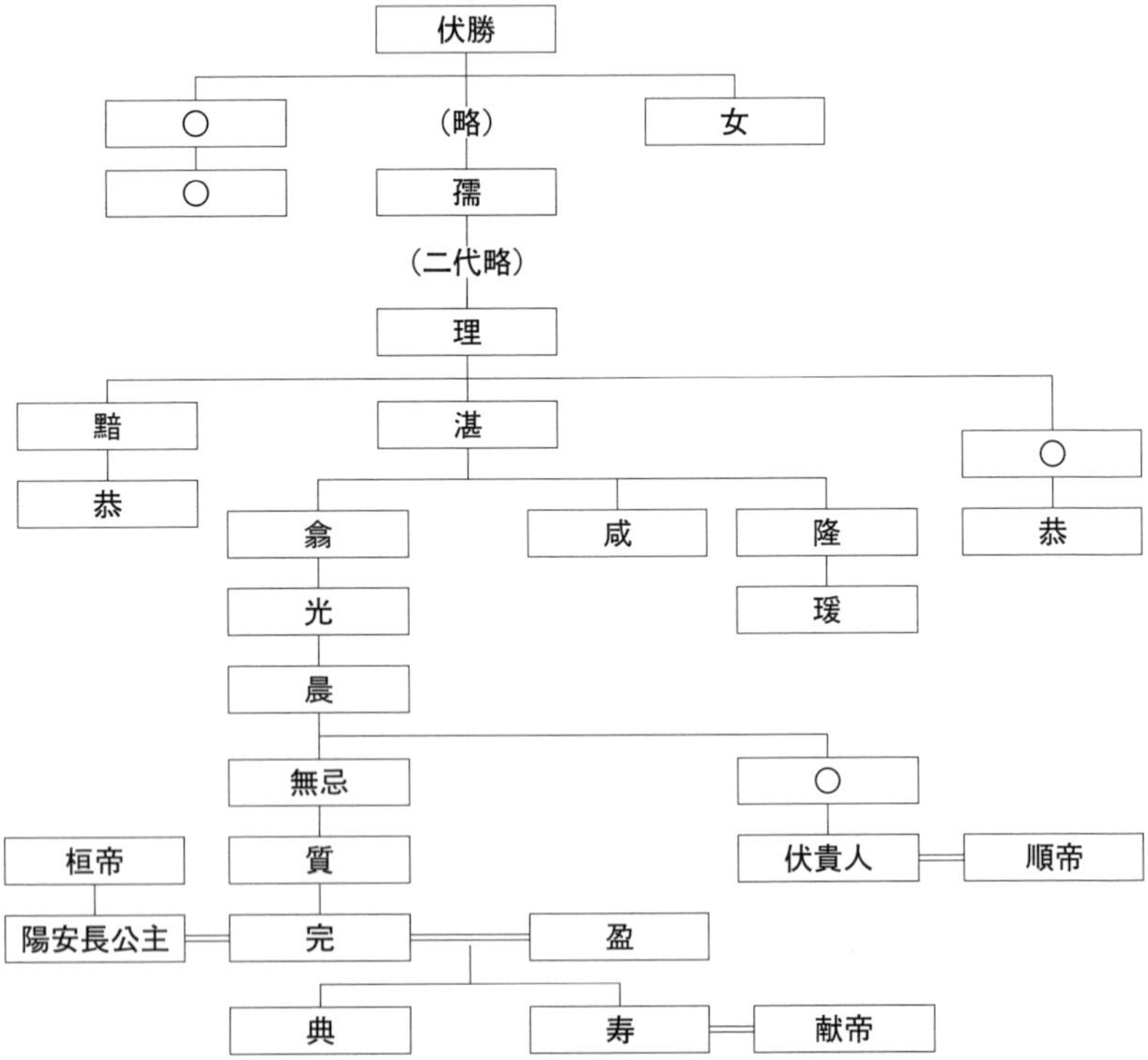

図1　漢代伏氏関係系図

役に立っていなかった。また、伏勝の子孫である成帝時代に現れた伏理は、『詩経』の大家である匡衡に弟子入りし、「伏詩学」と呼ばれる斉詩の一派を立ち上げる。『詩経』は、本来古代の歌謡集で寓意的な要素が強いことから、前漢時代後期には政治にも利用され、前漢末期には専門に研究を行う博士官も作られていた[4]。「斉詩」は「魯詩」「韓詩」と共に博士官で使用されていたテキストの一つで、伏理は新学派を立ち上げることにより、成帝に認められ高密侯家の大傅となる。伏理の子である伏湛も父の学を受け継いだことから、成帝時代に博士弟子に任命された。しかし、「斉詩」学が伏湛の政界入りの原因となっていたとしても、それが後の彼の政界における勢力進出にどの位の影響を与えていたかと考えると疑問である。『漢書』巻三十・芸文志では、「斉詩」をはじめとする「三家詩」は、『春秋』や雑説から採られたもので、詩の本来の意味を正確に伝えたものではない、とされ、その本義に最も近いのは「魯詩」である、とする[5]。「斉詩」は『詩経』学の正統な学派ではないからである。以上のことから、前漢時代における伏氏は儒教の一学派に過ぎなかったことが知られる。政界に二人しか人材を提供できなかったこともやむをえなかった。
では、後漢時代に伏氏はどのようにして貴戚の一つとして政界に影響力を持てるようになれたのであろうか。

表1　前漢時代の伏氏

人名	最高位	事跡	該当皇帝	出典
伏勝	博士	済南郡出身 秦の始皇帝時代は博士として任用。焚書が行われた際、経典を自分の家の壁に塗り込め、経書を守り抜いた。秦末漢初の混乱の時代に隠しておいた経典を取り出してみた所、戦禍により二十九篇（実際は二十八篇）のみが残存していたので、残された経典をテキストとして使用し、斉や魯で教授を行う。（このテキストは後に文帝の時代に太常から派遣された鼂錯が書写したものが宮廷に納められ、今文『尚書』と称される）。	秦始皇帝～漢文帝	『史記』巻一二一・儒林伝 『後漢書』巻二十六・伏湛伝

伏勝の娘	不明	伏勝の言葉は元々斉の地方の方言が強かった上、言葉が明瞭ではなかったので、父の言葉を通訳して鼂錯に伝えた。	文帝	『史記』巻一二一・儒林伝引衛宏の『尚書』序 『同』巻一〇一・鼂錯伝
伏勝の孫	不明	『尚書』に通じているということで朝廷に召し出されたが、『尚書』の問題点を解明できなかった。	武帝	『史記』巻一二一・儒林伝
伏孺	不明	琅邪郡東武県に経書の出張講義に出かけ、そのまま東武県に住み着く。	武帝	『後漢書』巻二十六・伏湛伝
伏理	高密侯家大傅	匡衡に師事して『詩経』を学ぶ。成帝に教授し、名儒として名をあげる。高密侯の劉寛の大傅となり、『詩経』の教授として名をあげ、「伏詩学」と呼ばれる斉詩の一派を発展させた。	成帝	『漢書』巻八十八儒林伝 『後漢書』巻二十六・伏湛伝
伏湛	繡衣執法	親孝行で友人を大切にする。幼少の時期より『詩経』の講義を父に代わって行い、数百人の弟子に教授した。成帝時代、その能力を買われて博士弟子に登用。以来、五度に亘って昇進を繰り返す。王莽の政権期には繡衣執法に任命され重要な犯罪摘発に目を光らせ、その後、後隊（河内郡）の軍事指揮官である属正に転任。	成帝〜王莽	『後漢書』巻二十六・伏湛伝

表2　後漢時代の伏氏

人名	最高位	事跡	該当皇帝	出典
伏湛	大司徒	前漢時代から名の知れ渡った儒者であったことから光武帝に徴召され、前漢時代の朝廷内の制度を復活させて書き定める。礼楽こそ政治と教化の要であるという考えから、礼楽にかなった行動を取りながら百官を束ね、光武帝の親征中主都の留守を預かる。郷飲酒礼の復活、蒸祭の実施などを実行し、後漢王朝の祭政実施に貢献した。	光武帝	『後漢書』巻二十六・伏湛伝

伏黯	光禄勲	「斉詩」に改訂を加え「解説」九篇を作る。	光武帝	『後漢書』巻二十六・伏湛伝
伏隆	光録大夫	志操堅固なことで知られる。最初、琅邪郡の督郵に仕えるが伏湛の招きで、懐宮に赴いて光武帝に仕える。斉の地方で強盛を誇っていた張歩を説得するため、青州と徐州に使者として派遣され、青州と徐州に檄文を回して獲索の右司郎等六つの農民反乱軍を投降させ張歩の説得に成功した。後、青州の州牧以下の諸官を任地に赴任させ、光武帝から県令以下の官吏任命権を託され、その権限を利用して青州の郡県の宣撫・懐柔に努めたので多くの人々が帰順したという。しかし、光武帝のライバルである劉永が張歩に斉王の爵位を与えたので、変心した張歩は伏隆を捕らえて殺害した。	光武帝	『後漢書』巻二十六・伏湛伝
伏恭	司空	養母によく仕え親孝行で知られる。伏黯の「斉詩」の章句が煩雑なので、後に改訂して内容を単純明快なものとした。任子により若年にして郎に抜擢。建武四（後二八）年に劇の令、十七（後四一）年には大常による経の試験で一位となったことから博士に任命された後、常山太守へ昇任。永平二（後五九）年には太僕、四（後六一）年には司空にまで昇進した。永平十三（後七〇）年に病気で引退するも、明帝は特に伏恭のために千石の俸禄を終身に亘って与えた。明帝が二年後の永平十五（後七二）年に琅邪郡に行幸した際には三公の待遇を受ける。章帝の建初二（後七七）年に饗宴の儀礼が行われた際には三老に任命される。	光武帝～章帝	『後漢書』巻六十九下・儒林伝下
伏寿	東郡太守	東郡太守。	章帝	『後漢書』巻六十九下・儒林伝下
伏瑗	郎中	郎中。	光武帝	『後漢書』巻六十九下・儒林伝下
伏晨	特進	謙虚で博愛の人物であり、朝廷内での人望も篤かったことから特進に任命される。孫娘が順帝の貴人となり、後宮へ勢力進出。	章帝	『後漢書』巻二十六・伏湛伝

伏無忌	屯騎校尉	博学多識で多岐に亘る書物の校訂・注釈を行い、後漢時代屈指の学者とされる。「伏侯注」はその代表作。侍中・屯騎校尉としても政界で活躍。	順帝～恒帝	『後漢書』巻二十六・伏湛伝
伏質	大司農	大司農。	恒帝	『後漢書』巻二十六・伏湛伝
伏完	輔国将軍	度量が大きく落ち着いた性格の持ち主。陽安長公主を娶り、娘を献帝の皇后とする。侍中・執金吾・輔国将軍・中散大夫・屯騎校尉等の職を歴任したが、後漢末の混乱の中での就任であり、心中、常に恐れていたという。三公と同じ儀礼を受けていたともいう。	霊帝～献帝	『後漢書』巻十・皇后紀下 『後漢書』巻二十六・伏湛伝
伏壽	皇后	献帝の皇后となり辛酸を共にするも、曹操に殺害される。	献帝	『後漢書』巻十・皇后紀下
伏典	不明	建安十四（後二〇九）年に父の跡を継ぐ。	献帝	『後漢書』巻十・皇后紀下

二　伏氏の政界進出の背景

後漢王朝における伏氏の政界進出に決定的な役割を果たしたのは伏湛である。成帝時代に採用された伏湛は、王莽時代には繡衣執法・後隊（漢代の河内）属正の職を歴任し、更始政権下では平原太守に任命される。彼が任命された繡衣執法は、池田雄一氏によると「武帝によって創設され、侍御史に所属し、姦猾者の討伐だけではなく、「治大獄」と治獄にも関わ」る臨時の官職であり、同時に「地方に派遣された官吏の監察にも当た」ると共に、王莽時代には「各地郡国に恰も常置されていたかの観さえあった」とされる。[6]つまり、武力をも兼ね備えた監察官である。また、属正とは漢代の都尉のことで、郡の軍事を総括する役職である。[7]太守は文官であるが、伏湛は門下督が彼を擁立して反乱を企てると門下督を斬り、事前に反乱を阻止している。以上のような彼の経歴は、彼が武官的な要素が強い人物であったことを示す。彼の長男伏隆は父の推薦で光武帝に仕官するが、彼が青州と徐州の人々に対して発行した檄文（『後漢書』巻二十六・伏湛伝付伝伏隆伝）が非常に現実を詳細に分析して、儒学的な考え方が微塵も見られない文であることからも知られるように、行動自体には儒学者的な要素はほとんど見られない。このような伏隆を光武帝は漢の高祖時代に儒者ではあるが、その行動全体は弁舌活動に終始していた「酈食其」に準えている(8)。光武帝は儒者ではなく弁舌家としての伏隆の能力を買っていたのである。伏隆も光武帝の期待に応え、張歩を一時光武帝に服従させ、青州・徐州における光武帝勢力の拡大に貢献した。以上のような伏湛父子の経歴は、伏氏が山東における有力者として認識されていたことを示している。山東を構成する青・徐両州は春秋・戦国時代以降、交通の要地として発展し、経済的勢力拡大を図る諸国が領有権を巡って抗争を繰り広げた地であり、支配権を巡って多くの諸国が侵入して、各地に拠点を築いた(9)。各拠点基地となった地には、拠点を築いた各国の風俗や文化が後世色濃く残り、各地に新たな伝統を形成する。伝統が成立した地では、伝統を基盤とした独自の社会が構成され、近接した地であっても互いの社会が融合するのは難しい。漢王朝の力が安定していれば、強制的な融合もできるが、王朝の力が衰えれば各社会の特徴が表面に顕れ、対立が表面化する。川勝義雄氏が指摘されるような郷邑内の分裂・緊張関係は両漢交代期にはすでに始まっていたのである(10)。同じ現象は、伏氏の本拠地である徐州琅邪郡でも現れる。表3は琅邪郡の持つ地域性についてまとめた表だが、表より琅邪郡の北方では儒教や功利主義的な斉の地域の影響が、南方では土地があまり裕福ではないため進取の気質が強い呉の地域の影響が強いことが読み取れる。影響を受けた地域の性格が異なると、同一郡内でも統一した社会を構成するのは難しい。表4は、両漢交代期における琅邪郡の豪族分布についてまとめた表であるが、表に見える豪族達の拠点を表3の地域に当てはめてみると、同一郡内に斉と呉の影響を受けた地域がかなり重なっているらしいことに気づく。複数の豪族が一つの郡内で混在することは、利害関係から、各豪族間の対立が生じることを予測させるので、対立が表面化し、抑止力となるべき政治力が及ばなくなれば戦争となる場合もある。戦争が頻繁に起これば、各地の住民達が被害を受けることは避けられないので、各地の住民達は自分達の身の安全を保証してくれる有力者の庇護を受けざるをえない。有力者として期待された者は多くの場合、豪族であるが、中には王家や官僚のように郡国制時代の職権を利用する者もいた（表5参照）。彼らの中で、人々の身の安全を確保することに成功した者は、各地域集団のリーダー的存在として成長し、やがて彼らを頂点とする新たな階層社会が形成される。両漢交代期の戦乱の中で、彼らの内、後漢王朝への付随に成功した者のみが王朝政治への参加を許された。従って、後漢王朝への要望は彼らリーダー達をパイプ役として通すしか方法はない。後漢時代前半期に「民の望」という言葉はないが、同じ役割を果たす者は既に存在していたのである。[11] 東氏が指摘される「士大夫」豪族と「非士大夫」豪族の階層分化は、このような状況から生じたものであろう。[12] 伏氏がその有力者の一人であったことは、伏氏親子の活躍に対し「青・徐の民」が深く信頼し、伏隆の殺害を聞いた人々が皆悲しんだ、という伏湛伝の記述からも覗える。後漢初期における伏氏の政界進出のきっかけとなったのは、彼ら山東の人々が王朝へのパイプ役としての伏氏の活躍を期待し、強い支持をしていたことに対する光武帝の評価が大きく影響を与えていたのである。

表3　琅邪郡が属する地の特徴

(1)　琅邪郡の範囲と所属県

時代	範囲	戸数	人口	所属県	史料
前漢	山東省中南部の海岸一帯	二二八九六〇	一〇七九一〇〇	東武、不其、海曲、贛楡、諸、朱虚、姑幕、虚水、梧成、靈門、臨原、琅邪、祓、柜、缾、邾、雩、黔陬、雲、計斤、稻、皋虞、平昌、長廣、横、東莞、魏其、昌、茲鄉、箕、椑、高廣、高鄉、柔、即來、麗、武鄉、伊鄉、新山、高陽、昆山、參封、折泉、博石、房山、慎鄉、駟望、安丘、高陵、臨安、石山	『史記』巻百二十九貨殖伝 『漢書』巻二十八上地理志上

後漢	山東半島南東部	二〇八〇四	五七〇九六七	開陽、東武、琅邪、東莞、西海、諸、莒、東安、陽都、臨沂、即丘、繒、姑幕	『続漢志』郡国三

(2)　史料に見える琅邪郡が属する地の特徴

A　『史記』巻百二十九・貨殖列伝

地域	特徴
斉	大まかで闊達。知恵が多く議論好き。土地を大切にするため、容易に人に動かされるようなことはない。徒党を組んで争いはしないが、個人の殺人には勇気を出すため殺人が多い。貯蔵に心がけ、投機の機会をねらっている商人も多い。
東楚	質素で一度引き受けた約束を固く守る。南方の気風は越に似て、のんきな怠け者で、蓄えをしないから貧しい。北方の気風は斉と似ている。

B　『漢書』巻二十八上・地理志上

地域	特徴
斉	経学を学び、功名心を持ち、ゆったりと構えて十分な知恵を持っているが、奢侈で党派を組んで、言行が一致せず、うわべだけで真心が足りない。しめつけると逃げてしまい、甘くすると勝手なことをする。また、巫女が多い。
呉	剣術が巧みで死を軽く見ているので、すぐに行動を起こすが、巧智で信用がおけない。

C　『鹽鐵論』

地域	特徴
斉	商工業が活発（「本議篇」の御史大夫・文学、「力耕篇」の御史大夫の言葉）で、賢明な士が多い（「国疾篇」の賢良の言葉）。
呉	呉王などによる貨幣が発行され、多くの利益を求める悪人が集中した（「錯幣篇」の御史大夫の言葉）。鋭利な剣を持たせ弩を引かせれば勇猛この上ない（「論勇篇」の御史大夫の言葉）。

表4　琅邪郡における豪族の分布

出身県	豪族	出典
東武	伏氏	『後漢書』巻10
朱虚	管氏	『漢書』巻88
朱虚	邴氏	『漢書』巻72・88
皋虞	王氏	『漢書』巻72

表5　前後漢交代期における琅邪郡の有力勢力の分布

地域	有力勢力	旧戦国勢力の影響	『後漢書』巻数
琅邪郡東武県	伏湛	魯	26
琅邪郡不其県	張歩	斉	12
琅邪郡海曲県	呂母	斉	11
琅邪郡莒県	樊崇（赤眉軍首領）	斉	11
淮河以北の他地域	特になし	呉・東楚	※

※淮河以北の他地域に特に有力な勢力が見られないことについては、濱川栄「両漢交替期の黄河の決壊と劉秀政権」（同氏著『中国古代の社会と黄河』所収）参照。

三　伏氏の家学

山東の人々の支持を受けて伏湛が光武帝政権に入った建武元（二四）年前後において、政権の中枢部を構成していたのは河北系豪族であり、光武帝は彼らから実権を取り戻すため、政権構造の変革を図っていた。しかし、変革の中心として期待される南陽・潁川系豪族が多く政権に流入してくるのは建武五（二九）年以降となるので、急激な変革を加えられる状況ではない。光武帝が、この時期、各地の有力者を政権下に集めていたのは、人材確保が大きな理由であろうが、一方では各地の有力者を集めることにより、政権内部でのバランスを取り、河北系豪族の政権内部での発言力を弱めることも念頭に入っていたとも考えられる。伏湛の採用もこの政策の一端として行われたことであろう。従って、政権の水面下における権力闘争は熾烈を極め、政権内で一定の勢力を維持し続けることはかなり厳しい状況であった。[13] そこで、伏湛が勢力維持のために利用したのが家学である「伏詩学」である。

伏湛が採用された直接的理由について伏湛伝では、彼が「舊制」に詳しいと推薦されたことを挙げる。「舊制」は「古制」とも言われ周公以来の政策と言われる神聖化された前例を指し、前漢時代の政策の前例とされた「故事」に対する意見具申の方法として儒家官僚が利用したものである。[14] 建国間もない後漢王朝は、前漢王朝の正統な後継者としての位置づけを明確にするため、制度の整備が急務であった。そのため、後漢王朝では王莽により作成された「元始故事」を「古制」の完成形として利用したことはよく知られている。[15] しかし、王莽政権を打倒したばかりの後漢王朝が王莽政権の成立を正当化した古文派の理論によって成立している「元始故事」を最初から国制として定めたとは考えにくい。「元始故事」が採用されたのは、あくまでも結果論であって、建国当初は前漢時代の「舊制」に基づく新体制理論の形成に尽力していたと考える方が自然であろう。卓茂や曹褒・張純等の儒者が採用され、制度改革に関わっているのは、その証である。[16] 伏湛が属する「斉詩」学派は匡衡が「斉詩」の「古制」を利用して政界で発言権を拡大してから、政界進出の足がかりとして「古制」を利用した。当然、伏湛は、「古制」にも詳しい。彼の採用に制度改革が大きく関わっていたことは、彼の事跡に祭事に関する事跡が多く見られることからも推察できよう。[17] 今文派に属し、王莽政権と一線を隔てていた伏湛は、後漢王朝が目指す制度改革にはまさにうってつけの人物であった。しかし、前述したように当時の「斉詩」学派は儒学の本流とは言えない勢力である。そこで伏湛は礼学を政治の要として重視し、儒学の礼制・古典を重んじるという方法で改革に着手する。彼は「元始故事」以前の「古制」をそのまま採用するのではなく、礼制を基準においたシステムを復活させた国制に取り入れていった。従って、彼の再構築した漢の制度は単なる漢の旧来の制度の復活とも儒学の理念に基づく古制とも異なる、当時の国情に最も適した現実的なものとなっていたものと考えられる。彼の改革は結局成功しなかったが、このような伏湛の制度に関する考え方が伏氏の家学に反映されていれば、伏氏の家学は後漢王朝時代の家学の中でもかなり現実的な学派であったことになる。

彼の作り出した家学は表2に見られるように一族に引き継がれ、更に洗練されていく。後漢時代に活発な経学の解釈に関する論争が展開される中で、伏氏の家学のみがぶれることなく受け継がれ、「伏不闘」と呼ばれる後漢時代の代表的な学問として定着していったのは、単なる経典解釈とは異なる現実的な学問としての性格が後漢王朝と王朝を支える官僚達に認められていたからであろう。こうして伏氏は、政権内部における立場を強め、伏震の時代には遂に孫娘を後宮に送り込み、貴戚としての立場を確立する。[18] 伏氏の成功は、後漢時代の制度改革に伴う儒学の進展に支えられたものであった。

小結

福井重雅氏はかつて黄巾の乱を通して、中国民衆反乱に地方社会の伝統が与える影響について論じられた。[19] 後漢時代の地方と地域の概念は異なるが、[20] 氏が指摘されたような伝統が地域社会でも一つの特性を形成していることは事実であろう。この特性は、中央政権が確立していれば表面には出てこない。しかし、両漢交代期の戦乱のように中央が指導力を失えば直ちに表面化し、混乱の主原因となる性格を有していた。従って、新政権が戦乱を統一し天下の再統一を図るには、地域社会の伝統を維持して各社会を牽引できる強力な指導者の協力は必須事項である。各社会を代表する指導者は政権と地域社会をつなぐパイプ役として政界に招かれる。彼らはやがて東氏が指摘される「士大夫」グループを形成し、後漢王朝の新たな歴史を築いていった。伏氏は、そのような指導者の一員として政権への参加を果たしたのである。地域代表として政権への参加を果たした指導者は、地域社会の要望を政界に反映させる義務を負う。彼らが義務を果たすには、政権内部における勢力の維持・拡大を図らねばならず、彼らは様々な手法で対応を迫られた。そして勢力の維持・拡大に成功した者は娘を後宮に差し出し、皇帝との関係を強化して貴戚としての地位を確保していく。後漢における貴戚政治とは、中国古代地域社会が生み出した伝統を政治に反映させるために生まれた後漢独自の政治方法であった。

註

（1）貴戚については東晋次『後漢時代の政治と社会』（名古屋大学出版会・一九九六）参照。なお、貴戚の出身階級は豪族階級がほとんどであるが、中には伏氏や閻氏のように豪族としては特定できない階級の氏族もいるので、小稿では「有力者」と表現した。
（2）『尚書』の成立と展開、及び学説史については、池田末利「解説」（新釈漢文大系『尚書』（集英社・一九五一））に詳しい。また、『尚書』の難解性に関して浅野裕一・小沢賢二著『出土文献から見た古史と儒家経典』（汲古書院・二〇一二）に新出土資料などを利用した『尚書』の最新の成立や読み方についての論文が多く含まれている。
（3）伏生老，不能正言，言不可曉也，使其女傳言教錯。齊人語多與潁川異，錯所不知者凡十二三，略以其意屬讀而已。
（4）『詩経』については白川静「解説」（東洋文庫『詩経国風』（平凡社・一九九〇））に詳しい。また渡邉義浩編『両漢における詩と三伝』（汲古書院・二〇〇七所収）に掲載されている諸論文、及び諸論文に引用されている諸研究も参照。
（5）漢興，魯申公爲詩訓故，而齊轅固、燕韓生皆爲之傳。或取春秋，采雜說，咸非其本義。與不得已，魯最爲近之。（『漢書』巻三十・芸文志）。
（6）以上の引用は、池田雄一「漢代の治獄」（同氏著『中国古代の律令と社会』（汲古書院・二〇〇八）所収）五七六～五七八頁による。
（7）『漢書』巻九十九下・王莽伝下。郡県の「都尉」については、鎌田重雄「漢代の都尉」（同氏著『漢代史研究』（川田書店・一九四七所収）に詳しい。
（8）酈食其については『史記』巻九十七酈生伝・『漢書』巻四十三酈生伝参照。
（9）山東における諸勢力の進出と交通発展の問題は、さまざまな角度から研究が行われていて、枚挙に暇がない。字数の関係で、小稿では、総合的な考察が行われている、平勢隆郎「戦国時代徐州の争奪―滅宋・滅越問題を中心として―」（川勝守編『東アジアにおける生産と流通の歴史社会学的研究』中国書店・一九九三所収）のみを参考文献として掲示するに留める。

(10) 川勝義雄「漢末のレジスタンス運動」(同氏著『六朝貴族制社会の研究』岩波書店・一九八二所収)参照。

(11)「民の望」についての事例と研究紹介については、中村圭爾「魏晋時代における「望」について」(『中国―社会と文化―』第二号・一九八七所収)、渡邊義浩『三国政権の構造と「名士」』(汲古書院・二〇〇四所収)参照。

(12) 東氏前掲書参照。

(13) 拙稿「後漢初期の皇太子廃位をめぐる若干の問題」(『東アジア世界史の展開』汲古書院、一九九四)、「王郎の乱始末記―劉秀政権の誕生―」(『鴨台史学』二・二〇〇一四所収)参照。

(14)「古制」の具体的事例については、好並隆司「前漢後半期の古制・故事をめぐる政治展開」(同氏著『前漢政治史研究』研文出版・二〇〇四所収)、廣瀬薫雄「漢代の故事」(同氏著『秦漢律令の研究』汲古書院・二〇一〇所収)を参照。なお、「古制」と「故事」を巡る官僚層の攻防は儒教国家論と関連しているため研究は多岐に亘る。字数の関係から今回は総合的考察のなされている保科季子「前漢後半期における儒家礼制の受容―漢的伝統との対立と皇帝観の変貌―」(歴史と方法編集員会編『方法としての丸山真男』青木書店・一九九八所収)のみを参考文献として挙げておく。

(15)「元始故事」の内容と歴史的意義については、渡辺信一郎「天下観念と中国における古典的国制の成立」(同氏著『中国古代の王権と天下秩序―日中比較史の立場から』校倉書房・二〇〇三所収)参照。

(16) 後漢初期の国制改革については、植松慎吾「光武帝期の官制改革とその影響」(九州大学『東洋史論集』三九・二〇一一所収)、渡辺信一郎「後漢における古典的国制の成立―漢家故事と漢礼」(『日本秦漢史研究』第十六号・二〇一五所収)参照。

(17) 伏湛の改革についての考え方やその思想は、前掲渡辺信一郎「天下観念と中国における古典的国制の成立」参照。なお、伏氏の学についての具体的な史料は残存していないが、子孫の伏無忌が残したと言われる「伏侯注」にわずかではあるが、残片を見ることができる。

(18) 伏氏が貴戚としての地位を政権内部で確立するのは、順帝に孫娘を貴人として差し出した伏晨の時代と考えられる。彼が任命された「特進」とは列侯に与えられる加官の職であり、実権はないが免官されても朝議に参加し、意見を述べることができたという(藤井律之「特進の起源と変遷―列侯から光禄大夫へ―」(『東洋史研究』五九―四・二〇〇一所収))から、貴戚として特殊な地位を獲得したものと思われるからである。

(19) 福井重雅「黄巾の亂と傳統の問題」(『東洋史研究』三四―一・一九七五所収)、同『古代中国の反乱』(教育社歴史新書・一九八二)・参照。

(20) 中国古代の地理観については、五井直弘「漢書地理志の一考察」(同氏著『中国古代の城郭都市と地域支配』名著刊行会・二〇〇二所収)、鶴間和幸「統一と地域」(同氏著『秦帝国の形成と地域』汲古書院・二〇一三所収)参照。

『史記』平準書の歴史観—八書の意図をめぐって—

藤田　勝久

はじめに

『史記』の八書は、制度・文化史を通史的に記した部門といわれている。これまで『史記』の八書に関する考察は少ないが、司馬遷の歴史観を考えるには、この八書を通じた編集意図を知ることが大切である。佐藤武敏氏は、八書の成立について、つぎのように指摘している。(1)礼、楽、律、暦、天官書の五篇は、司馬遷が李陵の禍より以前に作成したもので、太初改暦とそれに並行する礼制の改革を契機とする。これに対して、封禅、河渠、平準書の三篇は、李陵の禍より以後に作成され、ここには武帝期の重要なテーマについて現状と批判がみえるとする。

このうち礼書、楽書、律書、暦書、天官書は、皇帝の儀礼や祭祀と密接に関連している。この意味で『史記』八書の一部は、漢王朝の太常の職務と、そこに所属する太史令である父の司馬談と司馬遷に関連する内容ということができる。(2)

しかし『史記』八書では、平準書だけが異質な内容をもつようにみえる。たとえば封禅書と河渠書は、武帝期の重要なテーマが中心であるが、山川祭祀の沿革から始めている。しかし平準書は、漢代だけの記述となっている。また平準書は、漢代の財政政策を記した一篇とみなされ、『漢書』食貨志とあわせた社会経済史の研究が進められている(3)。こうした財政史の側面は、その性格を正しくとらえているが、ここに八書を通じた歴史観を見いだすことはできないのだろうか。本稿では、とくに『史記』平準書の構造を分析し、八書の歴史観との関連を考えてみたい。

一　『史記』封禅、河渠書と平準書

まず武帝期の問題を対象とした封禅書と河渠書について、その内容を確認しておこう。太史公自序では、作成の意図をつぎのように述べている。

受命而王、封禪之符罕用、用則萬靈罔不禋祀。追本諸神名山大川禮、作封禪書第六。

維禹浚川、九州攸寧。爰及宣防、決瀆通溝。作河渠書第七。

封禅書は、帝舜から、秦の祭祀、漢武帝の巡行・封禅、礼制の改革・太初暦の制定までを記述している。ここでは、封禅の瑞祥を得たものが行う諸神・名山・大川の礼を述べるという。封禅書の「太史公曰」の論賛では、皇帝が天地・諸神・名山川を巡祭して封禅をするのに随行して、司馬遷は方士や祠官が鬼神を扱う表裏を間近に見たと記している(4)。

河渠書は、禹の治水にはじまり、戦国時代、漢代の黄河氾濫と治水を記述し、武帝の瓠子の詩で終わっている。この部分では、名山川の祭祀に関連して、禹の治水が九州を安定させたことと、武帝が黄河の決壊過所（宣房）で儀礼を行ったことを対比させている。また「太史公曰」の論賛では、水の利害について司馬遷の感想を述べている(5)。この意味で、封禅書と河渠書は、古の沿革と対比させて皇帝の山川祭祀の実態を記述しており、漢代の太常の職務とも関連することが明らかである(6)。したがって封禅書と河渠書は、先の五篇につづいて、漢王朝の儀礼と、太常の職務、太史令に関する内容であることがわかる。

そこで平準書の内容と構成が問題となる。佐藤武敏氏は、封禅、河渠書あわせて、つぎのように説明している(7)。すなわち封禅書は、武帝が神仙家の説に心をうばわれ、封禅も神仙家の主導でおこなわれたことを記すという。河渠書は、武帝の瓠子の詩を悲しむとともに、禹の工事と大きく違うことを示した。そして平準書は、武帝の外征や大規模な土木事業のために財政が窮迫し、その対策としておこなわれた均輸・平準の法を卜式の言葉をかりて批判すると位置づけている。この卜式の批判は、よく知られている。

山田勝芳氏は、武帝期の財政悪化は、匈奴との戦争だけではなく、皇帝の祭祀・巡狩もまた多額の費用を必要とし、封禅書と平準書は光と影の関係にあると位置づけている(8)。そして祭祀の内容と費用を考察し、当初は上林苑などの支出をのぞき、多くは国家財政の負担であったとする。しかし元封元年に均輸・平準制が実施されたのは、武帝の泰山封禅の直前であるという動機を見いだしている。また均輸を全国に設置して、皇帝の全国巡狩に必要な金銭物資を各地に運搬することができたと考えている。

このように平準書は、武帝を批判するという説や、封禅や巡狩との関係が指摘されているが、漢王朝の財政政策と社会経済を記すという点で、『史記』八書のなかでは異例の内容をもっている。

『史記』平準書は、漢代の記述からはじまり、武帝時代の元封元年で終わっている。そして「太史公曰」の論賛で、古の沿革に遡り、秦代までの銭・黄金・財物の概略を述べている。この構成は、封禅書が舜の時代から始まり、河渠書が禹の治水から始まるのとは異なっている。そのため平準書は、論賛が先に記述され、漢代の本文につづくのではないかという説がある(9)。したがって、これが本来の構成であるかは不明な点がある。ここでは現在残されたテキストに即して、その特徴を考えてみよう。

二　『史記』平準書の構成と内容

1　事変の論断

平準書の冒頭は、漢高祖から景帝までの経済状況を簡略に述べている。その要点は、当初は天子から将相、庶民にいたるまで経済的な余裕がなく、恵帝・高后の時代には「吏祿を量り、官用を度り、以て民に賦す」という状況であった。このとき山川・園池・市井の租税は、天子から封君の湯沐邑にいたるまで、みな私の奉養として、天下の経費としなかった。これは賦税による国家財政と、山川や市井の税による帝室財政の違いを示している。(10)文帝期には、匈奴の侵攻に対して屯戍をしたので、辺境の穀物が不足し、穀物を輸送させて爵を与えることが始まっている。景帝期には、上郡以西で旱があり、このときも爵を与え、罪人の罪を除くなどをして穀物を調達している。しかし大勢としては、武帝の即位にいたるまで、戦争や水害・干ばつの災害がなければ、倉庫の穀物や銭・財物が満ちていたという。ここまでが漢王朝の経済回復から全盛期といえよう。ところが武帝期になると、このような財政が衰退へと向かってゆく。司馬遷は、その情勢を「物盛んにして衰うるは、固よりその變なり」と述べ、ここから財政が逼迫してゆく背景を叙述する。これは全盛の状況から、やがて衰退するという変化を示唆している。

このような事変を論断する立場は、平準書の論賛にみえている。

是以物盛則衰、時極而轉、一質一文、終始之變也。

そこで物が盛んであれば衰え、時が極まれば転じ、このような質実と文飾は、終始の変である。

また太史公自序では、各篇の編集意図のなかでも、平準書が事変の論断を示す目的を述べている。

禮樂損益、律曆改易、兵權、山川、鬼神、天人之際、承敝通變、作八書。

礼と楽の増減や、律と暦の改易、兵権、鬼神、天人の際、疲弊をうけて変化することについて、八書を作った。

維幣之行、以通農商。其極則玩巧、幷兼茲殖、爭於機利、去本趨末。作平準書以觀事變、第八。

貨幣の流通は、農・商を通じるものである。しかしそれが極まれば巧みに玩ぶようになり、兼併が多くなり、利益を争って、本（農）を去って、末（商）に趨るようになる。そのため平準書を作って事変を観察し、第八とする。

八書の論賛では、索隠に兵権は律書であり、山川は河渠書、鬼神は封禅書を指すという。[11] また平準書の論賛では、貨幣の流通による農業と商業の変化を述べ、事変を観察するという。とすれば、平準書は「天人之際、承敝通變」にあたることになる。ただし変化という点では、礼書に損益を述べ、楽書にも「移風易俗」とあり、八書は通史となっている。したがって平準書だけが事変を論断するのではなく、むしろ事変の内容が問題となる。ここでは、貨幣の流通による本（農）と末（商）の変化を述べている。

このように平準書の第一の特徴は、事変を論断するという点に見いだせる。これは父の司馬談が、易を学んだことに関連するかもしれない。しかし平準書で事変の論断を述べる意図は、『史記』の本紀や列伝の位置づけとは少し違っている。たとえば太史公自序では、本紀の目的について、つぎのように記している。

罔羅天下放失舊聞、王迹所興、原始察終、見盛觀衰、論考之行事、略推三代、錄秦漢、上記軒轅、下至于茲、著十二本紀、既科條之矣。

天下の放失せる旧聞を罔羅し、王迹の興る所、始を原ね終わりを察し、盛を見、衰を観て、之が行事（事績）を論考する。略ぼ三代を推し、秦・漢を録し、上は軒轅（黄帝）を記し、下は茲《ここ》に至る。十二本紀を著し、既に之を科条した。

ここでは「盛を見、衰を觀て、之が行事を論考す」とあるが、本紀の構成をみると、五帝の時代は禅譲により、夏殷周の三代より以降は、天命をうけた王朝が徳によって興り、隆盛したあと、王者が徳を失って衰退・滅亡するまでの過程を描いている。(12) また秦帝国から項羽、高祖への変化も、天命の移動ととらえている。ただし漢王朝では、高祖のあと、呂氏一族の乱はあるが、武帝期にいたるまで滅亡ではない。これは王朝の変化を、天命の移動から説明しているといえよう。

また『史記』列伝には、つぎのような表現がある。

蔡澤曰……物盛則衰、天地之常數也。（范雎蔡沢列伝）　物極則衰、吾未知所稅駕也。（李斯列伝）

李斯列伝の例では、かれが始皇帝に任用されて全盛をむかえたときの言葉で、その後、趙高の陰謀によって失脚する暗示となっている。これは列伝の人物が、すぐれた能力をもって登場し、全盛をむかえるが、その後に自分の不徳によって失脚するという描写となっている。これは『史記』列伝の運命観に通じる人物描写となっている。(13)

しかし平準書の場合は、評価する対象が王朝の君主や、個人の運命とは違っている。したがって平準書が、第一に貨幣の流通による本（農）と末（商）の変化を論断する目的をもつとしても、なぜ八書のなかで財政問題を扱うのかは十分には説明できない。

2　帝室財政と国家財政―少府と水衡都尉、大農の職務

つぎに本（農）と末（商）の変化に関連して、帝室財政（少府、水衡都尉）と国家財政（大農）の支出とその対策を考えてみよう。(14) 表1は、漢初から武帝期までの財政の支出と、銭・黄金、布帛、財物・穀物を供給する対策、均輸・平準の関係を示している。これによって、何が大きな財政負担となっているかを整理しておこう。

平準書の冒頭では、当時の国家財政は「吏祿を量り、官用を度り、以て民に賦す」という状況である。漢代の農民の負担は、穀物・芻藁の税と、算賦の賦税、徭役に代表される。これに対して、山川・園池・市井の租税は、天子の

表1　『史記』平準書の支出と対策

年代	事業・経済の状況	費用	銭・財物、穀物	塩鉄、均輸・平準
恵帝高后	量吏祿、度官用、以賦於民（大農）。而山川園池市井租税之入、自天子以至于封君湯沐邑、皆各爲私奉養焉、不領於天下之經費（少府）。		漕轉山東粟、以給中都官、歲不過數十萬石。	
文帝	匈奴數侵盜北邊、屯戍者多、邊粟不足給食當食者。		募民能輸及轉粟於邊者拜爵。	
景帝	上郡以西旱。		修賣爵令。輸粟縣官以除罪。	
武帝	至今上卽位數歲、漢興七十餘年之閒、國家無事、非遇水旱之災、民則人給家足、都鄙廩庾皆滿、而府庫餘貨財。……物盛而衰、固其變也。		京師之錢累巨萬、貫朽而不可校。太倉之粟陳陳相因、充溢露積於外、至腐敗不可食。	
建元元光	兩越、西南夷の交通路、朝鮮の事件。匈奴との戦争		江淮、巴蜀、燕齊の閒、中外騷擾。入物者補官、出貨者除罪。	
元朔	匈奴との戦争。西南夷道、作者數萬人。滄海之郡の費用。興十萬餘人筑衞朔方。捕斬首虜之士受賜黄金二十餘萬斤、虜數萬人皆得厚賞、衣食仰給縣官。	轉漕‥土木事業費數十百巨萬黄金二十餘萬斤	悉巴蜀租賦不足以更之。乃募豪民田南夷、入粟縣官、而内受錢於都内。於是大農陳藏錢經秏、賦税既竭、猶不足以奉戰士。……武功爵を売る	
元狩	匈奴との戦争。受賞、賜及有功之士。黄河の決壊、築堤。黄河の漕運路、渭水の漕渠山東の水災、貧民を朔方に徙民。匈奴との戦争。	是歲費凡百餘巨萬費亦各巨萬十數。其費以億計賞賜五十萬金。	出御府禁藏以贍之。郡国の倉庫で振恤、皮幣・白金の発行、告緡の制度（戍辺一歲、沒入緡錢）	東郭咸陽・孔僅、桑弘羊が、大農で塩鉄の国有を謀る塩鉄の管轄を少府から大農に移管。置均輸以通貨物矣。
元鼎	楊可告緡徧天下、中家以上大抵皆遇告。山東の水災、流民を江南に徙民。天子が郡国に巡行。封禅を議論南越、西羌の事件。西方の屯田（軍屯）	郡国の負担皆仰給大農。	治郡國緡錢、得民財物以億計、奴婢以千萬數、田大縣數百頃、小縣百餘頃、宅亦如之。水衡・少府・大農・太僕各置農官、往往卽郡縣比沒入田田之（民屯）。	而縣官有鹽鐵緡錢之故、用益饒矣。大農筦鹽鐵官布多、置水衡、欲以主鹽鐵。及楊可告緡錢、上林財物衆、乃令水衡主上林。大農以均輸調鹽鐵助賦、故能贍之。
元封	天子が朔方に行き、泰山で封禅。賞賜、用帛百餘萬匹、錢金以巨萬計。諸農各致粟、山東漕益歲六百萬石。一歲之中、太倉・甘泉倉滿。邊餘穀諸物均輸帛五百萬匹。卜式言曰、縣官當食租衣税而已、今弘羊令吏坐市列肆、販物求利。亨弘羊、天乃雨。	皆取足大農。民不益賦而天下用饒。	入粟補官、及罪人贖罪。	各往往縣置均輸鹽鐵官、令遠方各以其物貴時商賈所轉販者爲賦、而相灌輸。置平準于京師、都受天下委輸。

奉養（帝室財政）に属し、天下の経費としなかった。しかしその両者の関係は、つぎのように変化している。

武帝期の両越、西南夷、朝鮮の戦争は、当初、周辺の郡（江淮、巴蜀、燕斉地域）で対応している。その後の戦争では、直接的な戦費（兵甲の費用）、水陸輸送の費用のほかに、戦功に対する賞賜、投降者への賜りと衣服などの費用がある。戦費や輸送の費用が「数十百巨万」などの場合は、大農の国家財政の負担による。また戦功に対する賞賜や、投降者への賜り、衣服の費用などは、銭と黄金を用いている。

黄河の決壊にともなう築堤や、治水事業は、国家財政だけではなく、黄河に沿った郡国の負担となっている。(15) また漕渠などの漕運路の建設や、黄河の水災対策、流民・貧民の徙民に対する費用は、大農の負担となっている。

祭祀と巡狩に関連しては、道路や施設は郡国の負担であるが、基本的に大農の支出となっている。また封禅の際には、民に銭と帛を賜っている。ただし泰山封禅では、賞賜は銭と帛だけではない。封禅書では、元封元年の泰山封禅のあと、関係する各県に詔して、民への賞賜をおこなっている。

賜民百戸牛一酒十石、加年八十孤寡布帛二匹。復博・奉高・蛇丘・歴城、無出今年租税。其大赦天下、如乙卯赦令。行所過毋有復作。事在二年前、皆勿聽治。

ここでは民に牛酒を賜い、年八十孤寡には布帛二匹を賜っている。このほか山田氏は、宗廟や諸陵などの祭祀と維持費も大きいと指摘している。(16)

このように武帝期の財政支出では、直接的な軍事費のほかに、とくに京師から西方の匈奴との戦争に関する費用が大きい。また戦争と並ぶ大きな費目は、黄河の水災対策や、漕運路の建設などの土木事業と、皇帝の封禅に代表される祭祀と巡狩の費用である。表2は、この支出を一覧したものである。

これらの支出に対する対策は、つぎのようにみえる。まず匈奴との戦争に対しては、穀物の調達が問題となる。これについて当初は、民間に穀物を輸送させて官職や爵位を与えることや、代価を払うこと、財貨を出して罪を除くこ

表2　武帝期の戦争・事業と財政負担

項目	事業の支出	負担、銭	黄金、布帛	穀物など
戦争	直接軍事費（兵甲の費用） 水陸輸送の費用 戦功に対する賞賜 投降者への賞賜、衣服など 屯田などの防衛費用	大農・武功爵 大農 凡百余巨万 県官 費数十百巨万	黄金二十余万斤 賞賜五十万金	入粟補官 出貨除罪 入奴婢 入羊爲郎 告緡の没入田
水利土木事業	黄河の築堤 漕運路の建造 黄河の水災対策 流民・貧民の徙民	大農・郡国 大農 費以億数 大農、県官		告緡の没入田 公田
祭祀巡狩	天子の郡国巡行 封禅の準備 封禅、巡狩の賞賜	大農・郡国 大農・郡国 銭金以巨万数	均輸帛五百万匹	告緡の没入田 公田

表3　尹湾漢墓簡牘「集簿」

項目	数量	備考
戸数 口数	266,290戸 1397,343人	前回より2629増加、11662獲流
銭収入 銭支出	266,642,506銭 145,834,583銭	 余り120,807,923銭
穀物収入 穀物支出	506,637石 412,581石	（平均郡：約47,000石） 余穀　94,056石

となどが行われた。これは元封元年に、桑弘羊が塩鉄を統轄した時まで行われている。これは本（農）に対する末（商）ではないが、入粟によって吏選が乱れたことになろう。

さらに穀物が不足すると、辺郡の余穀に加えて、西北では屯田がおこなわれた。これは現地での軍屯にあたる。さらに京師（三輔）と東方地域では、漕運によって穀物を調達している。その種類について、私は郡県の租税は基本的にその郡内で使用され、輸送されるのは郡国の余穀か、敖倉、京師倉の備蓄を基本にすると考えた。また元狩六年（前一一七）と元鼎三年（前一一四）に実施された告緡より以降は、大農に置かれた農官によって、没収した田地の穀物輸送の増大が図られたと推測している。[17]ただし告緡によって没収した田地は、大農だけではなく、水衡都尉や少府、太僕にも農官が設置されている。水衡都尉と少府は、大農の国家財政とは区別されており、帝室に関する機構である。したがって水衡都尉や少府の農官から送られた穀物は、戦争の軍糧ではなく、帝室に関する調達ということになろう。[18]

その参考として、前漢末の尹湾漢墓簡牘の「集簿」では、東海郡の戸口と、銭・穀物の収支を記載している。[19]表3は、これを一覧したものである。

これによると前漢末の東海郡では、一年の銭収入が約二億六六六四万銭、支出が約一億四五八三万銭であり、余りは約一億二〇八〇万銭となる。穀物収入は、約五〇万六六三七石で、支出は約四一万二五八一石であり、余穀は九万四〇〇〇石となる。東海郡では、このような銭と穀物の収入から官吏の俸給や、郡県の公費を支出することになろう。ただし『漢書』地理志によれば、東海郡は平均的な郡の二倍にあたる大郡である。そこで目安として二分すれば、平均的な郡の余銭は約六〇四〇万銭で、余穀は四万七〇〇〇石となる。

したがって漢代の郡県では、銭収入の約四五％が国家に計上されるが、穀物収入の大半は郡県で支出され、約二割が地方に残ることになる。私は、このようなデータから、郡県の租税は基本的に郡内で使用され、中央に送られる余穀と備蓄は少ないと推測した。その数量は、仮に関中の東方二〇郡を対象とすれば、余穀をすべて中央に輸送したとして、九四万石（47,000石×20郡）となる。

これに対して没収した公田は、大県数百頃、小県百余頃と言われるから、仮に平均して一県二〇〇頃（二万畝）、一郡平均一五県として三〇万畝となる。[20]一畝あたりの収穫は、一～三石といわれるが、ここでは少なくみて一石としておこう。公田の税率は、一般の租税が三十分の一であるのに対して、二分の一といわれる。これによれば一郡あたり、公田の収入は一五万石（30万畝×1石×1/2）であり、同じように二〇郡を対象とすれば、全体で三〇〇万石となる。ただし公田は、大農の負担となる軍糧と土木事業だけではなく、水衡都尉や少府、太僕にも農官があり、帝室財政や祭祀などの調達にもあてられた可能性がある。これは農民の租税を増加させたものではない。

つぎに軍事や土木事業、祭祀に関連して、銭の調達が問題となる。銭の不足に対しては、穀物の調達と同じように、売官・売爵・売復などの収入がある。また貨幣の鋳造、皮幣・白金の発行、算緡の収入がある。[21] とくに算緡と告緡は、商人などの富裕層に対する銭の収入である。ただし告緡は、一時的な収入にとどまっている。さらに塩鉄専売の収入がある。塩鉄の税は、元狩三年（前一二〇）に少府から大農に移管し、翌年に塩鉄専売が採用され、のちに専売収入の利益をあげている。[22] これらの対策は、農民の賦税を増加したものではないことが注意される。

布帛の調達は、均輸・平準と関連がある。均輸・平準の運営は、さまざまな解釈があるが、元鼎二年（前一一五）に均輸の官が設けられ、元封元年（前一一〇）には京師に平準を設けて、各地から送られた物資を貯蔵している。[23] 各地に設けられた均輸の官は、当初は塩鉄を運んでいる。また均輸の官は物価が安いときに商賈が転販する物資に変えて輸送し、京師に設置された平準は、運ばれた天下の委輸を貯蔵するという。その明らかな例では「均輸の帛」とある。これは均輸の官が運ぶ物資と、平準府での貯蔵と運用の方法が問題となるが、少なくとも大農の国家財政に関する内容である。

以上のように、武帝期に財政が急迫する原因となったのは、匈奴との戦争に関連する軍事費・賞賜と、黄河治水や災害対策、漕運路の建設、祭祀と封禅・巡狩などである。その対策として扱う財政は、穀物では郡国の余穀のほかに、入粟による対策、辺境の屯田、告緡による公田の経営である。漕運による穀物は、水衡都尉や少府、太僕、大農に所属する公田の輸送が多いとおもわれる。また銭の収入では、売官・売爵などのほかに、貨幣の鋳造、算緡・告緡、塩鉄専売の収入がある。布帛の調達では、各地に設けられた均輸の官が、当初は塩鉄を運んでいたが、のちに布帛などの財物を中央の平準に輸送している。平準では、これらの財物を高いときに販売し、安いときに購入したという。

このように平準書にみえる対象は、臨時の対策による穀物、銭などの貨幣、布帛、財物であるが、これらの収入と支出は、少府と水衡都尉、大農の職務となっている。これは大きくみれば、少府に代表される帝室の家産が、しだいに大農の国家財政に移管されてゆく情勢ということができよう。

また平準書の内容で注意されるのは、『漢書』食貨志との相違である。『漢書』食貨志上には、高祖の時代に、平準書にはみえない農民の租税を記している。[24] 文帝期には、賈誼、鼂錯の上書と、農民の租税に関する記載がある。景帝期では、ふたたび農民の租税に関する記載があり、武帝期には董仲舒の上書がある。これらはいずれも庶民に関する内容であり、『史記』平準書が、少府の帝室財政や大農の財政政策を中心とする内容とは異なっている。

したがって平準書の第二の特徴は、漢王朝の財政支出と、少府と大農に関する臨時の政策を記しているが、郡県の賦税に関する農民の経済生活を描いたものではないということである。その内容は、穀物と銭、布帛、財物であり、本（農）に対して商人や手工業者に対する臨時の増収対策が多いことが特色である。

このように『史記』平準書の構成では、貨幣の流通による本（農）と末（商）の変化を論断する目的があり、それは具体的な支出と臨時の財政政策の変化と関連していた。それでは平準書の歴史観は、『史記』八書のなかでどのように位置づけられるのだろうか。

三　『史記』平準書の歴史観

1　「平準書」の名称と意義をめぐって

まず『史記』平準書の主題はどこにあり、名称との関係は、どのようなものだろうか。加藤繁氏は、この篇について司馬遷が適当な案をもたず、平準に至って筆を擱いたので、仮に名づけて平準書としたのではないかと述べている。[25]

たしかに『史記』では、最後に描いた人物を代表させる場合がある。たとえば、項羽本紀は、楚懐王と項梁・項羽をあわせ、呂后本紀は、恵帝と呂后をあわせている。また刺客列伝では、のちの始皇帝を暗殺しようとした荊軻で終わり、これを秦代列伝に配列している。こうした例は『史記』には多く、最後の叙述を篇名としている可能性はある。しかし平準書という名称に、八書と関連する意義はないのだろうか。

この点で注目されるのは、①に穀物や銭を入れて官職や爵位を与える政策や、塩鉄の国有の際に民間人を吏とした弊害である。司馬遷は、このような情勢について「興利之臣自此始也」「吏道雜而多端、則官職秏廢」「吏道益雜、不選、而多賈人矣」「入財者得補郎、郎選衰矣」と述べている。これは貨幣の流通によって、本を去って末（商）に趨る現象ではないが、財物を玩んで吏の選任が乱れるものであり、事変の論断に関連している。(26)

しかし②に問題となるのは、篇名に関する均輸・平準の解釈である。ここでは均輸・平準が対象とする財物と、その効果について、もう一度考えてみよう。(27)平準書では、元封元年に桑弘羊が治粟都尉となり、大農を領して、孔僅に代わって天下の塩鉄を統轄したという。そのあと、つぎのように記している。

弘羊以諸官各自市、相與爭、物故騰躍、而天下賦輸或不償其僦費、乃請置大農部丞數十人、分部主郡國、各往往縣置均輸鹽鐵官、令遠方各以其物貴時商賈所轉販者爲賦、而相灌輸。置平準于京師、都受天下委輸。召工官治車諸器、皆仰給大農。大農之諸官盡籠天下之貨物、貴卽賣之、賤則買之。如此、富商大賈無所牟大利、則反本、而萬物不得騰踊。故抑天下物、名曰平準。天子以爲然、許之。於是天子北至朔方、東到太山、巡海上、并北邊以歸。所過賞賜、用帛百餘萬匹、錢金以巨萬計、皆取足大農。

ここでは諸官が争って物資を購入するために、物価が騰貴し、輸送の費用がまかなえないという問題がある。そこで桑弘羊は、大農部丞数十人を置いて、郡国を分けて担当させ、県ごとに「均輸塩鉄官」を設け、遠方にはその物資が高いときに、商人が買って運ぶものに変えて賦として、それぞれ輸送することを提案する。その輸送先は、京師に置かれた平準で、天下の委輸を受けるという。その輸送に必要な車や器物は、大農の負担による。そこで大農の諸官は、すべて天下の貨物を独占し、価格が高ければそれを売り、安いときには購入した。このようにすれば、富商大賈は利益を得ることができず、かれらは本（農）にかえり、万物は騰貴することがなくなる。だから天下の物を抑えるために、これを名づけて平準といい、それは皇帝の裁可をうけている。その結果、武帝は朔方への戦争と、泰山封禅・巡狩をすることができ、通過した地の賞賜では、帛百余万匹と、銭と金は巨万を計えたとする。この均輸・平準の説明では、輸送する物資や、売り買いをする物資を具体的に明記していない。そのため均輸・平準法として、さまざまな解釈がある。しかし少なくとも、均輸と平準は地方と中央に設置された官であり、均輸・平準法という方法を定めたわけではない。

一方で桑弘羊は、これまでのような入粟の政策をおこない、他郡の備蓄穀物を転送し、それぞれの農官も穀物を輸送している。

弘羊又請令吏得入粟補官、及罪人贖罪。令民能入粟甘泉各有差、以復終身、不告緡。他郡各輸急處、而諸農各致粟、山東漕益歳六百萬石。一歳之中、太倉・甘泉倉滿。邊餘穀諸物均輸帛五百萬匹。民不益賦而天下用饒。於是弘羊賜爵左庶長、黄金再百斤焉。

その結果、穀物の輸送量は年間六〇〇万石となり、太倉と甘泉倉の穀物も満ち足りた。そして辺郡でも穀物に余裕ができ、均輸の帛は五〇〇万匹となった。そこで「民は賦を益さずして、天下の用は豊かになった」と述べている。ここで注目されるのは、均輸・平準の評価である。平準書では、日照りのときに卜式が「桑弘羊が吏を市の列肆に坐らせ、物を販売して利益を求めさせている。弘羊を煮殺せば、天は雨を降らすであろう」と批判している。

是歳小旱、上令官求雨、卜式言曰、縣官當食租衣稅而已、今弘羊令吏坐市列肆、販物求利。亨弘羊、天乃雨。

もう一方で、先にみたように、「富商大賈は利益を得ることができず、かれらは本（農）にかえり、万物は騰貴することがなくなる。だから天下の物を抑えるために、これを名づけて平準という」とあり、裁可されている。だから

「民は賦を益さずして、天下の用は豊かになった」と評価している。したがって均輸・平準は、塩鉄の輸送を改革し、布帛と銭の収入を増加させる効果があったが、官が商人のような行為をすると批判されている。これは本（農）に対して、末（商）との関係を示すとみなすことができる。

しかし平準書の論賛には、③の視点がみえている。それは「禹貢」との関係である。ここには「禹貢九州、各因其土地所宜、人民所多少而納職焉」とあり、司馬遷の理解では、「禹貢」が九州から各地の土地に適合したものにより、人民の多少に応じて貢賦としたとする。[28]しかし武帝期の均輸・平準では、遠方から物価の高低によって得た物資を平準に運送している。これを「禹貢」の理想と比べれば、その精神は大きく異なっている。また論賛では、秦代の状況をつぎのように述べている。

於是外攘夷狄、内興功業、海内之士力耕不足糧饟、女子紡績不足衣服。古者嘗竭天下之資財以奉其上、猶自以爲不足也。無異故云、事勢之流、相激使然、曷足怪焉。

ここでは秦帝国が外征と内部の功業によって疲弊し、古に天下の資材を奉献しても不足とした例と並べて、批判している。これは武帝の時代にも通じるものである。

したがって平準書では、①貨幣・穀物を入れる政策や、塩鉄専売による吏選の乱れと共に、②均輸・平準の成果を評価しながらも、③「禹貢」の理想と異なる収入であることを批判したことになる。そのため、こうした事変を論断する代表として「平準」と名づけたのではないだろうか。

2 『史記』八書の歴史観

つぎに『史記』八書との関連を考えてみよう。山田勝芳氏は、すでに封禅書と平準書が関係すると指摘していた。しかし封禅書の内容は、平準書で問題となった黄河の水災や、皮幣・白金の発行、北方での軍事とも関連している。

たとえば封禅書には、武帝が黄河の決壊を憂えるとともに、これが后土を巡祭する祭祀とも関連することを示している。これは河渠書につながる歴史観である。

是時上方憂河決、而黄金不就、乃拜大爲五利將軍。……天子曰、閒者河溢、歳數不登、故巡祭后土、祈爲百姓育穀。今歳豐廡未報、鼎曷爲出哉。

また封禅書では、皮幣・白金の発行も、祭祀の瑞祥と関連している。

其後、天子苑有白鹿、以其皮爲幣、以發瑞應、造白金焉。

これは元狩年間のことで、雍で一角獣を捕獲する前年である。つまり皮幣・白金の発行は、貨幣に関する財政政策であるが、その発端は封禅が議論される瑞祥と関連していたのである。ただしこの皮幣・白金の発行は、のちに廃止されている。

さらに封禅書は、つぎのような記載がある。

其來年冬、上議曰、古者先振兵澤旅、然后封禪。乃遂北巡朔方、勒兵十餘萬、還祭黃帝冢橋山、釋兵須如。

ここでは、武帝が封禅に先だって、兵をととのえ軍を解くと述べ、朔方に巡行している。これと前後して、周辺諸民族の地域を郡県としている。(29)とすれば、財政が逼迫する原因となった戦争もまた、一面では封禅の実施と関連することになる。

このように封禅書によれば、封禅の実施と祭祀に関連して、河渠書と平準書の内容を理解することができる。そして封禅書が、舜から始めて武帝期までの沿革を記すと同じように、河渠書は禹の治水から武帝の黄河治水までを描き、平準書では論賛で古から禹貢の記述をへて、本文では武帝期の均輸・平準までを描いている。ここに平準書、河渠書、平準書は、共通した歴史観をもち、それは太常の属官である太史令の職務と関係するということができる。表4は、『史記』八書の起点と内容を示したものである。

表4　『史記』八書の起点と内容

礼書	三代－孔子－周－秦－高祖－孝文－孝景－今上 太初改暦、易服色、封太山、定宗廟百官之儀
楽書	虞舜－鄭衛－秦二世－高祖－今上
律書	黄帝－顓頊－成湯－秦二世－高祖－文帝
暦書	神農氏以前は不明。黄帝－顓頊－堯－舜－禹
天官書	五家（五帝）－三代－周の幽・厲王－孔子
封禅書	舜－武帝。公孫卿等が黄帝の儀礼を言う
河渠書	禹（夏書）－三代－漢武帝の瓠子歌
平準書	舜－禹貢－殷周－戦国－秦漢－武帝の封禅

表5　『史記』八書

史記	漢書
1 礼書	2 礼楽志
2 楽書	
3 律書	1 律暦志
4 暦書	
5 天官書	6 天文志
6 封禅書	5 郊祀志
7 河渠書	9 溝洫志
8 平準書	4 食貨志
——	3 刑法志
——	7 五行志
貨殖列伝	8 地理志
——	10 芸文志
（将相表）	（公卿表）

『史記』の素材と編集では、漢王朝に伝えられた書籍と保存資料を基本としており、それは太常と太史令の職務に関係するものが多いことを指摘した。(30) それと同じように、『史記』八書では、礼書、楽書、律書、暦書、天官書、封禅書、河渠書が、皇帝の儀礼や山川祭祀と密接に関連しており、社会経済の側面を描いたといわれる平準書もまた封禅書や河渠書と関連する歴史観をもっている。したがって八書は、皇帝の祭祀、儀礼の沿革と改革をテーマとしながら、それは太常と太史令の職務に関する理論的な部門ということができるだろう。

こうした『史記』八書の特色は、表5のように『漢書』の志の部門と比べればよくわかる。(31)『漢書』では、『史記』八書の儀礼・祭祀に関する篇を継承しながら、大司農（大農）に関する食貨志、廷尉に関する刑法志、丞相に関する地理志、御史大夫に関する芸文志を追加している。また『漢書』には百官公卿表がある。これは『史記』八書が太常と太史令の職務に関係するのに対して、『漢書』では漢王朝の中央官制に関心をもつ違いが反映している。

おわりに

本稿では、『史記』平準書の構成と歴史観を考えてきた。その結果、

『史記』平準書は、貨幣と財物による時勢の盛衰・事変を描いた一篇とみなすことができる。それは漢代の財政窮乏に対して、いくつかの内容が指摘できる。

一に、入粟や売官などによって吏選が乱れたことである。これは本（農）に対する末（商）ではないが、財物による事変といえよう。また平準書では、少府に代表される帝室財政が、大農の均輸・平準によって国家財政へと移管する状況がうかがえる。

二に、卜式が桑弘羊を批判する言葉で終わっていることから、司馬遷は武帝時代の政策を批判するという考えがある。均輸・平準の設置による対策は、民の賦税を増すものでないが、民と利を争うという点で、本と末に関する事変の内容ともなる。また論賛にみえる「禹貢」の貢賦と均輸・平準の物資調達の違いも財物の変化である。

三に、『史記』平準書の位置づけについては、西北での戦争や、水災への対応、皮幣・白金の発行が、武帝の封禅と太初改暦の制度改革に先立つ天の瑞祥に関連するとみなすことができる。これは封禅書や河渠書と共通する事変ともなり、それは当時の事象を論断する太史令の職務に関する一篇となる。

以上のように、『史記』平準書は漢王朝の財政政策を描いているが、同時に古の沿革を意識して、武帝時代にいたる儀礼と祭祀、財物の変遷を位置づけていることになる。この意味で、封禅書と河渠書、平準書も武帝時代の儀礼改革と関連しており、八書の全体を通じて、太史令の理論的な部門といえるのではないだろうか。

なお残された課題は、『史記』平準書と貨殖列伝の関係や、『漢書』食貨志との関連を明らかにすることである。また基本となる『史記』八書を通じた全体的な理解も大切であろう。

註

（1）　佐藤武敏「『史記』河渠書を読む」（『中国水利史の研究』国書刊行会、一九九五年）、同『司馬遷の研究』（汲古書院、

一九九七年）第七章三「李陵の禍以前の編纂」6「書の篇名」、四「李陵の禍以後の編纂」5「書の篇名」、附篇第二章「『史記』の内容上の特色」三、4「書」。

（2）拙著『史記秦漢史の研究』第一章「司馬遷と《太史公書》の成立」（汲古書院、二〇一五年）一〇六～一〇七頁。

（3）加藤繁『史記平準書・漢書食貨志』（岩波書店、一九四二年）、同「漢代に於ける国家財政と帝室財政との区別並に帝室財政一斑」（『支那経済史考證』上、東洋文庫、一九五二年）をはじめ、財政・経済との関連を指摘する研究が多い。

（4）『史記』封禅書の論賛に、

太史公曰、余從巡祭天地諸神名山川而封禪焉。入壽宮侍祠神語、究觀方士祠官之意。於是退而論次自古以來用事於鬼神者、具見其表裏。後有君子、得以覽焉。

（5）『史記』河渠書の論賛に、以下のようにみえる。

太史公曰、余南登廬山、觀禹疏九江、遂至于會稽太湟、上姑蘇、望五湖。東闚洛汭・大邳・迎河、行淮・泗・濟・漯洛渠。西瞻蜀之岷山及離碓。北自龍門至于朔方。曰、甚哉、水之爲利害也。余從負薪塞宣房、悲瓠子之詩而作河渠書。

なお『史記』河渠書の内容は、拙稿「『漢書』溝洫志訳注（一）（二）」（『中国水利史研究』一三、一四、一九八三、一九八四年）で考証している。

（6）拙著『司馬遷とその時代』（東京大学出版会、二〇〇一年）、同『司馬遷の旅』（中央公論新社、二〇〇三年）、拙稿「『史記』河渠書と『漢書』溝洫志―司馬遷の旅行によせて」（『中国水利史研究』三〇、二〇〇二年）では、司馬談と司馬遷の経歴を考察していたとき、太史公自序では転機となる事件しか記さないが、かれらの年代ごとの行動は、むしろ封禅書と河渠書に反映されていることに気がついた。ここには天地の祭祀に司馬談がかかわる経過や、毎年のように祭祀に関連する記述がある。

（7）佐藤前掲「『史記』河渠書を読む」、同『司馬遷の研究』附篇第二章「『史記』の内容上の特色」。

（8）山田勝芳「前漢武帝代の祭祀と財政―封禅書と平準書」（『東北大学教養部紀要』三七、一九八二年）。

（9）加藤前掲『史記平準書・漢書食貨志』解題では、論賛に本文が続くのが原形とみなし、佐藤前掲「『史記』の内容上の特色」では、本文のあとに論賛があったとする。

（10）山田勝芳『秦漢財政収入の研究』（汲古書院、一九九三年）は、国家財政と帝室財政の内容を考察し、結論「秦漢財政収入の特色と収入の推計」で全体を概観している。

（11）索隠に「案、兵權、卽律書也。遷沒之後、亡、褚少孫以律書補之、今律書亦略言兵也。山川、卽河渠書也。鬼神、封禪書也。故云山川鬼神也」とある。中里謙一「『史記』の「八書」について」（太田幸男・多田狷介編『中国前近代史論集』汲古書院、二〇〇七年）は、「天人の際」をキーワードとするが、平準書は当てはまらない篇という。
（12）拙稿前掲「司馬遷と《太史公書》の成立」。
（13）拙著『史記戦国列伝の研究』終章（汲古書院、二〇一一年）。
（14）銭と黄金、布帛の意義は、柿沼陽平『中国古代貨幣経済史研究』第六章「戦国秦漢時代における銭と黄金の機能的差異」、第七章「戦国秦漢時代における布帛の流通と生産」、第八章「戦国秦漢時代における塩鉄政策と国家的専制支配の機制」（汲古書院、二〇一一年）参照。
（15）拙著『中国古代国家と郡県社会』第二編第一章「漢王朝と水利事業の展開」、第二章「漢代の黄河対策と治水機構」（汲古書院、二〇〇五年）。
（16）山田前掲「前漢武帝代の祭祀と財政」。
（17）拙著前掲『中国古代国家と郡県社会』第二編第三章「漢代の漕運事業と郡県社会」。
（18）紙屋正和「書評：藤田勝久著『中国古代国家と郡県社会』」（『史学雑誌』一一七―六、二〇〇八年）では、郡国の穀物量は多く、没入の公田は全体の五％程度であり、軍糧としての漕運の穀物は地方税糧を重視すべきであると指摘している。これに関連して、拙稿「漢代の漕運事業と郡県社会」では漕運の穀物を主に軍糧とみなしていたが、土木事業や祭祀の用途を追加する必要がある。
（19）連雲港市博物館・中国社会科学院簡帛研究中心・東海県博物館・中国文物研究所編『尹湾漢墓簡牘』（中華書局、一九九七年）、張顕成・周羣麗『尹湾漢墓簡牘校理』（天津古籍出版社、二〇一一年）。
（20）山田前掲『秦漢財政収入の研究』第二章附論「秦漢代の公田収入」では、告緡による公田の収入に関する計算をしている。
（21）山田前掲『秦漢財政収入の研究』第三章第五節「算緡・告緡」参照。
（22）山田前掲『秦漢財政収入の研究』第六章第二節「専売収入」、第三節「均輸平準」参照。
（23）均輸・平準に関しては、影山剛「均輸・平準と塩鉄専売」（『岩波講座世界歴史』四、岩波書店、一九七〇年）、山田勝芳「均輸平準と桑弘羊」（『東洋史研究』四〇―三、一九八一年）、同「均輸平準の史料論的研究（一）（二）」（『歴史』六

一、六二、一九八三、一九八四年）など多くの論文がある。渡辺信一郎『中国古代の財政と国家』第一部第一章「漢代の財政運営と国家的物流」（汲古書院、二〇一〇年）は、影山氏が均輸法を現物の財貨を集積するとし、山田氏が国家的商業とするのに対して、中央財政の需要を効率的に調達し、地方に貯備された委輸を大量に流動化させることが本質とする。また柿沼前掲「戦国秦漢時代における塩鉄政策と国家的専制支配の機制」三三一〜三三四頁では、均輸が元鼎二年に初めて置かれた官であることに注目し、塩鉄の専売と均輸によって布帛が集積されたと指摘している。

(24) 『漢書』食貨志上には、「上於是約法省禁、輕田租、什五而税一、量吏祿、度官用、以賦於民」や、文帝・景帝期に「上復從其言、乃下詔賜民十二年租税之半。明年、遂除民田之租税。後十三歳、孝景二年、令民半出田租、三十而税一也」とあり、賈誼、鼂錯、董仲舒の上書は民に関する記載でよく知られている。

(25) 加藤前掲『史記平準書・漢書食貨志』解題。

(26) これまで平準書が、吏の任用を乱すことを批判するという説は多くみえる。

(27) 均輸が輸送する財物と、平準が売買する財物をどのように考えるかは、『塩鉄論』の記述をふくめて別に検討すべき課題である。

(28) 「禹貢」の記述は『尚書』に基づくのだろうが、司馬遷の理解は『史記』夏本紀の「禹貢」の記載にみえている。

(29) 拙稿前掲「司馬遷と《太史公書》の成立」九六〜九八頁。

(30) 拙著前掲『史記戦国列伝の研究』序章「戦国、秦代出土史料と『史記』」。

(31) 拙著前掲『史記秦漢史の研究』序章、五〇〜五二頁。

漢代の救恤政策について―『罷癃』を中心として―

藤田　忠

はじめに

筆者は先に、《『秦律』・『漢律』（二年律令）に見える「三環」・「免老」について》[1]の小稿を発表した。そこでは「免老」は児童、婦女、身体障害者等ともに様々な救恤策を享受していることに触れた。所謂社会的弱者グループと言われる人々の受ける救恤策については、『睡虎地秦簡』、『張家山漢簡』二年律令や『漢書』、『後漢書』（表Ⅰ・表Ⅱ参照）に見えている。上記の人々とは異なる社会的弱者に「罷癃」と言われる人々がいる。これら社会的弱者グループに対する特別な配慮は文献に見られる（表参照）。しかし、「罷癃」についての専論は管見の及ぶ限り、劉濤「試釋漢代的〝罷癃〟」、呉方浪・呉方基「漢代〝罷癃〟問題再探」、王文濤「『癃』病與漢代社会救助」[2]等に過ぎない。では、「罷癃」とはどのような人々を指すのだろうか？　また、どのような救恤策を受けていたのだろうか？　そして、前漢と後漢では「罷癃」に対する対応が異なっている。

この小稿では最初に「罷癃」とは何か、どのような救恤を受けていたのか、次いで「罷癃」に対する前漢と後漢の救恤策の相違について考えてみたい。

一　『秦律』に見える「罷癃」について

はじめに秦末から漢初にかけて「罷癃」は簡牘ではどのように捉えられているのかを見る。『睡虎地秦簡』（以下『秦律』とする）秦律雑抄に、

　匿敖童、及占𤸇（癃）不審、典・老贖耐、●百姓不當老、至老時不用請，敢爲酢（詐）僞者、貲二甲、典・老弗告、貲各一甲、伍人、戶一盾、皆䙴（遷）之、●傅律

小組

敖童　見『新書・春秋』「敖童不謳歌」、古時男子十五歲以上未冠者、稱爲成童、据〝編年記〟、秦當時十七歲
　傅籍、年齡還屬于成童的範囲、參看『法律答問』〝何謂匿戶〟条

占　申報、癃卽罷癃、意爲廢疾、參看『說文』〝癃〟字段注

典・老　卽里典（正）、伍老、相當後世的保甲長

老　卽免老、秦制無爵男子年六十免老、不再服封建政府規定的兵役和徭役、參看〝秦律十八種〟中的〝倉律〟
　〝免隸臣妾〟條注①

用　此處用法同〝以〟字

伍人　『漢書尹賞傳』注「五家爲伍、伍人者、各其同伍之人也。」『史記・商君列傳』〝令民爲什伍、而相收司
　連坐。〟伍人亦卽四隣、見『法律答問』〝何謂四隣〟條。

本条所規定應流放的對象、從上下文義考察、疑應指犯罪的百姓及其同伍而言

傅律　關于傅籍的法律、參看『編年記』注㊺

（成童を隠したり、廃疾であることを正確に申告しなかったりすると、里典・伍老は贖耐に処せられる。免老でなく或いはすでに免老であるのに申告せず、敢えて詐欺を為すものは罰二甲。里典・伍老が告発しなければそれぞれ罰一甲。同じ伍の人は家ごとに罰一盾ですべて流罪に処する。）

「罷癃」と同様に申告をせねばならない冒頭の「敖童」について、小組の注によると、男子の一五歳以上の未冠者を成童という。秦代では十七歳が傅籍登録の年齢である。つまり十五・十六歳の成童の範囲内の男子のことである。また秦律『編年記』の注㊺には、『漢書』高帝紀注を引用して

「傅、著也。言著名籍、給公家傜役也……漢制傅籍在二十或二十三歳」

とある。漢代になると年齢が上がり二十或いは二十三歳となるようである。なぜ「敖童」を傅籍に登録するのかといえば、『漢書』高帝紀の注にも見えるが、法律答問に

可（何）謂〝匿戸〟及〝敖童弗傅〟？匿戸弗繇（傜）、使、弗令出戸賦之謂（也）

（何を「匿戸」及び「敖童弗傅」というのか？　戸を隠匿し、傜役を徴発しないで、役使しないで戸賦を納めさせないという意味である）

とあるように、「敖童」や「罷癃」は傜役や戸賦が免除されたのである。

さらに、〝癃〟とは「罷癃」のことで、廃疾であるとする。ただし、廃疾の具体的な内容は分からない。そこで『說文』（巻七下）「癃」字をみると、

癃、罷病也。注、病當作癃、罷者廢置之意、凡廢置不能事事曰罷癃、平原君傳躄者自言不幸有罷癃之病、然則凡

廢疾、皆得謂之罷癃也、師古注漢書改罷病作疲病、非許意

となっていて、癃とは「罷癃」のことで、廃疾者のことである。廃疾者とは具体的に何を指すのかと言うと、「廢置不能事事」（廃立されて仕事をすることができない）の意味はわかりづらいが、『史記』平原君伝ではより具体的に、「躄者」（いざり）が自ら「罷癃」の病と言っているから、「罷癃」とは身体障害者を指すことが分かる。

以上のことから、1、「敖童」や「罷癃」は正丁の傅籍に載らず[3]、徭役や戸賦が免除される。2、「罷癃」・免老の詐称は処罰を受ける。3、里典・伍老は「敖童」や「罷癃」の詐称を告発する。告発しなければ処罰の対象になる。

さらに『秦律』法律答問に

罷痒（癃）守官府、亡而得、得比公痒（癃）不得？得比焉

小組

罷癃　参看『秦律雜抄』〝匿敖童〟條注②

公癃　疑指因公殘廢的人

（官府の看守の障害者が逃亡して捕獲された場合、公務により身体障害者となった者と同様の取り扱いをされるか否か、同様の取り扱いとなる）

とある。

「罷癃」には、公務により身体障害者になった人とそうでない者の二種類があり、官府の看守のような軽度な職務に従事する。看守が逃亡して捕獲された場合、公癃と同じ取り扱いになると言うことは、公癃に対しては寛大な処置が行われていたことが窺われる。

二　『漢律』二年律令に見える罷癃

『張家山漢簡』二年律令（以下「二年律令」とする）に見える「罷癃」は三か所である。順次見ていくことにする。
まず、「二年律令」戸律に

寡夫、寡婦毋子及同居、若有子、子年未盈十四、及寡子年未盈十八、及夫妻皆瘙（癃）病、及年老七十以上、毋異其子、今毋它子、欲令歸戸入養、許之　（三四二～三四三）

小組
癃病　廢疾
異　分異

（寡夫・寡婦で子も同居もいない場合、あるいは子はいるが、其子の年齢が十四歳になっていない場合、また孤児で年齢が十八歳未満に達していない場合、また夫婦が共に廃疾である場合、また老人で年齢が七十歳以上で別居している子がいないで、現在ほかの子もいない場合、帰戸、入養させることを望めば、これを許可する。[4]）

小組が「癃病」を廃疾とするのは『説文』と同じである。廃疾の夫婦は他の子や親族のいない、あるいは幼い子のいる寡夫・寡婦、孤児や子のいない七十歳以上の老人と同様に受田返却[5]や扶養希望者に申請を許可している。しかし、小組の廃疾とは具体的に何を指しているのか不明である。朱紅林[6]は、

癃《秦律雜抄》〝匿敖童、及占瘙（癃）不審、典・老贖耐〟。《漢書・高帝紀》高祖十一年二月詔〝年老癃病、勿

遣〃。師古曰〃癃、疲病也〃。《漢書・杜周傳》〃案師丹行能無異、及光祿勛徐商被病殘人、皆但以附從方進、嘗獲
尊官〃、服虔曰〃殘、癃也〃

とする。癃の説明として、『睡虎地秦簡』秦律雑抄の律文、『漢書・高帝紀』や同「杜周傳」をあげる。高祖十一年の詔は、その前段に天下に賢者を求めて、名声や徳行のある人物がいれば、必ず官吏が自分自身で出かけて車に乗せて都に連れてくるようにせよとあり、それには「年老いて病ある者を遣わしてはならない」というものであり、「杜周伝」のほうは「光祿勲（徐）[7]許商は病におかされた廃疾の人」というもので、「殘＝癃」であることはわかるが、具体的な内容は不明である。

次に、傅律に

當傅、高不盈六尺二寸以下、及天烏者（皆）以爲罷瘩（癃）（三六三）

小組

烏　疑讀爲亞。『說文』「亞、醜也、象人局背之形」、在此當指天生殘疾醜惡也

罷癃　廢疾、參看『說文』「癃」字段玉裁注

（傅籍に登録する時、身長が六尺二寸未満に達しない者、天烏者は皆罷癃とする）

とある。身長六尺二寸以下の者や生まれつきの身体障害者が罷癃に相当する。身長六尺二寸を「罷癃」の基準にすることは、『漢書』高祖本紀巻一上の高祖二年五月の「漢王屯滎陽、蕭何發關中老弱未傅者悉詣軍」の如淳注に「律、二十三傅之疇官、各從其父疇學之、高不滿六尺二寸以下爲罷癃」に見えている。さらに『說文』段玉裁注から腰が曲がり通常の業務を行うのに支障がある者も含まれることが分かる。先の戸律（三四二〜三四三）と幷わせて考えると、

当傅（傅籍に登録する）の段階で身長六尺二寸に達していない者や体に異常がみられる者、所謂身体に障害を持っている者を「罷癃」ということがわかる。ただこの簡は「罷癃」を規定しただけで、「罷癃」がどのような待遇を受けていたのかは不明である。

さらに、傜律に

諸當行粟、獨與若父母居老如睆老、其父母疲瘁（癃）者、皆勿行、金痍、有□病、皆以爲疲瘁（癃）、可事如睆老、其非從軍戰痍也、作縣官四更、不可事、勿事、……（後略）（四〇八）

小組

行粟　運糧

居老　當指免老、如或、見楊樹達『詞詮』巻五

金痍　兵器創傷

有□病　缺字左從「金」旁

（穀物の運搬に当たらせるに、独り身でその父母と同居している場合で、その父母が睆老に当たり、もしくはその父母が罷癃であるときは、いずれも運搬業務に従事させてはならない。兵器により負傷した者、□病のある者は皆罷癃とする。その中で傜役労働に耐えうる者は睆老と同等に取り扱う。従軍による負傷でない場合、官府での四更の傜役労働に従事させる。傜役労働に耐えられない者は従事させてはならない。）

独身で父母が睆老或いは本人が「罷癃」（戦争で負傷した者）、□病のある者である場合は穀物の運搬業務に従事させてはならない。ただし傜役労働に耐えうる者や従軍による負傷でない場合は睆老と同じ扱いになる。睆老とは傅律に、

不更年五十八、簪褭五十九、上造六十、公士六十一、公卒、士五（伍）六十二、皆爲睆老（三五七）

とあり、爵に応じて年齢が定められていて、免老までの四年間[8]が睆老に相当する。尚、睆老は傜律に

「睆老各半其爵䌛（傜）、□入獨給邑中事……（後略）」（四〇七）

と見え、睆老は爵に応じて傜役を半減し、邑中内の役務に限定されている。さらに、四〇八簡より「金痍」が罷癃に相当することが分かり、傅律に見えた天烏＝先天性の障害者だけでなく、後天的に障害を受けた人も「罷癃」の中に含まれる。傜役は睆老と同様に半減されて、邑中内の任務に限定されることが分かる。しかし、全く傜役が免除されるのではない。

では、「罷癃」にはどのような救恤策があるのだろうか。すでに判明していることを確認しよう。傜役や戸賦の免除（法律答問）、「罷癃」が犯罪者となった場合、「公癃」と同様に寛大な処置を受ける。また受田返却や扶養希望の申請が可能（二年律令・戸律）。傜役労働に耐えうる者は睆老と同様に傜役の半減。公傷でない者は四更の傜役労働に従事（二年律令・傜律）等である。

傜役の免除に関しては、朱紅林氏の指摘がある。[9]それによると、『周禮』地官・大司徒に、

以保息六養萬民……五曰寛疾……鄭玄注「寛疾若今癃不可事、不筭卒、可事者半之也」賈公彥疏、「寛疾若今癃不可事、不筭卒者」云漢時、癃病不可給事、不筭計以爲士卒、若今廢疾者也、云「可事者半之也者」、謂不爲重役、輕處使之、取其半功而已、似今殘疾者也、是其寛饒疾病之法

とあり、六つの安んじ繁殖させる「万民を養う」の第五番目に「寛疾」（疾病者の卒役を減じ、免除する）があり、鄭玄注は「寛疾」とは今（漢代）の癃あり、任務に耐えない者は卒役を免除し、傜役に耐えうる者は傜役を半分にする。

賈公彦も鄭玄と同じく徭役に耐えないものは士卒にせず、徭役に耐えうる者は半分にして重労働に就かせず軽い任務に従事させる。「癃病」とは廃疾者、敗残者の事で、疾病を寛饒にする方法だ、という。孫詒譲『周禮正義』は孔廣森を引用して、

『漢書』高帝紀如淳注云、「律、高不滿六尺二寸以下、爲罷癃」、是但以人𦡳矮者通謂之癃、若有癃疾者、別謂之癃不可事、其可事者、雖不服戎、猶任城道之役、食貨志曰「常有更賦、罷癃咸出」、謂癃可事者也。案孔說是也

と、孔説――身長六尺二寸に満たない者はすべて癃と言い、癃疾ある者は身体に負荷のかかる作業につかせず、また作業可能な者でも兵役につかせず、城内の軽作業に従事させる。但し、徭役に耐えうる者は更賦をださせる――に賛成している。

以上より、「罷癃」は1、身長六尺二寸に満たない者、2、先天的障害者だけでなく、戦争等で後天的に障害者になった者を含む、3、徭役・兵役の免除。ただし、徭役に耐えうる者は睆老と同じく半減身体的負荷のかからない軽作業に就労する。

二　前漢時代の救恤策

『漢書』本紀に見える社会的弱者と言われる人々に対する救恤策は〈表Ⅰ〉のとおりある。全30例である。その内高祖十一（BC一九六）年二月の詔の中の一文で、天下を安定し、世々宗廟を絶えることのないように、天下に賢士大夫、名声、明かに徳行のある者を全国に求めて、諸侯、郡守を全国に派遣し該当者を探し求めて報告するように通知した。その際に「年老いた者や癃病者（罷癃）を派遣してはならない」、と言ったものである。「癃」の顔師古注に

〈表Ⅰ〉『漢書』本紀による救恤表

皇帝	年号	救恤策	巻数
高祖	十一年（ＢＣ一九六）	其有意稱明德者、必身勸、爲之駕、遣詣相國府、署行義年。有而弗言、覺、免、年老癃病、勿遣	一下
文帝	前元元年（ＢＣ一七九）	方春和時、草木群生之物皆有以自樂、而吾百姓鰥寡孤獨窮困之人或阽於死亡、而莫之省憂、爲民父母將何如、其議所以振貸之……年八十以上、賜米人月一石、肉二十斤、酒五斗、其九十以上、又賜帛人二疋、絮三斤	四
	前元十三年（ＢＣ一六七）	農、天下之本、務莫大焉……其除田之租稅、賜天下孤寡布帛絮各有數	四
武帝	元狩元年（ＢＣ一二二）	已赦天下、滌除與之更始、朕嘉孝弟力田、哀夫老眊孤寡鰥獨或匱於衣食、甚憐愍焉……賜縣三老孝者帛、人五匹、鄉三老弟者力田帛、人三匹、年九十以上及鰥寡孤獨帛、人二匹、絮三斤、八十以上米、人三石	六
	元狩六年（ＢＣ一一七）	今遣博士（褚）大等六人分循行天下、存問鰥寡廢疾、無以自振業者貸與之	六
	元封元年（ＢＣ一一〇）	加年七十以上孤寡帛、人二匹、四縣無出今年算、賜天下民爵一級、女子百戶牛酒	六
	元封二年（ＢＣ一〇九）	赦所過徒、賜孤獨高年米、人四石	六
	元封五年（ＢＣ一〇六）	所幸縣毋出今年租賦、賜鰥寡孤獨帛、貧窮者粟	六
	太始三年（ＢＣ九四）	冬、賜行所過戶五千錢、鰥寡孤獨帛、人一匹	六
宣帝	元平元年（ＢＣ七四）	賜諸侯王以下金錢、至吏民鰥寡孤獨各有差	八
	地節三年（ＢＣ六七）	鰥寡孤獨高年貧困之民、朕所憐也、前下詔假公田、貸種食、其加賜鰥寡孤獨高年帛	八
	元康二年（ＢＣ六五）	其赦天下徒、賜勤事吏中二千石以下至六百石爵、自中郎吏至五大夫、佐史以上二級、民一級、女子百戶牛酒、加賜鰥寡孤獨三老孝弟力田帛	八
宣帝	元康三年（ＢＣ六三）	賜天下吏爵二級、民一級、女子百戶牛酒、鰥寡孤獨高年帛	八
	元康四年（ＢＣ六二）	其賜天下吏爵二級、民一級、女子百戶牛酒、加賜三老孝弟力田帛、人二匹、鰥寡孤獨、各一匹	八

	神爵元年（BC六一）	賜天下勤事吏爵二級、民一級、女子百戸牛酒、鰥寡孤獨高年帛	八
	神爵四年（BC五八）	其赦天下、賜民爵一級、女子百戸牛酒、鰥寡孤獨高年帛	八
	五鳳三年（BC五五）	賜民爵一級、女子百戸牛酒、大酺五日、加賜鰥寡孤獨高年帛	八
	甘露二年（BC五二）	賜民爵一級、女子百戸牛酒、鰥寡孤獨高年帛	八
	甘露三年（BC五一）	其賜汝南太守帛百匹、新蔡長吏、三老孝弟力田、鰥寡孤獨各有差、賜民爵二級	八
元帝	初元元年（BC四八）	賜宗室有屬籍者馬一匹至二駟、三老孝者帛五匹、弟者、力田三匹、鰥寡孤獨二匹、吏民五十戸牛酒	九
	初元四年（BC四五）	賜民爵一級、女子百戸牛酒、鰥寡高年帛	九
	初元五年（BC四四）	賜宗室子有屬籍者馬一匹至二駟、三老孝者帛、人五匹、弟者力田三匹、鰥寡孤獨二匹、吏民五十戸牛酒	九
	永光元年（BC四三）	賜吏六百石以上爵五大夫、勤事吏二級、爲父後者民一級、女子百戸牛酒、鰥寡孤獨高年帛	九
	永光二年（BC四二）	其大赦天下、賜民爵一級、女子百戸牛酒、鰥寡孤獨高年三老孝弟力田帛	九
	建昭四年（BC三五）	存問耆老鰥寡孤獨乏困失職之人、擧茂材特立之士	九
成帝	建始元年（BC三二）	賜……宗室諸官吏千石以下至二百石及宗室子有屬籍者、三老孝弟力田、鰥寡孤獨錢帛、各有差、吏民五十戸牛酒	十
	鴻嘉元年（BC二〇）	其賜天下民爵一級、女子百戸牛酒、加賜鰥寡孤獨高年帛	十
	永始四年（BC一三）	賜雲陽吏民爵、女子百戸牛酒、鰥寡孤獨高年帛	十
哀帝	綏和二年（BC七）	賜宗室王子有屬者馬各一駟、吏民爵、百戸牛酒、三老孝弟力田鰥寡孤獨帛	十一
平帝	元始四年（AD四）	賜天下民爵一級、鰥寡孤獨高年帛	十二

「癃、疲病也」とあり、「罷癃」であると思われる。さらにこれだけで、他の例のような具体的な賜与策ではないが、老人疾病者に対する思いやりであり、一種の救恤策であることには変りがない。

文帝前元元（BC一七九）年以下29例のうち、武帝元狩六（BC一一七）年、元帝建昭四（BC三五）年の2例以外は孝悌力田鰥寡孤獨窮困（貧不能自存者）老人・女子を対象に賜粟・帛・絮・肉等の救恤を基本とした賜与策[10]である。

ところで、前漢の救恤策で注目すべき点は、秦律・二年律令で見た「罷癃」が武帝の元狩六年に一度廃疾（罷癃）が見えるのみであり、しかも賜与を対象にしたものでなく、博士褚大ら六人を天下に巡行させて、鰥・寡とともに存問するものである。では『漢書』では武帝紀以外に廃疾＝罷癃はどのように扱われているのだろうか。

『漢書』巻五十一賈山傳に

陛下卽位、親自勉以厚天下、損食膳、不聽樂、減外徭衛卒、止歲貢、省廄馬以賦縣傳、去諸苑以賦農夫、出帛十萬餘匹以振貧民、禮高年、九十者一子不事、八十者二算不事……臣聞山東吏布詔令、民雖老羸癃疾、扶杖而往聽之、願少須臾毋死、思見德化之成也

とある。この文章は、賈山が治乱の道について著述した『至言』の中の一文である。孝文帝は即位以来、自ら勉めて天下の民生を厚くし、食膳を節約し、音楽を楽しまず、国外の徭役の衛卒を減らし、年の貢物をやめ、馬数を減らして県の駅伝に供給し、諸苑を廃止して農夫に与え、帛十万余匹を放出して貧民を振《すく》い、高齢者を礼遇し、九十歳の人は一人の夫役を免じ、八十歳の人は二人分の算を免除した、と文帝の善政について述べた後、山東の吏が詔令を布告すると、年老いて体の弱った人や「罷癃」までも杖をついて往き、ほんのわずかでも死なないことを願い、聖徳の教化が実現するのを見たいと、聞いています、と重ねて文帝の治績を称えている。なぜ山東と地域が限定されているか、また年老いて身体的弱者や癃疾（罷癃）が聖徳の教化の実現を見たいと思ったのか不明である。また、文帝の即位何年かはっきりしないが、この文章の直後に「其後文帝除鑄錢令」とある。「除鑄錢令」は文帝前元五（BC一七五）年

のことであるからそれ以前のことと思われる。

前文に九十歳、八十歳の家族に対する優遇策があり、「老羸癃疾」に注がないが、老羸と癃疾が対になっていることから老人と癃疾（罷癃）の存在が認識されていたと思われる。

次に、『漢書』巻八十杜周傳の杜業の項に

丞相（翟）方進薨、業上書曰……案師丹行能無異、及光祿勳許商被病殘人、皆但以附從方進、嘗獲尊官

とある。丞相翟方進が薨去した際に、杜業が翟方進の生前の行為に対して上書した中の一文である。翟方進が尊官にとりたてた師丹や許商は特別な才能を持って尊官にとりたてられたのではない事を述べているが、許商の身体的状況を「被病殘人」と称している。服虔注に「殘、癃也」とだけあるだけで、具体的なことは何も分からないが、「病におかされた罷癃の人」だとすると、二年律令・傜律の金痍と同様に後天的に病気に罹り障害をもった人も「罷癃」に含まれるものと思われる。

「罷癃」そのものが出てくる例として、『漢書』巻七十陳湯傳に

湯擊郅支時中寒病、兩臂不詘申、湯入見、有詔毋拜、示以（段）會宗奏、湯辭謝、曰、將相九卿皆賢材通明、小臣罷癃、不足以策大事

とある。陳湯は郅支を攻撃したときに凍傷にかかり、両臂の屈伸ができなかった。湯は参内すると、詔によって拝をしなくともよかった。烏孫の兵に包囲されたので西域の城郭諸国及び敦煌の兵を徴発して自らを救う事の段会宗の上奏文[11]が示された。それに対して陳湯は、将相九卿は皆賢材で通明であるが、小臣は罷癃の人で、大事を計ることができない、と辞退している。陳湯は戦争に行き凍傷に罹り身体障害者になったと考えられる。

最後に「罷癃」という語句は見えないけれども社会的弱者に対する救恤策について見る。『漢書』巻二十三刑法志に

（景帝後元）三年、復下詔曰、高年老長、人所尊敬也、鰥寡不屬逮者、人所哀憐也、其著令、年八十以上、八歳以下、及孕者未乳、師、朱儒、當鞠繫者、頌繫之

とある。景帝後元三（前一四一）年に再び詔を下して言った。「高齢の年長者は人の尊敬するところである。鰥夫・寡婦の身寄りのない者は人の哀憐するところである。令に著して八十歳以上八歳以下及び妊娠して出産していない者（師古曰乳，産也）、盲目の楽師（師古曰、師、楽師盲瞽者）、朱儒（短人不能走者）など罪を取り調べられる者は寛大に繋げ」と見えるように、社会的弱者である高齢者、鰥夫寡婦、令に規定された八十歳以上八歳以下の者、妊婦、盲目の楽師、朱儒の取り調べは寛大に行うようにしている。高齢者、鰥寡と同様に八十歳以上八歳以下・妊婦・盲目の楽師・朱儒に対する思いやりが見える。しかし「罷癃」に対する言及はないが、恐らくこれらの人々と同様に社会的弱者に含まれるものと思われる。

では何故に「罷癃」は秦律、二年律令にあって、『漢書』にはほとんどないのだろうか。次のような二点が推測される。

すでに王文濤が指摘しているが、[12]文帝の「除肉刑」との関係である。『漢書』巻二十三刑法志に

（孝文）即位十三年……遂下令曰「制詔御史……今法有肉刑三、而姦不止、其咎安在、非乃朕徳之薄、而敎不明與、吾甚自愧……夫刑至斷支體、刻肌膚、終身不息、何其刑之痛而不德也、豈稱爲民之父母之意哉、其除肉刑、有以易之、及令罪人各以輕重、不亡逃、有年而免、具爲令

とある。文帝即位十三（前一六七）年に、令を下して言った。「御史に制詔して、今、法には三種の肉刑があるが姦悪なことは止まない。その咎はどこにあるのだろうか。朕の徳が薄く教化が明らかでないからだろうか。吾は甚だしく自ら愧じている。……そもそも刑は肢体を断ち切り、肌膚を刻んで終身取り返しのつかないことになる。それ肉刑は何と痛ましくて不徳な事であろう。どうしてそれが民の父母であると称する意にかなうだろうか。肉刑を廃止して、

法をこれととりかえよ。罪人に罪の軽重により、逃亡しないで刑期を満たせば庶人とする。具に法令を作れ」、と言うものである。この文帝の詔の結果を受けて、黥刑は髠鉗城旦舂、劓刑は笞三百、左右の斬止刑は笞五百となり、三種の肉刑は廃止された。(13)

このことを受けて即位した景帝は即位元（ＢＣ一五六）年に

誹謗罪を除き、肉刑を廃止し、長老に賞賜し、孤独を振恤して群生を達成した。嗜欲を減じ、献上を受けず、罪人の妻子を官奴とせず、罪にない者を誅せず、その利を私くししなかった。宮刑を除き、美人を解放し、人の世継ぎを絶えることを恐れた。朕は不敏で、すべてを知っているわけではないが、このようなことは皆上世の及ばないところであり、孝文皇帝はこれを親から行われた。(14)

と詔している。文帝の肉刑廃止は「罷癃」救恤と直接関係しないように思われるが、肉体的な障害者（後天的身体障害者）を減少させたと思われる。

以上のように、『漢書』の詔に「罷癃」と言う語句は見えないが、それは「罷癃」を救済対象から排除していたのではない。高年鰥寡孤独貧不能自存者らと一緒に救済対象に含まれていたことは諸列伝から窺われ、社会的弱者として認識されていたと思われる。では何故「罷癃」が詔に入っていなかったのかについては後でふれる。

三　後漢時代の救恤策

『後漢書』本紀に見える社会的弱者と言われる人々に対する救恤策は〈表Ⅱ〉である。全33例である。一見して目に就くのは、前漢時代と異なって後漢王朝末期の霊帝、献帝以前の全ての皇帝によって実施されていて篤癃（罷癃）・羸弱は鰥寡孤獨と同列に取り扱われている。(15)

では「罷癃」・羸弱に対して具体的にどのような救恤策が行われたのであろうか。前漢時代の武帝元狩六年の例は「存問鰥寡廢疾」である。他の例も自称や他称の表現である。後漢時代の救恤策は殆ど賜粟である。粟の量は一人当たり三斛、五斛、六斛、十斛である。他に婦に対する賜帛もある。

では、このような救恤策はどのような状況の時に出されたのであろうか。その原因と思われるものをあらわしたのが〈表Ⅲ〉である。〈表Ⅱ〉の救恤策が出された年の前々年、前年に発生した天災を中心に取り上げたものである。天災が発生した場所・地域が特定できるものもあればそうでないものもある。また発生した被害の程度・規模が分からないので、各皇帝の救恤策適用範囲をどこまでにするかは考慮する必要があるだろう。が、和帝永元三（九一）年の救恤策は「冬十月癸未、行幸長安、詔曰……」（和帝紀）である。長安に行幸した際に、皇帝が通過した地域の「鰥寡孤獨篤癃貧不能自存者」を対象に出された救恤策である。また、順帝永和二（一三七）年も「行幸長安、所過鰥寡孤獨貧不能自存者」とあり、「罷癃」は含まれていないが、和帝の場合と同様に救恤策の対象範囲は、「洛陽から長安」に至る沿線地域が対象である。このように考えると、他の詔の場合、救恤範囲は限定されていないので、全国を対象にしたものと考えてよいのではないだろうか。

救恤の対象が全国的範囲であるから、その施策は賜粟が中心になっているのだろう。例えば、建武六年、永平十二年の場合を考えてみよう。建武六年の前々年、前年に旱害、蝗害が発生しているが地域は記載されていない。また、永平十二年の場合も同様である。自然災害以外に元初元年・延光元年の改元、陽嘉元年の「立皇后」も同じであろう。

前々年、前年の災害に対する救恤策であるならば前漢時代にも見られる。例えば、武帝元狩元（BC一二二）年の前々年の「元朔五（BC一二四）年、春、大旱」「元狩元年、十二月、大雨雪、民凍死」（武帝紀）とあり、また宣帝元康二（BC六五）年の前年の「地節四（BC六六）年、今年郡國頗被水災、已振貸」（宣帝紀）とあるが、救恤対象は「年九十以上及鰥寡孤獨」・「鰥寡孤獨三老孝弟力田」となっていて「罷癃」がその対象になっていない。それでは何故「罷癃」が前漢に含まれなくて後漢になって加えられたのであろうか。管見の及ぶ限り、この問題に言及しているのは王文濤だけである。先ず王氏の説を紹介しよう(16)。

第一、「法律の規定」である。前漢では「秦律」・「漢律」二年律令の傜律・戸律がある。後漢光武帝建武六年の「給稟詔」の最後に「如律」とあり、「罷癃」を優遇する法律が前漢以来ずっと執行されていたと推測され、それが皇帝の詔に含まれることになった、とする。つまり、前漢では皇帝の詔と法律の二本立てになっていて、「罷癃」の救助に関しては二年律令の適用範囲であったが、後漢になって光武帝の建武六年以降、詔の範囲に収まることになる。ただ建武六年の李賢の注に

　爾雅曰、篤、困也、蒼頡篇曰、癃、病也、漢律今亡

とあり、唐代（李賢）すでになくなっている。

第二、先秦以来「太平の時代」の社会には身体障害者はいないという観念と関係がある。その例として『韓詩外傳』巻三に、

　傳曰、泰平之時、無瘖瘖跛眇尫蹇朱儒折短、父不哭子、兄不哭弟、道無襁負之遺育、然各以其序終者、賢醫之用也、故安止平正、除疾之道、無他焉、用賢而已矣

とあるのをあげる。太平の時代の社会にはさまざまな身体障害者はいない。幼児を育て順序をもって臨終を迎えさせるのは賢医の役目である。だから心安らかに公平に過ごす「除疾の道」はほかの方法はなく、賢者を用いるだけである。当時の観念では治国が第一で、治病が第二である。国家がよく治まり天下太平で、人びとが規律や法令を遵守すると、疾病者はおのずから少ない、とする。このような考え方は頼炎元も、『禮記』経解の主旨と同じで、国家統治の重要性を説いたものである(17)、とする。

第三、文帝前元十三年の「肉刑廃止」をあげ、肉刑廃止は直接身体障害者の救助政策ではないが、（後天的）身体

〈表Ⅱ〉『後漢書』本紀による救恤表

皇帝	年号	救恤策	巻数
光武帝	建武六年（三〇）	其命郡國有穀者、給稟高年鰥寡孤獨及篤癃、無家屬貧不能自存者、如律	一下
	建武二十九年（五三）	賜天下男子爵、人二級、鰥寡孤獨篤癃、貧不能自存者粟、人五斛	一下
	建武三十年（五四）	賜天下男子爵、人二級、鰥寡孤獨篤癃、貧不能自存者粟、人五斛	一下
	建武三十一年（五五）	賜天下男子爵、人二級、鰥寡孤獨篤癃、貧不能自存者粟、人六斛	一下
明帝	中元二年（五七）	其賜天下男子爵、人二級、三老孝悌力田人三級、爵過公乘、得移與子若同產、同產子、及流人無名數欲自占者人一級、鰥寡孤獨篤癃粟、人十斛	二
	永平二年（五九）	其賜天下三老酒、人一石、肉四十斤、有司其存耆耋、恤幼孤、惠鰥寡、稱朕意焉	二
	永平三年（六〇）	賜天下男子爵、人二級、三老孝悌力田人三級、流人無名數欲占者人一級、鰥寡孤獨篤癃、貧無家屬不能自存者粟、人五斛	二
	永平十二年（六九）	賜天下男子爵、人二級、三老孝悌力田人三級、流民無名數欲占者人一級、鰥寡孤獨篤癃、貧不能自存者粟、人三斛	二
	永平十七年（七四）	其賜天下男子爵、人二級、三老孝悌力田人三級、流人無名數欲占者人一級、鰥寡孤獨篤癃、貧無家屬不能自存者粟、人三斛	二
	永平十八年（七五）	其賜天下男子爵、人二級、及流民無名數欲占者人一級、鰥寡孤獨篤癃、貧不能自存者粟、人三斛	二
章帝	永平十八年（七五）	賜民爵、人二級、爲父後及孝悌力田人三級、脫無名數及流人欲占者人一級、爵過公乘得移與子若同產子、鰥寡孤獨篤癃、貧不能自存者粟、人三斛	三
	建初三年（七八）	賜爵、人二級、三老孝悌力田人三級、民無名數及流民欲占者人一級、鰥寡孤獨篤癃（癃）、貧不能自存者粟、人五斛	三
	建初四年（七九）	賜爵、人二級、三老孝悌力田人三級、民無名數及流人欲自占者、人一級、鰥寡孤獨篤癃、貧不能自存者粟、人五斛	三
	元和元年（八四）	其賜鰥寡孤獨、不能自存者粟、人五斛	三
	元和二年（八五）	其賜天下吏爵、人三級、高年鰥寡孤獨帛、人一匹	三
和帝	永元三年（九一）	其賜行所過二千石長吏以下及三老、官屬錢帛、各有差、鰥寡孤獨篤癃、貧不能自存者粟、人三斛	四

		獨篤癃、貧不能自存者粟、人五斛	
	永元八年（九六）	九月、百僚師尹勉修厥職、刺史二千石詳刑辟、理冤虐、恤鰥寡、矜孤弱、思惟致灾興蝗之咎	四
	永元十二年（一〇〇）	賜下貧鰥寡孤獨、不能自存者及郡國流民、聽入陂池漁采、以助蔬食	四
	永元十二年（一〇〇）	其賜天下男子爵、人二級、三老孝悌力田三級、民無名數及流民欲占者一級、鰥寡孤獨篤癃、貧不能自存者粟、人三斛	四
	永元十三年（一〇一）	賑貸張掖、居延、朔方、日南貧民及孤寡羸弱不能自存者	四
	永元十五年（一〇三）	詔令百姓鰥寡漁采陂池、勿收假税二歳	四
	元興元年（一〇五）	賜天下男子爵、人二級、三老孝悌力田、人三級、民無名數及流民欲占者一級、鰥寡孤獨篤癃、貧不能自存者粟、人三斛	四
殤帝	延平元年（一〇六）	諸官府、郡國、王侯家奴婢姓劉及疲癃羸老、皆上其名、務令實悉	四
安帝	元初元年（一一四）	賜民爵、人二級、孝悌力田人三級、爵過公乘、得移與子若同產、同產子、民脱無名數及流民欲占者人一級、鰥寡孤獨篤癃、（貧）不能自存者穀、人三斛、貞婦帛、人一匹	五
	元初六年（一一九）	其賜人尤貧困孤弱單獨穀、人三斛	五
	建光元年（一二一）	賜鰥寡孤獨、貧不能自存者穀、人三斛	五
	延光元年（一二二）	賜民爵及三老孝悌力田、人二級、加賜鰥寡孤獨篤癃、貧不能自存者粟、人三斛、貞婦帛、人二匹	六
順帝	永建元年（一二六）	賜男子爵、人二級、爲父後三老孝悌力田、（人）三級、流民欲自占者一級、鰥寡孤獨篤癃、貧不能自存者粟、人五斛、貞婦帛、人三匹	六
	永建四年（一二九）	賜男子爵及流民欲占者、人一級、爲父後三老孝悌力田、人二級、鰥寡孤獨篤癃、貧不能自存者帛、（人）一匹	六
	陽嘉元年（一三二）	賜爵、人二級、三老孝悌力田三級、爵過公乘、得移與子若同產、同產子、民無名數及流民欲占著者人一級、鰥寡孤獨篤癃、貧不能自存者粟、人五斛	六
	永和二年（一三七）	行幸長安、所過鰥寡孤獨、貧不能自存者賜粟、人五斛	六
桓帝	建和元年（一四七）	賜吏更勞一歳、男子爵、人二級、爲父後及三老孝悌力田人三級、鰥寡孤獨篤癃、貧不能自存者粟、人五斛、貞婦帛、人三匹	七

表Ⅰ、表Ⅱは王文濤『秦漢社会保障研究』―以灾害救助為中心的考察（中華書局　二〇〇七年六月）一四一～一四九頁に追加して作成。

〈表Ⅲ〉『後漢書』救恤策の原因

皇帝	年号	原因
光武帝	建武六年（三〇）	建武五、四月旱・蝗　建武六、正月往歳水旱蝗蟲爲灾、穀價騰躍、人用困乏
	建武二十九年（五三）	（建武二十八、郡國八十蝗　建武二十九、武威・酒泉・清河・京兆・魏郡・弘農蝗）
	建武三十年（五四）	建武三十、五月大水
	建武三十一年（五五）	建武三十一、五月大水　夏蝗　是歳陳留雨穀穀、形如稗實
明帝	中元二年（五七）	中元元、秋郡國三蝗
	永平二年（五九）	（永平元、旱）
	永平三年（六〇）	永平三、是歳京師及郡國七大水、（永平三、郡國十二雨雹、傷稼）
	永平十二年（六九）	（永平十一、旱）
	永平十七年（七四）	（永平十五、旱）
	永平十八年（七五）	（永平十八、旱）
章帝	永平十八年（七五）	永平十八、四月自春已来、時雨不降、宿麥傷旱、秋種未下、政失厥中、憂懼而已【明帝紀】是歳牛疫、京師及三州大旱
	建初三年（七八）	建初二、三月比年陰陽不調、飢饉屢臻　（建初二、雒陽旱）
	建初四年（七九）	（建初四、旱）
	元和元年（八四）	建初八、是歳京師及郡國螟　（元和元、旱）
	元和二年（八五）	
和帝	永元三年（九一）	永元元、是歳郡國九大水　（永元二、郡國十四旱）
	永元八年（九六）	永元六、京師旱　永元七、易陽地裂、京師地震、　永元八、河内・陳留蝗
	永元十二年（一〇〇）	永元十、五月京師大水、十月五州雨水　永元十二、三月京師去冬無宿雪、今春無澍雨、黎民流離、困於道路、閏四月秭歸山崩、六月舞陽大水

	永元十三年（一〇一）	永元十三、荊州雨水
	永元十五年（一〇三）	永元十四、三州雨水　永元十五、四州雨水　（永元十五、雒陽、郡國二十二竝旱、或傷稼）
	元興元年（一〇五）	永元十六、旱　元興元、雍地裂　（元興元、郡國四冬雷）
殤帝	延平元年（一〇六）	延平元、五月河東垣山崩　六月郡國三十七雨水　六州大水【安帝紀】　隕石於陳留【安帝紀】 四州大水・雨雹【安帝紀】
安帝	元初元年（一一四）	永初七、二月郡國十八地震、五月京師大風、八月蝗蟲飛過洛陽　（元初元、郡國三冬雷） 元初元、二月日南地坼　四月京師及郡國五旱蝗　十一月郡國十五地震
	元初六年（一一九）	元初四、京師及郡國十雨水　元初五、三月京師及郡國五旱　是歳郡國十四地震、　元初六、二月京師及郡國四十二地震或地裂、水泉涌出　四月會稽大疫、　四月沛國・渤海大風、雨雹 五月京師旱　十二月郡國八地震　（郡國五冬雷）
	建光元年（一二一）	永寧元、京師及郡國三十三大風、雨水　是歳郡國二十三地震　（永寧元、郡國七冬雷） 建光元、京師及郡國二十九雨水　十一月郡國三十五地震或坼裂　（郡國七冬雷）・（建光元、郡國四旱）
	延光元年（一二二）	（郡國七冬雷）　延光元、四月京師・郡國二十一雨雹　六月郡國蝗　七月京師及郡國十三地震　九月郡國二十七地震　是歳京師及郡國二十七雨水、大風、殺人
順帝	永建元年（一二六）	延光四、十月越巂山崩　是冬京師大疫　（京都・郡國十六地震）・（郡國十九冬雷）　十一月京師及郡國十六地震　十二月京師大疫　永建元、詔以疫癘水潦、令人半輸今年田租
	永建四年（一二九）	永建三、三月京師地震、漢陽地陷裂、六月旱　永建四、五州雨水
	陽嘉元年（一三二）	永建五、四月京師旱……京師及郡國十二蝗　永建六、詔曰連年災潦、冀部尤甚　（郡國十二雨雹・傷秋稼）　陽嘉元、二月京師旱　戊辰雩
	永和二年（一三七）	陽嘉四、京師地震　永和元、偃師蝗　永和二、四月京師地震　十一月京師地震
桓帝	建和元年（一四七）	本初元、海水溢【質帝紀】　建和元、二月荊揚二州多餓死　四月京師地震　四月郡國六地裂、水涌井溢　九月京師地震

（　）は『後漢書』五行志の記事　佐藤武敏『中国災害史年表』（一九九三・国書刊行会）を参考に作成

障害者を減少させた、とする。

以上が王氏の見解である。前漢時代「罷癃」は、律の規定による取り扱いなので、詔のなかに含まれていなかったが、建武六年の詔「如律」以降、詔の中に含まれることになった、とする。しかし、何故突然そのように変化することになったのかは説明がない。その理由について考えてみよう。

漢の財政については、古く加藤繁は、大司農が管轄する「一般人民から出す租税（田租・算賦等）」と少府が管轄する「山澤の税」・「江海陂湖の税」・「園の税」・「市井の税」・「口賦」・「苑囿池籞の収入」・「公田の収入」・「獻物及び酎金」・「錢の鋳造」の国家財政と帝室財政に分かれていたこと、そして少府＝帝室財政の支出として膳食などの帝室の生活費、楽府及び戯楽の費など宗廟・祭祀の費用、賞賜の費等がある。賞賜の費の品目として、定期の賞賜、善言嘉行若しくは勝れた技藝などが叡感に入った場合の賞賜、格段な功労に酬いる為めの賞賜、大官退任の場合の賞賜、大官卒去の場合の賞賜、嬖倖に対する賞賜の六種類を通常の賞賜と名づけ、これ以外色々な場合の賞賜が行われている。皇帝の即位若しくは崩御の際、立皇后・立皇太子の際、祥瑞の現れた時、災異の現れた時など特別な賞賜があった。賞賜が帝室財政の負担で少府若しくは水衡から支出された。そして祥瑞の現れた時や災異の起こった時に鰥寡孤獨・三老・孝悌・力田等に賞賜賜帛・賜粟、女子に牛酒を賜った、と説いた。(18)

以上のように、「罷癃」が秦律・二年律令の規定の対象であったため、詔＝帝室財政の対象から除外されていたと思われる。では、何故後漢光武帝の時になって皇帝の詔令の中に含まれるようになったのだろうか。

結論から先に言ってしまえば、国家財政と帝室財政の二本立てになっていたものを、国家財政に一元化した光武帝の財政改革にある。前漢初めのころには少府の収入は大司農の収入に遥かに及ばなかったが、武帝時代より以降になると、少府の収入はだんだんと増大し、漢末、元帝の頃には少府・水衡の収入は大司農を凌ぐことになる。(19) さらに王莽末年よりの混乱による人口の激減、土地の荒廃が進んでいたことは、『後漢書』郡国志五注引く應劭『漢官儀』に

世祖中興、海内人民可得而數、裁十二三、邊陲蕭條、靡有孑遺、鄣塞破壞、亭隊絶滅

とある。世祖の時代になると、国内の人民を得て数えられるのは僅かに十に二三である。国境は無く、鄣塞は破壊され、亭隊はすべてなくなってしまった、と国内の人口が2〜3割に減少した様子がうかがわれる。このような状況を打開するために光武帝は官制機構の改革及び財政制度の変革を断行する。官制機構はさておき、救恤策と関係の深い財政制度について見てみる。『後漢書』百官志三に[20]

大司農掌諸錢穀金帛諸貨幣、郡國四時上月旦見錢穀簿、其逋未畢、各具別之、邊郡諸官請調度者、皆爲報給、損多益寡、取相給足

とあり、大司農は諸々の銭、穀物、金、絹等様々な貨幣を掌る。郡国は四季の月旦現銭穀簿を奉り、未納の租税はそれぞれ詳しく分別する。辺郡の諸官の調度を請け負う者は、皆支出の額を報告し、損害が多く利益の少ない場合は互いに充分に足りるようにし、中央と地方の調和を計る、とあり、国家の銭穀租税等の収入と支出は大司農の管轄となったことが分かり、更に、同じく百官志三に

職屬少府者、自太醫、上林凡四官、自侍中至御史、皆以文屬焉、承秦、凡山澤陂池之稅、名曰禁錢、屬少府、世祖改屬司農、考工轉屬太僕、都水屬郡國、孝武帝初置水衡都尉、秩比二千石、別主上林苑有離宮燕休之處、世祖省之、幷其職於少府、……少府本六丞、省五

とある。太醫令、(太官令・守宮令)、上林苑令の四官は少府に属し、侍中から御史中丞まで少府に文属した。少府は、秦代より山沢陂池の租税(禁銭)を掌っていたが、世祖光武帝は大司農の管轄に移してしまった。考工や都水の所属も変更した。武帝の時におかれ、上林苑の離宮燕休を掌っていた水衡都尉も廃止した。少府の六丞中の五丞も廃止した。このようにして少府の収入は大幅に削減されて、殆ど大司農に集中した。

では、少府の収入の殆どが大司農の管轄になった。その時期はいつごろなのか不明である。また、建武六年の詔

「如律」とどのような関係になるのだろうか。

国家財政の充実を計るため、大司農の権限強化は、先述したように王莽末年より後漢初めの国内事情と大いに関係がある。『後漢書』百官志一の冒頭の、

世祖中興、務從節約、幷官省職、費減億計、所以補復殘缺、及身未改、而四海從風、中國安樂者也

より分かる。節約に務めて、官職を省き、億計の費用を減ずることは，殘欠を補い、自らは改革せず、天下の人を風化して、国内が安らかになる方法だという。財源のたて直しに官職の削減をあげている。世祖のこのような計画は一度に行われたものではなく、機会あるごとに逐一行われたものと思われる。早くは、「更始元（二三）年九月、於是置僚屬、作文移、從事司察、一如舊章」（光武紀一上）、更に、「建武六年、是歳、初罷郡國都尉官、始遣列國就國」（光武紀一下）、や「太傅……世祖以卓茂爲太傅、薨、因省」（百官志一）[21]、同じく廷尉の条「置中都官獄二十六所、各令長名世祖中興皆省」（百官志二）、大鴻臚の条「中興省驛官、別火二令、丞、及郡邸長、丞」（百官志二）のように官や職の廃止が実施されている。[22]このことは中央だけでなく地方でも同じである。「中興建武六年、省諸郡都尉、幷職太守、無都試之役」（百官志五）のように、諸軍の都尉を廃止して太守に併合されている。世祖の一連の改革政策は建武六年に一応の区切りを迎えたようである。『後漢書』光武帝紀一下の建武六年六月の詔に

六月辛卯、詔曰「夫張官置吏、所以爲人也、今百姓遭難、戸口耗少、而縣官吏職所置尚繁、其令司隷、州牧各實所部、省減吏員、縣國不足置長吏可幷合者、上大司徒、大司空二府」於是條奏幷省四百餘縣、吏職減損、十置其一

とある。官吏を設置するのは人びとのためである。今、人びとは戦乱と災害により人口が減少しているのに、県の官職が繁雑である。司令校尉や州牧がそれぞれ統べる所の吏員を減らすように。また県国で長吏を置く必要がなく、併合すべきものは、大司徒・大司空の二府に報告するようにした。その結果併合されたものは四百余県に及び吏職は削

減されて、十分の一になった。

さらに同年十二月の詔にも、

十二月癸巳、詔曰、頃者師旅未解、用度不足、故行什一之税、今軍士屯田、糧儲差積、其令郡國收見田租三十税一、如舊制

とあり、近年は戦争が長く続き、国の費用が不足していたので十分の一税を行っていたのに比較して、現在は辺境で屯田が実施され、食糧が充分に蓄えられたので、郡国に前漢景帝時代の三十分の一税にもどすようにとの詔を出している。

以上のように建武六年頃になって漸く国内に安定の兆しを見せはじめたと思われる。世祖の官制改革・整備は当然財政政策にも関係し、少府の権限が縮小して、大部分大司農に一元化することが可能になったのではないだろうか。後漢初めの国内事情について見てきたが、前漢時代に「罷癃」が救恤の対象になっていなかったのは、王氏の言う通り、「罷癃」は律の範囲内で行われていたので、帝室財政＝少府の支出の対象にならなかったのである。後漢になり、国家財政＝大司農に殆ど一元化されたことにより、「罷癃」に対する救恤も社会的弱者である「高年鰥寡孤獨貧不能自存者」と同等に取り扱われるようになったと思われる。

おわりに

前・後漢を通じて、社会的弱者と言われる人々のなかの、とくに「罷癃」に対する救恤策に焦点をあてて考えた。社会的弱者「罷癃」は躄・天烏・楽師盲瞽者・痞・瘻・跛・眇・尩・蹇・朱儒等と同じく身体障害者の一である。具体的にみると身長六尺二寸以下の者、戦傷や病気により身体障害になった者である。すなわち先天的・後天的の二種

類がある。彼らは本人で里典・伍老に申告するが、詐称すると罰せられる。また彼らは正丁の籍簿に登録されず（罷癃簿の存在）、徭役や戸賦が免除される。ただし、徭役労働に耐えうる者は睆老と同じく半減される。前漢時代、皇帝の詔にあらわれなかった「罷癃」が、後漢時代になって、詔に頻繁に見えるようになる理由について考えてみた。すでに、王氏は、

一　後漢光武帝の建武六年の詔「如律」とあるのが大きい。「罷癃」救恤は律の対象範囲内にあったため、前漢は秦律・二年律令の範囲で行われていた。後漢時代になって、建武六年以降、詔の範囲内となった。

二　先秦時代以来、「太平の時代」には身体障害者はいない。だから「除疾の方法」は要らないという当時の社会通念よる。

三　前漢、文帝の「肉刑廃止」による身体障害者数の減少による。

の三点を指摘する。以上の説に対して、筆者は次の一点を追加して終わりにする。

四　建武六年の詔「如律」になった背景として、光武帝の官制改革・整備を進めると同時に、帝室財政の国家財政への一元化を図った結果、建武六年頃になって漸く国内に安定の兆しが見え始めたのではないだろうか。つまり王莽末期から後漢初めの混乱期が終息に向かいつつあった。官制改革と財政改革の成功により皇帝権力が強化されたのに伴い、建武六年の詔「如律」となったのではないだろうか。前漢時代、「罷癃」の救済対策が詔に入っていなかったが、後漢初めの国内事情の変化が、建武六年の「如律」により「罷癃」は「高年鰥寡孤獨貧不能自存者」の社会的弱者と同列に取り扱われるようになった。つまり前漢時代、国家財政と帝室財政の二本立てであり、賞賜は帝室財政から支出されていた。光武帝の時代になって、帝室財政を掌っていた少府の権限が大幅に縮小され、殆ど大司農に移管され、皇帝権力のもとに一元化されることになり、前漢時代以降、皇帝の詔の救恤対象であった社会的弱者グループである「高年鰥寡孤獨貧不能自存者」のなかに「罷癃」も含まれることになった

と考えられる。

註

（1）張家山漢簡「『二年律令』の研究」（東洋文庫古代地域史研究編　二〇一四年）。

（2）劉濤「試釈漢代的『罷癃』」（荊台学院学報　第24巻第1期　二〇〇九年）、呉方浪・呉方基「漢代『罷癃』問題再探」（荊台学院学報　第27巻第1期　二〇一二年）、王文濤「『癃』病與漢代社会救助」（『秦漢史論叢』第十三輯、二〇一四年）、『秦漢社会保障研究』以災害救助為中心的考察（中華書局　二〇〇七年）の第四章、秦漢時期的特殊福利。上記以外に専論ではないが、曹旅寧「荊州紀南松陽漢墓木牘與漢初『傅律』的實施」（二〇〇八年　重慶中国法律第八届国際学術討論会論文）、馮聞文「秦漢時期残障人口統計制度初探」（『古代文明』第8巻第3期　二〇一四年）にも「罷癃」に関する部分がある。

（3）二年律令・戸律（三三一〜三三四簡）に、宅園戸籍、年細籍、田比地籍、田令籍、田租籍等があり、また「荊州紀南松柏漢簿」には、免老簿、新傅簿、罷癃簿、帰義簿等（『文物』二〇〇八年4期）が見えていて、さまざまな傅籍があったことが分かる。

（4）訳文については、専修大学「張家山漢簡『二年律令』訳注」（一）〜（一四）（『専修史学』二〇〇三〜二〇一四）（専大訳とする）、「江陵張家山漢墓出土『二年律令』譯注稿」その（一）〜その（三）（「三国時代出土文字資料の研究」班　東方學報　第七十六〜第七十八　二〇〇四〜二〇〇六年）（京大訳とする）参照。

（5）専大訳は「戸を返上する」とするが京大訳は「戸に帰る」とする。

（6）朱紅林「張家山漢簡『二年律令』集釈」（社会科学文献出版社　二〇〇五年）。

（7）朱氏。前掲書二一二頁の注は「及光禄勛徐商」となっているが、『漢書』杜周伝では「及光祿勳許商」であり、「許商」が正しい。

（8）この三五七簡の一つ前に、

大夫以上年五十八、不更六十二、簪褭六十三、上造六十四、公士六十五、公卒以下六十六、皆爲免老（三五六）

とある。

(9) 朱氏　前掲書二四二ページ、参照。

(10) 前漢時代の賜与・賑恤については、福島大我『秦漢時代における皇帝と社会』（専修大学出版局　二〇一六年二月）の第五章　賜与・賑恤政策からみた漢代の皇帝権力、参照。

(11) 『漢書』巻七十、陳湯傳に、

西域都護段會宗爲烏孫兵所圍、驛騎上書、願發城郭敦煌兵以自救、丞相王商・大將軍王鳳及百僚議數日不決

とある。

(12) 王氏　前掲書　第四章　第二節　文帝除肉刑、減少殘疾人、参照。

(13) 『漢書』巻三十三　刑法志に、

諸當完者、完爲城旦舂、當黥者、髡鉗爲城旦舂、當劓者、笞三百、當斬左止者、笞五百

とある。

(14) 『漢書』巻五　景帝紀に、

（前元）元年冬十月詔曰、除誹謗、去肉刑、賞賜長老、收恤孤獨、以遂群生、減耆欲、不受獻、罪人不帑、不誅亡罪、不私其利、除宮刑、出美人、重絶人之世也、朕既不敏、弗能勝識、此皆上世之所不及、而孝文皇帝親行之

とある。

(15) 周知の通り、霊帝・献帝時代は、霊帝即位直前の第一次党錮の禁（一六六）に始まり、第二次党錮の禁（一六九）、黄巾の乱（一八四）、五斗米道首領張魯の王国建国（一九二）、赤壁の戦い（二〇八）と天下三分の形成と、後漢末期の混乱期が続いていて、救恤策が実施できるような状態ではなかった、と思われる。

(16) 王氏　前掲書　第四章　秦漢時期的特殊福利　第二節　秦漢時期的残疾人福利、参照。

(17) 頼炎元『韓詩外傳考徵』（臺灣省立師範大學　中華民國五十二年七月）二六二ページ。

(18) 加藤繁『支那經濟史考證』上巻（東洋文庫　昭和四十年再版）漢代に於ける國家財政と帝室財政との區別並に帝室財政一斑、参照。

(19) 吉田虎雄『兩漢租税の研究』（大安株式会社　一九六六年七月再版）、平中苓次『中國古代の田制と税法――秦漢經濟史

研究――』（東洋史研究叢刊之十六　昭和四十二年）。その他前漢時代の国家財政については、楠山修作『中国古代国家論集』（平成二年十一月）、渡邊信一郎『中国古代の財政と国家』（汲古書院　平成二十二年九月）等多数あるが、今は割愛する。渡邊前掲書　第一部「漢代の財政と帝國」の第一章「漢代の財政運營と國家的物流」の冒頭にそれ以前の研究一覧が見える。

(20) 植松信悟「光武帝期の官制改革とその影響」（「東洋史論集」39　九州大学　二〇一一年）参照。ただし、この論文は、後漢の官制改革全般にわたるものではなく、三公と尚書を中心とする中央官制と郡県と州を中心する地方官制についてのものである。

(21) 『後漢書』列傳第十五　卓茂傳に、

「今以茂爲太傅封褒德侯……建武四年、薨」とあり、建武四年（二八）年に太傅が廃止されたことが分かる。

(22) これら以外に、百官志　一に、

太尉……世祖卽位、爲大司馬
司徒……世祖卽位、爲大司徒
司空……世祖卽位、爲大司空

とあり、名称の変更がおこなわれている。

『農言著実』からみた華北農業—陝西省三原県農業調査記—

村上陽子

一　はじめに

清代の『農言著実』（以後『農言』とする）は、陝西省三原県の人である楊秀元（字一臣）による農書である。楊秀元は諸生であったが、子の楊士果が書した跋文によると四〇歳を過ぎて帰郷し農業を志したという。『農言』は、清・道光年間頃に著され、咸豊六年（一八五六）に子によって発行されたものの、広く流布するには至らなかった。一九五〇年代になって、王毓瑚が『農言』の存在を地方志から知り、辛樹幟らによって二種の版本が見つかったのである。のちに王毓瑚が『知本提綱』・『馬首農言』とともにまとめ『秦晋農言』と表題をつけて公表した。その内容は、「半半山荘主人示兒輩」（半半山荘の主人（＝私）が子供たちに示す）と題するとおり(1)、子孫が月々にすべき農作業や、雇人（「火計」「芒工」「日子」）を使った農業経営、農作業の方法などの注意すべき事項を詳述し、「きちんと覚えておきなさい（「牢記」）」「肝心だ（「要緊」）」と述べている。「咱家地多（私の家の畑は多いので）」と自ら言うほどの大土地の経営について、自身の農業経験をもとに述べられているため、具体的で詳細な内容となっており、この地域の当時の農業実態を知ることができる恰好の史料となっている。

『農言』の先行研究として、足立啓二は『農言』と同時代の丁宜曾『西石梁農圃便覧』[2]等に書かれた農業経営の内容から、南方とは異なる華北の農業生産について、「清代に至る華北農法の発展は、大農法の一層の拡大充実と、養畜部門を組み込んだ自己完結的地力維持方式の改善として特徴づけられる」「大規模経営は、華北における旱地農法の生産力発展の一つの帰結であ」る、としている。[3]また大澤正昭は、小麦を中心に『農言』に書かれた農業技術を考察し、「この時期の商業的農業の展開を背景に、技術的発展が著しかったことがわかる」としている。[4]これら先行研究からも『農言』の価値がよくわかると言えよう。

筆者がこの貴重な史料を初めて通読したのは、二〇〇三年度の大学院ゼミである。それから十年以上の月日が経過したところ、思いがけずＪＦＥ21世紀財団より研究助成金を受け、[5]初めて通読したときに強く印象に残った地形「原上」と「平川」を実見できることになった。本稿では、『農言』の内容を、陝西省三原県での調査結果をもとに確認していきたい。なお、調査は大澤正昭を代表とし、大川裕子と筆者とによる共同調査のため、本稿は、二人から多くの知見を得て述べることをお断りする。

二　版　本

『農言』の版本には、子の楊士果によって刊行された咸豊六年（一八五六）本、光緒一九年（一八九三）に発行された郝尚質文甫校本、光緒二三年（一八九七）に発行された柏経正堂本があるとされる。そのうち今回の調査で、西北農林科技大学・樊志民教授の協力により柏経正堂本を実見できた。

そこで本稿では、底本として、調査前に入手できた王毓瑚『秦晋農言』所収の『農言』を用い、[6]翟允禔が整理した『農言著實評註』で補い、[7]本書の特徴である「土語」（方言）の解釈に、張允中「読《農言著実》幷補釈」を参照した。[8]

そのうえで、西北農林科技大学所蔵の柏経正堂本も照合し、註に原文として掲載する。

なお、本文中の訳は筆者だけでなく、大澤・大川両氏の訳にも依っている。詳細については、大澤正昭ほか「『農言著実』試釈―現地調査を踏まえて」を参照いただきたい(9)。

三　調査の概要

調査地：陝西省咸陽市三原県徐木郷永合村（三原県の北東）（図1）
調査日：二〇一六年三月十九・二〇日
天候：十九日・晴、二〇日：晴れていたが、塬の下からみた「原上」は靄がかかっていた。
聞き取り対象：農民三人（七六～八一歳・男）清代より代々、徐木郷で農耕をしている（図2）。
聞き取り場所：永合村組長宅
調査協力：陝西師範大学　李令福教授

（一）　耕作地

降雨の浸食によって作られた黄土高原の台地（塬）が舞台となっている『農言』には、耕作地として黄土台地「原上」（塬の上）、「坡塬地」（段々畑）、「平川」（塬の下）があり、それぞれに対応した農作業

図1　陝西省三原県徐木郷永合村辺りの地図
（Google earth をもとに作図）

の手順が述べられている。例えば、

・麦が熟したら、先ず平川（の麦）を収穫し、次に原上を収穫する。

・原上で麦を収穫する場合、麦刈り人は、いつも束にまとめることを第一とする。

・今後は、坡垷地を買わなくてもよい。もし購入したなら、多少にかかわらず、毎年麦の収穫後に火計に命じて、钁で耕地の堤を修理させること。

といった記述がある。(10) この三種の耕地を地図に表すと図1のようになる。調査のため図1に示したルートを通って平川から原上に上がったが、直線距離で約二キロの急勾配の道を、車でも三分近くかかった。さらに五万分の一「外邦図」に書かれた等高線から察するに、およそ百メートル近い標高差がある。Google earth で表示される標高でも平川と献陵とでは、約百メートルの差があった。このような勾配と距離とを畜力で移動するのは、大変な労力であっただろう。『農言』には、麦を収穫する際、まず道を平らに修繕して麦の運搬車を安定して動かせるようにするよう述べている。(11) また平川から原上の畑は見えない。『農言』には平川で麦を収穫する際に原上の様子が分からないため、原上の麦を盗まれないよう火計に監視させなければならないと注意している。(12)

また原上は「原上風頭高（原上の風は勢いが強い）」とあるように、常に強めの風が吹いていた。老農にいつもこのような風が吹いているのか尋ねたところ、大きくうなずきながら「いつも、そうだ」と答えた。

原上の麦畑は実に広大であった。図1に示した献陵の周囲から、南に向かって塬の端まで歩いたが、その両側には

「場」（庭・作業場）で、老農から農具の説明を受ける（左から三人目が大澤氏）

図2　聞き取りに答える三人の老農
左端は李令福教授

見渡す限りの麦畑が広がっていた。そして強い風に吹かれながら、塬の端から原上を見渡しつつ坡垷地を見下ろすと、その広さと塬の高さとを体感することができた（図3）。

（二）栽培作物

『農言』では、主穀として「麦」（コムギ）と「穀」（アワ）が栽培されている。特に麦の記述が多く、楊家では麦栽培を中心としていたことが分かる。例えば、

- 正月、仕事がなかったら、火計を麦畑に行かせて瓦片を拾わせ、畑のあぜに放り投げてすべて積み上げさせ、麦の収穫が終わったらすぐに溝を掘って埋めさせる。
- 二月は麦に鋤をかけ（除草）させる。畑の草が多い場合は、細心の注意を払って鋤をかける必要がある。
- 三月、麦の刈り入れ直前に、農具を購入する。
- 原上で麦を収穫するときは、ぐずぐずするのはよくない。杆子で刈り取る時は、先ず

図3　上：原上の麦畑（手前の用水路には水はない）
下：坡垷地のアブラナ畑

麦の後にアワを種える畑を刈り、その後に、その他を刈らなければならない。

・麦の収穫後に基肥を入れるが、糞は大きすぎてはいけない。

といったように、である。[13] 調査に入ったのが三月後半だったため、原上・平川には一面にまだ背の低い麦の畑が広がり、坡埧地と宅地周辺にはアブラナと野菜が栽培されていた（図3〜5）。麦畑は株が密集しており、散播もしくは密条播のように見えた。また畝たてはしていないか、もしくは高さがあまりないように見えた。麦は比較的乾燥を好むため、水田の後に麦を栽培するときは、根腐れしないよう畝たてをして排水しなければならないが、調査地は降水量が少なく乾燥している地域のため、畝たてによる排水を行っていないのではないかと考えられる。

図4　平川の麦畑

原上の水源について、永合村の老農に尋ねると、以前の農業は天水に頼っていたとのことであった。[14] また雨量も少なく「降らないときはずっと降らないし、降る時は一度に大量に降る」と述べており、雨が降るタイミングで耙をかけ、施肥をしていたとのことである。『農言』にも、土壌の水分含有率が低いことを示す「黄墒」や[15]、土の湿り気を保つことを意味する「收墒」[16]といった語彙が出てくる。老農も

図5　原上の住宅周辺のアブラナ畑と蔬菜畑

『農言』も乾地での土壌水分保持への注視は同じである。

調査のために原上の麦畑を歩いていると、畑の用水路は水を流さない時期らしく乾いており、またあぜ道はひび割れしている所もあった。ただ現在では涇恵渠からポンプで原上まで汲み上げ灌漑しているため(17)、畑の端の土を少し掘るとしっとり湿っており、麦の葉色も青かった。平川をさらに南下すると豊かな水量の涇恵渠があり、周囲の畑（麦・スイカ）に水を巡り渡らせていた（図6）。

今回の調査では見られなかったアワについて『農言』では、「麦の後にアワを種えるときには、墒の多少をみて、耬で種を播く。種は三合を目安とする」とあり、また穉（わせ）と笨（おくて）のアワを雨量の多寡をみて播種するよう指示している(18)。なおアワの後に麦を栽培する記述がなく、休耕したり苜蓿などを栽培しているので、これを足立は「不規則的・変則的多毛作」としている(19)。『農言』ではアワの根も利用されており、燃料として、また畑で腐らせて緑肥にもしている(20)。

主穀以外で『農言』に頻出するのが「苜蓿」である。『史記』には漢の使者が大宛から苜蓿の種を持ち帰り種えたところ、離宮の周囲には見渡す限りの苜蓿と葡萄畑になったとあり(21)、西山武一は苜蓿をムラサキウマゴヤシに比定している(22)。また翟允禔は、苜蓿について四月下旬から五月上旬に花をつけ、飼料となるだけでなく、小麦の後作にする

図6　涇恵渠とその周辺の麦畑

ことで地力を増し、小麦の収穫量を上げることができるとしている。[23]

『農言』では、牛や馬の飼料として苜蓿の栽培や収穫法が述べられ、[24]飼料用には葉の部分だけでなく根も利用している。[25]老農によると、今でも苜蓿が小さく茎が柔らかいころは食用にし、大きくなったら飼料用にするそうだ。原上では、ビニールハウスで栽培しているところを見ることができた（図7）。現地の食堂では炒め物や「苜蓿飯」などにして販売されており、食べてみると、茎・葉ともに柔らかく癖のない味であった（図8）。

その他の栽培作物として、老農は、豌豆・緑豆・黄豆・毛豆などの豆類、アブラナ、香菜などの蔬菜、一九九〇年代以降にはトウモロコシ（食用・飼料用）を挙げられた。

そのなかでも調査時に多く見たのがアブラナである。油用や食用に利用されているアブラナは、坡垷地だけでなく原上でも栽培され、ちょうど花を咲かせていた。『農言』にも、

・アブラナは黄色くなったら収穫する。乾燥しきってから収穫してはいけない。……碾（ローラー）をかけて種とそれ以外とに分ける。火計はすべて靴を脱がせる。そうしなければ種を傷つけることになる。

・住宅の前後左右や垣根の下の用途がない土地にはアブラナを播く。

とある。[26]

図7　原上のビニールハウスで栽培されている苜蓿

図8　苜蓿の炒め物

（三）農　具

清代の華北農業で大規模な集約的農法を実現できたのは、畜力を利用した農具によるところが大きい。『農言』にも畜力を用いた農具で耕起したり整地する様子が出てくる。また合わせて人力による農具も使用されていた。今回の調査地である徐木郷永合村には、老農たちが以前使用していた農具が残されており実見できた。以下、耕作の手順に従い、『農言』に書かれた農具と実見した農具について述べたい。

（A）　耕起用農具

乾地における耕起作業は、時期・土の湿り気・耕起の深さなどを考慮しつつ、播種前に複数回行うべき作業であり、作物の生長・収穫の決定的な要素であると言ってよい。『農言』には「麦の後地では、先に浅耕し、後から大犂を使って二度深耕する。農民たちが『初めは皮を破り、次に深耕して泥を出す』と言うのはこの事である」とあり、[27] 犂が耕起用農具として使用されている。老農によると、犂は牛だけでなく馬や驢馬でも牽引していたそうで、また大犂は二頭牽、小犂は一頭牽（『農言』の「拕犂子」に相当）[28] だったと述べた。そこで王禎『農書』農器図譜に掲載されている犂を老農に見せると、同じものだとした。

また耕起した時にできる土の塊を砕く農具が「耙」（ba四声）である。老農が見せてくれたものは、図9のように木製の鋭く大きな爪がついていた。この後が整地作業である。

図9　耙

（B）　整地用農具

『農言』に「土塊があれば、できるだけ打ち砕いて平らに整えるのは、耱をかけた時のようにするのが良い」とある。[29] 永合村では見られなかったが、陝西省咸陽市楊陵区の農業博物館を参観したおり、図10のように展示されていた。この上に人が乗って家畜に牽かせ土に圧をかけて土塊を砕いて整地する。また耱は整地以外にも使用されている。例えば麦栽培の過程で「麦を播いた後、軽い耙をかけ、十月に雨が降るのを待って耱をかけ」るが、その時は「早朝、露の湿り気のあるときに耱をかけるべきである。…湿り気があれば麦踏みをするという人がいるが、十月の気候を二・三月になぞらえるべきでないことを知らないのだ」[30]と、畑が凍ってしまう前に耱をかけることで、水分保持と麦苗の保護を行っている。

（C）　播種用農具

『農言』に出てくる播種用農具には畜力による「耬」があり、人が播く場合の「手撒」と区別している。[31] 永合村では図11のように残っていた。また西安市高陵区にある農業民俗展示館では、人が耬を牽く様子を、前から綱で耬を牽く二人→耬→耬を操る人→鎮圧用小ローラーの順で展示していた（図12）。最後の鎮圧用小ローラーは永合村ではみることができなかった。

（D）　除草具

図10　耱（農業博物館）

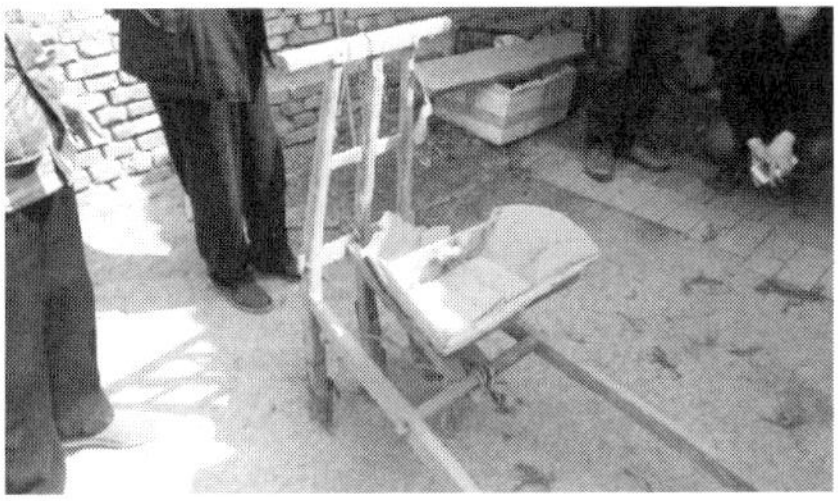

図11　耬

『農言』にでてくる中耕除草のための農具が「露鋤」と「笨鋤」である。どちらも実見することができたが、『農言』に出てくる「露鋤」は柄の長さを、三尺五寸を基本として、四尺(百二八センチメートル)だと長すぎるとしているが(32)、永合村でみた露鋤は優に百五〇センチメートルはあったように思う。老農が実際に農具を使ってみてくれた(図13)。

そのほか「钁」は柄の長さが四〇センチメートルほどの小型のものが除草に使われていた。

(E) 収穫具

人力農具として『農言』には、大型の鎌「杆子」が出てくる。大鎌ゆえ一気に収穫ができ人件費が削減できるが、その一方で扱いが難しく麦を傷つけてしまうため、下手な人に刈らせると話にならないと嘆いてい

図12　人が耬を使用して播種する様子
(農業民俗展示館)

図13　露鋤(持っている院生の身長は187cm)
と、老農が使っている様子

る。さらに飼料の価格が高いのに、杆子で刈ると、刈る位置が高いため、切り株も高くなり、飼料にできるワラの量が減ってしまうのでよくないと述べている[33]。

調査地では、残念ながら実見できなかったが、代わりに図14のような収穫具を見せてもらった。これは網状の口が開いた方の端に刃が取り付けられ、腰の位置で左右に振り回すようにして収穫するとのことで、「両足を前後に開いて踏ん張る時、前後の足の位置を逆にすると、刃で足を切ってしまうのだ」と何度も振り回しながら力説していた。これと似た形状の農具に『農政全書』農器にでてくる「麦綽」と「麦钐」のセットがある（図15）[34]。使い方は「麦綽」の上に、刃である「麦钐」を着けて、麦をなぎ払うように刈って収穫する。おそらく老農が見せてくれた農具と同様であろう。

また老農によると、麦を収穫した後、落ちた麦をかき集めるために「耙」（pa二声）が使われている。耕起のあと土塊を砕くための農具「耙」と同じ文字だが、発音が異なる。見せてくれたのは図16の農具である。木製で円筒形の刃がブラシのように一列に並んでいた。農業博物館で展示されていた模型には「晒」とキャプションがついており、作業場で穀物を陽に曬す作業の時にも、同形の「耙」を使用していたとみられる（図16）。

図14　収穫具

図15　『農政全書』農器図譜四
（左：麦钐、右：麦綽と麦籠）

（F）脱粒・風選

主穀やアブラナなど作物を収穫した後に使用する農具も実見できた。「碾」つまりローラーは、牛にかける牽き具がなく、石のローラーの部分だけが永合村内の数か所の家前に転がっており、使用している様子は特に見られなかった。牽き具の部分は、聞き取りをした組長宅で見ることができた（図17）。碾は畑での鎮圧作業のほか、「麦を収穫した後、作業場で麦に碾をかけ、……。」とあるように麦の脱粒作業や[35]、アブラナや豌豆の収穫後に、鞘から種子を取り出したり、蔓と鞘を分けたりするために使用されている[36]。

脱粒した麦は、次に風選をする。『農言』には「脱粒した麦は積み上げておき、風が吹いたら風選（揚）をする。全力で行い、人が多いほどよい。風選をする人、車に載せる人、手で麦を振る人、運ぶ人（と分ければ）、時間を費やさずに終えられる」とある[37]。老農も

図16　耙（左：永合村、右：農業博物館。キャプション「晒」）

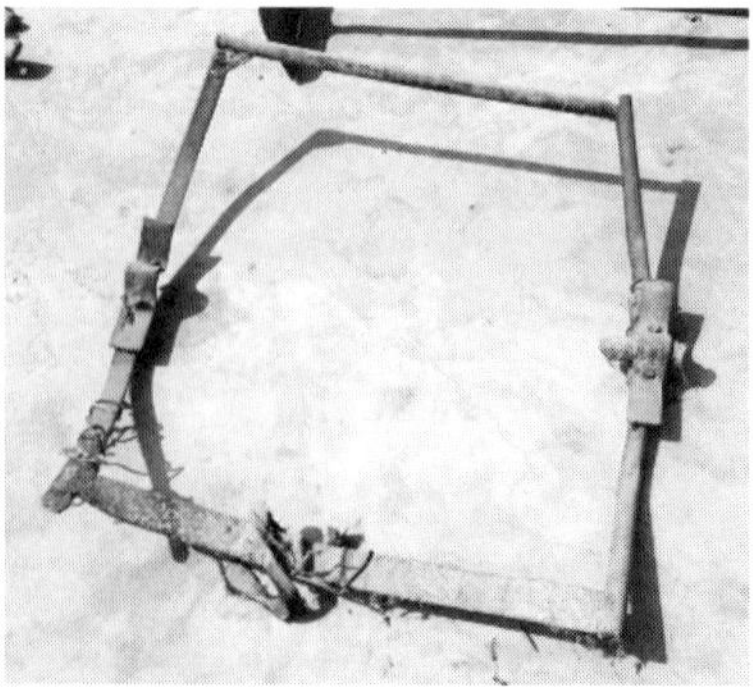

図17　碾のローラーと牽き具の部分

「風が吹けば風選をし、風がなければしない」と話していた。そこで使われる農具は図18のような木製のスコップであった。

（四）　家畜と肥料

先述したように、華北農業における家畜の影響力は大きい。老農も、現在では少なくなったが、以前は牛・馬・驢馬などを飼っていたと述べていた。

『農言』では、これら家畜の飼料を安く購うために、前述のように苜蓿は葉だけでなく根も飼料とし、麦のワラや、豌豆の蔓も、細かく刻み飼料にするなど、食用にならない部分を家畜用の飼料にしたとある。[38]『農言』に書かれた販売の記事は、「朝にアワ粥を食べれば小麦餅はいらない」と麦を節約して「余った麦が出たらまた売り出して銭にする」とあるのみである。[39] 綿やタバコほどには現金収入となるような農作物が少ない中で経営を持続するため必要に迫られてのことだろう。ちなみに草や麦ワラを切る際には鍘という農具を使っており、[40] 永合村内では壊れた鍘を見ることができた（図19）。

図18　風選用のスコップと、風選をしている様子（上：永合村、下：農業博物館）

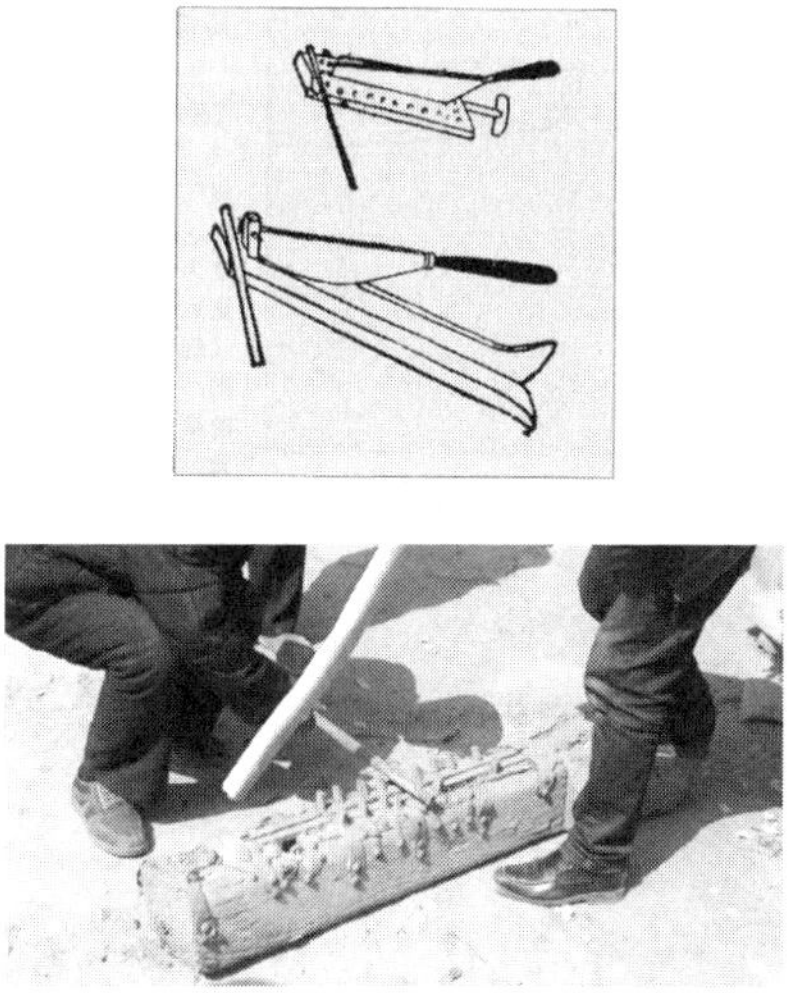

図19　鍘（上、王禎『農書』農器図譜集之五。下、永合村。刃がなくなっているため棒で表現した）

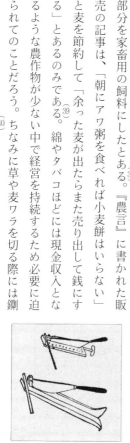

そこまでして家畜を飼うのには、二つの理由が考えられる。一つには平川と原上という、離れているうえに高低差のある耕地を行き来し運搬するには、畜力が必要であった。

さらに重要なのが家畜の糞を利用した肥料である。この共同研究のもう一つの調査地となっている明代の湖州地域の農業経営を述べた『沈氏農書』や『補農書』には、クリークから浚った河泥や、近郊から肥料を購入する様子が書かれているが、(41)『農言』にはこのような、外部からの肥料の取得に関する記載はなく、自家で肥料を賄う必要があったのである。『農言』には「農家首務、先要糞多」（農家の第一の務めは、何と言っても肥料を多くすることだ）とあり、また「糞多力勤者爲上農夫」（肥料を多くし勤勉に働く者は上農夫である）ともある。そのためにも、家畜小屋に定期的に新しい土を敷いて糞と一緒に集めさせており、また門前に繋いだ家畜が落とした糞も集めさせている。(42)そうして作った肥料は、できるだけ広い面積に施肥できるように細かく砕いて撒かれるのである。(43)

永合村では、老農によると、肥料を作るために、各家の前の堆肥専用の場所に、様々な家畜の糞を混ぜて積み上げ（この肥料を「老肥」と呼んでいた）、また出来上がった肥料は、車で畑まで運搬し撒いていたそうだ。

四　おわりに

以上は、『農言』に書かれた内容を実見するための陝西省三原県農業調査の報告である。あの平らで広大な「原上」の端に立って「坡垷地」を見た時、『農言』のイメージをより鮮明に感じることができたのは、何よりの収穫であった。おそらく老農たちの三代前ぐらいが『農言』の時代だったのだろう。その頃と現在との一番の違いは、原上にポンプで引水しての灌漑だと考えられる。また『農言』のころにはなかったトウモロコシ栽培も、農業経営に変化をもたらしたのだろう。肥料も化学肥料となった。

しかし、それ以外の多くの部分で、老農の記憶と倉庫に置かれていた農具から、『農言』の世界を浮かび上がらせることができた。それは、大土地所有者であり、かつ経営者であった「主人」が著した『農言』の内容が、その経験をもとに述べられ、そして華北農法の一つの完成形であったゆえ、長くその痕跡を残してきたからだと考える。

さて『農言』を著した楊秀元だが、大規模土地所有者であったので、今も家が続いているかもしれないと老農に尋ねたところ、徐木郷にはいないとの回答であった。ところが、後日、来日した李令福教授に会った大川氏より、李教授が徐木郷で楊秀元の四代後の子孫を探し当てたそうだ、と連絡があった。

李教授によると、楊氏の子孫は、同治回乱のおりに徐木郷を離れ、民国期には南京に移り住み、新中国になってから再び故郷に戻ってきたとのこと。祖先である楊秀元のことは知っているとの話であった。

註

*『農言』原文の最後に付した○番号は、注（9）の訳注で使用した段落番号である。参照の際の便を考え付した。

（1）「半半」について、王毓瑚は「半耕半読を意味する」とする（『中国農学書録』、龍渓書舎、一九七五年）

（2）『西石梁農圃便覧』丁宜曾の著。山東省青州府日照県西石梁村の人。乾隆二〇（一七五五）年に著す。『農言』と同様に実践的な農業を述べる一方で、『農言』より多くの商業作物も栽培している様子が分かる。

（3）足立啓二「清代華北の農業経営と社会構造」（『史林』六四―四、一九八一年。のち『明清中国の経済構造』第五章、汲古書院、二〇一二年所収）

（4）大澤正昭「清末華北における穀類栽培―歴史的視野から」（『雑穀研究』二一〇、二〇〇五年）

（5）大澤正昭代表研究者「中国食糧問題への歴史的考察―古農書から学ぶ危機対策と循環型農業」（公益財団法人ＪＦＥ21世紀財団、二〇一五年度大学研究助成・アジア歴史研究助成）

（6）王毓瑚『秦晋農言』（中華書局、一九五七年）。安師斌が注を付している。

（7）楊一臣著・翟允禎整理・石聲漢校閲『農言著實評註』（農業出版社、一九八九年）。なお、本書後半には翟允禎が一九五七年に発表した「従『農言著実』一書看関中旱原地上小麦・穀子・豌豆・苜蓿等作物的一些栽培技術」(『西北農学院学報』一九五七年一期)に加筆修正して掲載している。

(8) 張允中「読《農言著実》幷補釈」(『中国農史』一九八四年三期)

(9) 大澤正昭・大川裕子・村上陽子「『農言著実』試釈—現地調査を踏まえて」(『上智史学』六一号、二〇一六年)

(10) 『農言』

・「麦熟時節、先收平川、次收原上。」⑫

・「原上收麦、叫割麦人總以帶捆子爲主。」⑮

・「嗣後不置坡埝地則已。如置下、不論多少、總要每年在麦後時節著火計將鑁挐上修埝邊。」㊷

(11) 『農言』「收麦用車拉、必先兩日將車路修平。」⑭

(12) 『農言』「但原上風氣不比從前、總要丢火計或芒工三人、一箇餧牲口。兩箇在麦地内前後左右底巡邏、不可頃刻忽過。偸麦者定知我家今日在平川收麦、原上無人照管、因而肆行無忌。」⑫

(13) 『農言』

・「正月無事、著火計儘行到麦地拾瓦片甎頭、丢在地頭起全堆、麦後卽挖壕埋了。」① この瓦片は唐・高祖李淵の陵墓である献陵の陵域で使用されていたものである。

・「二月敎人鋤麦。地内草多者要細心鋤。」③

・「三月麦口跟前買農器。」⑦

・「原上收麦之時、實在長的不好、定行要杆子釤底時節、先將麦後種穀之地釤了、然後再釤其餘。」⑳

・「麦後上底糞、糞亦不要太大。」㊶

(14) 老農によると、以前は井戸があったものの人力で汲み上げていたため、汲み上げた水は飲料水として用いるだけで、灌漑用にはまわせなかった、と述べている。

(15) 『農言』「地内些微有黃墒、萬不可種、總要乾地爲妥。」㉞

翟允禔は黃墒について、関中地域では土壌水分量が一三〜一六%とし、ソバならば発芽し生長はできるが、アワなどは種が水を吸って発芽するだけで、生長しないとしている。また、黃墒より土壌水分量が少ない状態を「乾墒」として、作物の発芽に必要な水分が十分でない状態だとして説明している(前掲註(7)参照)。

(16)『農言』「俟有雨後、先將種蕎麥之地用耱收墒。」㊱

(17)涇恵渠から原上まで水を汲み上げるポンプは、一九七三年頃に人民公社が設置し、後に恵涇渠管理局に移管されたという。

(18)『農言』「麥後種穀、看墒大小、總以耬耬爲主。種子以三合爲準。……。穀有稺・笨二種、時之遲早不同。麥後雨水合宜、笨穀要種、稺穀亦要種。倘若過早無雨、則笨穀非所宜矣。得墒稺穀多種、萬無一失。」㉜・㉝

(19)前掲註(3)参照。

(20)『農言』「收穀草、……。與火計說知、敎他蓮根挖、拉到園子內。到冬來天氣無事時、著一人每日用斧頭鍘根。著箇根晚開也可以焼炕當柴。……。收穀草時不要根、那箇茶在地裏、也還可以壯地。」㊾

(21)「俗嗜酒、馬嗜苜蓿。漢使取其實來、於是天子始種苜蓿・蒲陶肥饒地。……則離宮別觀旁盡種蒲萄・苜蓿極望。」(『史記』巻一二三大宛列伝)

(22)西山武一・熊代幸雄『校訂譯註 齊民要術』巻三蔬菜第二九苜蓿(農林省農業総合研究所、一九五七年・一九五九年。のちアジア経済出版会、一九六九年)。

マメ科ウマゴヤシ属。学名 *Medicago sativa*。別名 アルファルファ。

(23)前掲註(7)参照。

(24)『農言』「與牲口喫苜蓿、麥前不論長短、都可以將就。(總以鍘短爲主)。惟至麥後、苜蓿不宜長、長則牛馬俱不肯喫、臏下殊覺可惜。」㊴

(25)『農言』「此月節氣若早、苜蓿根可以餧牛。」②

(26)『農言』

・「菜子收黃色、莫待乾了才收。……碾完時候挑菜秆子。叫火計都將鞋脫了。不然、傷菜子。」⑩

・「莊子前後左右、或牆根下無用地、擲些菜子。」(雑③)

(27)『農言』「麥後之地、總宜先挖過、後用大犂揭兩次。農家云『頭遍打破皮、二遍揭出泥』、此之謂也。」㉚

なお「挖」は、「收麥後、場要碾、地也要挖」㉙に付した安師斌の注釈では、耕地の表面を裂き割ることで、浅耕して茬を取り除くこととしている(前掲註(6))。

(28)『農言』「苜蓿地經冬、先用挖犂子」㊸。挖犂子について、安師斌は撥土板を取って犂先だけにしたものとしており、老農の話とは異なる。（前掲註（6））。

（29）『農言』「有土墼務必打碎撥平、總似用耪耪過底一般方妥。」⑥
翟允禔は、耪について、西北地区では耱、華北地区では耢と呼ぶと注釈している（前掲註（7）参照）。

（30）『農言』「種麥後用耙將麥踉過、俟十月天氣有雨後耪地。……。且宜一早、因潮氣露氣而耪。……人或說有潮氣將麥壓住、不知此十月天氣非二・三月可比。」㊿・(54)

（31）『農言』「將前挖過之地、或用耬、或手撒。」㉞

（32）『農言』「露鋤・笨鋤、總要有脚。……惟鋤柄不宜太長。……大約鋤柄以三尺五寸爲度。四尺則顯長矣。」㊵

（33）『農言』「原上多得用杆子、不肯割、不過爲省錢計耳。……一杆子傷麥多少、就可以知道了。遇著杆子好、又遇著會釤底、著還將就。再若叫下不會釤底、實在難說。杆子釤過去饒好、茬總高。……。近來牲口草漸漸貴了、叫人割麥、不惟多收些糧食、也可以多積些草。」⑯～⑱

（34）「釤」は王禎『農書』百穀譜集之一、大小麦にも「韓氏直說云、……。北方芟麥、用釤・綽・腰籠、一人曰可收麥數畝」とある。

（35）『農言』「收麥後、場要碾、……。」㉙

（36）前掲註（26）のほか、「四月豌豆收回來、就要攤開曬一半天。乾了就碾。……豌豆蔓挑過、……。」⑪

（37）『農言』「麥堆收起、得風就揚、勿遺餘力。人多更好、揚底揚、裝底裝、掂底掂、擔底擔、不大時刻可以淸白。」㉕
この部分を訳注した大川によると、張允中は「掂」を「肩で担ぐ」としているが（前掲註（8））、「直後の「擔」と字義が重複してしまう。ここでは箕などで上下にふるって麦を選別する意に解した」とする。これに従う（前掲註（9））。

（38）前掲註（25）（33）、「冬月天氣餧牛、和和草最好、兼之省料。所謂和和草者、蕎麥稈子・穀草稈子・豆衣子、並夏天曬底乾苜蓿、俱用鍘子鍘碎、攪在一處、晚閒添底餧牛、豈不省事」(56)とあり、様々な作物のワラなどを押し切りで細かくして混ぜて牛に与えている。老農によると、育ちすぎたトウモロコシも飼料にしていたそうだ。

（39）『農言』「上冬來早辰喫米粥、可以不用餅。……。有餘底麥、還能糶了使錢。」(59)

（40）前掲註（38）の他、『農言』「穧麥稭收頂時、……、嗣後鍘草。」㉘

（41）例えば、糞を買うことは『沈氏農書』（明・沈氏著）に「在四月、十月農忙之時、糞多價賤、当弁工多買。」とあり、河泥については、『補農書』（明・張履祥著）に「秀水北區、常於八九月罱泥壅田中桑。」とある。

（42）『農言』「若無人、必先與火計定之以日、約之以時、幾日一圏。（或十日、或十五日。）此一定之期、不可改易。又必須于每日早晩兩次著工人襯圏。糞要撥開、土要打碎、又要襯平。」（雑1）

「門外前拴牲口處、見天日有糞。見天日著火計用土車子推回襯圏。」（雑6）

（43）『農言』「先將打碎之糞再黐一遍。糞細而無大塊、不惟不壓麥、兼之能多上地。」52

《図版の出典》

図15　徐光啓著、石聲漢校注『農政全書校注』中（上海古籍出版社、一九七九年）

図19　王禎著、繆啓愉・繆桂龍訳注『東魯王氏農書　訳注』（上海古籍出版社、二〇〇八年）

《**謝辞**》

本文中にも述べたが、本稿は、公益財団法人ＪＦＥ21世紀財団による、二〇一五年度大学研究助成・アジア歴史研究助成の研究成果の一つである。本稿は村上がまとめたが、その内容は大澤正昭・大川裕子との共同研究によるものである。当然文責は村上にあるが、ここに記して感謝の意を表したい。また今回の調査によって成果を挙げられたのは、何より李令福教授のご尽力によるところが大きい。心より厚く御礼申し上げたい。

放馬灘秦簡「日書」に見える音律占について

森　和

はじめに

放馬灘秦簡は一九八六年六月～九月に甘粛省天水市麦積区党川郷の秦嶺山中で発掘された秦漢墓十四基のうち、放馬灘一号秦墓から出土した全四六一枚の竹簡群で、その内容は大半が「日書」と呼ばれる、主に時日の吉凶を選択判断するための多種多様な占いを抄録したものである。[1] この種の資料は一九七五年～七六年に湖北省孝感市雲夢県で出土した睡虎地秦簡によって知られるようになったもので、現在までに戦国～秦漢時代のものが十数件出土している。[2] そのうち簡牘の図版と釈文が全て公表されているのはいずれも長江中流域の楚の故地から出土した「日書」で、[3] そこに見える占いは、（Ⅰ）特定の日における複数の行為の吉凶を述べるもの、（Ⅱ）特定の行為における良日・忌日を述べるもの、（Ⅲ）凶事災禍への対処法やそれを避けるための予祝儀礼などを述べるもの、（Ⅳ）その他、の四種類に大別することができる。そのような中で、放馬灘秦簡「日書」は秦の故地から出土した点にまず史料的価値があり、かつその中の占いには初見のものが多く、また四大分類に当てはまらないものがある点も重要である。小論で対象とする複数の音律占いはその代表的なものである。

放馬灘秦簡「日書」は甲乙両種に分かれ、甲種七十三枚には十五篇、乙種三八二枚には八十篇の占いがそれぞれ抄録されているが、音律すなわち五音・十二律に関する記述があるものはいずれも乙種に見え、以下のように二十篇にのぼる。(4)

［23］五音日卜死、［52］五音（一）、［53］六甲納音、［54］律数（一）、［56］占図、［57］時（一）、［59］生律、［60］律数（二）、［61］占黄鐘、［62］陰陽鐘、［64］日分、［68］占病祟除、［72］占亡人、［74］五音（二）、［75］黄鐘、［76］五音（三）、［77］自天降令、［78］貞在黄鐘、［79］十二律吉凶、［80］即有生

程少軒氏は、これらの大多数と式図に関連するとする他の諸篇を合わせたものがおのずから一系統を形成し、「日書」乙種から独立し得る別の一篇の式占文献『鐘律式占』であるとし、その構造や性質、「日書」の他の部分との関係などを考察した。(5) 氏の研究は音律占各篇を初めて総合的に検討したもので、首肯すべき重要な指摘も多いが、音律そのものよりも式図・式占との関連性に重点が置かれているようである。そこで、小論では五音・十二律を基軸としてこの二十篇を概観し、それぞれの中で音律がどのように用いられ、各篇がどのような関係にあるのか、またその特徴について考えてみたい。

一　五音に関する占い

(1)　五音日卜死（簡107壱～簡111壱）

●宮日。卜父及兄以死、子孫燔（蕃）昌。母死、有毀。小（少）者、小有（又）死。（簡108A＋簡107壱）

（●宮日。父及び兄の以て死するを卜わば、子孫蕃昌す。母死せば、毀有り。少者ならば、小又た死す）

●羽日。卜父死、取長男。母死、取長女。長子死、毋（無）後害。（簡109壱）

（●羽日。父の死するを卜わば、長男を取る。母死せば、長女を取る。長子死するも、後害無し）

右に例示した宮日および羽日の占辞から明らかなように、本篇は日を宮・徴・羽・商・角の五音に分配し、それぞれの日に家族の誰かが死去した場合の、他の家族への影響（主に災禍）を占断するためのものである。類似する占いは睡虎地秦簡や孔家坡漢簡にも見え、例えば睡虎地秦簡「日書」甲種に「子、女也。有死、其後必以子死、其咎才（在）渡衖（子は、女なり。死するもの有らば、其の後は必ず子を以て死し、其の咎は渡衖に在り）」（簡83背壹）、また孔家坡漢簡「日書」死失篇に「辛卯日中死、失東去家五歩、少利於家。壬辰市時死、失不出＝（出。出）乃東南（辛卯の日中に死せば、失は東のかた家を去ること五歩、少しく家に利あり。壬辰の市時に死せば、失は出でず。出づれば乃ち東南）」（簡335）などとある。これらの占いでは、「咎」あるいは「失」の字で表される死者の災禍がどこに出現するのかが主な関心となっており、占断の基準となるのは月や日干支、時段などである。(6) これに対して、本篇では災禍の出現場所ではなく、同一家族内の誰に「害」や「殃」が及ぶか、災禍の対象者に関心が注がれている。また五音に分配された日が基準となっているが、干支などによる表記がない本篇からその具体的な日を知ることは難しい。しかし本篇から竹簡九十枚ほど隔てた後段の六甲納音篇にその具体的な日干支と思しきものが列挙されている。

(2) 六甲納音（簡201壹〜簡205壹）

〼亥・戊寅・戊申・己【卯・己酉・庚】子・庚午・辛丑・辛未。(7)　（簡201壹）

●羽。壬辰・壬戌・癸巳・癸亥・甲寅・甲申・乙卯・乙酉・丙子・丙午・丁丑・丁未。　（簡203壹）

本篇は宮日条の上部が欠けているが、それ以外の四音日は文字が比較的明晰であり、かつ音律の理論に基づいて六十干支を五音に配当する納音説によるものであるので、(8) それぞれの日干支は比較的容易に復元できる（後掲【表1】参照）。本篇と前述の五音日占死との抄写位置から両篇に直接的な関連性がない可能性も考えられるが、(9) その場合は、

［表１］五音に関する諸篇における配当

角	商	羽	徴	宮		篇
	取中子	取長男		子孫燔（蕃）昌	父	五音日卜死
	有毀	取長女	取長子	有毀	母	
有従女吉		毋後害	取中子	子孫燔（蕃）昌	兄(1)	
	取長子		取少子		中子	
毋後殃			又之少者		少者(2)	
	取少子				男	
	□者死、□之。		▨燔（蕃）昌		不明	
05戊辰・35戊戌 06己巳・36己亥 27庚寅・57庚申 28辛卯・58辛酉 49壬子・19壬午 50癸丑・20癸未	17庚辰・47庚戌 18辛巳・48辛亥 39壬寅・09壬申 40癸卯・10癸酉 01甲子・31甲午 02乙丑・32乙未	29壬辰・59壬戌 30癸巳・60癸亥 51甲寅・21甲申 52乙卯・22乙酉 13丙子・43丙午 14卯丑・44卯未	41甲辰・11甲戌 42乙巳・12乙亥 03丙寅・33丙申 34丁酉・04丁卯 25戊子・55戊午 26己丑・56己未	【53丙辰・23丙戌 54丁巳・54丁】(4) 亥 15戊寅・45戊申 16己【卯・46己酉 37庚】子・07庚午 38辛丑・08辛未	干支(3)	六甲納音
9	7	5	3	1	数①	五音（一）
9	7	5	3	1	数②	日分
壬・癸 ［呂・淮］*甲・乙*	庚・辛 ［呂・淮］*庚・辛*	丙・丁 ［呂・淮］*壬・癸*	甲・乙 ［呂・淮］*丙・丁*	戊・己 ［呂・淮］戊・己	天干(5)	五音（一）
子・申・辰 (6)	酉・丑・巳	午・戌・寅	卯・未・亥	▨	地支	
北方 ［淮］*東方* ［孔］北方	西方 ［淮］西方 ［孔］西方	南方 ［淮］*北方* ［孔］南方	東方 ［淮］*南方* ［孔］東方	▨ ［淮］中央 ［孔］中央	方位	
夜半	日入	日中	平旦	▨	時①	
黒 ［呂］*青* ［孔］黒	白 ［呂］白 ［孔］白	赤 ［呂］*黒* ［孔］赤	青 ［呂］*赤* ［孔］青	黄 ［孔］▨	色	
客	客	客	主人	【主】人	主客	
【衡】 ［淮］*規*	権 ［淮］*矩*	【矩】 ［淮］*権*	規 ［淮］*衡*	□ ［淮］縄	執物	
水 ［呂・淮］木 ［孔］水	金 ［呂・淮］金 ［孔］金	火 ［呂・淮］水 ［孔］火	木 ［呂・淮］火 ［孔］木	【土】 ［呂・淮］土 ［孔］土	五行①	
4莫食・**6**・**火** 10夕市・**6**・水	8夙市・**8**・金	3蚤食・**7**・火 9莫中・**7**・**金**	1平旦・**9**・木 7西中・**9**・**土** 12昏時・**9**・□	2日出・**8**・**水** 6日中・**5**・土	時② 数③ 五行②	時(7)（一）

[表1] 五音に関する諸篇における配当（続）

角	商	羽	徵	宮		篇
▨	▨		下出	弃	音	五音（二）
▨□鳴犢		如豎鳴馬	如負虎而□	如處囷中	如	
頭・項、門		面・□	□・□	腸、囷倉	体、場	
榣（搖）	□	吉	善	貴		
□犢 [呂] 羊	羊 [呂] *犬*	馬 [呂] *彘*	虎 [呂] *雞*	牛 [呂] 牛	畜	
棓（杯） [呂] *疏以達*	危〈卮？〉 [呂] *廉以深*	□□ [呂] *宏以弇*	□ [呂] *高以觕*	弃□ [呂] *圜以弇*	器	
紂（菽） [呂] *麥*	稷 [呂] *麻*	禾黍 [呂] *黍*	華（8） [呂] *菽*	重（穜） [呂] *稷*	種	
有辠（罪）	□▨	賤	嗇夫	□、貴	事	
榣（搖）	▨	實	整□長	安	処	
咸 [呂] *酸* [孔] *齊*（辛）	▨ [呂] 辛 [孔] *鮎*（苦）	苦 [呂] *鹹* [孔] ▨	酸 [呂] *苦* [孔] ▨	甘 [呂] 甘 [孔] 甘	味	
久	▨	頭	□	中	病	
卓	啓	布	辰分	弃		五音（三）

注
(1)「兄」の他、暫定的に「長子」「長者」の場合も含む。
(2)「少者」の他、暫定的に「小者」・「少男」の場合も含めた。
(3) 干支の左上の数字は六十干支の順次を示す。
(4) 宮日の断簡および磨滅部分について、『合集』は「己卯・己酉・庚子・庚」、「丙辰・丙戌・丁巳・丁亥」と補うが、拡大赤外線写真の残画および徵日以下がいずれも「某辰・某戌・某巳……」と日支の順序が揃っていることから、上記のように復元した。
(5) 以下、各欄の2行目以降の「[　]」以下は他の史料における五行配当の記述、斜体は相違をそれぞれ表す。
[呂]:『呂氏春秋』十二紀（含『礼記』月令・『淮南子』時則訓)、[淮]:『淮南子』天文訓、[管]:『管子』地員篇
[孔]:孔家坡漢簡「日書」歳篇
(6) 他の三音の地支が三合局における壮・老・生の順序に並んでいることを踏まえれば、ここの「子・申・辰」は「子・辰・申」の誤写である可能性も考えられよう。
(7) 時段の左上の数字は時（一）内での順次を示す。当該篇はまた05東中および11日入の条（簡183肆・簡189肆）は音名を欠く。なおゴシック体は他篇との相違を表す。
(8)『合集』注は「瓜果」のこととする（155頁)。

五音日が日干支で示す必要がないほど人々に周知されていたか、あるいは乙種の編者や抄写者にとっては自明のことであったということになろう。

(3) 五音（一）（簡195壱～簡200壱）

本篇は六甲納音の直前の簡に記された篇で、最初に、

●宮一、之戊己。徵三、之甲乙。羽五、之【丙丁。】商七、之庚辛。角九、之壬癸。（簡195壱）

（●宮は一、戊己に之《ゆ》く。[10] 徴は三、甲乙に之く。羽は五、【丙丁に】之く。商は七、庚辛に之く。角は九、壬癸に之く）

とあり、五音と数・天干との対応関係を示してから、

●徵立（位）甲乙・卯未亥、主東方。時平旦、色青、主人殹（也）。所執者規殹（也）。司木。（簡197壱）

（●徴は甲乙・卯未亥に位し、東方を主る。時は平旦、色は青、主人なり。執る所の者は規なり。木を司る）

とあるように、五音それぞれについて天干・地支・方位・時段・色・主客の別・執物・五行の配当を述べる。この種の五行配当は周知のとおり『呂氏春秋』十二紀や『礼記』に「孟夏の月、……其の日は丙・丁、……其の音は徴、律は仲呂に中たる。その數は七、其の味は苦、其の臭は焦。……天子、明堂の左个に居り、朱輅に乗り、……菽と雞とを食う。其の器は高くして以て觕《あら》し」（『呂氏春秋』孟夏紀・孟夏篇）などと見え、執物についても『淮南子』天文訓に「何をか五星と謂う。東方は、木なり。其の帝は太皞、其の佐は句芒、規を執りて春を治む。その神は歳星と爲り、其の獸は蒼龍、其の音は角、其の日は甲・乙」のようにある。地支については同じ乙種・五行（簡73弐～簡77弐）に「■火生寅、壯午、老戌（■火は寅に生じ、午に壯んに、戌に老ゆ）」（簡73弐）とあるような、いわゆる三合に拠るものである。[11] 冒頭に示された五音と数の対応関係は次の日分篇および時（一）篇にも見える。

(4) 日分（簡167参～簡178参）

本篇は排列に錯簡があり、全6条ある記載の内容も幾つか性質の異なるものを含んでいるようであるが、上部の壱・弐欄は二十八宿とその分度を記した星分度という一篇にまとまっているので、取敢えず一篇としておく。その四条目に、

●宮一、徵三、栩（羽）五、商七、角九。（簡176参）

とあり、前述の五音（一）の冒頭と完全に一致する五音と数の対応関係が記されている。本条の前段には「●日分。甲以到戊。●己以到癸（●日分。甲より以て戊に到る。●己より以て癸に到る）」（簡167参）とあるような天干・地支・時段・星宿をそれぞれ二分する条と[12]「●投日・辰・時數并而三之以爲母（●日・辰・時の數を投じ、并せて之を三して以て母と爲す）」（簡173参）という何かを占う際の計算法、そして「●下八而生者三而爲二、上六而生者三而爲四（●下は八にして生ずる者は三にして二と爲し、上は六にして生ずる者は三にして四と爲す）」（簡169参）という十二律の生成法である三分損益法を記す条が見える。また後段には「壹（一）倍之二。二倍之四。（一は之を倍して二。二は之を倍して四）」とあるような1から9までの数の「倍」計算、「□日到行日、星道角若奎到行日、星及日・辰・時數皆并其數而以除母、而以餘期之（……日よりし行日に到り、星は角若《も》しくは奎道《よ》りし行日に到る。星及び日・辰・時の數皆な其の數を并せて以て母を除し、而して餘を以て之を期す）」（簡177参＋簡172参）という簡173参に連なるような計算法が続く。星分度を基準としたこのような竹簡の排列[13]を見る限り、五音とその数を記した本条と三分損益法の条は内容的に本篇中でやや浮いている感が否めない。

(5) 時（一）（簡179肆～簡191肆）

本篇にも五音と数の対応関係が記されるが、本篇は十二の時段を基準としてその下に数・五音・五行を、

平旦、九、徴、木。（簡179肆）
日出、八、宮、水。（簡180肆）

のように配する。前述の五音（一）・日分両篇と大きく異なるのは、五音に対応する数が五〜九である点と五行の配当である（後掲表）。本篇の上には天干・地支に数と五行を配した日辰篇（簡180壱・弐〜簡191壱・弐）と後述する占図（簡182参〜簡190参）が、下には時（二）篇、十二律に関する生律篇・律数（二）篇の各篇がそれぞれ記されている。

(6) 五音（二）（簡353、簡352〜簡355、簡375、簡289A、簡303B＋289B、簡370）

本篇は冊書の外層近くに位置していたためか錯簡・断簡が多く、内容を明確にし難い箇所もあるが、

■宮之音弇、如處窖中。宮、腸殹（也）、困倉殹（也）。宮音貴。其畜牛、其器弇□、其穜（種）重（穜）、其事□、其事貴、其處安、其味甘、其病中。徴之音下出、如負虎而□。……（簡353、簡352）

（■宮の音は弇《ふか》く、窖中に處るが如し。宮は、腸なり、困倉なり。宮の音は貴し。其の畜は牛、其の器は弇□、其の種は穜、其の事は□、其の事は貴く、其の處は安、其の味は甘く、其の病は中。徴の音は下に出で、負虎にして□の如し。……）

とあるように、およそ五音の音色を述べた後に、身体の部位や畜・器形・植物・味などの配当を記す。ただしその配当項目は前述の五音（一）のそれとは大きく異なる。本篇の各項目は先に例示した通り『呂氏春秋』十二紀などの伝世文献に見え、また孔家坡漢簡「日書」歳篇にも断簡があるものの「☐□□、西方𩚬（苦）、北方齊（辛）、中央甘、是五（味）。東方徴、南方羽、西方商、北方角、中央宮。是胃（謂）五音（……□□、西方は苦く、北方は辛く、中央は甘し。是れ五味。東方は徴、南方は羽、西方は商、北方は角、中央は宮。是を五音と謂う）」（簡461〜簡462）とあり、五音と味の対応関係が見える。一方、音色については『管子』地員篇に「凡そ徴を聴くは、負猪豕の覺めて駭くが如し。凡そ羽を聴くは、鳴馬の野に在るが如し。凡そ宮を聞くは、牛の窌中に鳴くが如し。凡そ商を聴くは、羣を離るる羊の如し。

凡そ角を聴くは、雉の木に登りて以て鳴くが如く、音疾くして以て清し」とあり、関連性が指摘されている。

(7) 五音（三）（簡233弐～簡237弐）

●卓角。（簡233弐）
弁宮。（簡234弐）
辰分徴。（簡235弐）
啓商。（簡236弐）
布栩（羽）。（簡237弐）

本篇は後述する黄鐘篇の下部の空白に孤立するように記されており、記述も断片的であるためにその内容は全く不明である。[14] ただし、本篇のみ五音の順序が異なることは注意すべきであろう。

以上の七篇が五音に関する占いであるが、概観して明らかなように、この中で単独で占いとして成立するもの、すなわち明確な占辞が記されているものは(1)五音日卜死篇のみで、[15] その他は五音に干支をはじめ数や方位・色などを配したものであり、その配当は前掲［表1］のように整理することができる。

二　十二律に関する占い

(8) 生律（簡179陸～簡189陸）

本篇は全11条、十二律の生成次序を記し、「黄鐘下生林鐘（黄鐘は林鐘を下生す）」（簡179陸）から始まり、「林鐘生大（太）族（林鐘は太族を生ず）」（簡180陸）、「大（太）族生南呂（太族は南呂を生ず）」（簡180陸）と続き、「【毋（無）】射生中呂（無射は中呂を生ず）」（簡180陸）で終わる。うち簡187陸の下部が断簡しており、夷則の「生夾鐘」三字だけを欠いている。最初の黄鐘が林鐘を生成する条のみ「下生」、すなわち黄鐘の律長を三分の一損することが明記され、それ以外は「生」一字で記し、上生・下生の区別はなされていない。本篇のすぐ下の欄には次の律数（二）篇が記されている。

(9)　律数（二）（簡179柒～簡190柒）

本篇は全12条、十二律と数・地名と思しき名称の対応関係を記し、律長が最も長い最低音の「黄鐘、八十一、□山」（簡179柒）から始まり、「大呂、七十六、□山」（簡180柒）、「大（太）族、七十二、參阿」（簡181柒）と続き、最も短い最高音の「癋（應）鐘、卌二、弁閭」（簡190柒）で終わる。程少軒氏は各条末尾の二字はいずれも山名である可能性があり、そのうち「蒙山」・「參阿」・「湯谷」・「昆都」・「昏陽」の五つの地名はみな太陽が運行する位置と関係があると指摘する。[16]

(10)　律数（一）（簡193、簡194弐～簡205弐）

本篇は全13条、前述の(3)五音（一）・(2)六甲納音両篇の下欄に位置し、最初に、[17]

■黄鐘以至姑先（洗）皆下生、三而二。從中呂以至癋（應）鐘皆上生、三而四。（簡193）

（■黄鐘より以て姑洗に至るまで皆な下生すること、三にして二。中呂より以て應鐘に至るまで皆な上生すること、三にして四）

と十二律の生成法である三分損益法を述べた後、

●黄、十七萬七千一百卌（四十）七、下【林鐘】。（簡193弐）

（●黄【鐘】、十七萬七千一百四十七、林鐘を下にす）
●林鐘、十一萬八千九十八、上大（太）族。　（簡201弐）
（●林鐘、十一萬八千九十八、太族を上にす）

などとあるように、十二律と⑼律数（二）とは異なる数の対応関係、および律の生成を記す。注意すべき点は数が介在しているためか、十二律が生成次序ではなく、⑼律数（二）と同様低音から高音へと並べられている点と、生成も⑻生律とは異なり、中呂条に「下生黄（下に黄【鐘】を生ず）」（簡199弐）とあるように、[18]次の黄鐘の生成を記している点である。

以上の三篇の生成および数は［表2］のように整理することができる。

［表2］十二律に関する諸篇における数と生成

篇	生律	律数（一）		律数（二）		
	生成①	生成②	数①	数②	地名？	三分損益法
黄鐘	①下生林鐘	①下【林鐘】	①177,147	①81	□山	
大呂	⑧生夷則	②下【夷則】	②165,888	②76 (75.851)	□山	＝蕤賓×4/3
太族	③生南呂	③下【南】	③【157,】464	③72	參阿	＝林鐘×4/3
夾鐘	⑩生毋射	④下毋射	④147,456	④68 (67.423…)	參阿	＝夷則×4/3
姑洗	⑤生應鐘	⑤下應	⑤139,968	⑤64	湯谷	＝南呂×4/3
中呂		⑥下生黄	⑥131,072	⑥60 (59.932…)	俗山	＝無射×4/3
蕤賓	⑦生大呂	⑦上大呂	⑦124,416	⑦57 (56.8)	毚都	＝應鐘×4/3
林鐘	②生大族	⑧上大族	⑧118,098	⑧54	俗山	＝黄鐘×2/3
夷則	⑨☒	⑨上夾	⑨110,592	⑨51 (50.567…)	□□	＝大呂×2/3
南呂	④生姑洗	⑩上姑	⑩144,976 〈104,976〉	⑩48	俗山	＝太族×2/3
無射	⑪生中呂	⑪上中呂	⑪98,304	⑪45 (44.949…)	昏陽	＝夾鐘×2/3
應鐘	⑥生蕤賓	⑫上蕤	⑫93,312	⑫42 (42.6)	幷閭	＝姑洗×2/3

※各欄の左上の丸囲数字は当該篇内での順序を表す。
※数欄の2行目は三分損益法による計算値。単なる誤写と思われるものは〈　〉、小数点以下になるものは（　）でそれぞれ表し、数値の上の「・」は循環節を表す。

(11) 黄鐘（簡206～簡239）

平旦至日中投中黄鐘、鼠殹（也）。兌（鋭）顔、兌（鋭）頤、赤黑、兎（免）僂、善病心・腸。（簡206）

（平旦より日中に至るまで投じて黄鐘に中たらば、鼠なり。鋭き顔、鋭き頤、赤黒く、俛《ふ》せ僂《かが》み、善く心・腸を病む）

本篇は若干の錯簡があるが、右に例示したごとく平旦～日中・日中～日入・日入～晨という三つの時間帯に「投」[19]して十二律の各律に中たった場合の禽獣とそれに象徴される身体的特徴、病気になりやすい部位などを述べる全35条からなる[20]。類似の占いは盗者などの篇名で睡虎地秦簡や孔家坡漢簡、さらに放馬灘秦簡の甲乙両種に見え、例えば「子、鼠殹（也）。盗者、兌（鋭）口、希須（鬚）、善弄手、黑色、面有黑子、疵在耳。臧（藏）於垣內中糞蔡下（子は、鼠なり。盗者は、鋭き口、鬚希《すく》なく、善く手を弄し、黒色、面に黒子有り、疵は耳に在り。垣内の中の糞蔡の下に藏《かく》る）」（睡虎地甲種、簡69背）などとあるがごとくである[21]。

(12) 自天降令（簡244～簡255を主とする全26枚）

■參　黄鐘・古（姑）先（洗）・夷則之卦曰、是＝（是謂）大贏。以□三、以子爲貞。不失水火、安愳大敬、不歌不哭、□室有言、聲有□聖、和癄（應）神靈。（簡224、簡332）

（■參[22]　黄鐘・姑洗・夷則の卦に曰く、是を大贏と謂う。□を以て三し、子を以て貞と爲す。水火を失わず、安愳大敬、歌わず哭せず、□室に言有り、聲に□聖有り、和して神靈に應ず、と）

本篇は右に例示したように、十二律のうち三つを組み合わせた卦辞12条を中核とする。孫占宇・程少軒両氏が指摘するように[23]、この律の組み合わせは三合局に基づくものであるが（［表3］参照）、五音の場合と異なり、十二律と地支や五行の対応関係を明記した条は甲乙両種いずれにも見えない[24]。これらの卦辞の前段には、

⍁自天降令、乃出六正。閒呂六律、皐陶所出。以五音・十二聲爲某貞卜。某自首春夏到十月、尚無有□獲辠（罪）

蠱・言語・疾病・□死者。（簡285）

（天より令を降し、[25] 乃ち六正に出だす。閒呂六律は、皐陶の出だす所。五音・十二聲を以て某の爲に貞卜す。某は首の春夏より十月に到るまで、尚お罪蠱・言語・疾病・□死者を□獲すること有る無からんか、と）

●從天出令、乃下六正、閒呂六律、皐陶所出。以而五音・十二聲以求其請。（簡284）

（●天より令を出だし、乃ち六正に下す。閒呂六律は、皐陶の出だす所。以てして五音・十二聲以て其の請を求む）

とあり、五音と十二律によって何らかの占いを行うことを記した二条が置かれ、後段には「……之卦曰」の文言のない、帰属不詳の簡8枚が排列されている。

(13) 十二律吉凶（簡256〜簡258、簡371）

●【黄鐘└・】大呂└・姑先（洗）└・中呂└・林鐘皆曰、請謁得、有爲成、取（娶）婦嫁女者吉、病者不死、轂（繫）囚者免。（簡257）

（●黄鐘・大呂・姑洗・中呂・林鐘に皆な曰く、請謁せば得られ、爲す有らば成り、婦を娶り女を嫁がしむる者は吉、病む者は死せず、繫ぎ囚わるる者は免ぜらる）

本篇は右に例示したように、十二律を三つの組に分け、その各組について①請謁・②有為・③娶婦嫁女・④病者（疾人）・⑤繫囚という五項目についての占辞を列記する。

［表3］自降天令篇における律と地支・三合

簡	律①（地支：三合）	律②（地支：三合）	律③（地支：三合）	五行
244、332	黄鐘(子：壯)	古先(辰：老)	夷則(申：生)	水
245	姑先(辰：老)	夷則(申：生)	黄鐘(子：壯)	〃
246	夷則(申：生)	黄鐘(子：壯)	姑先(辰：老)	〃
247A	大呂(丑：老)	中呂(巳：生)	南呂(酉：壯)	金
248	【中呂(巳：生)	南呂(酉：壯)	大呂(丑：老)	〃】
249	南呂(酉：壯)	大呂(丑：老)	中呂(巳：生)	〃
250	大族(寅：生)	蕤賓(午：壯)	毋射(戌：老)	火
251、251背	蕤賓(午：壯)	毋射(戌：老)	大族(寅：生)	〃
252、351	毋射(戌：老)	大族(寅：生)	蕤賓(午：壯)	〃
253	夾鐘(卯：壯)	林鐘(未：老)	應鐘(亥：生)	木
254、294	林鐘(未：老)	應鐘(亥：生)	夾鐘(卯：壯)	〃
255	應鐘(亥：生)	夾鐘(卯：壯)	林鐘(未：老)	〃

※簡248は上部断簡のため、推定による復元。

⒁ **貞在黄鐘**（簡260～簡281、簡311）

本篇は篇内での錯簡が多いが、律名のある12条[26]に断簡で帰属不詳の簡を加えた全13条からなる。その内容は、

●黄鐘、音殹（也）。貞在黄鐘、天下清明、以視陶陽（唐）。啻（帝）乃詐（作）之、分其短長。比于宮聲、以爲音尙。久乃處之、十月再周、復其故所。其祟上君・先□。卜疾人、三禺（遇）黄鐘、死。卜事君、吉。（簡260～簡261）

（●黄鐘は、音なり。貞の黄鐘に在れば、天下清明、以て陶唐を視る。帝乃ち之を作り、其の短長を分かつ。宮聲に比し、以て音の尙と爲す。久しく乃ち之に處り、十月《げつ》にして再び周《めぐ》り、其の故との所に復《かえ》る。其の祟は上君・先□。疾人を卜いて、三たび黄鐘に遇えば、死す。君に事うるを卜えば、吉）

とあるように、まず律名とそれが象徴する事象を挙げてから、「(日) 貞在〈律名〉」という句で始まる神話伝説や歴史故事と思しき四字句を連ね、「其祟」以下で祟禍をなす神霊を列挙した後、最後に疾病や出仕などの諸事に対する具体的な占辞を記して終わる。程少軒氏が夙に指摘するように、「(日) 貞在〈律名〉」以下は『周易』や王家台秦簡「帰蔵」などの卦辞に類似し、例えば「困曰、昔者夏后啓卜元邦尚毋有吝。而攴（枚）占〼（困に曰く、昔者夏后啓卜うに、元邦に尚お吝有る毋からんかと。而して枚占……）」（王家台秦簡「帰蔵」、簡208）とあるような類である。[27]注意すべきは、祟禍をなす神霊は全ての律の条に記されているのに対し、具体的な占辞を記す事項は律によって異なり不揃いな点である。程少軒氏は前述の⒀十二律吉凶の占項との比較から、両篇が同一の占卜系統に属すると指摘する（［表4］参照）。

⒂ **占黄鐘**（全8枚）

■凡占黄鐘、一左一右、壹行壹止、一□□□□□□□□□。●生黄鐘、置一而自十二之、上三益一、下三奪一。（簡333）

●占□。

（■凡そ黄鐘を占うに、一たび左し一たび右し、壹たび行き壹たび止まり、一□□□□□□□□。●黄鐘より生ずるは、一を置きて自ら之を十二にし、上は三して一を益し、下は三して一を奪う。●占□）

●中數中律、是謂又（有）同、毋（無）所不利、大吉。不中數不中律、是謂不和、中恐而外危。（簡365＋簡292）

（●數に中たり律に中たるは、是れ有同と謂い、利あらざる所無く、大吉。數に中たらず律に中たらざるは、是れ不和と謂い、中に恐ありて外危うし）

●中數不中律、是謂□□□其後【乃】成。中律不中數、是謂前有難後喜。（簡364A＋簡358B）

（●數に中たり律に中たらざるは、是れ……と謂い、……其の後乃ち成る。律に中たり數に中たらざるは、是れ前に難有るも後に喜ありと謂う）

本篇は右に挙げた三枚と関連すると思しき不

［表4］十二律吉凶篇と貞在黄鐘篇

<table>
<tr><th></th><th colspan="5">十二律</th><th colspan="2">貞在黄鐘</th></tr>
<tr><th>律</th><th>①請越</th><th>②有爲</th><th>③取嫁</th><th>④疾病</th><th>⑤毄囚</th><th>其祟</th><th>卜事</th></tr>
<tr><td>①黄鐘</td><td rowspan="5">得</td><td rowspan="5">成</td><td rowspan="5">吉</td><td rowspan="5">不死</td><td rowspan="5">免</td><td>上君・先□</td><td>卜疾人、三禺黄鐘、死。卜事君、吉</td></tr>
<tr><td>②大呂</td><td>大街・交原</td><td>卜疾人、不死。取婦嫁女、吉</td></tr>
<tr><td>⑤姑洗</td><td>北君・大水・街</td><td>卜行道及事君、吉</td></tr>
<tr><td>⑥中呂</td><td>田及曼桑炊者</td><td>卜賈市、有利</td></tr>
<tr><td>⑧林鐘</td><td>門・戸</td><td>卜遷者、吉</td></tr>
<tr><td>③太族</td><td rowspan="4">不得</td><td rowspan="4">不成</td><td rowspan="4">不吉</td><td rowspan="4">死</td><td rowspan="4">不免</td><td>恆輅公・社</td><td>卜祠祀、不吉</td></tr>
<tr><td>⑦■賓</td><td>大父親及布</td><td>卜行歸及事君、不吉</td></tr>
<tr><td>⑨夷則</td><td></td><td></td></tr>
<tr><td>⑩南呂</td><td>原死者</td><td>卜見人、不吉</td></tr>
<tr><td>④夾鐘</td><td rowspan="3">難得</td><td rowspan="3">難成</td><td rowspan="3">可毆</td><td rowspan="3">危</td><td rowspan="3">難免</td><td colspan="2">外君毆、□及□□□□凶、占曰、有惡人</td></tr>
<tr><td>⑪毋射</td><td>□□犬主</td><td>卜毄囚、不免</td></tr>
<tr><td>⑫應鐘</td><td>■・布・室中・祠有不治者</td><td>卜獄訟・毄囚、不吉</td></tr>
</table>

※律欄の左上の丸囲数字は十二律の音の高低（低音から高音）を表す。
※貞在黄鐘篇の夷則条は簡275末尾の「其」に簡273「〼祟及其三友以入一□□□□〼」が連なる可能性もあるが、待考。

連続な簡8枚からなる。「一左一右」の語は式盤の使用を前提にするかのような占法であるが、下欄は黄鐘から他の十一律を生成する三分損益法を述べているようである。また「中／不中數」中／不中律」の語は前述の(9)律数（二）や(10)律数（一）における十二律の数を思い起こさせ、さらに簡241～簡243および簡247Bにはいずれも「投黄鐘」の語が見えることから、何らかの計算に基づく占いであろう。

(16) 陰陽鐘（全12枚）

■凡陰陽鐘、各殳（投）所卜大婁（數）。曰置婁（數）者、旦到日中從多、日中至晦從少。（簡359）

（■凡そ陰陽鐘は、各〃卜する所の大數を投ず。曰く、數を置く者、旦より日中に到るまでは多に従い、日中より晦に至るまでは少に従う、と）

本篇も前篇(15)占黄鐘と同様に、右に挙げた冒頭の簡に関連すると思しき不連続な簡12枚からなり、その中には律名の見えない簡も含まれている。「陰陽鐘」という名称は篇末に置かれた簡283＋簡368にも、

●凡殳（投）黄鐘不合音婁（數）者、是謂天絕紀殹（也）。婁（數）有六十六、旦從六十八、夕從六十四。婁（數）七十五、占七十六。婁（數）有卌（四十）四、占卌（四十）二。陰陽鐘已備。（簡283、簡368）

（凡そ黄鐘を投じて音數に合わざる者は、是れ天、紀を絶つなりと謂う。數に六十六有らば、旦ならば六十八に従い、夕ならば六十四に従う。數七十五ならば、七十六に占う。數に四十四有らば、四十二に占う。陰陽鐘已に備わる）

と見える。これは、「投黄鐘」という何らかの計算をした結果、「音數」つまり(9)律数（二）における各律の数（[表2]参照）に合致しないときを「天絶紀殹」といい、その場合、もし計算結果が66で、その計算をしたのが「旦」であれば68つまり夾鐘として、「夕」であれば64つまり姑洗として占い、同様に75であれば76の大呂として、44であれば42の応鐘としてそれぞれ占うことを記したものと考えられよう。そうであるならば、具体的な律名が見え、

●大呂多二、蚤（早）莫（暮）自死。夾鐘多一、自死。少二、旦至日中自死。□日中歸姑=洗=（姑洗、姑洗）少一死。姑洗以其□辰爲式。林鐘得其□　（簡286）

（大呂の二多きは、早暮の自死す。夾鐘の一多きは、自死す。二少なきは、旦より日中に至るまでに自死す。□日中は姑洗に歸し、姑洗の一少なきは死す。姑洗は其の□辰を以て式と爲す。林鐘は得其□）

とある一条は、律数より1ないし2増減した数によって「自死」の占断をしていることから、陰陽鐘とは異なる別の占いである可能性も生じてくる。

(17) 即有生（簡293）

■節（卽）有生者而欲智（知）其男女、投日」・辰」・星而參（三）合之。奇者、男殹（也）。禺（偶）者、女殹（也）。因而參（三）之、卽以所以中鐘數爲卜□　（簡293）

（■卽し生まるる者有りて其の男女を知らんと欲せば、日・辰・星を投じて之を三合す。奇ならば、男なり。偶ならば、女なり。因りて之を三し、卽ち鐘數に中つる所以を以て爲卜□）

本篇は右に挙げた一条のみ、具体的な律名ではなく「鐘數」という語が見える。前半は生まれてくる子の男女の別を判断する占いであるが、後半の「鐘數」もそれに関わるのかは不明。

以上の十篇が十二律に関する占いである。五音のものと大きく異なり、明確な占辞が記されるものが複数（(11)～(14)）あるが、占った結果が占辞を有する律に当たるのかはそれらの篇だけでは判然としない。しかし三分損益法や何らかの計算方法を記したと思われるもの（(8)、(15)～(17)）があり、かつ基準となる十二律の数を記す篇（(9)～(10)）もある。従ってこれらの十篇は、律数に他の数を合わせて計算し、その数値を再度律数と比較することで律名を確定し、その律の占辞に基づいて吉凶善悪を判断する、という相互補完関係にあると考えられる。

三　五音十二律に関する占い

⒅　占図（簡182参～簡190参）・**⒆　占病祟除**（簡350、簡192）

二篇に分けられているが、陳偉氏が指摘するように両篇は密接な関係にあり、⒆占病祟除は⒅占図の占辞に相当すると思われる。[28]その内容は、

●占病祟除。一天殹（也）、公外。二、社及立（位）」。三人鬼、大父及殤」。四、大遏及北公。五音、巫〈帝〉・陰雨公。六律、司命・天□」。七星、死者。八風、相莨者。九水、大水殹（也）。（簡350、簡192）

（●占病祟除。一天や、公外。二【地】は、社及び位。三人鬼、大父及び殤。四【地】は、大遏及び北公。五音は、巫帝・陰雨公。六律は、司命・天□。七星は、死者。八風は、相莨者。九水は、大水なり）

とあり、［図1］占図の復原図と比較して明らかなように、「一天」から「八風」まで「九水」を除く語句が図にも記され、その中に「五音」・「六律」が見える。本篇は恐らく病気になった日の地支を基準として図から周囲に配された語句のいずれかを確定し、この占辞から病気をもたらした具体的な神霊を知り、その祟禍を祓除するための占いであろう。

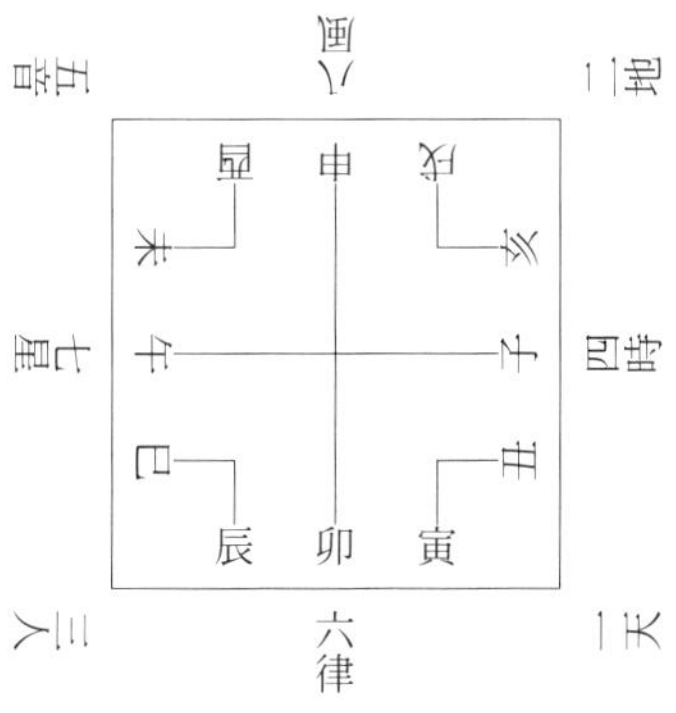

［図1］占図篇の復原図

⒇　占亡人（簡287）

●占亾（亡）人。投其音數、其所中之鐘賤、亾（亡）人不出其畍（界）。其鐘貴、亾（亡）人遂。男子反行其伍、女子順行鐘伍。（簡287）

(●占亡人。其の音數を投じ、其の中たる所の鐘賤《ひく》ければ、亡人、其の界を出でず。其の鐘貴ければ、亡人遂《に》ぐ。男子反行其伍、女子順行鐘伍)

見られるように、本篇は逃亡者の去就を占うもので、具体的な音名や律名ではなく「音數」と「鐘」を用いる。この「音數」は「鐘」との高低もしくは多寡を比較することから律数ではなく、五音の数を意味するのではなかろうか。暫定的に五音と十二律の両方に関係する一篇としておく。

おわりに

以上、放馬灘秦簡「日書」に見える五音・十二律に関する占い全二十篇を概観し(29)、若干の検討を加えた。その結果明らかになったことや気付いたことを最後に整理しておきたい。

第一に、音律占い二十篇の分類について、三節に分けて見てきたとおり、まず内容が五音(A)・十二律(B)・両方(C)のいずれに関するのかで大別し、その篇による吉凶善悪の判断が可能かどうか、つまり占辞・占法の有無(a/b)で分け、さらに音律と五行や干支、数などとの対応関係の有無(0/1)で細分すると、

A五音
-a-0 (1)五音日卜死
-b-1 (2)六甲納音、(3)五音(一)、(4)日分、(5)時(一)、(6)五音(二)、(7)五音(三)

B十二律
-a-0 (13)十二律吉凶、(14)貞在黄鐘、(15)占黄鐘、(18)陰陽鐘、(17)即有生(30)
-a-1 (11)黄鐘、(12)自天降令(31)
-b-0 (8)生律
-b-1 (9)律数(二)、(10)律数(一)、

C音律　-a-0⒅占図＋⒆占病祟除、⒇占亡人

のように分類できるであろう。ここから-b-類は-a-類を使って占断するための要参照データと見做すことができる。その典型がA-a-0⑴とA-b-1⑵である。

第二に、五音占いと十二律占いそれぞれの特徴について、五音占いの中で明確な関連性を確認できたのは⑴と⑵に限られ、残りの⑶〜⑺は占いにどのように関係するのかあまり判然としない。一方、十二律占いの各篇は、律数に基づき計算→律数との比較、律名の確定→当該律の占辞による吉凶善悪の占断、という一連の流れの中でそれぞれが使われていた可能性が高く、相互補完的な関係が想定される。十二律占いに特徴的な計算という点から言えば、五音占い⑴は⑵さえ参照すれば、一目で死亡した家族の影響を占断することができるが、十二律占いの場合はそうはいかず、占いの結果を知るためには必ず何らかの計算が必要となる。すなわち五音占いがこれまでの「日書」に見える占い同様、一瞥して吉凶善悪を知ることのできる具体的かつ実用的な占いであるのに対して、十二律占いは計算というひと手間がかかる、利用者にとっては利便性がいくらか低くなった占いということになる。これは同時に放馬灘秦簡「日書」乙種の特徴でもあり[32]、今後は最初に述べた「日書」における占いの四大分類に「計算によって占うもの」という一類を新たに加えて「日書」という資料を考えてゆく必要があろう。

第三に「音」の問題である。五音や十二律の数に基づいて計算する際、対応する数については⑶・⑷、⑼・⑽をそれぞれ参照すれば済むが、数の根拠となる音や律をどのように特定するのかという疑問が根本的に生じる。当然ながら誰もが春秋晋の楽人師曠のような耳をもっている[33]わけではないので、実際の音から直接聴き分けて五音や十二律のいずれかを特定するという状況は想定し難い[34]。そうであるならば、事象を五音や十二律に置き換えることが必要となり、五音占いに見られるような様々な事象の五音配当の存在理由も理解できるのではないか。可能性の一つとして指摘しておく。なお十二律占いにおける計算方法など議論を尽くせなかった問題については稿を改めて検討したい。

註

（1）「天水放馬灘秦簡墓葬発掘報告」（甘粛省文物考古研究所編『天水放馬灘秦簡』中華書局、二〇〇九年八月、一一一～一六一頁）。

（2）工藤元男『占いと中国古代の社会』（東方書店、二〇一一年十二月、三一～六七頁）。

（3）九店楚簡「日書」（湖北省文物考古研究所編著『江陵九店東周墓』科学出版社、一九九五年七月、湖北省文物考古研究所・北京大学中文系編『九店楚簡』中華書局、二〇〇〇年五月）、睡虎地秦簡「日書」（睡虎地秦墓竹簡整理小組編『睡虎地秦墓竹簡』文物出版社、一九九〇年九月）、周家台秦簡「日書」（湖北省荊州市周梁玉橋遺址博物館『関沮秦漢墓簡牘』中華書局、二〇〇一年八月）、岳山秦墓木牘「日書」（陳偉主編『秦簡牘合集』〔参〕、武漢大学出版社、二〇一四年十二月、九一～一一一・一六一～一七四・二九三～三〇一頁）、孔家坡漢簡「日書」（湖北省文物考古研究所・随州市考古隊編『随州孔家坡漢墓簡牘』文物出版社、二〇〇六年六月）の五件。

（4）放馬灘秦簡の図版・釈文は註（1）前掲書の他、孫占宇『天水放馬灘秦簡集釈』（甘粛文化出版社、二〇一三年三月）、孫占宇・晏昌貴「放馬灘秦墓簡牘」（陳偉主編『秦簡牘合集』〔肆〕、武漢大学出版社、二〇一四年十二月）があり、それぞれで竹簡の排列や分篇・篇題・釈文などが異なる。小論では基本的にそれまでの研究を反映している『合集』〔肆〕所載の釈文・図版に拠る。なお［　］内の数字は『合集』における各篇の順次を表す。

（5）程少軒『放馬灘簡式占古佚書研究』（復旦大学博士学位論文、二〇一一年十月）。以下、特に断らない限り氏の見解は全て本論文に拠り、逐一注記する煩瑣を避ける。

（6）「死失」や「死咎」に関する占いについては、凡国棟「日書「死失図」の総合的考察―漢代日書の楚秦日書からの継承と改変の視点から」（工藤元男・李成市編『東アジア古代出土文字資料の研究』雄山閣、二〇〇九年三月、一五七～一八一頁）を参照。

（7）引用簡文における「☐」は断簡を、【】は断簡・磨滅による文字の欠損を補ったことをそれぞれ表す。

（8）納音の基本理論については、饒宗頤「秦簡中的五行説与納音説」（饒宗頤・曾憲通『楚地出土文献三種研究』中華書局、一九九三年八月、四五五～四七二頁）や工藤元男『睡虎地秦簡よりみた秦代の国家と社会』（創文社、一九九八年二月、二二七～二三〇頁）などを参照。

（9）放馬灘秦簡には三種類のテキストがあることは註（4）で触れたとおりであるが、註（1）前掲「発掘報告」に出土時の状況を甲種が巻かれて最も中側にあり、乙種はその外層に位置し、残欠はあるものの、大部分は比較的完整であると説明していることから、竹簡の排列についてはできるだけ註（1）前掲書に従うものとする。ちなみに『集釈』・『合集』の簡番号は註（1）前掲書の編号をそのまま用いて排列を大きく変えている。

（10）「之」字について、程少軒氏は陳剣氏に従い「止」字に釈すが、『合集』は字の輪郭が「之」字に似るとする。後文の「立（位）」を踏まえて暫定的に「往く（適く）」や「至る」の意で訓んでおく。

（11）乙種・五行には土の三合局が見えず、かつ本篇は簡196の上部が断簡であるため宮に配当される地支は不詳。しかし、天干地支と数・五行の対応関係を記す日辰（簡180壱～簡191弐）では地支は火・木・金・水の四行に三つずつ配当され、土に配当される地支は見えない。なお睡虎地秦簡「日書」乙種に見える三合局（簡79弐～簡87弐）も土と火の三合局に相当する部分が断簡で、土に配当される地支は定かではない。

（12）本篇によれば、天干（日分）は甲～戊と己～癸、地支（辰分）は子～巳と午～亥、時段（時分）は旦～東中と西中～日入、星宿（星分）は角～東壁と奎～軫にそれぞれ二分される。

（13）星分度の排列は程少軒・蔣文「放馬灘簡〈式図〉初探（稿）」（復旦大学出土文献与古文字研究中心網站、二〇〇九年十一月六日）が早い段階で示した修正案で、註（4）前掲『集釈』・『合集』も同様に排列する。

（14）程少軒氏は「辰」を篇題と考え、星辰の象との関係、また「分」・「啓」などから時令の術語「八節」（二分・二至・二啓・二閉）との関係という二つの可能性を指摘し、註（4）前掲『合集』注釈は五音学説と関係があり、あるいは五音の音色の描写かという。

（15）ただし五音（二）篇の「事」・「處」・「病」の各項について、例えば「其れ事うれば貴く、其れ處れば安んず」、「其れ病めば、中ならん」と訓むならば、「宮音」を聴いたときの出仕・居住・罹病に対する占辞と見做すことも可能である。

（16）程少軒氏の言う「蒙山」は黄鐘条の「□山」に、「昜谷」は姑洗条の「湯谷」に、「昆都」は蕤賓条の「曩都」に相当する。

（17）註（4）前掲『合集』は三分損益法について記す簡193を本篇末尾に排列する。これは「季」一字のみ記す黄鐘条の上の欄（簡194壱）を司篇（簡339、簡323、簡330、簡194壱）に編入しているためと思われるが、そうすべき積極的な根拠は薄いように思われる。

（18）この「下生」は本篇冒頭の「中呂より以て應鐘に至るまで皆な上生する」（簡193）という記述と矛盾するため、程少軒氏や註（4）前掲『集釈』・『合集』はみな「下」が「上」の誤写であろうと疑う。仮に「下」字のままであれば、一オクターブ高い黄鐘の生成について述べていることになる。

(19)「投」は程少軒氏に従い、何らかの計算によって数値を求める意に解しておく。

(20) 黄鐘の日入～晨条（簡206と簡207の間）と中呂の日入～晨条（簡222と簡224の間）の二条を欠き、上部が断簡で帰属不明な簡360Bを含む。

(21) 本篇に見えるような三十二禽については、睡虎地秦簡「日書」の出土以来、その十二禽との関係で饒宗頤・曾憲通註（8）前掲書（四二六～四三〇頁）や李零『中国方術正考』（中華書局、二〇〇六年五月、一二四～一二六頁・一七二～一八三頁）、劉楽賢（『簡帛数術文献探論』湖北教育出版社、三二一～三三一頁）を始めとして多くの先行研究がある。ただし小論は音律を主題としており、かつ紙幅の都合もあるのでここでは深く論じない。

(22)「參」について、程少軒氏は三つの律を三合局に組み合わせる意で、本篇の篇題と解する。

(23) 註（4）前掲『集釈』。

(24) 簡248の上部が欠けており、［表3］の当該欄は推定によるものであるが、本篇に土の三合局がなかった可能性は高い。

(25) 本簡の赤外線図版は上端が欠けているが編綫の上であり、かつ簡284の簡文を考え合わせると、断簡部分に文字は記されていなかった可能性が高い。

(26)「毋射」条は冒頭の「〈律名〉〇殹」部分が見えないが、簡279に「☑在毋射」の句が見え、本篇に十二律全ての条が揃っていたことを確認できる。

(27) 王明欽「王家台秦墓竹簡概述」（艾蘭・邢文編『進出簡帛研究』文物出版社、二〇〇四年十二月）。当該論文は全て簡体字であるため、引用に当たり適宜改めた。

(28) 陳偉「放馬灘秦簡日書《占病祟除》与投擲式選択」（『文物』二〇一一年第五期）。ただし程少軒氏や黄儒宣『《日書》図像研究』（中西書局、二〇一三年十二月）は異なる見解を示している。

(29) 小論で示した二十篇以外に、帰属が不明な簡を集めた［81］残篇全18枚の中には、「鐘」字が見える「■凡占勝生、其今節殹、鐘其成貞實殹。●凡所以相生者、以□□殹」（簡337）と、音律ではなく楽器に関係する「蕭（簫）猴（篌）、男子【如】射（麝）麋、女子如鵠聞聲殹（也）。如此者、閒事。鼓竽、男子【如】□□□、女子如野鳴狐。如此者、徵事」（簡334）という条がある。

（30）本篇は断片的であるが、占法らしきものが記されている点を考慮し、取敢えずB-a-0に分類しておく。

（31）この両篇は何らかの対応関係を直接記しているわけではないが、三合局や三十六禽など五行や地支を前提にしている点を踏まえてB-a-1に分類した。

（32）放馬灘一号秦墓からは長さ20センチメートル、直径3ミリメートルの算籌21枚が竹簡と同出している（註（1）前掲「発掘報告」）。

（33）例えば『呂氏春秋』仲冬紀・長見篇に「晉の平公鑄て大鐘を爲り、工をして之を聽かしむ。皆な以て調えりと爲す。師曠曰く、調わず。請う、更めて之を鑄ん、と。平公曰く、工皆な以て調えりと爲す、と。師曠曰く、後世音を知る者有らば、將に鐘の調わざるを知らんとす。臣竊かに君の爲に之を恥づ、と。師涓に至りて果たして鐘の調わざるを知れり」とあるように、師曠の音楽的な耳の優秀さを物語る故事は多い。

（34）あるいは(6)五音（二）の「窨中に處るが如し」などが五音を聴き分けるためのものであるのかも知れない。

【附記】小論は科学研究補助金（基盤研究C〈一般〉）「出土数術文献と中国古代社会」（15K02909）の研究成果の一部である。

中国古代における鳩の表象

矢島　明希子

はじめに

鳩は現代の我々にとって身近な存在であり、平和の象徴として知られる。中国古代には、老人に鳩杖を与え特権を授ける制度があり、鳩は養老の象徴として用いられた。しかし、『詩』の中の鳩を見ると、老人のイメージはうかがえない。これらのイメージの原型はどこにあるのだろうか。以下に、中国古代の鳩のイメージについて検討していきたい。

一　鳩とは

まず、ハトについて、『三省堂世界鳥名事典』(三省堂、二〇〇五)を参照すると、我々がしばしば公園などで見かける灰色のハトは、主にドバトであるが、野生種には羽色が華やかで色彩に富む種が多い。ほとんどの種が樹上で営巣・休息し、採食のために地上に降りる。食物は主に植物質で、種子・果実・液果などを食べ、水を大量に飲む。このとき、嘴を水につけたまま吸飲するのはハトの特徴である。卵数は一、二個と少なく、雌雄交代で抱卵・育雛し、雛ははじめ親鳥の嗉嚢から分泌されるピジョンミルクによって育てられる。

現在の中国では、鴿形目鳩鴿科と表記される。現代中国語ではハトを鴿子と呼ぶが、鴿は食用・通信・鑑賞用のハトを指す。(1) 全域に様々な種が分布し、人間社会に近い場に暮らす鳥である。(2)

次に、中国古代の字書類に「鳩」がどのように説明されているかを確認しよう。なお、拙論中に登場する鳥名について、可能な限り現在の和名をカタカナで記すが、文献上の鳥名解釈は混乱が甚だしく、解釈はこの限りではない。『説文』第四篇上鳥部には、「鳩」に関する記述が①「鳩、鶻鵃也」、②「鵻、祝鳩也」、③「鵴《きく》、秸鵴、尸鳩」、④「鴿、鳩屬」の四例ある。①はシラコバト、②はカノコバトに比定される。(3) ③尸鳩（鳲鳩）もカノコバトに比定されるが、郭璞は『爾雅』に「今の不穀なり」と注しており、カッコウともいわれる。

字書類では別称の羅列にとどまり、後世の注釈から同定すると現在の生物分類上はハト科に入らない場合がある。段玉裁は『説文』の「鳩」に注して、

按ずるに、今本説文は奪譌なり。鳩と雉・雇とは、皆左傳に本づき、(4) 鳩を五鳩の總名と爲す。……毛詩召南の（毛）傳に曰く「鳩は尸鳩、秸鞠なり」と。衞風の傳に曰く「鳩は鶻鳩なり」と。月令の注に曰く「鳩は搏穀なり」と。經文皆單に鳩と言い、傳注乃ち別に某鳩と爲す。此れ鳩を五鳩の總名と爲すを證すべし。

と、鳩を某鳩の総称とする。すべてを鳩の一字にまとめてしまうのはやや乱暴のようにも思われるが、以下に鳩の性質を見ていくと、あながち的外れではないのではないかと思われるのである。

次に、『詩』には鳩（某鳩）を歌った詩が五例ある。

①周南・関雎（第一章）

關關たる雎鳩、河の洲に在り。窈窕たる淑女、君子の好逑。

②召南・鵲巣（第一章）

維れ鵲や巣有り、維れ鳩や之に居る。之の子の歸《とつ》ぐや、百兩之に御す。

③衛風・氓（第三章）

桑の未だ落ちず、其の葉沃若たり。于《あ》嗟《あ》鳩よ、桑葚《くわのみ》を食らう無かれ。于嗟女よ、士と耽る無かれ。士の耽るや、猶お説くべくも、女の耽るや、説くべからざる也。

④曹風・鳲鳩（第一章）

鳲鳩は桑に在り、其の子は七つ。淑人君子、其の儀は一つ。其の儀は一つ、心は結の如し。

⑤小雅・小宛（第一章）

宛たる彼の鳴鳩、翰《たか》く飛びて天に戻《いた》る。我が心は憂い傷み、昔たる先人を念《おも》う。明發しても寐《いね》ず、二人を懷《おも》うこと有り。

これら雎鳩・鳲鳩・鳩について、毛伝は①の雎鳩を「王雎」、②鵲巣の鳩と④の鳲鳩を「秸鞠」、③の鳩と⑤の鳴鳩を「鶻鵰」と注しており、鳩一字としても、様々に解されたことがわかる。[5] これら『詩』に登場する動植物には多くの解釈がなされたが、文献資料では生態や外見的特徴に関する記述が乏しく、実際にどのような鳥であったかを特定できないため、これらの混乱を解消することはきわめて困難である。ただし、これらの鳥がどのような存在として人々の目に映ったのかという問題は検討の余地があろう。

聞一多は、国風①〜④の鳩はすべて女性の喩えであり、雎鳩・鳲鳩・鶻鳩は総じて鳩の一種だとする。[6] 確かに、国風の鳩の詩からは女性・婚姻・桑という要素が鮮明に浮かび上がる。[7] 中国古代における桑林は聖所とされ、歌垣での男女の交合など性的なイメージと深く関係する場所であった。[8] これらのことから、古代の歌謡の中に歌われた鳩は、婚姻や女性というイメージを引き起こす鳥であったといえる。

二　鳩　杖

次に、鳩杖の象徴性について検討したい。鳩杖は、朝廷が一定の年齢以上の老人に杖を賜与し、様々な特権を与える制度である。老人に杖を贈ることは、漢以前からある風習のようだ。たとえば、『呂氏春秋』八月紀には、

　是の月や、衰老を養い、几杖を授け、糜粥を行い飲食せしむ。

とあり、ここでは杖首の形状について言及していない。鳩のついた杖を用いることが定着し、制度化されたのは漢代のようである。

『後漢書』巻九十五・礼儀志中

　仲秋の月……年始めて七十なる者、之に授くるに王杖を以てし、之に糜粥を餔す。八十・九十は、禮に王杖長九尺、端に鳩鳥を以て飾と爲すを加賜すること有り。鳩は、噎《む》せばざるの鳥なり。老人を噎せばざらしめんと欲す。

ここには、八十歳・九十歳になると鳩飾りのついた杖を賜与するとある。[9]

鳩杖は、中国の各地から出土している。[10] 中でも、甘粛省武威磨嘴子漢墓から出土した木製の鳩杖は長さ一九〇センチメートル以上あり、その杖首の部分に木簡がついていた。[11] これは「王杖十簡」と呼ばれ、杖の賜与とその特権について、次のような文言が記されていた。

　高皇帝以來、至本〈始〉二年、朕甚哀憐耆老、高年受王杖。上有鳩、使百姓望見之、比於節。吏民有敢罵詈毆辱、逆不道。

（高皇帝（劉邦）以來、本始二年（前七二年）に至り、朕甚だ耆老を哀憐し、高年には王杖を受（授）く。上に鳩有り、百姓

をして之を望見せしめ、節に比す。吏民に敢えて罵詈毆辱するもの有れば、逆不道なり）

この記述から、杖首の鳥は鳩であることがわかる。そして、杖首の鳩は、特権を受けた老人であることを人々に知らせる社会的標識として機能するものであった。(12)

杖の賜与に関する老人優遇策は、主に法制史の方面から研究が進められてきた。特に武威出土の王杖簡については、簡の排列や制度の開始時期などについて議論のあるところだが、本章の主旨とずれるため、ここでは議論を避けたい。(13)

画像石にも鳩杖が描かれている。たとえば、四川成都曾家包東漢墓出土の養老図には鳩杖を持った老人が軒先で家人から容器に入ったもの（粥か）をもらい受けている。この他、後漢山東省武梁祠後壁の董永の老父と武氏祠前石室東壁下石画像の老莱子が鳩杖を手にした姿で描かれており、(14)これらの図の中で、鳩杖はその人物が老人であることを特徴づけている。

なぜ、老人に授ける杖の標識に鳩を採用したのだろうか？

文化史的な研究では、江蘇省丹徒や浙江省紹興濱渚の春秋墓から鳥形青銅杖首が出土していることから、鳩杖の起源を長江流域（特に呉越地方）の鳥崇拝文化の中に位置づけ、鳥を太陽の象徴、あるいは権力の象徴と見なす研究がある。(15)しかし、これは鳥形杖首全般についての議論であり、鳩と養老の関係についてはほとんど言及されない。

管見の限り、先秦文献に鳩杖に関する記述はないが、漢代以降、いくつかの注釈によって、ようやく鳩杖の鳩の働きが説明される。

『呂氏春秋』仲秋紀・八月紀「養衰老、授几杖、行麋粥飲食」高誘注

陰氣發し、老年衰う。故に飲食麋粥の惸を賦行す。今の八月 比戶高年に鳩杖・粉粢を賜うは是れ也。周禮大羅氏は鳩杖を獻じ以て養老するを掌る。又伊耆氏は老人の杖を共（供）するを掌る。

高誘は、八月（仲秋）は陰気が起こる時季であり、老人が衰えるので穀物や鳩杖を与えるのだという。ただ、高誘

が引用する『周礼』夏官・羅氏には、「中春、春鳥を羅し、鳩を獻じ以て國老を養い、羽物を行う」とあり、鳩を献上するとある。高誘は、この鳩を鳩杖と解したか、あるいは鳩杖とする本が存在したのだろう。いずれにしても、鳩と養老が強く結びついていることがわかる。この『周礼』夏官・羅氏には鄭玄が次のような注をつけている。

春鳥は蟄にして始めて出づる者にして、今の南郡の黄雀の屬の若し。是の時鷹化して鳩と爲り、鳩と春鳥とは舊を變じて新と爲す。宜しく以て老いたるを養い、生氣を助くべし。行とは賦賜を言う。

鄭玄は、鳩や啓蟄のころ出始める春の鳥には古いものを新しくする力があるため、老人の衰えた気を養い助けるのだという。伊藤清司によると、春に鳥や魚を捕まえ犠牲に供することは陽気を促進させる目的があったと考えられ、鳩杖制度の淵源は上述の鄭玄の思想と無関係ではないとする。(16)

春の鳥に陽気を促進する力があるとすれば、老人の養生と陽気の促進について検討する必要がある。前掲の『呂氏春秋』高誘注は、秋には陰気が起こり老人が衰えるとし、季節の気と老人の養生とを関係づけて解釈している。気の概念の中で、年老いるということはどのように認識されるのか、季節とどのように関係すると考えられたのだろうか。銀雀山漢墓出土簡「曹氏陰陽」に興味深い分類が見える。(17)

長年者、陰之屬也。…年以秋冬入官、然而久者、必有病者也。夫病亦近於老也。

（長年なる者は、陰の屬也。…年秋冬を以て官に入り、然して久しき者、必ず病者有る也。夫れ病も亦老に近き也）

これによれば、年経たものは陰に属し、秋冬に長くとどまれば必ず病気になると解される。「曹氏陰陽」の分類では、秋冬も「秋冬陰也。春夏陽也」と、陰に分類されている。

また、『左伝』昭公元年には、気と疾病について次のような考えが見える。

天に六氣有り……六氣は陰・陽・風・雨・晦・明を曰う也。分ちて四時と爲し、序して五節と爲し、過ぐれば則ち菑《わざわい》と爲る。陰の淫は寒疾、陽の淫は熱疾、風の淫は末疾、雨の淫は腹疾、晦の淫は惑疾、明の淫は心疾なり。

ここでは、気には六気があり、その作用によって時節が分かれ、過剰になるとそれぞれに応じた疾病が起きるという。六気について、山田慶児は、自然の六気と人体の気の間に明確な区別がなく、自然の一般的過程が人体においても再生され病気を引き起こすとする。[18]つまり、四時の気が人間の身体に影響を与えると考えられていたといえる。高誘の注において、秋に陰気が起こり、老人が衰えるというのは、両者がともに陰に属するため、陰陽のバランスが崩れることをいうのかもしれない。鄭玄が鳩によって気を補うと解釈するのも、陰陽の気を補いバランスを保つことが重要とされた養生観が反映されているといえよう。

三　季節・陰陽に基づく鳥獣の性格づけ

養老の献鳩は仲春に、授杖は仲秋に行われるとされた。高誘・鄭玄の解釈も、季節との関係に重点を置く。そこで、鳩が季節の中でどのように性格づけられていたのかを検討したい。

『夏小正』や『呂氏春秋』十二紀、『礼記』月令などの月令類の中には、季節による自然環境の移り変わり、その時季の社会生活の理想像が描かれている。その中の時令思想や五行思想、月令形式の成立には議論のあるところだが、[19]拙論では、動植物による季節の兆候、すなわち物候に注目したい。[20]

まず、現在は『大戴礼』の一篇として伝わる『夏小正』に、鳩の候が見える。

（正月）鷹則ち鳩と爲る。【戴伝】鷹は、其の殺の時也。鳩は、其の殺の時に非ざる也。善く變じて仁に之く也。故に其れ之を言う也。

（三月）桑を攝る。【戴伝】桑攝りて之を記すは、桑を急かせば也。

鳴鳩。【戴伝】始めて相い命（鳴）ずるを言う也。鳴を先にして鳩を後にするは、何ぞや。鳩は鳴きて後に其の鳩なるを知れば也。

『夏小正』に記録された鳩の物候は以上の二点である。一つは、正月に鷹が鳩になるということ。もう一つは採桑の時期に現れるということである。これは、『呂氏春秋』十二紀にも引き継がれている。

（二月紀）蒼庚鳴き、鷹化して鳩と爲る。【高誘注】蒼庚は、爾雅に曰く「商庚は鵹黄・楚雀也」と。齊人は之を摶黍と謂い、秦人は之を黄離と謂い、幽冀は之を黄鳥と謂う。詩に「黄鳥于《ここ》に飛び、灌木に集《とど》まる」と云うは是れ也。是の月に至りて鳴く。鷹化して鳩と爲るは、喙の正直にして鷙撃せざれば也。鳩は蓋し布穀鳥ならん。

（三月紀）是の月や、野虞に命じて桑柘を伐ること無からしむ。鳴鳩は其の羽を拂《う》ち、戴任は桑に降る。(21)【高誘注】鳴鳩は斑鳩也。是の月や其の羽を拂撃し、直刺にして上に飛ぶこと數十丈、乃ち復るは是れ也。戴任は戴勝、鵀也。爾雅に鶝鳩と曰う。桑に部生す。是の月や其の子彊く飛びて桑從り空中に來下す。故に「戴任は桑に降る」と曰う。

『礼記』月令もこれとほぼ同文である。『夏小正』とはやや月がずれるが、いずれも春の候と考えて差しつかえなかろう。『呂氏春秋』では、鷹が鳩になることについて、「化」と表現しており、鷹が変化して鳩になるとする。また、鳴鳩は桑畑で羽ばたく姿が描かれている。以上のことから、鳩と季節の関係には、鷹から変化すること、桑摘みの時期を知らせることの二点があることがわかる。

まず、桑摘みから検討しよう。月令類において、鳩の鳴き声は、春の採桑の時期を知らせるとされ、前掲『詩』③衛風・氓、④曹風・鳲鳩でも桑畑の中の鳩が歌われていた。ハトは、ほぼ全ての種が渡りをしない留鳥であるが、『左伝』昭公十七年「鶻鳩」の杜預注に「春來たりて冬去る」とあり、鳩が季節鳥とされていたことがわかる。これは、ハトが夏は巣を作る叢林に棲み、冬は大群となって住処を替え、平原で過ごすことをいうのかもしれない。(22)また、西洋の記録であるが、プリニウスの『博物誌』によれば、ハトは冬には鳴かず、春に鳴き始めるという。[23]早春から初夏はハトの繁殖期に当たり、④曹風・鳲鳩に歌われるように、桑の木の中に巣を作る姿が見られたのかもしれない。さらに、③衛風・氓の「桑葚」が実るのもこの季節である。前述したように、桑林は男女交合の場であり、採桑は女性の仕事であるという文化背景のために、桑の間を飛び回る鳩が春の採桑と結びついて女性や婚姻・生殖を想起させ、万物を成長させる生気のイメージをもたらした可能性は十分に考えられよう。

そして、月令類における鳩の大きな特徴は、鷹に変化するという性質である。仲春の変化は『呂氏春秋』二月紀・『淮南子』時則訓・『礼記』月令などに見え、鳩から鷹への変化も、『夏小正』では五月、『礼記』王制や『論衡』講瑞では秋に配されている。[24]この変化は、『周礼』秋官・羅氏の春の献鳩と、『呂氏春秋』八月紀などに見える秋の鳩杖の授与と同時期である。献鳩・鳩杖について、高誘・鄭玄が季節の転換と陰陽の気の関係から解釈していることは先に述べた。鳩と鷹の変化の記事も、『論衡』講瑞に、

亦或る時政平かにして氣和すれば、衆物の變化すること猶お春には則ち鷹變じて鳩と爲り、秋には則ち鳩化して鷹と爲るがごとし。

とあるように、気の変化から解釈されている。[25]「鷹化爲鳩」という記事は、季節の転換と陰陽の気の循環を表す物候として捉えられた。

季節の陰陽循環は、[26]『左伝』昭公二十四年に、

夏、五月、乙未の朔、日之を食らうこと有り。梓愼曰く「将に水あらんとす」と。昭子曰く「旱也。日は分を過ぐれども陽猶お克たず……」【杜預注】春分を過るは、陽氣の盛なる時にして、而れども陰に勝たざれば、陽将に猥《みだ》りに出でんとす。故に旱と爲らん。

とあり、春分すなわち仲春を過ぎると、陽気が陰気を上回るという観念が見える。鷹が鳩になる転換点は、ちょうど

陽気が陰気を超える点に配されているのである。つまり、鳩は陽気を、鷹は陰気を象徴するのではなかろうか。

銀雀山漢簡「曹氏陰陽」は、季節同様、鳥獣を陰陽に分類している。

諸禽獣蟄傷〈人〉者陰、刑也。戴角若穴藏皆陰、不傷害人、少刑。鳥之陰、鴻鵠。若以時北南者、陰也。

（諸禽獣、蟄して人を傷《そこな》う者は陰にして、刑也。角を戴せ穴藏するが若きは皆な陰なるも、人を傷害せざれば、少刑なり。鳥の陰は、鴻鵠。時を以て北南するが若き者は陰也）

ここでは、禽獣の人を傷つけるもの、角があり穴の中に住むもの、鴻鵠のように南北に移動するものが陰とされる。この基準からすれば、猛禽である鷹は陰となる。陰から陽の転換点で鷹が鳩になるという記述に対して、『夏小正』の戴伝が「鷹は、其の殺の時也。鳩は、其の殺の時に非ざる也」といい、『呂氏春秋』に高誘が注して「鷹化して鳩と爲るは、喙正直にして鷙撃せざれば也」という背景には、猛禽である鷹は陰に属し、非猛禽である鳩は陽に属すという分類概念があったと考えられる。

鷹から変化する鳥は、一字の「鳩」だけではない。『禽経』「鳲鳩、戴勝、布穀也」張華注は、(27) 鳲鳩も変化するという。

戴勝……而して農事方に起こり、此の鳥桑閒に飛び鳴く。……一名は桑鳩、仲春に鷹の化する所也。

これによれば、鳲鳩・戴勝はともに農事が始まる時期に桑の間を飛び鳴くことから、桑鳩とも呼ばれ、春に鷹から変化したものだと読める。ここで、月令類の春の候のうち、「鳴鳩は其の羽を拂《う》ち、戴任は桑に降る」の、鳩と戴勝（戴任）とが同一視されている。その結果、本来は鳩だけにあった「鷹化爲鳩」の性質が両者に付与される。このような解釈の展開を踏まえると、月令類の鳩とは、前掲『説文』段注がいうように、これら某鳩を包括する語になっていたのかもしれない。

さらにいえば、『呂氏春秋』仲春・二月紀に「蒼庚鳴、鷹化爲鳩」とある蒼庚（コウライウグイス）にも同様のイメー

ジが付随しうる。中国最古の農事暦といわれる『詩』豳風・七月には、

春日載《すなわ》ち陽《あたた》か、鳴ける倉庚有り。女懿筐《ふかきはこ》を執り、彼の微行《ほそきみち》に遵《したが》い、爰《ここ》に柔桑を求む。

とあり、倉庚が春を告げ、鳩は歌われない。倉庚とは、増訂漢魏叢書本『毛詩草木鳥獣虫魚疏』巻下「黄鳥于飛」(28)に、

黄鳥は黄鸝鶹《りりゅう》也。……一名は倉庚、一名は商庚……常に椹《くわのみ》熟する時に來たりて桑樹の閒に在り。故に里語曰く、黄栗留は我が麦黄葚熟に看ると。亦是れ節に應じ時を趣《うなが》すの鳥なり。

とある。常に桑の実が熟するころに桑の木の間にやって来るという記述は、鳩（某鳩）と似た生態の鳥であり、「曹氏陰陽」の陰陽の分類基準を適用すれば、倉庚も陽鳥としての性質を十分に備えている。しかし、倉庚には鷹から変化するという記載は見られない。同じ性質を持つとされる鳥が複数存在するにもかかわらず、鳩が陽鳥の代表として鷹と対比されることをどのように理解したらいいのだろうか。

すでに述べたように、鄭玄は、『周礼』夏官・羅氏の献鳩に注して「春鳥は蟄にして始めて出づる者にして、今の南郡の黄雀の屬の若し。是の時鷹化して鳩と爲り、鳩と春鳥とは舊を變じて新と爲す」とし、鳩と春鳥はともに季節を新しく変化させる性質があると理解している。そして、春鳥について、啓蟄のころに出始める鳥で、南郡（現在の湖北省荊州江陵）の黄雀の類のようだと述べ(29)、その範疇に幅を持たせている。鄭玄が生きた後漢から三国時代にかけては、気候の寒冷化が強まった時期であり、戦国時代から漢初に成立したとされる『呂氏春秋』など月令類の物候と、実際に観察される物候とが一致しなかっただろう(30)。鄭玄が挙げた黄雀など、春の鳥たちが時代や地域によってどのように整理されたのかという問題については、さらなる検討が必要である。しかし、中国の動植物に関する文献・注釈は、『詩』など経典を正しく理解するための学問であり、自ら観察することよりも音韻や訓詁が重視され、文献に記載された内容以上のことは記録されなかった(31)。『礼記』月令などの経書に「鷹化爲鳩」の句が定着していたとすれば、これに基づいて経学上は鳩が春鳥の代表とされたと考えられないだろうか。

おわりに

以上、古代における鳩のイメージとその展開について見てきた。まず、『詩』に歌われる鳩は、婚姻を主題にした詩に歌われ、婚姻や女性・採桑のイメージが強い。これは同時に、男女交合や繁殖など性的なイメージを想起させるものであった。

また、鳩杖は老人が特権を受けていることを示す社会的な表象であり、そこから鳩杖には養老のイメージが広く定着した。鳩杖について、高誘は、陰気が盛んになりはじめる秋に老人の気の衰退を防ぐものと解釈しており、病気は陰陽の気が偏向・過剰になりバランスが損なわれることに起因するという当時の思考を反映している。銀雀山漢簡「曹氏陰陽」の陰陽分類に従えば、老人も秋も陰の属性に分類され、陰が過剰になっている状態ということができよう。そこへ陽鳥によって老人の気を補おうというのである。『詩』における婚姻・生殖のイメージは、生命力をもたらすものともいえ、養生の思想とかけ離れたものではないだろう。

さらに月令類から、鳩は春の採桑の物候であったことがわかる。そして、鳩は陽気の象徴として春と秋に陰性の鷹と交互に変化するものと考えられていた。このような循環関係の背景には、季節を陰陽の気の循環と考える思想と、猛禽と非猛禽を陰陽に区別する分類原理があったと考えられる。この分類によれば、鳩は春の陽鳥に区分される。しかし、鄭玄が黄雀を例に挙げるように、鳩に類する春の鳥は他にもあっただろう。しかし、文献上は「鷹化爲鳩」が定型句となり、鳩が春の陽鳥の代表して伝えられたものと考えられる。

註

（1）中国におけるハトの家禽化は、遅くとも漢代ごろとされる（郭郛ほか『中国古代動物学史』北京：科学出版社、一九九九、四二八—四三〇頁）。
（2）中国のハトについては、鄭作新主編『中国経済動物誌：鳥類』（北京：科学出版、一九六三、二七九—二九一頁）を参照した。
（3）各鳥名の比定は、郭郛ほか前掲書（七九—一一八頁）を参照した。和名は白井祥平編『世界鳥類名検索事典』（原書房、一九九二）によった。
（4）昭公十七年「祝鳩氏司徒也。鴡鳩氏司馬也。鳲鳩氏司空也。爽鳩氏司寇也。鶻鳩氏司事也。五鳩、鳩民者也。」
（5）「睢鳩」については、西岡市祐「睢鳩とはどんな鳥か」（『國學院大學紀要』第二十五号、一九八七）に詳細な検討があり、多種の鳥が同じ鳥名で呼ばれていたことがわかる。
（6）聞一多「詩経通義」（『聞一多全集』第二巻、北京：生活・読書・新知三聯書店、一九八二）。
（7）桑摘みが女性だけの仕事でないことは、すでに佐藤武敏『中国古代絹織物史研究』上（風間書房、一九七七、一二三頁）、原宗子「豳風「七月」に寄せて」（『学習院史学』第三十五巻、一九九七）が指摘している。しかし、採桑女の姿は詩の主題や画題に多く、桑摘みは女性の仕事というイメージが強いのも事実である。
（8）石田英一郎「桑原考」（『石田英一郎全集』第六巻、筑摩書房、一九七七）。
（9）不噎説は、これ以前には見えず、以降も類書に引用されるにとどまるため、拙論ではこれ以上踏み込むことは避けたい。
（10）出土品については、郭浩「漢代王杖制度若干問題考辨」（『史学集刊』二〇〇八年第三期）に新石器時代から魏晋にかけての鳩杖の一覧がある。これによれば、杖首が青銅製の鳩杖十九件、木製の鳩杖十二件、画像石中に見える鳩杖十四幅で、木製の鳩杖はすべて漢代のものである。
（11）甘粛省博物館「甘粛武威磨咀子漢墓発掘」（『考古』一九六〇年第九期）。
（12）大庭脩「敬老鳩杖の源流」（『神道史研究』第五十一巻第一号、二〇〇三）。
（13）諸氏の議論については廣瀬薫雄「王杖木簡新考」（『東洋学報』第八十九巻第三号、二〇〇七）にまとめられている。
（14）日本伝来陽明本・船橋本『孝子伝』に伝が見える。それによれば、董永は楚人。若くして母を失い、貧乏であったがよく父に使え、常に車に乗せて楽しませた。老莱子も楚人。九〇歳にして父母のために嬰児のまねごとをして楽しませた

（幼学の会編『孝子伝注解』汲古書店、二〇〇三）。

(15) 鄧淑蘋「鳩杖」（『故宮文物月刊』第十巻第十期、一九九三）、杉本憲司「呉越文化の鳥」（『鷹陵史学』第十九号、一九九四）、伊藤清司「鳩杖と文身」（『日中文化研究』第六号、一九九四）、山田勝芳「鳩杖のゆくえ」『東北大学東洋史論集』第十号、二〇〇五年など。

(16) 伊藤清司「古代中国の射礼」（『民族学研究』第二十三巻第三号、一九五九）。

(17) 「曹氏陰陽」の陰陽観は、戦国・斉の黄老学派の学を継承したものとされる（陳乃華「先秦陰陽学説初探」『山東師範大学報（社会科学報）』一九九六年第六期）。釈文は銀雀山漢墓竹簡整理小組編『銀雀山漢墓竹簡（貳）』（北京：文物出版社、二〇一〇）に拠った。

(18) 山田慶兒「夜鳴く鳥」（同著『夜鳴く鳥』岩波書店、一九九〇）。

(19) 島邦男（『五行思想と禮記月令の研究』汲古書院、一九七一）は、『夏小正』について、『詩』豳風・七月の時候・時事を改めて春秋中期に成るものとする（二四一頁）。そして、『夏小正』の季月に『管子』四時篇の時令と幼官篇の顕徳を配したものが『呂氏春秋』の原始十二紀となり、漢初に洪範五行伝などを採り入れて再編成され、現行の十二紀は『礼記』月令など諸篇を取り入れて後漢に成るものであるという（二二六―二二七頁）。政治的な時令思想・陰陽五行思想・農事暦を内包した月令類の形成については、この他、久保田剛「夏小正について」（『哲学』第二十五号、一九七三）、同「呂氏春秋十二紀と礼記月令篇」（『哲学』第三十三号、一九八一）、伊藤計「月令論」（『日本中国学会報』第二十六集、一九七四）など多数あるが、ここでは物候の分類に着目するため、これらの成立に関する問題にはこれ以上立ち入らない。

(20) 竺可楨・宛敏渭『物候学』（丹青総合研究所編訳、丹青社、一九八八年、四頁）によれば、物候の記録は春秋時代に伝統ができあがり、『呂氏春秋』の農業状況は戦国時代末期の一般的状況であるという。

(21) 「戴任」は『礼記』月令・季春では「戴勝」と表記され、現在はヤツガシラの漢名であるが、『方言』巻八に「尸鳩……自關而東謂之戴鵀、東齊海岱之閒謂之戴南、南猶鵀也。或謂之鵅鸅、或謂之戴鳻、或謂之戴勝」とあり、鳲鳩の方言の一つでもある。『禽経』では「鳲鳩、戴勝、布穀也」とあり、鳲鳩の別称となる。

(22) 鄭作新前掲書、二八六頁。

(23) 中野定雄ほか訳注『プリニウスの博物誌』第一巻（雄山閣、一九八六）、四五四頁。

(24) 『礼記』王制「獺祭魚、然後虞人入澤梁。豺祭獸、然後田獵。鳩化爲鷹、然後設罻羅。草木零落、然後入山林」、『論衡』

講瑞「亦或時政平氣和、衆物變化、猶春則鷹變爲鳩、秋則鳩化爲鷹、蛇鼠之類輒爲魚鼈、蝦蟆爲鶉、雀爲蜃蛤。物隨氣變、不可謂無。」

(25) ある生物が変化して別物になるという候は、『呂氏春秋』十二紀には、この他、季春の「田鼠化爲鴽」、季夏の「腐草化爲蚈」、季秋の「賓爵入大水爲蛤」、孟冬の「雉入大水爲蜃」があり、前注『論衡』講瑞では、これらも鷹と鳩との変化同様、気の変化の一環として説明されている。これらの変化の多様性や歴史的変遷については、深津胤房「古代中国人の思想と生活」(『二松學舍大學東洋學研究所集刊』第十三号、一九八二)に詳しい。この変化について、現在では、深津胤房前掲論文をはじめ、季節的な生物相の変化を反映したものとする説が大勢である。しかし、『本草綱目』巻四十九禽部「斑鳩」は宋・冠宗奭を引いて、「(斑鳩)嘗養之數年、并不見春秋分變化」と述べており、かつては実際に鳩が鷹に変身すると考えられた。

(26) 郭店戦国楚簡「太一生水」には「是以成陰陽。陰陽復相輔也。是以成四時。四時復相輔也」と、陰陽が四時を生んだという思想が見え、遅くとも戦国時代には陰陽と四季が関係づけられている(武漢大学簡帛研究中心・荊門市博物館編著『楚地出土戦国簡冊合集』第一巻、北京:文物出版社、二〇一一)。

(27) 『禽経』は周・師廣撰とされ、晋・張華が注を付した禽鳥に関する書である。つとに散佚し、現在は輯佚本が伝わる。引用は増訂漢魏叢書本に拠った。

(28) 『毛詩草木鳥獣虫魚疏』は呉・陸璣撰とされるが、唐人の撰とする説もあり、成立に不確定な点が多い。版本については、拙論「陸氏毛詩草木鳥獣虫魚疏の基礎的研究」(『斯道文庫論集』第五十号、二〇一六)を参照されたい。

(29) 黄雀は、マヒワの漢名である。現在、マヒワは、夏に中国東北部など寒冷地で繁殖し、内モンゴル東部・河北・河南・山東・江蘇を経由して南下し、越冬することから、春に北上するものを指すか。しかし、しばしば黄鸝(コウライウグイス)の類と同一視されることがあるため、マヒワとは別鳥であった可能性も捨てきれない。

(30) 竺可楨によれば、後漢から晋にかけては現在よりも平均気温が一、二度低かったとされる(「中国近五千年来気候変遷的初歩研究」『考古学報』一九七二年第一期)。

(31) 小林清市「清朝考証学派の博物学」(山田慶兒編『東アジアの本草と博物学の世界』思文閣出版、一九九五)。

簡牘にみえる歸義について

山元貴尚

はじめに

近年中国の経済発展にともなう開発によって各地で発掘された簡牘史料のなかに「歸義」の語が散見する。「歸義」とは、「義に歸す」ことを指し、『商君書』巻一五徠民に、

今王明惠を發し、諸侯の士來たりて歸義する者、今之を復せ使むること三世、軍事知る無し。

とある。戦国時期の秦で孝公に仕えた商鞅が遺したとされる『商君書』には、「諸侯の士」が秦国に「歸義」したことがみえ、有力政権に対して周辺に居住する比較的小規模な諸勢力から帰順した者を指す。中国古代の諸政権による歸義者の管理について、『漢書』巻一九百官公卿表大鴻臚の条には「典客、秦官なり。諸侯・蠻夷の歸義を掌るなり。……景帝中六（前一四四）年、名を大行令に更め、武帝太初元（前一〇四）年、名を大鴻臚に更む」とあり、(1)同典屬國の条には「秦官なり。蠻夷の降者を掌る。……成帝河平元（前二八）年、省きて大鴻臚に幷せらる」とあるように、秦王朝時期は典客が諸侯や異民族の帰順者を統括し、前漢景帝時期には大行令、ついで武帝時期には大鴻臚と名称を変更し、成帝時期に蠻夷の投降者を管理する典屬國を統合して管理の一元化がはかられた経過が示される。また、

『史記』恵景閒侯者年表には、

孝恵に及び孝景に訖わること五十載、高祖の時の遺りし功臣を追修し、代從り來る、呉楚の勞、諸侯子弟の肺腑の若きもの、外國の歸義に及びて、封ぜし者九十有餘たり。

とあり、前漢の恵帝より景帝までの約五十年間で封建された九十名のなかにも諸侯とは別に外国からの歸義者が存在する。このほか『史記』や『漢書』といった文献史料からは主として漢王朝に帰順した人々についての記載があるも、歸義の申請や官府による管理体制、あるいは歸義ののちに如何なる生活を送っていたか、という実態を直接示唆する内容を含む記載はみえない。

文献史料の記載が限られるなか、前漢王朝時期の歸義について検討した米田賢次郎氏は、『漢書』巻一七景武昭宣元成功臣表記載の「匈奴歸義王」に言及し、屬國都尉配下の匈奴とは区別して唐代の歸義侯と同義とするならば、漢に帰属せずもとの匈奴のままの身分で、漢と同盟していた匈奴の王と定義付けし、塞外に居住して漢と同盟して功績を挙げたことで官位を受け、あるいは列侯に封ぜられたことで漢に服属した、いわば唐代の歸義と同じ性格であったと結論づけた。(2) 熊谷滋三氏は主として文献史料から前漢の五屬國の関係から蛮夷の降伏者と歸義者を区別して周辺民族統治を詳細に検討し、先秦時期にも歸義が存在していたことを認めるも漢王朝のそれとは異なるとの見解を示し、周辺民族は「降」という行為によって内臣として漢人となり、二十等爵による身分秩序に位置づけるとした。また、本稿の主題でもある歸義について、熊谷氏は文献史料では周辺民族が関係する文脈にのみ使用され、客臣から朝貢国まで幅広く周辺民族に用いる語として降者と区別され、狭義での「歸義」は「客」身分であった、とする。(3)

これに対して、中国では新疆ウイグル自治区の沙雅県で発掘された「漢歸義羌長」の刻印がある印章や、(4) 上孫家塞一号漢墓から発掘された「漢匈奴歸義親漢長」の刻印がある印章のように、文献史料以外の出土文物によって歸義の存在は知られており、(5) 中国西北地区で発見された前漢中期以降の簡牘史料にも匈奴、羌族、烏孫、車師といった周辺民族による歸義の語がみえる。特に敦煌懸泉置から発掘された武帝元鼎時期から後漢初期の簡牘約二三〇〇〇枚のうち、公表された一部の簡牘史料に「歸義羌名籍」があることから、羌族を中心とする西域に居住する少数の周辺諸民族に関連する研究の一端として歸義が言及されてきた。(7)なかでも馬智全氏の研究は、大月氏、烏孫、車師それぞれの民族における歸義について検討しつつ、歸義によって西域に居住する諸民族の安定を促進し、諸民族との経済的文化的交流のなかで多くの奢侈物品をもたらしたとし、西域全体を視野に諸民族の動向を検討する。(8)

これまで歸義については、発掘された簡牘史料が前漢王朝中期以降の中国西北地域に偏っているため、前漢時期の西域周辺少数民族を対象とする研究が中心であった。ただ、歸義は『商君書』にもみえることから戦国時期に法家思想に基づく中央集権体制を確立させた秦王朝は、天下統一を果たして広大な領域を統治する過程で、他の六国や周辺民族で歸義する者が多数存在していたと想定される。また、近年各地で盗掘されて市場に流出した簡牘史料が、個人の手に渡った後に研究機関や大学に寄贈され、各機関で保存処理を施したのちに文字を釈読して公表されはじめており、その一でもある戦国から統一時期に書写されたという岳麓書院所蔵秦簡（以下岳麓秦簡と略称）(9)にも歸義の語がみえる。このことからすれば、歸義は戦国時期の秦に遡って存在することが確実となった。確かに各地で発掘された、出土地が明らかな簡牘史料と比較して信憑性に疑義があることも否定できない。(10)しかし、出土地が不明ながらも、簡牘史料の放射性炭素による年代測定の結果や文献史料および同時代とみられる出土地が明確な簡牘史料との文章内容の比較、文字学からの字形による検討ほか多角的観点による検証を経て、歴史的価値のあると判断された簡牘史料は利用する価値があると考えられる。(11)なお、岳麓秦簡については、現段階で陶安あんど氏をはじめ、柿沼陽平氏、専修大学『二年律令』研究会がそれぞれ訳注を提出しはじめていることからも一定の歴史的価値があると判断できよう。(12)

ただ、これまでの研究では漢王朝時期における少数民族にかんする研究を中心とし、漢王朝側の歸義者管理や歸義者の生活実態にまでは言及されてはいなかったといえる。

本稿では、岳麓秦簡および漢簡といった簡牘史料を用い、秦漢時期の帰義を中心として周辺民族による帰義希望者の申請過程と、王朝側による帰義の受諾基準やその管理、そして帰義した者が王朝に受け入れられた後に如何なる社会生活を送っていたかについて検討する。その際に帰義の語義についても改めて検討しておきたい。

一　帰義の語義について

帰義とは上述したように「義に帰す」と訓読され、熊谷氏が指摘するように、文献史料では周辺民族に関係する文脈で用いられる。(13) ついで熊谷氏は『晏氏春秋』や『韓詩外傳』にみえる帰義が「外」と関係し、『漢書』巻四九鼂錯伝に「義渠蠻夷之屬來歸誼者」とあることや同巻四四淮南王傳に「諸從蠻夷來歸誼」とあるように「歸誼」と称し、義と誼とは同義であるとし、『說文解字』三上に誼は「人の宜しき所なり」と『漢書』巻五八公孫弘傳元光五（前一三〇）年の対策文にみえる「義、宜なり、……是非を明らかにし、可否を立つ、之を義と謂う」とあることから、正邪曲直を明らかにすること、つまり「正義」のことと解釈した。また、賈誼『新書』巻四匈奴・勢卑にみえる「陛下の義に歸す」とあることから、「正義」を有する者を君主とし、帰義については「本来（「外」の者が）君主の正義に帰服するという意味であった」とする。(14) 陶安氏もまた義を「正義」とし、帰義を「正義に帰順すること、つまり秦国への帰順の美称」とする。(15) 確かに『說文解字』十二下に「義、己の威義なり」とあり、段注には、

義、各本儀に作る。今正す。古は威儀の字は義に作り、今仁義の字は之を用う。儀は度なり。今威儀の字は之を用う。誼は人の宜しき所なり。今情宜の字は之を用う。鄭司農周禮肆師に注し、古は儀を書しては但だ義と爲す。今時、所謂義は誼と爲す、と。是れ義は古文の威儀の字たりて、誼は古文の仁義の字たるを謂う。故に許（愼）は各おの古訓に仍りて、而して儀を訓じて度と爲す。凡そ儀象、儀匹、此を引申するも、威儀の字に非ざるなり。

古經は轉寫すること既に久しく、肴襍して辨じ難し。鄭、許の言に據りて以て其の意を知る可し。

とあり、本来義は威儀に用いる語であり、誼は情宜に用いる語として異なる用法であったものが、鄭司農の頃には通仮字となっていたことを指摘する。そのため『漢書』では「帰義」を「帰誼」と表記していたとみられるが、この史料からただちに義を「君主の正義」ないし「国（王朝）の正義」と解釈することは難しい。

しかしながらこの義については、一九九三年に湖北省荊門市で戦国中期頃の郭店一号楚墓[16]より儒家や道家の思想とみられる竹簡群が発見され、六徳と題される竹簡に、

宜（義）者、君悳（徳）也。

宜（義）は、君悳（徳）なり。

とあり、義とは君主の徳であると明記され、戦国時期の楚国では義は君徳と解釈していた。湖北省荊門市は戦国時期の楚の都城である紀南城付近に位置し、秦の昭襄王二九（前二七八）年に楚の中心都城であった紀南城を陥落させて、そこに秦の南郡が設置された。これ以後、戦国時期の秦にも楚の文化が流入・受容され、義の解釈についても楚と同様の理解をしていたと考えられる。また、先に挙げた賈誼『新書』勢卑にみえる「陛下の義」もやはり君徳を示す語であり、戦国時期に楚や秦に共通する義の概念が秦から漢へと伝えられた。以上のように義の語義からすると、帰義は君主の徳を慕って帰順するという意となろう。そしてもう一つ義にかんする簡牘史料として、二〇〇九年に北京大学へ寄贈された、前漢中期頃に書写されたという二三〇〇枚にのぼる竹簡群があり[17]、そこにみえる秦王趙政すなわち始皇帝と丞相李斯との対話を記したおよそ五〇簡分の「趙正書」と題された竹簡には[18]、

使秦幷有天下、有其地、臣其王、名立於天下、埶（勢）有周室之義、而王爲天子……

秦をして幷せて天下を有たしむるや、其の地を有ち、其の王を臣《したが》え、名を天下に立て、埶（勢）は周室之義有りて、而して王天子と為る。……

とある。これは李斯の発言のために過言はあるものの、始皇帝は天下一統を成し遂げて六国諸侯を従え、秦王朝の勢は「周室の義」を備えて天子となったという。周室とは『史記』および『漢書』ほか文献史料にも多見する周王家ないし王朝を指す語である。「趙正書」で李斯は始皇帝のもとで秦王朝が周王家の君徳を有する勢力となったことに言及している。ここでいう始皇帝自身が有したという周室の義とは、のちにその徳を継承するであろう王家の徳に通ずる概念となっていたものと思われる。君徳を指す義の語は、少なくとも「趙正書」が書写された前漢中期までの間には王家にも備わる概念となり、君徳を有する王家が統治する王朝にも備わっていたとみることもできよう。つまり、戦国時期には君主の徳とされていた義は、前漢中期までの間に王家ないし王朝の徳と解釈されるようになり、帰義の意は、君主の徳を慕って帰服する行為または帰義の行為を行った人物を指す語から、王朝への帰順する行為または王朝へ帰順の意を示して帰義を行った人物を指す語となったのである。

二　帰義申告者の来朝経緯

前節では帰義の語義について検討し、帰義とは君徳ないし王家や王朝の義を慕って帰服する行為や帰義を行った人物を帰義と称していたことを明らかにした。その帰義の意を示した人物が如何にして秦あるいは漢王朝の領域に至ったかという、帰義を望む者の来朝経緯に関する詳細な情況については文献史料に記載がなく、類推するほかなかった。しかし、岳麓秦簡（参）奏讞案例〇二の「尸等捕盗疑購案」と題された法律文書に、帰義を画策した者たちの動向が示されており、帰義する者の動向を検討することで帰義申告者の来朝経緯の一端を解明しうるであろう。そこで以下に岳麓秦簡（参）奏讞案例〇二を挙げて帰義者の動向を検討したい。

廿五年五月丁亥朔壬寅、州陵守綰・丞越敢著（讞）之。廼二月甲戌、走馬達告曰、盗盗殺傷走馬好□□□部中。

卽令獄史驩、求盜尸等十六人追。尸等產捕、詣秦男子治等四人・荊男子閬等十人、告羣盜盜殺傷好等。●治等曰、秦人。邦亡荊。閬等曰、荊邦人。皆居京州。相與亡、來入秦地。欲歸羛(義)、行到州陵界中、未詣吏、悔謀、言曰、治等巳(已)有辠(罪)秦、秦不□歸羛(義)。來居山谷以攻盜。卽攻盜盜殺傷好等。它如尸等。●診・問如告・辤(辭)。京州後降爲秦。爲秦之後、治・閬等乃羣盜【盜】殺傷好等。律曰、產捕羣盜一人、購金十四兩。有(又)曰、它邦人□□□盜、非吏所興、毋(無)什伍將長者捕之、購金二兩。●鞫之。尸等產捕治・閬等、告羣盜盜殺傷好等。治等秦人、邦亡荊。閬等荊人、亡、來入秦地、欲歸羛(義)、悔、不詣吏。以京州降爲秦後、羣【盜】【盜】【殺】【傷】【好】等。皆審。疑尸等購。它縣論。敢著(讞)之。●吏議、以捕羣盜律購尸等。或曰、以捕它邦人……【……。】廿五年六月丙辰朔己卯、南郡叚(假)守賈報州陵守綰・丞越。子著(讞)。求盜尸等捕秦男子治等四人・荊男子閬等十人、告羣盜盜殺傷好等。治等秦人、邦亡。閬等荊人、來歸羛(義)、行到州陵、悔、□□□□□攻盜、京州降爲秦、乃殺好等。疑尺[尸]購。●著(讞)固有審矣。治等審秦人殹(也)、尸等當購金七兩。閬等、其荊人殹(也)、尸等當購金三兩。它有令。

廿五年五月丁亥朔壬寅、州陵守綰・丞越敢えて之を著(讞)す。廼ち二月甲戌、走馬達告げて曰く、盜《ひそ》かに走馬好□□部中に盜殺傷す。卽ち獄史驩・求盜尸等十六人をして追わ令む。尸等產捕して秦の男子治等四人・荊の男子閬等十人を詣し、羣盜となりて好等を盜殺傷す、と告す。●治等曰く、秦人たり。荊に邦亡す、と。閬等曰く、荊邦の人たり。皆な京州に居す。相與に亡げ、來たりて秦地に入る。歸羛(義)せんと欲し、行きて州陵の界中に到るも、未だ吏に詣らず。悔《あらた》めて謀り、言いて曰く、治等巳(已)に辠(罪)を秦に有し、秦歸羛(義)を□せず。來たりて山谷に居し以て攻盜す、と。卽ち攻盜となりて好等を盜殺傷す。它は尸等の如し。●診・問すること告・辤(辭)の如し。京州後に降りて秦と爲る。秦と爲りし後、治・閬等乃ち羣盜となりて好等を【盜】殺傷す。律に曰く、羣盜一人を產捕すれば、購金十四兩なり、と。有(又)た曰く、它邦の人の□□□盜するに、吏の興す所に非ず、什伍の將長毋（無）き者之を捕うれば、購金二兩なり、と。●之を鞫すに、尸等治・閬等を産捕し、羣盜となりて好等を盜殺傷するを告す。治等秦人たりて、荊に邦亡す。閬等荊人たりて、亡げ、來たりて秦地に入り、歸羛（義）せんと欲するも、悔めて、吏に詣らず。京州降りて秦と爲るの後を以て、羣【盜】となりて【好】等を【盜】【殺】【傷】す。皆審かなり。疑うらくは尸等の購あらん。它は縣もて論ず。敢えて之を著（讞）す。●吏議するに、羣盜を捕うるの律を以て尸等を購せん、と。或るひと曰く、它邦の人を捕うるを以て……。【……。】廿五年六月丙辰朔己卯、南郡叚（假）守賈、州陵守綰・丞越に報ず。子著（讞）す。求盜尸等は秦の男子治等四人・荊の男子閬等十人を捕らえ、羣盜となりて好等を盜殺傷するを告す。治等秦人たりて、邦亡す。閬等荊人たりて、來りて歸羛（義）せんとし、行きて州陵に到るも、悔めて、□□□□□攻盜し、京州降りて秦と爲り、乃ち好等を殺す。疑うらくは尺［尸］の購あらん、と。●著（讞）固より審有り。治等は、審《あきらか》に秦人なるや、尸等は購金七兩に當つ。閬等は、其れ荊人なるや、尸等は購金三兩に當つ。它は令有り。

この案件は、秦からの邦亡者である治ら四名と楚出身者である閬ら一〇名が走馬の好を強盗殺傷した事件について、求盜の尸ら一六名が犯罪者集団を生け捕りにして官府に連行したことで発生した報奨金をめぐる事例である。役人が聴書を取るなかで明らかになったことは、秦国出身の治ら四名は秦から国外逃亡し、荊（楚）国出身の閬ら一〇名とともに楚国内の京州に居住していた。そこから皆で逃げて秦国に入り、閬ら楚国出身者は秦に歸羛（義）することを望んで、秦の州陵県の境界にまでたどり着いたが官府に行かずに歸義する考えを改め、治ら秦国出身者はすでに秦で国外逃亡および逃亡する理由となった罪を犯したために歸義の申告をすることができず、折しも楚国は秦に降伏し、戻ることもできなくなったため秦の州陵境界を越えて侵入し、そのまま山谷に居住して盜賊集団となったのである。

ここにみえる楚国出身者の閬たちの行動は、実現はしなかったものの、これまで文献史料では知ることのできなかった歸義申告者の動向そのものであり、この案件を検討することで、歸義希望者が官府に歸義を申告するまでの過程をうかがうことができよう。

まず、歸義の意志があった閬らは楚国から秦に侵入しようと試みている。閬らはのちに山谷に居住して盗賊集団となったことからすると、多くの関所を通過する一般の交通路を利用したわけではなく、不法に境界を越えて侵入する越塞の罪を犯したと考えられる。おそらく漢王朝時期であっても、歸義申告者は越塞の罪を犯して侵入したのであろう。越塞の罪については、張家山漢簡『二年律令』津關令に、(19)

一、御史言。越塞闌關、論未有令●請、闌出入塞之津關、黥爲城旦舂。越塞、斬左止（趾）爲城旦。

一、御史言う。塞を越えて關を闌りにするもの、論ずるに未だ令有らず。●請うらくは、闌りに塞の津關を出入するもの、黥して城旦舂と爲す。塞を越ゆるもの、左止（趾）を斬りて城旦と爲す。

とあり、秦王朝でもこの律令規定に類する重罪を課されたと考えられる。

楚国出身者である閬らは秦国の境界から移動して州陵県の境界に到達し、実現はしなかったが、州陵県の「吏」に歸義を申告する予定であったと考えられる。ここでいう「吏」とはおそらく官府のことであろう。つまり、歸義申告者は自ら秦の県治所に出頭し、そこで官吏に自ら歸義する意志を申告したのである。

ここで問題となるのは、歸義申告者が如何なる地より秦王朝の境界に入ったかについてであろう。これについて、嶽麓秦簡（參）奏讞案例〇二の事例では、閬らが荊（楚）国から「來」て秦地に「入」ったと証言している。前節で歸義の例として挙げた『漢書』鼂錯伝の「義渠蠻夷之屬來歸誼者」や淮南王伝の「諸從蠻夷來歸誼」にも蠻夷が「來歸誼」と記されており、簡牘史料と共通して「來」た後に歸義しており、確かに熊谷氏や陶安氏のいう周辺諸民族による帰順ということになろう。しかし、『後漢書』列伝巻三隗囂列伝に、

（王）遵（隗）囂の必ず敗滅するを知り、而して牛邯と舊故たりて、其の歸義の意有るを知り、書を以て之を喩して曰く、……。

とあるように、涼州隴西郡出身の牛邯は隗囂に仕えていたが、帰義の意志を抱いていたとあるように、必ずしも帰義は周辺民族のみに使用される語とはいえず、改めて帰義の定義付けが必要であろう。帰義申告者がどこから入ってきたかについて、熊谷氏も外部から王朝内部への帰順者が帰義であるとの考えを示唆していることから鑑みれば[20]、外部がどのような地であるかを検討する必要があろう。王朝外部の地を検討する方法として帰義と全く反対の、内部である王朝側から国外逃亡した者が向かった先を確認することによって知ることができ、その地から王朝に帰順した者が帰義と呼称されたといえよう。秦国では境域を越えて国外逃亡する者を邦亡と称した。邦亡とは、睡虎地秦簡法律答問に[21]、

人臣甲謀遣人妾乙盜主牛、買(賣)、把錢偕邦亡、出徼、得、論各可(何)殹(也)。當城旦黥之、各畀主。

人臣甲謀りて人の妾乙を遣わして主の牛を盗ましめ、賣り、錢を把りて偕に邦亡し、徼より出づるも、得えらる、論ずるに各おの何をかせんや。城旦して之を黥するに當て、各おの主に畀う。

とあり、同じく法律答問に、

當貲盾、没錢五千而失之、可(何)論。當誶。告人曰邦亡、未出徼闌亡、告不審、論可(何)殹(也)。爲告黥城旦不審。

貲盾に當つ、錢五千を没して之を失う、何をか論ぜんや。誶に當つ。人を告して邦亡と曰うも、未だ徼より出て闌りに亡げず、告不審たり、論ずるに何をかせんや。告黥城旦不審に當つ。

とあるように、秦国から「徼」に出る行為を邦亡と称していることがわかる。この邦亡の行為とは反対に、「徼」より秦国に内附する行為が帰義であるといえよう。徼外とよばれる地域は、東アジア各地の地勢を詳細に記した地理書である『水經注』にも多見し、主として中原とよばれる範疇の外部地域を指す。徼外は『漢書』王莽伝中にも「匈奴・西域・徼外蠻夷」とみえるように、主として周辺民族が居住する地域であった。徼外の状況については、張家山漢簡『二年律令』盜律第六一簡に、

徼外人來入爲盜者、要斬。吏所興能捕若斬一人、拜（拜）爵一級。不欲拜（拜）爵及非吏所興、購如律。

徼外の人來たり入りて盜を爲す者、要斬なり。吏の興す所能く斬一人を捕うれば、爵一級を拜（拜）す。爵を拜（拜）するを欲せず、及び吏の興す所に非ざるは、購うこと律の如し。

とあり、また敦煌漢簡に、(22)

●捕律、亡入匈奴外蠻夷、守棄亭鄣逢隧者、不堅守降之、及從塞徼外來絳而賊殺之、皆要斬、妻子耐爲司寇、作如。（敦ＭＣ．九八三）

●捕律に、亡げて匈奴・外蠻夷に入る、守るも亭鄣・逢隧を棄てし者、堅守せず之に降る、及び塞徼の外從り來絳して之を賊殺するは、皆な要斬なり、妻子は耐して司寇と爲し、作すること……の如し。

とあるように、徼外から漢王朝の領域に侵入（來）して盜賊行為をする者には腰斬という厳罰をもって対処しており、徼外と統治境域内とのはざまとなる地域では、周辺民族や盜賊集団が往来する治安の不安定な地帯であった。

以上考察してきたように、歸義申告者は民族を問わず徼外に居住する者が、名目的には君主や王家ないし王朝の徳を慕って王朝境域に「來」て、境域内に「入」ったのちに県治所に出頭し、自ら帰順の意を申告する行為を歸義と称した。先に挙げた岳麓秦簡（參）奏讞案例〇二の歸義にかんする事例も、秦国の徼外に位置する六国の一である楚国から秦国へと自ら帰順の意思を示して歸義したことは『商君書』の「諸侯之士」が秦国に「來」て歸義したこととも合致し、漢王朝の周辺民族による歸義も同一の概念でとらえられよう。

三　官府による歸義者の管理

前節では徼外より来朝した歸義申告者について検討したが、歸義申告者に対して、官府では如何なる人物を歸義者と認識したのであろうか。また帰義者と認識された場合、官府では如何なる対応を行って戸籍に編入させ、如何に文書を作成して管理を行ったのであろうか。本節ではこれらの帰義を受容する官府での認識や対応および文書による管理といった問題に焦点をあてて検討したい。

まずは徼外より境界を越えて侵入して帰義を申告した人物に対して、帰義を受け入れる官府では如何なる人物を帰義者として認めたのであろうか。帰義希望者が県の官府に帰義であることを申告した場合、官府では前節で検討したように、官府に至った経緯等の尋問を行ったとみられる。帰義申告者は周辺地域の犯罪者や無戸籍者である可能性があり、官府では尋問および人定手続を行う必要があった。(23)県での人定手続を経て、問題がなければはれて帰義申告者は帰義と認識された。

ただし、前節で挙げた岳麓秦簡（参）奏讞案例〇二では、罪を犯した治らの供述した聴書によれば、秦国より戸籍を離脱して楚国に入った治ら四名は自ら邦亡と称し、先に挙げた睡虎地秦簡法律答問に照らせば黥城旦の処罰対象となる。ひとたび秦王朝の戸籍を離れたものはふたたび編入されることはなく、帰義の対象からは除外される。治らと同行していた楚国出身者の閬らは州陵県の官府に申告しておれば帰義として認められたと考えられるが、もともと秦王朝の戸籍を有する者が一時的に戸籍を離脱して境域外に出てふたたび秦国に戻ったとしても、境域外から秦王朝に入って官府に申告する帰義には該当しないということになろう。

また、『里耶発掘報告』で公表された里耶秦簡K二七に、

南陽戸人、荊不更蠻強　妻曰嗛。子　小上造□　子　小女子駝。臣曰聚。

南陽の戸人、荊の不更蠻強　妻は嗛と曰う。子　小上造の□。子　小女子の駝。臣は聚と曰う。

とあり、(24)ここで挙げた「南陽戸人荊不更」である蠻強とその家族構成を記した簿籍に関連する簡牘史料のほか、一五簡ほど「南陽戸人荊不更」の記載がみえる簡牘史料が出土している。南陽は、戦国時期に秦の昭襄王が進めた東進政

策のなかで、昭襄王一五（前二九二）年に楚の南陽地域に進出し、同三三（前二七四）年には南陽郡を設置して秦の統治境域に編入した。秦の統一前後に設置された遷陵で作成された里耶秦簡の簿籍にみえる蠻強なる人物は、秦が新たに占領した南陽地域に居住して楚の不更という爵位を保有していたことが記されていた。蠻強の年齢は記されていないが、南陽郡は占領からすでに五〇年以上経過しているため、蠻強本人が楚から爵位を授与されたとは考えにくい。また、占領当時に楚の戸籍から秦の戸籍に移行されたものでもないであろう。このように考えるならば、蠻強は楚国の住民であった者から「荊不更」の爵位を相続もしくは継承したものと考えられるのではあるまいか。

蠻強の事例は直接的に帰義した者を示す簡牘史料ではないが、新たに獲得した占領地の住民を秦の戸籍に編入する際、「荊不更」のように簿籍には占領地の住民であることを明確に示し、それを子孫にも継承してもともと秦国に属していた住民と区別していた。おそらく帰義者についても、過去に秦国以外の爵位賜与ないし相続があった場合、秦国の戸籍に編入する際にその旨が簿籍に登記され、秦国で相続が行われた際にも楚の爵位が継承されていたものと推測することができよう。

帰義と承認された者について文書による対応をみると、敦煌漢簡MC．七一七簡に、

　案十二日平旦、善稠秅候官君長到安怨兵帰義〼

　案ずるに、十二日平旦、善稠秅候官君長、安に到る。兵に怨まれ、帰義……。

とあり、下部は断簡であるため意味がはっきりしないが、おそらく帰義申告者があったことを上部機関に報告する内容であったと考えられる。同じく敦煌漢簡MC．八八簡に、

　車師侯伯、與妻子人民桼十桼人、願降帰徳欽将伯等及烏孫帰義

　車師侯伯、妻子人民桼十桼人と、願はくば帰徳の欽将伯等に降り烏孫の帰義……に及び……

とあり、車師侯の伯が妻子と配下とをあわせた七七人と投降してきた状況が記されており、さらに疏勒河流域出土漢

簡T．XⅣ．ｉｉ．二簡に、[25]

（封泥匣）降歸義烏孫女子

復帬獻驢一匹騂牡

兩抾齒□歳封頸以

敦煌王都尉章

とあり、投降して歸義した烏孫の女子復帬は、赤毛で牡、二本の歯が欠け、首に敦煌の王都尉の焼き印が押された驢一匹を献上していることが報告されている。歸義申告者が官府に投降した段階で、官府の役人はその人物の出身部族、性別、年齢、身体的特徴、所有物ほか身辺調査を実施したのである。

官府で歸義希望者の身辺調査ののち、一般民衆と同様に歸義者も管理するため台帳が作成され戸籍編成が行われていたと考えられる。秦漢時期の戸籍編成については池田雄一氏の詳細な検討があり、それによれば戸籍の記載事項であったとみられる、司法・行政上の人定手続での確認事項である「名事里」あるいは「名縣爵里」が記載されていたという。[26]また、池田氏は、『二年律令』戸律の規定から八月戸時に県の役所で戸籍の案比が行われ、戸の独立や住民の移動に伴う戸籍の管理・編成手続がなされることを指摘し、さらに歸義を申告した者についても、先に挙げた『漢書』淮南王列伝から、歸義した蛮夷や流民の無戸籍者については、内史（京師域内の県令）や各地の県令に申告することで新たに戸籍を取得する道が開かれていたとする。[27]池田氏に依拠すれば、歸義者と承認されたのちは、一般民衆同様に戸籍の取得が可能となり、一般民衆とともに官府で管理されたことが想定できよう。仮に歸義者と認定された人物が逃亡して居住地の戸籍から離脱した場合には、秦漢時期の簡牘史料にみえるように王朝の住民が戸籍を離脱して邦亡の罪とされたものと同じ刑罰である黥城旦が課されたと推測できよう。

歸義申告者の戸籍編入手続について、直接それを示す簡牘史料はみえないが、懸泉置漢簡Ⅱ〇二一四①：一—六に、

歸義聊藏耶茈種羌男子東憐
歸義聊卑爲茈種羌男子唐堯
歸義聊卑爲茈種羌男子蹏當
歸義壘卜茈種羌男子封芒
歸義榼良種羌男子落蹏
■右榼良種五人

とあるような複数の歸義者を記した簡牘史料や、「歸義壘渠歸種羌男子奴葛（Ⅱ〇一一四②：一八〇）」、「歸義聊榼良種羌男子芒東（Ⅱ〇一一四②：一八一）」、「歸義壘甬種羌男子潘朐（Ⅱ〇一一四③：四二三）」、「歸義壘卜茈種羌男子狼顚（Ⅱ〇一一四③：四五九）」とあるような個別の歸義者に対して簿籍が作成されていたことからすれば、一般民衆が戸の情況を申告する八月に官府が戸口調査を行う際、歸義者も戸籍の管理編成手続で簿籍に編入されたとみられる。簿籍編入による歸義者の管理は、当然一般民衆とともに歸義者にも税を課すためである。ただし、甘粛武威磨咀子漢墓「王杖詔書令」冊に、[28]

夫妻俱毋子男、爲獨寡。田毋租、市毋賦、與歸義同。沽酒醪列肆尙書令臣咸再拜受詔。建始元年九月甲辰、下。
夫妻俱に子男毋くば、獨寡と爲す。田に租毋く、市に賦毋きこと、歸義と同じ。沽酒醪の列肆尙書令臣咸より再拜して詔を受く。建始元年九月甲辰、下す。

とあるように、歸義者には税として田租や賦銭は課されず、張家山漢簡『奏讞書』案例一に、[29]

十一年八月甲申朔己丑、夷道介・丞嘉、敢讞之。六月戊子、發弩九、詣男子毋憂、告、爲都尉屯、已受致書、行未到、去亡。●毋憂曰、變（蠻）夷大男子、歲出五十六錢以當䌛賦。不當爲屯。尉窰、遣毋憂爲屯。行未到、去亡。它如九。●窰曰、南郡尉發屯、有令、變（蠻）夷律、不曰勿令爲屯。卽遣之。不智（知）亡故。它如毋憂。

●詰毋憂、律、變（蠻）夷男子歳出賨錢、以當繇賦。非曰勿令爲屯也。及、雖不當爲屯、繇已遺。毋憂、卽屯卒。已去亡、何解。毋憂曰、有君長、歳出賨錢、以當繇賦。卽復也。存吏、毋解。●問、如辤（辭）。●鞫之、毋憂、變（蠻）夷大男子。歳出賨錢、以當繇賦。窯、遺爲屯。去亡、得。皆審。●疑、毋憂、罪。它縣論。敢讞之。謁報。署獄史曹發。●史當、毋憂當要斬。或曰、不當論。●廷報、當要斬。

十一年八月甲申朔己丑、夷道𣲙・丞嘉敢えて之を讞す。六月戊子、發弩九、男子毋憂を詣して、告す、都尉の屯と爲り、已に致書を受くも、行きて未だ到らずして、去亡す、と。●毋憂曰く、變（蠻）夷大男子、歳ごとに五十六錢を出だし以て繇賦に當つ。屯と爲るに當らず。尉窯、毋憂を遣わして屯と爲さしむ。行きて未だ到らずして、去亡す、と。它は九の如し。●窯曰く、南郡尉は屯を發し、令有り、變（蠻）夷律、屯と爲さしむ勿れとは曰わず。卽ち之を遣わす。亡ぐる故を智（知）らず、と。它は毋憂の如し。●毋憂を詰す、律、變（蠻）夷の男子は歳ごとに賨錢を出だし、以て繇賦に當つ。屯を爲さしむ勿れと曰うに非ざる也。及《も》し、屯と爲るに當らずと雖も、窯は已に遣わす。毋憂、卽ち屯卒なり。已に去亡するは、何れの解あらんか、と。毋憂曰く、君長有り、歳ごとに賨錢を出だし、以て繇賦に當つ。卽ち復せらるる也。吏より存《み》るに、解毋し、と。●問するに、辤（辭）の如し。●之を鞫す、毋憂、變（蠻）夷の大男子なり。歳ごとに賨錢を出だし、以て繇賦に當つ。窯、遣わして屯と爲さしむ。去亡し、得えらる。皆審なり、と。●疑うらくは毋憂、罪あらん。它は縣の論あり。敢えて之を讞す。報を謁う。署獄史曹發。●史の當、毋憂は要斬に當つ、と。或《あるひと》曰く、論に當たらず、と。●廷報、要斬に當つ、と。

とあり、蠻夷の大男子毋憂は毎年繇賦として賨銭五六銭分を支払っていた。蠻夷の大男子毋憂はおそらく帰義であるとみられる。これら簡牘史料からすると、帰義者は田租および市賦は課されていなかったが、義務として兵役に従事しなければならないという税制面で一般民衆と異なっていた。そのため一般民衆と帰義者とを区分する必要性から帰義者であることが戸籍上明確に記され、県の官府では一般民衆の簿籍とともに管理され、八月戸時に上位機関である郡の官府に歸義者の実数が報告されていたのである。

四　岳麓秦簡にみえる歸義者の社会生活

官府での手続を経て簿籍に編入された歸義者は、その後如何なる社会生活を営んでいたのか。その実態に迫ることは非常に困難であるが、岳麓秦簡（参）案例〇九「同・顯盜殺人案」からはその一端がうかがい知れるので、ここで取り上げたい。

【□□□】大女子嬰等告曰、棄婦毋憂縛死其田舍、衣襦亡。●令獄史□□【……】狀、及譖（潛）訊居處・薄（簿）宿所、讎。●同曰、歸義。就（僦）日未盡、爲人庸（傭）、除芝（芝）。●譖（潛）訊同歸義狀及邑里居處狀、攺（改）曰、隸臣、非歸義。訊同。非歸義、可（何）故。同曰、爲吏僕、內爲人庸（傭）、恐吏毄（繫）。辟、同□□【……】□□□□□□□□及薄（簿）宿、類詑。□譖（潛）謂同。同和不首一吏（事）者。而言毋（無）坐毆（也）。同曰、毋（無）坐毆（也）、不智（知）所問（？）。●復譖（潛）。謂同。同爲吏【僕】、人見同。巫從同。畏不敢捕同。而【□□】【……。……】言（？）如同。●臧（贓）直（値）【……】敗傷、洋毋（無）得同・顯。同・顯……大害毆（也）。巳（已）論磔同・顯。●敢言之。……令曰、獄史能得微難獄、【上。今獄史洋】得微難獄、【……】爲奏九牒、上。此黔首大害毆（也）。毋（無）徵物、難得。洋以智治訮（研）詗、謙（廉）求而得之。洋精（清）絜（潔）、毋（無）害、敦穀（愨）。守吏（事）、心平端禮。【勞、年】中令。綏任謁以補卒史、勸它吏、卑（俾）盜賊不發。敢言之。

【□□□】大女子嬰等告して曰く、棄婦の毋憂其の田舍に縛死し、衣襦亡す。●令獄史□□【……】狀、居處・

薄（簿）の宿所を譖（潛）訊するに及びて、讎《こた》う。●同曰く、歸義なり。日に就《やと》（僦）わるるも未だ盡《お》わらずして、人の庸（傭）と爲り、芝（芝）を除く。●同に歸義の狀及び邑里居處の狀を譖（潛）訊す。改（改）めて曰く、隸臣なり、歸義に非ず、と。同を訊す。歸義に非ずは、可（何）故か。同曰く、吏の僕と爲り、內《ひそか》に人の庸（傭）と爲り、吏に毄《つなが》（繫）るを恐る。辟、同□□【……】□□□□【……】□□□□□□□及薄（簿）宿、類詫。□譖（潛）して同に謂う。同和して一吏（事）を首せず。而して坐する毋（無）きを言う殹（也）。同曰く、坐する毋（無）き殹（也）、問（?）する所を智（知）らず。●復た譖（潛）す。同に謂う。同吏の【僕】と爲り、人同を見る。巫同に從う。畏れて敢えて同を捕らえず。而【□□】【……。……】言同の如し。●臧（贓）直（值）【……】敗傷、洋同・顯を得うる毋（無）し。同・顯……大害殹（也）。巳（已）に論じて同・顯を磔す。●敢えて之を言す。……令曰く、獄史能く難獄を微らかにするを得、【上る。今獄史洋】難獄を微らかにするを得、【……】奏九牒を爲し、上る。此れ黔首の大害殹（也）。徵物毋（無）く、得難し。洋智を以て訮（研）詷を治し、謙（廉）求して而して之を得る。洋精（清）絜（潔）にして、毋（無）害、敦穀（愨）なり。吏（事）を守ること、心平端禮なり。【勞、年】中令。綏任して以て卒史に補し、它史に勸め、盜賊を卑（俾）して發《た》たしめんことを謁う。敢えて之を言す。

この奏讞案例〇九は、実際には隸臣であった同が、歸義と偽称してごく普通の社会生活を送っていることがうかがえる。おそらく歸義はこの案例のように一般民衆と共に生活することも可能であったのではなかろうか。また懸泉置漢簡には、

……年八月中、徙居博望萬年亭。徼外歸萮谷、東與歸何相近、去年九月中、驢掌子男芒封、與歸何弟封唐爭言鬬、封唐以股刀刺傷芒封二所、驢掌與弟嘉良等十餘人共奪歸何馬廿匹、羊四百頭。歸何自言官、官爲收得馬廿匹、羊五十九頭、以其歸何。餘馬羊以使者條相犯徼外。在赦前不治。疑歸何怨恚、誣言驢掌等謀反。羌人逐水草移徙……。

……年八月中、徙りて博望の萬年亭に居す。徼外より萁谷に歸し、東のかた歸何と相い近く、去年九月中、驢掌の子男芒封は、歸何の弟封唐と言を爭いて鬭い、封唐股刀を以て芒封の二所を刺傷し、驢掌、弟嘉良等十餘人と共に歸何の馬廿匹、羊四百頭を奪う。歸何自ら官に言い、官爲に馬廿匹、羊五十九頭を收得し、以て其れを歸何とす。餘の馬羊は以て使者條相、徼外に犯すとす。赦前に在りて治めず。歸何の怨恚するを疑い、驢掌等の謀反を誣言す。羌人水草を逐いて移徙……。（Ⅱ〇二一四①：一二四、Ⅱ〇二一四①：二六、Ⅱ〇一一四③：四四〇）

とあり、ここにみえる芒封という人物は前節で挙げた懸泉置漢簡にみえる封芒と同一人物であると考えられ、羌族の生活の一端がうかがえる。ここには、封芒が属す驢掌の集団と、それに隣接する歸何の集団とが互いに放牧をしており、言い争いから闘争に発展して傷害事件および驢掌による馬廿匹と羊四百頭の窃盗事件をも引き起こしたために官吏が介入する事態となった。しかしながら、羌族の歸義に対して、それぞれの生活を勘案して牧畜生活を認めている。岳麓秦簡奏讞案例〇九で類推した歸義の生活も同様に、歸義者それぞれの生活自体に干渉することなく、それぞれの生活形態を尊重していたのであろう。

おわりに

以上、本稿では簡牘史料にみえる歸義について、その語義をはじめとして歸義の来朝経緯と官府の管理状況、さらに歸義後の社会生活に関して検討した。歸義の語義は、戦国時期において比較的小勢力の者が有力政権の君徳を慕って帰順する行動およびそれを実行する人物を指す語であったが、天下を統一した秦王朝、楚漢抗争を経て樹立した漢王朝のように中国全土を統治する政権が現れると、次第に広大な境域の統治者である君主の徳に帰順する行動およびそれを実行する人物を指すようになった。また、帰義は周辺民族に限定されるものではなく、政権の統治が及ばない治安が不安定な「徼外」に居住する諸勢力の住民が、帰義希望者が有力とする他の政権の境域に自ら「來」て境域内に「入」り、有力政権の県治所に出頭して自ら帰順する意志を示すことを意味する普遍的な概念であった。

秦漢時期、帰義の申告があった県の官府では、周辺地域での犯罪者あるいは逃亡者である可能性を考慮しつつ、帰義申告者に対しては入国経緯や身辺調査等を尋問して聴書を作成して行政・司法上の人定手続きを進め、上位組織である郡に帰義の申告があったことを報告した。帰義であることが承認されればそれぞれ「名事里」ないし「名縣爵里」等を記した個別の戸籍を作成し、八月上計の際に県や郡は帰義者であることを明確に記した簿籍を作成し、書面上一般民衆と区分して官府で管理した。おそらく帰義と承認された人物の子孫についても、帰順した証拠として代々継続して簿籍に帰義である旨が記されていたとみられる。帰義者は一般民衆が徴収される田租や市賦の納入義務はないが、繇賦のかわりに賨銭を納入する税制面で異なる徴収方法であったため一般民衆と区分する必要性があったためである。

一般民衆と税制や戸籍上で区別される一方で、帰義を認められた人物は、郷里社会で一般民衆とともに暮らす、ごく普通の社会生活を送ることができ、牧畜を生業とする場合はその生活形態の維持継続を認められていた。

検討の結果、上記の点について明らかになった。しかし、本稿では秦王朝の帰義に関連して「徼外」と統治領域の接点となる「邦」については言及しなかった。現在刊行が進められている嶽麓秦簡の律および令にかんする簡牘にも「邦」に関連する記載があり、全ての刊行を俟って検討したい。

註

（1）矢澤悦子氏は『太平御覽』巻二三二職官部三〇に「（漢書）又曰、典客、秦官。掌諸侯歸義蠻夷、有丞」とあることによって『漢書』百官公卿表典客の条は「侯」が脱落しているので補うべきだと主張する（矢澤悦子「戦国秦の異民族支配と『屬邦』」（『明大アジア史論集』創刊号、一九九七年））。これに依拠する。
（2）米田賢次郎「前漢の匈奴對策に關する二三の問題」（『東方学』第一九号、一九五九年）参照。
（3）熊谷滋三「前漢における「蠻夷降者」と「歸義蠻夷」」（東京大学東洋文化研究所『東洋文化研究所紀要』第一三四冊、一九九七年）参照。
（4）蕭之興「試釈〝漢歸義羌長〟印」（『文物』一九七六年第七期）に詳しい研究がある。
（5）許新国「大通上孫家寨出土〝漢匈奴歸義親漢長〟銅印考説」（『青海社会科学』一九八九年第四期）、許紅梅「〝漢匈奴歸義親漢長〟印考釈」（『絲綢之路』二〇一三年第一八期）等参照。
（6）懸泉置漢簡については、張俊民「散見〝懸泉漢簡〟」（『敦煌学輯刊』一九九七年第二期）、甘粛省文物考古研究所「敦煌懸泉漢簡内容概述」（『文物』二〇〇〇年第五期）等参照。なお、懸泉置漢簡の釈文については胡平生、張德芳編『敦煌懸泉置漢簡釈粋』（上海古籍出版社、二〇〇一年八月）参照。
（7）西域地区における帰義の研究として、袁延勝「懸泉漢簡所見漢代烏孫的幾個年代問題」（『西域研究』二〇〇五年第四期）、張俊民「敦煌懸泉出土漢簡所見人名総述（二）――以少数民族人名為中心的考察――」（『西域研究』二〇〇六年第四期）、高栄「敦煌懸泉漢簡所見河西的羌人」（『社会科学戦線』二〇一〇年第一〇期）、馬智全「従出土漢簡看漢代羌族部族」（『絲綢之路』二〇一一年第六期）、同「漢簡所見漢代河西羌人的生活状態」（『西北民族大学学報』（哲学社会科学版）二〇一一年第六期）、秦鉄柱「西漢時期匈奴歸義列侯論析」（『商丘師範学院学報』二〇一三年第一〇期）がみえる。
（8）馬智全「論漢簡所見漢代西域歸義現象」（『中国辺疆史地研究』二〇一二年第四期）参照。
（9）岳麓秦簡の公表経緯について、陳松長「嶽麓書院所蔵秦簡綜述」（『文物』二〇〇九年第三期）参照。また、岳麓秦簡の釈文については、朱漢民・陳松長主編『嶽麓書院蔵秦簡』（壹）（上海辞書出版社、二〇一〇年）、朱漢民・陳松長主編『嶽麓書院蔵秦簡』（弐）（上海辞書出版社、二〇一一年）、朱漢民・陳松長主編『嶽麓書院蔵秦簡』（参）（上海辞書出版社、二〇一三年）参照。
（10）冨谷至氏は市場に流出した出土地不明の簡牘史料を「骨董簡」と称し、骨董的な価値はあるものの歴史学的価値には問題があるためその信憑性に疑問を呈している（「「骨董簡」とよばれるモノ」（中国出土資料学会編『地下からの贈り物――新出土史料が語るいにしえの中国――』（東方書店二〇一四年六月）所収）参照。
（11）岳麓秦簡の検証については、拙稿「秦王朝における関中より南方への交通路について」（中国の歴史と地理研究会編

『漢代を遡る奏讞――中国古代の裁判記録――』（中国歴史と地理研究会、二〇一四年八月。のち汲古書院より二〇一五年四月出版）。

(12) 陶安あんど「嶽麓秦簡司法文書集成『為獄等狀等四種』譯注稿――事案一――」（法史学研究会編『法史学研究会会報』第一七号、二〇一三年）、同「嶽麓秦簡司法文書集成『為獄等狀等四種』譯注稿――事案二――」（法史学研究会編『法史学研究会会報』第一八号、二〇一五年）、柿沼陽平「岳麓書院蔵秦簡訳注――「為獄等狀四種」案例七識刧㛍案――」（帝京大学文学部史学科編『帝京史学』第三〇号、二〇一五年）、専修大学『二年律令』研究会「『嶽麓書院藏秦簡（參）』訳注（一）――第一類案例〇一癸・瑣相移謀購案――」（専修大学『専修史学』第五九号、二〇一五年）、同「『嶽麓書院藏秦簡（參）』訳注（二）――第一類案例〇二・尸等捕盗疑購案――」（『専修史学』第六一号、二〇一六）参照。

(13) 熊谷氏前掲註（3）論文参照。

(14) 熊谷氏前掲註（3）論文参照。

(15) 陶安氏前掲註（12）論文参照。

(16) 郭店より出土した竹簡の釈文については荊門市博物館編『郭店楚墓竹簡』（文物出版社、一九九八年）参照。

(17) この竹簡群にかんする解説は北京大学出土文献研究所「北京大学蔵西漢竹書概説」（『文物』二〇一一年第六期）参照。

(18) 「趙正書」の釈文は北京大学出土文献研究所編『北京大學藏西漢竹書（參）』（上海古籍出版社、二〇一五年）に依拠した。「趙正書」の概略については趙化成「北大藏西漢竹書『趙正書』簡説」（『文物』二〇一一年第六期）参照。なお「趙正書」の歴史的価値については藤田忠「北京大学蔵西漢竹書『趙正書』について」（『国士舘大学人文学』第二号、二〇一二年）参照。

(19) 張家山漢簡の釈文については、張家山二四七号漢墓竹簡整理小組編『張家山漢墓竹簡（二四七号墓）』（文物出版社二〇〇一年）がはじめに釈文を提示したが、のち張家山二四七号漢墓竹簡整理小組編『張家山漢墓竹簡（二四七号墓）――釈文修訂本――』（文物出版社、二〇〇六年）が釈文の修訂を行い、さらに彭浩、陳偉、工藤元男主編『二年律令與奏讞書――張家山二四七号漢墓出土法律文献釋讀――』（上海古籍出版社、二〇〇七年）が赤外線写真およびこれまでの研究成果に基づく釈文を提示している。また、訳注として冨谷至編『江陵張家山二四七号墓出土漢律令の研究―譯注編―』（朋友書店、二〇〇六年）や専修大学『二年律令』研究会「張家山漢簡『二年律令』訳注（12）―津關令―」（専修大学『専修史学』第四六号、二〇〇九年）に詳細な訳注があり、本稿ではこれらを参照した。なお、板垣明、山元貴尚編『二年律令・

奏讞書—文字異同と一字索引—』（汲古書院、二〇一五年）は三冊の釈文を併記して対照しやすくしている。

（20）熊谷氏前掲註（3）論文参照。

（21）睡虎地秦簡の釈文については、睡虎地秦墓竹簡整理小組『睡虎地秦墓竹簡』（文物出版社、一九九〇年）に依拠した。

（22）敦煌漢簡の釈文については甘粛省文物考古研究所編『敦煌漢簡』（中華書局、一九九一年）に依拠した。

（23）秦漢時期の人定手続に関しては池田雄一「秦漢時代の戸籍について」（『張家山漢簡『二年律令』の研究』（東洋文庫論叢七七、東洋文庫、二〇一四年）参照。

（24）湖南省文物考古研究所編『里耶発掘報告』（岳麓書社、二〇〇七年）参照。

（25）疏勒河流域出土漢簡は、スタイン第二次調査の際に発見された漢簡であり、林梅村、李均明編『疏勒河流域出土漢簡』（文物出版社、一九八四年）に釈文が収められており、これに依拠した。

（26）池田雄一「呂后『二年律令』をめぐる諸問題」（『中国古代の律令と社会』【Ⅱ秦漢時代の法制】第五章、汲古書院、二〇〇八年）参照。

（27）戸籍の作成については、前掲註（23）および（26）池田氏の論文を参照されたい。

（28）甘粛武威磨咀子漢墓『王杖詔書令』冊の釈文については李均明、何双全編『散見簡牘合輯』（文物出版社、一九九〇年）に依拠した。

（29）張家山漢簡奏讞書の釈文については池田雄一『奏讞書—中国古代の裁判記録—』（刀水書房、二〇〇一年）に依拠した。

資料

小倉　芳彦
守屋美都雄
松丸　道雄
渡辺　卓
寺地　遵
宇都木　章
山田　統
松崎　誠
浦井　公敏
三上　次男
上原　淳道
福井　重雅
板野　長八
山内　正博
久村　因
古賀　登
木村　正雄
五井　直弘
佐藤　武敏
栗原　朋信
布目　潮渢
米田賢次郎
中川　学

1963.11.9（土）　松好の会

明間　信行
沢谷　昭次
宇都木　章
佐藤三千夫
藤川　和俊
飯島　和俊
伊藤　敏雄
中村　圭爾
杉本　憲司
楠山　修作
佐藤　佑治
池田　雄一
茂澤　方尚
田中柚美子
松崎つね子
多田　狷介
気賀沢保規

上原　淳道
江頭　廣
布目　潮渢
三上登美子
関野　雄
影山　剛
佐藤　武敏

1987.11.7（土）　松好の会

中国古代史研究会の歩み

佐藤　佑治

はじめに

研究会の歩みを振り返るにあたって参照した文書資料をまずあげてみると次のようになる。

A−1、三上次男・栗原朋信編『中國古代史の諸問題』東京大学出版会、一九五四年
　三上次男「序」
A−2、中國古代史研究會編『中國古代の社會と文化』東京大学出版会、一九五七年
　三上次男「序」
A−3、中國古代史研究會編『中國古代史研究』吉川弘文館、一九六〇年
　三上次男「序」
A−4、中國古代史研究會編『中國古代史研究第二』吉川弘文館、一九六五年
　三上次男「序」

A―5、中國古代史研究會編『中國古代史研究第三』吉川弘文館、一九六九年
　上原淳道・小倉芳彦「あとがき」
A―6、中國古代史研究會編『中國古代史研究第四』雄山閣、一九七六年
　三上次男「『中國古代史研究第四』について」（序文）
A―7、中國古代史研究會編『中國古代史研究第五』雄山閣、一九八二年
　刊行世話人（奥崎裕司・佐藤佑治・三條彰久・田中柚美子・橋本由美・原宗子・松崎つね子・茂澤方尚）「あとがき」
A―8、中國古代史研究會編『中國古代史研究第六』研文出版、一九八九年
　上原淳道・宇都木章・小倉芳彦「序」
　奥崎裕司・佐藤三千夫・佐藤佑治・原宗子「後記」
A―9、中國古代史研究會編『中國古代史研究第七』研文出版、一九九七年
　上原淳道・奥崎裕司・原宗子・佐藤佑治「あとがき」
A'―1、「先学を語る―三上次男博士―」、『東方学』第七十九輯、一九九〇年
（後に『東方学回想Ⅸ先学を語る(6)』刀水書房、二〇〇〇年―に所収）
　座談会発言者中の上原淳道・宇都木章に研究会への言及あり。
B―1、上原淳道「王船山『読通鑑論』読書ノート」、『東京大学教養学部人文科学科紀要』二八、一九六三年
（後に『政治の変動期における学者の生き方　上原淳道著作選Ⅰ』研文出版、一九八〇年―に所収）
B―2、上原淳道「王船山『読通鑑論』読書ノート（続）」、『東京大学教養学部人文科学科紀要』三六、一九六五年
（後に『政治の変動期における学者の生き方　上原淳道著作選Ⅰ』研文出版、一九八〇年―に所収）

B-3、上原淳道「王船山『読通鑑論』読書ノート（再続）」、『東京大学教養学部人文科学科紀要』四三、一九六七年（後に『政治の変動期における学者の生き方　上原淳道著作選Ⅰ』研文出版、一九八〇年―に所収）
B-4、上原淳道「読書雑感（その二）」、『中国近代思想史研究会会報』四六、一九六七年（後に『政治の変動期における学者の生き方　上原淳道著作選Ⅰ』研文出版、一八九〇年―に所収）
B-5、上原淳道「曽野君と私」、物質文化研究会『貝塚』五、曽野寿彦博士追悼記念特集、一九七〇年（後に『「夜郎自大」について　上原淳道著作選Ⅱ』研文出版、一九八二年―に所収）
B-6、上原淳道「ある研究会」、『東大新聞』一一五五、一九七八年（後に『政治の変動期における学者の生き方　上原淳道著作選Ⅰ』研文出版、一九八〇年―に所収）
B-7、上原淳道「山田統氏の学問と人間」、『山田統著作集4』あとがき、明治書院、一九八二年（後に『上原淳道　中国史論集』汲古書院、一九九二年―に所収）
B-8、上原淳道「小野沢精一氏の学問と人間」、小野沢精一『中国古代説話の思想史的考察』序文、汲古書院、一九八二年（後に『上原淳道　中国史論集』汲古書院、一九九二年―に所収）
B-9、上原淳道「中国古代史研究会での、また、東京大学教養学部での三上次男先生」、『考古学雑誌』七三巻二号、一九八七年（後に『上原淳道　中国史論集』汲古書院、一九九二年―に所収）
B-10、上原淳道『上原淳道読書雑記』汲古書院、二〇〇一年
C-1、宇都木章『中国古代の貴族社会と文化　宇都木章著作集第一巻』名著刊行会、二〇一一年
佐藤三千夫「解説」
D-1、小倉芳彦「中国古代史研究会」、『史学雑誌』六九―一二、一九六〇年―「学会消息」欄掲載

D−2、小倉芳彦『古代中国を読む』岩波新書、一九七四年
（後に『小倉芳彦著作選Ⅰ　古代中国を読む』論創社、二〇〇三年―に所収）
E−1、高田淳『王船山詩文集』平凡社・東洋文庫三九三、一九八一年―「あとがき」
F−1、西順蔵「王船山読書会二つの紹介と王船山の門前の記」、『中国近代思想史研究会会報』二、一九五九年
（後に『西順蔵著作集第二巻』内山書店、一九九五年―に所収）
F’−1、木山英雄㈲『西順蔵　人と学問　西順蔵著作集別巻』、内山書店、一九九五年
所収の高田淳、上原淳道、小倉芳彦、小川晴久、佐藤佑治の文中に研究会への言及あり。

ア、中村圭爾氏作成の「（大阪）古代史研究会記録」（一九七六・六〜二〇〇六・六）
イ、青山学院での幹事ノート「雑記帳」（一九八七〜一九九一）

これ以外に、筆者の手元メモ、さまざまな方から寄せられた情報がある。わかる限りの歴代幹事の方には資料の提供方をお願いしたのであるが、往時茫々、手元にすぐ用意できる方は少なかった。筆者にとって残念なのは、詳しい記録を残されていたと考えられる上原淳道氏の資料を入手出来なかったこと、同年代で二会場の研究会に参加していた原宗子氏の資料が自宅焼失で無くなったことの二点がある。

従ってこの歩みの記述は、詳細なものとは言えない。比較的詳細にわかっている部分と不明確な部分が混在している不十分なものであることをまず最初にお断りしなければならない。しかしそれでも大雑把な研究会の歩みを知ることができる程度には復元できたと思う。正直、もう少し遅れていたらこの程度のまとめも不可能になっていたと考えているし、ぎりぎり間に合ったというのが、筆者の偽らざる実感である。

一　始めのころ

始まりについては、資料A―1に三上次男氏の以下の言葉がある。

「…昭和二十二年は敗戰の傷手がまだ直接身にしみて感じられ、學問の世界もどことなく燒跡の香がぬけきれなかった。ことに東洋史の研究分野の如きは慘憺たるものが感ぜられたように思う。このような嚴しさの中に、互により集って學問に對する情熱をともし續け、その上、みんなで勉强することによって、欲けた知識をも補い合おうとした中國古代史の專門家たちが、東方文化學院の一研究室に每週集って詩經を讀み、または研究發表を行ったのが、この會のはじめであった。…」

続けてその後の動きについては次のように書かれている。

「この會は、その後の世のうつり變りに關係なく、集まる會場こそ變ったけれども、それからもずっと續いた。そうして會の一部の人たちは、詩經の集りとは別に、儀禮をも輪講するという熱心さであった。こうしてたがいに研鑽をつむこと四年、昭和二十六年に至って詩經の研究を一應讀みおえると、會員たちは討議の結果、司馬遷の史記の共同研究に入ることになった。」

こうしてこの共同研究は、「史記の構成史料の基本的性格」と題して会として初めての科学研究費の援助を受けることになった。会の歩みはつづく。

「この頃になると、われわれ共同研究にたずさわるメンバーにも多少の變更や增減が生じ、またさきに儀禮の輪講に從っていた別班も、一應事を終えて鹽鐵論や呂氏春秋の講讀にうつった。中國古代史研究會の名稱も、この前後、だれいうともなくいい出され、承認されて今日に至っているのである。」

研究会の名称も定まり、研究会の姿が整えられてきた。最初の共同研究の結果として会としての初めての論文集である『中國古代史の諸問題』も一九五四年に出版された。

なおこの時期については、佐藤武敏・小倉芳彦両氏の巻頭文にも経緯が書かれているのでお読みいただきたい。

二　研究会の活動年表（一九四七〜二〇一七）

研究会のスタート時期から現在までの歩みを年表にまとめると次のようになる。

上段には全体の動きと奇数週金曜日の記録、下段（文頭に※）には偶数週金曜日の記録と関西での活動（関西については後に項を改めて述べる）が記されている。なお二〇〇二年度から、偶数週金曜日の会をとりやめ、奇数週金曜日のみ開催に会の活動を縮小した。

会読会の参加者名は、原則、会読一順目の参加者であるが、その資料がないときは、分る時期の出席者を掲載した。名前の掲載がないのは出席者の資料が発見できなかったためである。

中国古代史研究会の活動

一九四七　二月二十一日（金）創立、『詩経』会読または研究発表、毎週（於東方文化学院三上次男研究室）

三上次男・山田統・守屋美都雄・石田英一郎・和島誠一・岡本正・曾野寿彦・上原淳道など

のち『儀礼』『塩鉄論』『呂氏春秋』『春秋繁露義證』『古籒拾遺』など（一九五九まで）

四八
四九
一九五〇
五一　科研（史記の構成史料の基本的性格）　　※この前後、大阪大学内に、大阪に赴任した
　　守屋美都雄・佐藤武敏両氏により関西での研究会発足
五二　科研→五四『中國古代史の諸問題』（東京大学出版会）（佐藤武敏・曾野寿彦・山田統・杉村勇造・池田不二男・岡本正・後藤均平・宇都木章・相原俊二・守屋美都雄・栗原朋信・三上次男・増淵龍夫・上原淳道）
五三
五四　科研（中国古代史の地域別研究）
五五　科研→五七『中國古代の社會と文化』（東京大学出版会）（佐藤武敏・山田統・上原淳道・相原俊二・後藤均平・岡本正・宇都木章・守屋美都雄・増淵龍夫・栗原朋信）
五六　この年の会住所録（現存最古）掲載氏名
　　相原俊二・上原淳道・宇都木章・岡本正・小倉芳彦・栗原朋信・五井直弘・後藤均平・佐藤武敏・沢谷昭次・鈴木啓造・杉村勇造・曾野寿彦・西嶋定生・西田守夫・久村因・増淵龍夫・松丸道雄・三上次男・山田統・松本光雄・守屋美都雄
　　西順蔵・高田淳・村松祐次・大沢永弘・木村郁二郎
五七　創立十周年
五八　科研（春秋戦国時代の歴史の解明）
五九　科研、奇数週『読通鑑論』（一橋講堂、後学習院）（一九五九、六、五～一九七〇、二、二〇）
　　※偶数週『水経注』（駒場）（?～一九六六、一?）
　　十一月七日、史学会大会に合わせ中国古代史研究者懇談会（通称、松好の会、写真参照）開催。

　　本郷小料亭松好での会は八七年まで続く。八八年以降は、楠亭などに場所を変更、九七年まで続く。

一九六〇　『中國古代史研究』（吉川弘文館）（三上次男・上原淳道・後藤均平・佐藤武敏・小倉芳彦・宇都木章・山田統・相原俊二・久村因・増淵龍夫・守屋美都雄・五井直弘・岡本正）

六一
六二
六三
六四
六五　『中國古代史研究第二』（吉川弘文館）（相原俊二・伊藤萩子・上原淳道・宇都木章・小倉芳彦・栗原朋信、佐藤武敏・鈴木啓造・中川学・守屋美都雄・山田統）
※上原淳道氏、関西の研究会に参加（一〇、一六）
六六　※偶数週『管子』（駒場、後青山学院）（二月?〜七二年頃?）
※守屋美都雄氏逝去（七、一〇）
六七　創立二十周年　三上次男氏、青山学院大学新設予定史学科赴任
六八　※この頃、関西での研究会中断（七六年再開）
六九　『中國古代史研究第三』（吉川弘文館）（相原俊二・池田不二男・上原淳道・宇都木章・小倉芳彦・栗原朋信・五井直弘・後藤均平・佐藤武敏・戸川芳郎・久村因・三上次男・山田統）
五月二日、上記の合評会（國學院大学）、なお会が論文集を発刊する場合、原則として発刊前に、予備報告会、発刊後に合評会を行っている。
一九七〇　『俟解』（学習院）（五、一五〜一二、一八）（西順蔵・狩野直禎・高田淳・佐藤佑治・上原淳道・小倉芳彦・池田雄一・小川晴久・松崎つね子）
七一　『尚書引義』（学習院）（一、二九〜七二、二、四）（上原淳道・小川晴久・小倉芳彦・池田雄一・松崎つね子・西順蔵・高田淳・佐藤佑治）
七二　『詩広伝』（学習院）（四、二一〜七七、二、四）（上原淳道・小倉芳彦・小野澤精一・池田雄一・松崎つね子・高田淳・佐藤佑治・西順蔵）
七三　※『論衡』（青山学院）（七二年頃?〜七八、七?）
七四
七五

七六　『中國古代史研究第四』（雄山閣）（三上次男・原宗子・上原淳道・山田統・俣野太郎・小川晴久・古川浩子・宇都木章・田中柚美子・太田幸男・高山方尚・池田雄一・松崎つね子）
　※六月、右記書評会から関西での研究会再開
七七　創立三十周年
　『宋論』（学習院）（四、一五～八五、六、二一）（尾崎文昭・松崎つね子・杉山太郎・坂元ひろ子・松永正義・高田淳・佐藤佑治・上原淳道・小倉芳彦・代田智明・原宗子・奥崎裕司・谷口房男・後藤均平）
七八　※小倉芳彦氏、関西の研究会で書評（六、三）
　※『周礼正義』（青山学院）（九、二二～九六、四）
七九
一九八〇
八一
八二　『中國古代史研究第五』（雄山閣）（伊藤清司・伊藤敏雄・上原淳道・宇都木章・江頭廣・奥崎裕司・後藤均平・佐藤佑治・三條彰久・橋本由美・原宗子・松崎つね子）
八三
八四
八五　『読通鑑論』（学習院）（九、二〇～〇七、七、六）（奥崎裕司・坂元ひろ子・佐藤錬太郎・丸山雄・横田豊・佐藤佑治・高田淳・上原淳道・原島春雄・原宗子・松崎つね子）
八六
八七　創立四十周年、会代表三上次男氏逝去（六、六）
八八　会代表に上原淳道氏（一一、一二）
　※二週、研究発表など、四週、『周礼正義』（青山学院）（上原淳道・宇都木章・原宗子・田中柚美子・池田雄一・三條彰久・桐本東太・小林伸二・佐藤三千夫・中村文子・林英樹・木村岳雄・小川宏明・中善寺慎・明間信行）
八九　『中國古代史研究第六』（研文出版）（相原俊二・池田温・伊藤清司・上原淳道・宇都木章・小倉芳彦・奥崎裕司・桐本東太・小林伸二・佐藤武敏・佐藤三千夫・佐藤佑治・三條彰久・鈴木啓造・高浜侑子・田中柚美子・原宗子・原島春雄・藤田忠・俣野太郎・松崎つね子・茂澤方尚）

一九九〇
九一
九二
九三
九四
九五
九六　※『漢書叙伝』（青山学院）（六、二八〜〇二？）
九七　創立五十周年、『中國古代史研究第七』（研文出版）（原島春雄・奥崎裕司・小林伸二・原宗子・三條彰久・佐藤武敏・宮内伸人・高浜侑子・影山剛・上原淳道・藤川和俊・市来弘志・佐藤佑治）
九八
九九　会代表上原淳道氏逝去（一一、二七）
二〇〇〇
〇一
〇二　この年度から、第一週『斉民要術』（六、七〜現在）、第三週『読通鑑論』（いずれも学習院）
※二・四週目、青山学院、休止
『斉民要術』（学習院）（原宗子・佐藤佑治・市来弘志・村上陽子・村松弘一・中林広一・大川裕子・太田幸男・菅野恵美・益光義裕・池田雄一・栗山智之・井黒忍・矢島明希子）
〇三
〇四
〇五
〇六　『読通鑑論』第一週へ、『斉民要術』第三週へ（いずれも学習院）
※関西での研究会再び中断、現在に至る
〇七　創立六十周年　第一週『尚書引義』（流通経済大学）（一〇、五〜現在）（原宗子・森和・佐藤佑治・市来弘志・富田美智江・清水浩子・鈴木達也）

〇八
〇九
二〇一〇
一一
一二
一三
一四
一五
一六
一七　創立七十周年『中國古代史研究第八―創立七十周年記念論文集―』発刊。

三　関西（大阪）での研究会活動

佐藤武敏氏の巻頭文にもあるように、佐藤氏、守屋美都雄氏が同時期に大阪市大・大阪大に赴任されたことから関西（大阪）にも研究会がつくられることになった。

以下は、最初の幹事であった杉本憲司氏からの聞き書きである。


設立の際に、関西では、京都にすでに京大を中心にさまざまな研究会が展開されており、それとはちがった会が志向された。また中国古代史の研究者のみならず、古代以降の中国史研究者、中国哲学・思想分野からインド学の研究者まで参加していた。

主な参加者としては、福井大の影山剛、岡山大の好並隆司、関西学院大の村上嘉実、関西大の大庭脩、滋賀大の米田賢次郎、大阪大の木村英一、広島大の小尾孟夫の諸先生がいた。

会は、月一回のペースで、テキスト（『呂氏春秋』・『戦国策』）を読んだり、研究発表をしていた。しかし一九六八〜六九年にかけて大学の学生運動盛行のなかで、各人が忙しくなったり、守屋美都雄先生の急逝が重なり、いったん中断したが、しかし、この間でも時々、木村・杉本両人が在任中の追手門学院大学で研究会を断続的に行っていた。

しばらく中断した後、研究会は一九七六年、『中国古代史研究第四』の書評会から再開され、以後はテキストの会読はなくなり、研究発表を中心に開催され、三〇年続き、現在はまた中断している。

この時期については、幹事の中村圭爾氏の詳しい記録が残されており、以下に掲げるのがそれである。なおスペースの都合で参加者名は省略した。

（関西・大阪）古代史研究会記録（敬称略）

1　一九七六年六月一九日（土）　一時　大阪市立大学田中記念館
佐藤武敏　杉本憲司　中村圭爾　『中国古代史研究第四』書評

2　一九七六年九月一八日（土）　一時　大阪市立大学田中記念館
好並隆司　杉本憲司　白井平太　中村圭爾　『中国古代史研究第四』書評

3　一九七六年一二月一八日（土）　一時　大阪市立大学田中記念館
早苗良雄　臨沂漢簡をめぐって

中村裕一　唐代の給事中の封駮について
4　一九七七年三月二六日（土）　一時三〇分　以和貴荘
大野仁　唐代法制史料としての判
楠山修作　阡陌のことなど
5　一九七七年六月四日（土）　一時　大阪市立大学田中記念館
杉本憲司　江村治樹　末次信行　貝塚茂樹『中国の古代国家』書評
6　一九七七年九月二四日（土）　一時　大阪市立大学田中記念館
白井平太　漢代の宦官とその支持者
中村圭爾　六朝における士庶区別について
7　一九七七年一一月一九日（土）　一時　なにわ会館
大庭脩　雲夢出土秦律について
8　一九七八年一月二八日（土）　一時　大阪市立大学田中記念館
中村裕一　隋唐賦役令の継承関係について―武徳二年制文を中心に―
9　一九七八年三月二五日（土）　一時　大阪市立大学田中記念館
末次信行　殷代武丁期における農業―ムギ栽培と灌漑を中心にして―
10　一九七八年六月三日（土）　一時三〇分　大阪市立大学田中記念館
小倉芳彦　貝塚茂樹『中国の古代国家』書評
11　一九七八年一一月二五日（土）　二時　大阪市立大学田中記念館
中村裕一　訪中報告

12　一九七九年一月二七日（土）　二時　大阪市立大学田中記念館
中村圭爾　〝劉岱墓誌〟について
13　一九七九年三月二七日（土）　一二時三〇分　大阪市立大学田中記念館
杉井一臣　唐の採訪処置使の成立について
妹尾達彦　唐代専売制度の運営における塩商問題
14　一九七九年七月二一日（土）　一時　大阪市立大学田中記念館
杉本憲司　先秦時代における礼秩序の復原試論
15　一九七九年九月一九日（土）　一時　なにわ会館
米田賢次郎　いわゆる火耕水耨について
16　一九七九年一二月八日（土）　二時三〇分　大阪市立大学田中記念館
中村裕一　唐代制勅の形態と機能に就いて
17　一九八〇年一月二六日（土）　二時　大阪市立大学田中記念館
稲葉一郎　桑弘羊の財政策について
18　一九八〇年三月二九日（土）　一時三〇分　なにわ会館
佐藤武敏　司馬談と歴史
19　一九八〇年五月三一日（土）　一時三〇分　大阪市立大学田中記念館
白井平太　諸葛亮の実態について
末次信行　司隷校尉楊孟文頌（石門頌）
20　一九八〇年七月一二日（土）　一時三〇分　なにわ会館

大野仁　唐天宝初年郡県公廨本銭簿について
村上嘉実　馬王堆医書と武威医簡
21　一九八〇年九月一三日（土）　一時三〇分　なにわ会館
米田賢次郎　中国古代麦作考
22　一九八〇年一一月二九日（土）　二時　なにわ会館
江村治樹　第三回中国古文字研究会（四川省成都）に参加して
23　一九八一年一月二四日（土）　二時　大阪共済会館
布目潮渢　末茶と沫茶
24　一九八一年六月一三日（土）　二時　大阪市立大学田中記念館
雷従雲（国家文物事業管理局出国展覧公司陳列組副組長）　三十年来中国先秦鉄器的考古発現及其相関的問題
25　一九八一年一〇月三日（土）　一時三〇分　大阪市立大学田中記念館
妹尾達彦　唐代河東池塩の生産と流通
杉本憲司　三角縁神獣鏡について
26　一九八二年一月三〇日（土）　二時　以和貴荘
菅谷文則　中国の都城について—邯鄲、洛陽、長安、建康—
27　一九八二年六月一二日（土）　一時　大阪市立大学田中記念館
木村秀海　金文にみえる有について
28　一九八二年七月二四日（土）　一時　大阪市立大学田中記念館
西川靖二　「韓非子」における「老子」の思想

中村圭爾　南京附近発掘六朝墓

29　一九八三年一月二二日（土）　一時三〇分　なにわ会館

妹尾達彦　唐代都市史研究の動向

米田賢次郎　トルファン出土文書に関する第三の説

30　一九八三年三月二六日（土）　一時　大阪市立大学文化交流センター

稲葉一郎　漢代の家族形態と経済変動

31　一九八三年六月一八日（土）　一時三〇分　なにわ会館

布目潮渢　漢代の「漏洩省中語」—機密漏洩罪の起源—

32　一九八三年一二月一〇日（土）　一時三〇分　大阪市立大学田中記念館

杉本憲司　中国古代の城郭について—主として王城崗遺跡—

33　一九八四年六月二三日（土）　一時　大阪市立大学文化交流センター

藤田勝久　馬王堆漢墓帛書『戦国縦横家書』講読会によせて

中村裕一　唐代の「教」に就いて

34　一九八四年一二月八日（土）　一時　大阪市立大学田中記念館

木村秀海　金文にみえる室について

楠山修作　青川秦墓木牘を読む

35　一九八五年五月一八日（土）　一時三〇分　大阪市立大学田中記念館

布目潮渢　唐職制律避諱の系譜

36　一九八五年九月二八日（土）　二時　大阪市立大学文化交流センター

37　蘇哲（北京大学考古系専業研究生、奈良県橿原考古学研究所留学中）　敦煌文書ペリオ二九九五二五について
一九八五年一一月二六日（火）　二時三〇分　関西大学第一学舎
李学勤（中国社会科学院歴史研究所）　中国古文字学入門

38　一九八六年一月一八日（土）　一時三〇分　大阪市立大学経済研究所第四会議室
末次信行　気象卜辞に関する一考察

39　一九八六年三月二八日（金）　一時　なにわ会館
松本保宣　唐の詣闕上表について
杉井一臣　本願寺幢銘について

40　一九八七年七月一八日（土）　一時三〇分　なにわ会館
杉本憲司　日中都城比較研究

41　一九八七年一二月一九日（土）　一時　大阪ガーデンパレス
王建新（西北大学講師）・王維坤（西北大学講師）　秦公大墓一号墓被葬者について

42　一九八八年七月三〇日（土）　一時三〇分　大阪市立大学文化交流センター
大野仁　唐代選挙制度の初歩的考察―省試の場所と時間―

43　一九八八年一二月三日（土）　一時三〇分　大阪府立大学学術交流会館
蔡鳳書（山東大学歴史系考古学副教授）　古代中国と先史時代の日本

44　一九九〇年六月三〇日（土）　一時三〇分　なにわ会館
杉本憲司　平粮台（龍山から殷の城壁）その他を見る

45　一九九〇年一二月八日（土）　一時三〇分　なにわ会館

46　一九九一年六月二九日（土）　一時　なにわ会館
中村圭爾　南朝の帝王陵墓と墓前の石獣
李暁路（上海交通大学）　中国唐史研究的発展趨向
47　一九九一年一二月一四日（土）　一時　なにわ会館
杉井一臣　唐代前半期の武官就任者
中村裕一　唐代格式の成立について
48　一九九二年七月四日（土）　一時　なにわ会館
佐川英治　北周番兵制をめぐって
木村秀海　西周金文に見える史官について
49　一九九三年三月二九日（月）　一時　大阪市立大学文化交流センター
上谷浩一　後漢時代の地方軍について
岡部毅史　南朝の散号将軍について
50　一九九三年六月二四日（木）　二時　なにわ会館
田余慶（北京大学）　孫呉建国的道路
51　一九九四年一月二九日（土）　二時　大阪市立大学田中記念館
楠山修作　牢盆攷雑感
52　一九九四年七月二三日（土）　一時三〇分　たかつガーデン
陳力（大阪市立大学大学院）「秦制」都邑について
53　一九九五年一月二一日（土）　一時　大阪市立大学法学部棟七一一C室
程林泉（西安市文物局考古発掘隊副隊長・奈良市文化財保護課研修員）

西安地区の漢墓編年　附新出考古資料スライド
54 一九九五年六月一七日（土）一時　ホテルアウィーナ大阪
馬越靖史（関西学院大大学院）　甲骨文にみる「人」
周東平（厦門大学法学部副教授）　唐代官吏贓罪の研究

55 一九九五年一二月九日（土）一時　ホテルアウィーナ大阪
高大倫（四川大学歴史系副教授）　張家山漢簡引書の基礎的研究

56 一九九六年三月二九日（金）一時　大阪市立大学文化交流センター大セミナー室
布目潮渢『中国喫茶文化史』補遺
吉川昌孝　南北朝隋唐における使者―その学説史的検討―

57 一九九六年六月一五日（土）一時　関西大学百周年記念会館（阪神中哲談話会と共催）
劉正「彭」和楚文化的関係―馬王堆帛書『周易』為中心―

58 一九九七年一月二五日（土）一時　大阪市立大学学術情報センター10F会議室
大野仁　唐代判文の淵源
菅谷文則　最近の北周墓の発掘調査から―田弘墓・尉遅運墓など―

59 一九九七年三月二八日（金）一時　大阪市立大学文化交流センター大セミナー室
胡宝国（社会科学院歴史研究所）　両漢政治文化中心の転移

60 一九九七年五月三一日（土）一時三〇分　大阪市立大学田中記念館第二会議室
羊毅勇（新疆自治区文物考古研究所）　考古資料よりみる西域古代の交通

※ 一九九七年七月二六日（土）一時　関西大学百周年記念会館

大形徹　瘧鬼について
松本保宣　後半期唐王朝における皇帝の『勤政』―文宗朝の聴政にみる―
台風接近のため、中止。

61　一九九八年三月二八日（土）　一時　アウィーナ大阪
奥野健太郎　「侯馬盟書」にみえる春秋時代後期の趙氏の族構成について
陳雁　魏晋時代における貴族の発展と教育

62　一九九八年一二月一二日（土）　一時　アウィーナ大阪
姜捷（陝西省考古研究所隋唐研究室主任）　隋唐考古述要
末次信行　甲骨卜辞と『春秋』経文

63　一九九九年三月三〇日（火）　一時　大阪市立大学文化交流センター大セミナー室
瀬川敬也（佛教大学大学院）　謫についての再考察
張銘心（大阪教育大学大学院）　「義和政変」と「重光復辟」問題の再検討―高昌墓磚を中心として―

64　一九九九年七月二〇日（火）　一時三〇分　アウィーナ大阪会議室
周偉洲（西北大学教授）　魏晋南北朝時代の護軍制

65　一九九九年一二月一八日（土）　一時三〇分　アウィーナ大阪会議室
杉本憲司　中国古代初期都市について

66　二〇〇〇年三月二四日（金）　一時　アウィーナ大阪会議室
袁廣闊（河南省文物考古研究所副研究員）　中原地区仰韶文化的瓮棺葬
室山留美子　鎮墓獣考―北朝隋唐の出土例を中心に―

67 二〇〇〇年一二月一六日（土） 一時三〇分 アウィーナ大阪会議室
伊藤敏雄 長沙走馬楼呉簡について—中国における見聞を中心に—
柴生芳（甘粛省文物考古研究所・神戸大学大学院博士課程） 懸泉置についての考古学的報告

68 二〇〇一年三月三一日（土） 一時 アウィーナ大阪会議室
織田晃嘉 秦漢の蛮夷支配について
福井信昭 唐代の進奏院

69 二〇〇一年七月七日（土） 一時三〇分 大阪市立大学文化交流センター
佐藤武敏 『史記』外国列伝を読む

70 二〇〇二年五月一一日（土） 一時三〇分 関西学院大学池内記念館第一研究会室
牟発松 関於中日学界的〝六朝隋唐論〟的幾個問題

71 二〇〇二年九月二一日（土） 一時 アウィーナ大阪会議室
佐藤信弥 周代の献捷儀礼
萩野祐 唐代後半期の地方監督制度について

72 二〇〇二年一二月一四日（土） 一時 関西学院大学池内記念館第一研究会室
中村圭爾 南朝の土断に関する二三の問題
杉本憲司 青海シルクロード

73 二〇〇三年三月二一日（金） 二時 関西学院大学池内記念館第一研究会室
辛徳勇 関于唐代長安研究的基本文献

74 二〇〇三年七月一二日（土） 一時 関西学院大学池内記念館第一研究会室

積山洋　飛鳥時代の大極殿と朝堂
楠山修作　前漢民爵賜与の一問題

75　二〇〇三年一二月六日（土）　一時　関西学院大学池内記念館第一研究会室
大知聖子　北魏爵制とその実態―孝文帝の爵制改革を中心に―
蘇航　開元後期から天宝時期における北部辺軍中の漢将の地位

76　二〇〇四年七月三日（土）　一時三〇分　関西学院大学池内記念館第一研究会室
高橋知寛　成周とその経済機能―貯・積を中心に―
永田拓治　「先賢伝」「耆旧伝」の本質―その流行よりみた魏晋社会―

77　二〇〇五年一月二二日（土）　二時　関西学院大学池内記念館第二研究会室
劉馳　中国古代信用考察

78　二〇〇五年七月九日（土）　二時　関西学院大学池内記念館第二研究会室
佐藤信哉　西周中期における周新宮の機能
武藤真由美　唐の祭祀と籍田儀礼

79　二〇〇五年一一月五日（土）　一時三〇分　大阪市立大学田中記念館第二会議室
黎虎　魏晋南北朝〝吏戸〟問題

80　二〇〇六年二月一二日（日）　一時三〇分　大阪市立大学法学部棟第二会議室
牟發松　秦漢的地方政治与移風易俗―従〝移風易俗〟看秦隋間中央対地方社会的控制―
中村圭爾　東晋南朝の門下
平田茂樹　宋代地方政治管見―箚子、帖、牒、申を手掛かりとして―

81　二〇〇六年六月二四日（土）　一時三〇分　アウィーナ大阪会議室
稲葉一郎　南郡の建設と戦国秦の貨幣制度

おわりに

研究会の長寿の秘密は何といってもその会のあり方にあろう。「入るも自由、出るも自由」、会則・会費などもなく、その意味では学会の体をなしていない。その時に集まれる人が集まるという形をとり続けてきている。時には参加者がわずか数名という時期も昔からあったようだし、最近もある。しかし志のある人が数名でもいれば会はつぶれないということであろう。

しかし楽観はできない、日本社会一般と同じく会も高齢化を迎え、私たちの世代が去るころには会は存続の危機を迎えるであろう。若い研究者の置かれた状況は、厳しさをまし、性急な成果や博士号取得が求められ、じっくり難しい本を出身大学の異なる皆で読んでゆく、その中で先輩研究者の胸を借りたり、新しい発想を発見してゆくという、科学の世界では最も基礎的な作業を、中国史の分野でも行いにくくなってきている。

どのような状況になろうとも基礎的作業の重要さは変わらないので、今後も若い研究者の模索が続いてゆくであろう。私たち世代は少しでもその流れを滞らないようにしてゆくことが求められていると思うので今少し頑張ってゆこうと思う。

最後に、この「歩み」作成のためご協力をいただいた方々にお礼を述べたい。筆者の力不足のため十分に生かし切れていないことを恐れるが、とにもかくにもここまで来られたことに感謝を述べて文を終わる。

あとがき

研究会十冊目の論文集をここに発刊する。いささか経緯を記し、締めくくりの文章としたい。

今回出版の契機は、二〇一四年の秋、研究会を終えた後、帰り道が一緒になる池田・佐藤の会話から始まった。研究会創立七十周年がまもなく来るが、前回の五十周年記念の意も込めた論文集から二十年を経過している。今回を逃せば、創立当時の先生方の執筆の機会、会の歴史の記録も難しくなる。東京の小倉芳彦先生、関西の佐藤武敏先生に是非創立前後のことどもを書いていただけないだろうか、それが可能なら久しぶりの論文集を出してみよう……ということで原の賛同も得て、定例の研究会（第一・第三金曜日夕方実施）に提案をすることになり、会員から了承を頂いた。

実は、会として還暦を迎える六〇周年の頃、このような企画があってもよかったのだが、当時会の常時出席者は四人ほどの状態が続き、会の存続自体が危ぶまれていた。「自分たちの手で終らせたくない」との思いでようやくこの危機を乗り切っていた頃なので、論文集出版ができる体力はなかったのである。

本題に戻す。しかし、今回の出版は両先生のご協力が得られなければ成り立たないので、まずは編集委員となった三人の連名で小倉・佐藤両先生へお願いすることからスタートした。結果は、本当に幸いなことに両先生から承諾を頂けた。すべてのスタート点である第一関門を無事通過することができ、幸先良いスタートが切れたのである。

二〇一五年に入り、会の歴史をまとめることが今回の出版の大きな目的の一つなので、判る限りの（関西も含めた）歴代幹事には資料提供の呼掛けを行った。以後幹事の方々にはいろいろとお世話になることになった。

次は執筆要請者の選定である。久しぶりの記念論文集ということもあり、研究会の常時出席者だけでなく、これまでの出版などで御縁のある方々にもお声をかけることにした。これに対して、二十数名の方から参加の意思表明があった。

研究会はこれまで執筆予定者には、事前に予備報告会で構想発表をして頂くことを慣例としてきているので、今回も現在研究会を開催している学習院大学と流通経済大学において、十二月から翌二〇一六年七月まで計十一回の報告会を行った。これまでと違って、構想の発表というより、内容の発表といった感じの報告が多くその完成度の高さがうかがえた。

さて、これと前後して、出版社との契約という大きな関門が控えていた。この出版不況のもとで引き受けてもらえるかどうか不安を抱えながら、十五年秋、これまで直近の二冊の論文集でもお世話になった研文出版に打診した。その結果は、これまた本当に幸いなことにも山本實社長に出版を引き受けて頂くことができた。

こうして編集委員の想像以上に順調に出版作業が進行することになった。順調といえばこれまでと比べ、報告会・原稿提出と段階が進むにつれ参加人数が減少してゆくこともなく、ほぼ全員が、原稿提出までたどり着いたのである。かくして集まった論文を昨年十二月無事出版社に渡すことができた。

このようにいくつもの局面を比較的順調に進行できたのも、佐藤・小倉両先生及び会員諸氏のご協力、そして研文出版の御厚誼によることを編集委員一同まことにありがたいことと感じている。最後に研究会のこれまでとこれからに思いをよせつつ筆を擱くことにする。

二〇一七年二月二一日　研究会創立七〇周年の日

池田雄一
佐藤佑治
原　宗子

執筆者紹介（二〇一七年七月現在）

〈執筆順〉

佐藤　武敏　大阪市立大学名誉教授
小倉　芳彦　学習院大学名誉教授
池田　雄一　中央大学名誉教授
市来　弘志　陝西師範大学外国語学院日語系外籍教師
伊藤　敏雄　大阪教育大学教授
大川　裕子　日本女子大学非常勤講師
太田　幸男　東京学芸大学名誉教授
楠山　修作　追手門学院大学元教授
小林　伸二　大正大学教授
齋藤　道子　東海大学特任教授
清水　浩子　大正大学非常勤講師
末次　信行　千里金蘭大学教授
高浜　侑子　青山学院女子短期大学非常勤講師

多田　狷介　日本女子大学名誉教授
富田美智江　流通経済大学助教
名和　敏光　山梨県立大学准教授・山東大学教授
原　　宗子　流通経済大学教授
藤川　和俊　埼玉県立熊谷西高等学校教諭
藤田　勝久　愛媛大学名誉教授
藤田　　忠　国士舘大学名誉教授
村上　陽子　東京外国語大学アジア・アフリカ言語文化研究所共同研究員
森　　　和　成城大学民俗学研究所研究員
矢島明希子　慶應義塾大学附属研究所斯道文庫助教
山元　貴尚　国士舘大学非常勤講師
佐藤　佑治　関東学院大学元教授

中國古代史研究　第八
――創立七十周年記念論文集――

二〇一七年一一月一〇日　第一版第一刷印刷
二〇一七年一一月二五日　第一版第一刷発行

定価［九〇〇〇円＋税］

編　者　ⓒ中國古代史研究會
発行者　山　本　實
発行所　研文出版（山本書店出版部）
101-0051　東京都千代田区神田神保町二－七
電話　〇三－三二六一－九三三七
印　刷　モリモト印刷
製　本　塙　製　本

ISBN 978-4-87636-429-9 C3022